新編諸子集成續編

莊子補正

下

劉文典 撰
趙鋒
諸偉奇 點校

中華書局

莊子補正卷六下

外篇　秋水第十七　【釋文】借物名篇。

秋水時至，百川灌河，涇流之大，兩涘渚崖之間不辯牛馬。【注】言其廣也。【疏】河，孟津也。涇，通也。涘，岸也。涯，際也。渚，洲也。水中之可居曰洲也。大水生于春而旺于秋，素秋陰炁猛盛，多致霖雨，故秋時而水至也。既而凡百川谷，皆灌注黄河，通流盈滿，其水甚大，涯岸曠闊，洲渚迢遥，遂使隔水遠看，不辨牛之與馬也。【釋文】秋水李云：水生于春，壯于秋。白虎通云：水，準也。灌河古亂反。涇流音經。司馬云：涇，通也。崔本作「徑」，云：直度曰徑。又云：字或作「涇」。兩涘音俟。涯也。渚司馬云：水中可居曰渚。釋名云：渚，遮也。體高能遮水，使從旁回也。崖字又作「涯」，亦作「厓」，并同。〇典案：御覽六十引作「涯」，與釋文本合。疏：涯，際也。是成本亦作「涯」。不辯牛馬辯，别也。言廣大，故望不分别也。于是焉河伯欣然自喜，以天下之美爲盡在己。【疏】河伯，河神也。姓馮，名夷，華陰潼堤鄉人。得水仙之道。河既曠大，故欣然懽喜，謂天下榮華盛美盡在己身。【釋文】河伯姓馮，名夷，一名冰夷，一名馮遲，已見大宗師篇。一云：姓呂，名公子，馮夷是公子之妻。爲盡津忍反。順流而東行，至于北海，東面而視，不見水端。于是焉河伯始旋其面目，望洋向若而歎曰：「野語有之曰『聞道百，以爲莫己若』者，我之謂也。【疏】北海，今萊州是。望洋，不分明也。水日相映，故望洋也。若，海神也。河伯沿流東行，至于大海，聊復顧眄，不見水之端涯。方始回旋面目，高視海若，仍慨然發歎，托之野語。而百是萬之一，誠未足以自多，遂爲無如己者，即河伯之謂也。此乃鄙俚之談，未爲通論耳。【釋文】北海李云：東海之北是也。面目盳莫剛反，又音旁，又音望。本一作「望」。洋音羊。司馬、崔云：盳洋，猶望羊，仰視貌。向若向，徐音響，許亮反。司馬云：若，海神。聞道百李云：萬分之一也。且夫我嘗聞少仲尼之聞而輕伯夷之義者，始吾弗信。今我睹子之難窮也，吾非至于子之門，則殆矣。吾長見笑于大方之家。」【注】知其小而不能自大，則理分有素，跂尚之情無爲乎其間。【疏】方，猶道也。世人皆以仲尼删定六經爲多聞博識，伯夷讓國清廉，其義可重。復有通人達士，議論高談，以伯夷之義爲輕，仲尼之聞爲寡，即河伯嘗聞，竊未之信。今見大海之宏博，浩汗難窮，方覺昔之所聞，諒不虛矣。河伯向不至海若之門，于事大成危殆。既而所見狹劣，則長被嗤笑于大道之家。【釋文】今我睹舊音覩。案説文，「睹」今字，「覩」古字，睹，見也。崔本作「今睹我」，云：睹，示也。大方之家司馬云：大道也。理分扶問反。後同。

北海若曰：「井鼃不可以語於海者，拘於虛也；夏蟲不可以語於冰者，篤於時也；曲士不可以語於道者，束於教也。【注】夫物之所生而安者，趣各有極。

【疏】海若知河伯之狹劣，舉三物以譬之。夫坎井之鼃，聞大海無風而洪波百尺，必不肯信者，爲拘於虛域也。夏生之蟲，至秋便死，聞玄冬之時，水結爲冰，雨凝成霰，必不肯信者，心厚於夏時也。曲見之士，偏執之人，聞説虛通至道，絶聖棄智，大毫末而小泰山，壽殤子而夭彭祖，而必不信者，爲束縛於名教故也。而河伯不至洪川，未逢海若，自矜爲大，其義亦然。○典案：淮南子原道篇「夫井魚不可與語大，拘於隘也；夏蟲不可與語寒，篤於時也；曲士不可與語至道，拘於俗、束於教也」，即襲用莊子此文。【釋文】以語如字。下同。○王引之曰：「鼃」本作「魚」，後人改之也。太平御覽時序部七、鱗介部七、蟲豸部一引此並云「井魚不可以語於海」，則舊本作「魚」可知。且釋文於此句不出「鼃」字，直至下文「埳井之鼃」始云：「鼃」，本又作「蛙」，户蝸反，引司馬注云：鼃，水蟲，形似蝦蟆，則此句作「魚」不作「鼃」，明矣。若作「鼃」，則户蝸之音，水蟲之注，當先見於此，不應至下文始見也。再以二證明之：鴻烈原道篇「夫井魚不可與語大，拘於隘也」，梁張綰文「井魚之不識巨海，夏蟲之不見冬冰」，水經贛水注云「聊記奇聞，以廣井魚之聽」，皆用莊子之文，則莊子之作「井魚」益明矣。井九二「井谷射鮒」，鄭注曰：所生魚無大魚，但多鮒魚耳（見劉逵吳都賦注），困學紀聞（卷十）引御覽所載莊子曰「用意如井魚者，吾爲鉤繳以投之」，呂氏春秋諭大篇曰「井中之無大魚也」，此皆「井魚」之證。後人以此篇有「埳井鼃」之語，而荀子亦云「坎井之鼃，不可與語東海之樂」（見正論篇），遂改「井魚」爲「井鼃」，不知井自有魚，無煩改作「鼃」也。自有此改，世遂動稱井鼃夏蟲，不復知有井魚之喻矣。於虛音墟。本亦作「墟」。風俗通云：墟，虛也。崔云：拘於井中之空也。○王念孫曰：崔注「拘於虚」，曰「拘於井中之空也」。案崔訓「虚」爲空，非也。「虚」與「墟」同，故釋文云：虚，本亦作「墟」。廣雅曰：墟，凥也（凥，古居字）。文選西征賦注引聲類曰：墟，故所居也。凡經傳言邱、墟者，皆謂故所居之地。言井魚拘於所居，故不知海之大也。魚居於井，猶河伯居於涯涘之間，故下文曰「今爾出於涯涘，觀於大海，乃知爾醜也」。○典案：御覽六十、九百四十四引竝作「墟」。夏蟲戶嫁反。○郭慶藩曰：文選孫興公天台山賦注引司馬云：厚信其所見之時也。釋文闕。曲士司馬云：鄉曲之士也。今爾出于崖涘，觀于大海，乃知爾醜，爾將可與語大理矣。」【注】以其知分，故可與言理也。【疏】河伯駕水乘流，超于崖涘之表，適逢海若，仍于瀚海之中，詳觀大壑之無窮，方鄙小河之陋劣。既悟所居之有限，故可語大理之虚通也。

「天下之水，莫大于海，萬川歸之，不知何時止而不盈；尾閭泄之，不知何時已而不虚；春秋不變，水旱不知。此其過江、河之流，不可爲量數。【疏】尾閭者，泄海水之所也，在碧海之東，其處有石，闊四萬里，厚四萬里，居百川之下尾而爲閭族，故曰尾閭。海水沃著即焦，亦名沃焦也。山海經云：羿射九日，落爲沃焦。此言迂誕，今不詳載。春雨少而秋雨多，堯遭水而湯遭旱，故海之爲物也，萬川歸之而不盈，沃焦瀉之而不虚，春秋不變其多少，水旱不知其增減。論其大也，遠過江海之流〔一〕，優劣懸殊，豈可語其量數也？○典案：「水旱不知」，「知」當爲「加」。下文「禹之時十年九潦，而水弗爲加益」即此義也。御覽六十引正

〔一〕江海　依正文當作「江河」。

作「水旱不加」，是其證。【釋文】尾閭崔云：海東川名。司馬云：泄海水出外者也。泄之息列反，又與世反。量數音亮。注及下同。而吾未嘗以此自多者，自以比形于天地，而受氣于陰陽，吾在天地之間，猶小石小木之在大山也，方存乎見少，又奚以自多！【注】窮百川之量而縣于河，河縣于海，海縣于天地，則各有量也。此發辭氣者，有似乎觀大可以明小，尋其意則不然。夫世之所患者，不夷也，故體大者快然，謂小者爲無餘；質小者塊然，謂大者爲至足。是以上下夸跂，俯仰自失，此乃生民之所惑也。惑者求正，正之者莫若先極其差而因其所謂。所謂大者至足也，故秋毫無以累乎天地矣；所謂小者無餘也，故天地無以過乎秋毫矣。然後惑者有由而反，各知其極，物安其分，逍遥者用其本步而游乎自得之場矣。此莊子之所以發德音也。若如惑者之説，轉以小大相傾，則相傾者無窮矣。若夫睹大而不安其小，視少而自以爲多，將奔馳于勝負之竟，而助天民之矜夸，豈達乎莊生之旨哉！【疏】存，在也。奚，何也。夫覆載萬物，莫大于天地；布炁生化，莫大于陰陽也。是以海若比形于天地，則無等級以寄言受炁于陰陽，則是陰陽象之一物也，故托諸物以爲譬，猶小木小石之在太山乎，而海若于天，理在乎寡少。物各有量，亦何足以自多！【釋文】而縣音玄。下同。快然于亮反，又于良反。之竟音境。計四海之在天地之間也，不似礨空之在大澤乎？計中國之在海内，不似稊米之在大倉乎？【疏】礨空，蟻穴也。稊，草似稗而米甚細少也。中國，九州也。夫四海在天地之間，九州居四海之內，豈不似蟻孔之居大澤，稊米之在大倉乎？言其大小優劣，有如此之懸也。○典案：御覽百九十引「計」作「諸」，「大」作「太」。【釋文】壘力罪反。向同。崔音壘。李力對反。空音孔。壘孔，小穴也。李云：小封也。一云：蟻冢也。稊米徒兮反。司馬云：稊米，小米也。李云：稊，草也。案郭注尒疋：稊似稗。稗，音蒲賣反。大倉音泰。號物之數謂之萬，人處一焉；人卒九州，穀食之所生，舟車之所通，人處一焉。此其比萬物也，不似豪末之在于馬體乎？【注】小大之辨，各有階級，不可相跂。【疏】號，名號也。卒，衆也。夫物之數，不止于萬，而世間語便，多稱萬物，人是萬數之一物也。中國九州，人衆聚集，百穀所生，舟車來往，在其萬數，亦處一焉。然以人比之萬物，九州方之宇宙，亦無異乎一豪之在馬體，曾何足以介懷也！【釋文】人卒尊忽反。司馬云：衆也。崔子恤反，云：盡也。○俞樾曰：「人卒」二字未詳何義。司馬訓「卒」爲衆，崔訓「卒」爲盡，皆不可通。且下云「人處一焉」，則此不當以人言。「人卒」疑「大率」二字之誤。人間世篇「率然拊之」，釋文曰：「率」或作「卒」，是「率」「卒」形似易誤之證。「率」誤爲「卒」，因改「大」爲「人」以合之。據至樂篇「人卒聞之」，盜跖篇「人卒未有不興名就利者」，是「人卒」之文，本書所有。然施之于此，不可通矣。「大率」者，總計之辭。上云「計四海之在天地之間也」，又云「計中國之在海內」，「計」與「大率」，其義正同。○典案：天地篇「人卒雖衆，其主君也」，至樂篇「人卒聞之，相與還而觀之」，盜跖篇「人卒未有不興名就利者」，是「人卒」乃莊子書中恒言。司馬注「衆也」，得其誼。俞欲改字釋之，其失也鑿矣。

五帝之所連，三王之所爭，仁人之所憂，任士之所勞，盡此矣。【注】不出乎一域。【疏】五帝連接而揖讓，三王興師而争奪，仁人殷憂于社稷，任士劬勞于職務，四者雖事業不同，俱理盡于毫末也。【釋文】五常之所連司馬云：謂連續仁義也。崔云：連，續也。本亦作「五帝」。所争側耕反。任士之所勞李云：任，能也。勞，服也。伯夷辭之以爲名，仲尼語之以爲博，此其自多也，不似爾向之自多于水乎？」【注】物有定域，雖至知不能出焉。故起大小之差，將以申明至理之無辯也。【疏】伯夷讓五等以成名，仲尼論六經以爲博，用斯輕物，持此自多，亦何異乎向之河伯自多於水？此通合前喻，并釋前事少仲尼〔之〕聞、輕伯夷之義也。

河伯曰：「然則吾大天地而小毫末，可乎？」【疏】夫形之大者，無過天地，質之小者，莫先毫末，故舉大舉小，以明稟分有差。河伯呈己所知，詢于海若。又解：若以自足爲大，吾可大于兩儀；若以無餘爲小，吾可小于毫末。河伯既其領悟，故物我均齊，所以述己解心，詢其可不也。

北海若曰：「否。夫物量無窮，【注】物物各有量。【疏】既領所疑，答曰不可。夫物之器量，稟分不同，隨其所受，各得稱適，而千差萬别，品類無窮，稱適之處，無大無小，豈得率其所知，抑以爲定？時無止，【注】死與生皆時行。【疏】新新不住。分無常，【注】得與失皆分。【疏】所稟分命，隨時變易。終始無故。【注】日新也。【疏】雖復終而復始，而未嘗不新。是故大知觀于遠近，故小而不寡，【注】各自足也。【疏】此下釋「量無窮」也。以大聖之知，視于遠理，察于近事，故毫末雖小，當體自足，無所寡少也。

大而不多，【注】亦無餘也。【疏】天地雖大，當體無餘，故未足以自多也。不多則無夸，不寡則息企也。知量無窮；【注】攬而觀之，知遠近大小之物各有量。【疏】以大人之知，知于物之器量，大小雖異，各稱其情，升降不同，故無窮也。此結前「物量無窮」也。○典案：「知量無窮」，疑當作「知物量之無窮也」，今敓「物」、「之」、「也」三字，既與上文不相應，又與下文「知分之無常也」、「知終始之不可故也」句法不一律矣。注「知遠近大小之物各有量」，疏「知于物之器量」，是郭、成所見本「量」上并有「物」字。證曏今故，【注】曏，明也。今故，猶古今。【疏】此下釋「時無止」義也。曏，明也。既知小大非小大，則證明古今無古今也。【釋文】證曏許高反。崔云：往也。向、郭云：明也。又虛丈反。故遥而不悶，【注】遥，長也。掇而不跂，【注】掇，猶短也。【疏】遥，長也。掇，短也。既知古今無古今，則知壽夭無壽夭。是故年命延長，終不厭生而悒悶；稟齡夭促，亦不欣企于遐壽。隨變任化，未始非吾。【釋文】掇專劣反。郭云：短也。而不跂如字。一本作「企」，下注亦然。知時無止；【注】證明古今，知變化之不止于死生也，故不以長而悒悶、短故爲跂也。【疏】此結前「時無止」義也。○典案：「知時無止」既結前「時無止」義，疑當作「知時之無止也」。察乎盈虛，故得而不喜，失而不憂，【疏】此下釋「分無常」義也。夫天道既有盈虛，人事寧無得喪。是以視乎盈虛之變，達乎得喪之理，故儻然而得，時也，不足爲欣；偶爾而失，命也，不足爲戚也。知分之無常也。【注】察其一盈一虛，則知分之不常于得也，故能忘其憂喜。【疏】此結前「分無常」義也。明乎坦涂，【注】死生者，日新之正道也。

【疏】此下釋「終始無故」義也。坦，平也。涂，道也。不以死爲死，不以生爲生，死生無隔，故明乎坦然平等之大道者如此。【釋文】坦吐但反。 故生而不説，死而不禍，【疏】夫明乎坦然之道者，生也不足以爲欣悦，其死也不足以爲禍敗。達死生之不二，何憂樂之可論乎！【釋文】不説音悦。 知終始之不可故也。【注】明終始之日新也，則知故之不可執而留矣，是以涉新而不愕，舍故而不驚，死生之化若一。【疏】此結前「終始無故」義。○典案：此既結前「終始無故」之義，「不可」疑當爲「無」，與上「知量無窮」、「知時無止」、「知分之無常也」一律。【釋文】不愕五各反。 舍故音捨。 計人之所知，不若其所不知，【注】所知各有限也。【疏】强知者乖真，不知者會道。以此計之，當故不如也。 其生之時，不若未生之時。【注】生時各有年也。【疏】未生之時，無喜所以無憂；既生之後，有愛所以有憎。 以其至小，求窮其至大之域，是故迷亂而不能自得也。【注】莫若安于所受之分而已。【疏】至小，智也。至大，境也。夫以有限之小智，求無窮之大境，而無窮之境未周，有限之智已喪。是故終身迷亂，返本無由，喪己企物而不自得也。 由此觀之，又何以知毫末之足以定至細之倪！又何以知天地之足以窮至大之域！」【注】以小求大，理終不得；各安其分，則大小俱足矣。若毫末不求天地之功，則周身之餘，皆爲棄物；天地不見大于秋毫，則顧其形象，裁自足耳。將何以知細之定細、大之定大也？【疏】夫物之稟分，各自不同，大小雖殊，而咸得稱適。若以小企大，則迷亂失性；各安其分，則逍遥一也。故毫末雖小，性足可以稱大；二儀雖大，無餘可以稱小。由此視之，至小之倪，何必定在于毫末；至大之域，豈獨理窮于天地。【釋文】之倪五厓反。徐音詣。郭五米反。下同。

河伯曰：「世之議者，皆曰至精無形，至大不可圍，是信情乎？」【疏】信，實也。世俗議論，未辯是非。僉言至精細者，無復形質；至廣大者，不可圍繞。未知此理，情智虚實。河伯未達，故有此疑也。

北海若曰：「夫自細視大者不盡，自大視細者不明。【注】目之所見有常極，不能無窮也，故于大則有所不盡，于細則有所不明，直是目之所不逮耳。精與大皆非無也，庸詎知無形而不可圍者哉！【疏】夫以細小之形視于曠大之物者，必不盡其宏遠，故謂之不可圍。又以曠大之物觀于細小之形者，必不曉了分明，故謂之無形質。此并未出于有境，豈是至無之義哉！夫精，小之微也；垺，大之殷也，故異便。【注】大小異，故所便不得同。【疏】精，微小也。垺，殷大也。欲明小中之小，大中之大，稟氣雖異，并不離有中。天機自張，各有便宜也。○碧虚子校引張本「便」下有「耳」字。典案：張本是也。【釋文】垺李普回反。徐音孚，謂：盛也。郭芳尤反。崔音裒。之殷殷，衆也。異便婢面反。徐扶面反。注皆同。此勢之有也。【注】若無形而不可圍，則無此異便之勢也。【疏】大小既異，宜便亦殊，故知此勢未超于有之也。夫精粗者，期于有形者也；【注】有精粗矣，故不得無形。【疏】夫言及精粗者，必期限于形名之域，而未能超于言象之表也。【釋文】精粗七胡反。下同。 無形者，數之所不能分也；不可圍者，數之所不能窮也。【疏】無形不可圍者，道也。至道深玄，絶于心色，故不可以名數分別，亦不可以數量窮盡。【釋文】能分如字。 可以言論者，物之粗也；可以意致者，物之精也。言之所不能論，意之所不能察致者，不期精粗焉。【注】唯無而已，何精粗之有哉！ 夫言意者有也，而所言所意者無也。故求之于言意之表，而入乎無言無意之域，而後至焉。【疏】夫可以言辨論説者，有物之粗法也；可以心意致得者，有物之精細也。而神口所不能言，聖心〔所〕不能察者，妙理也。必求之于言意之表，豈期必于精粗之間哉！【釋文】不能論本或作「諭」。

「是故大人之行，不出乎害人，【注】大人者無意，而任天行也。舉足而投諸吉地，豈出害人之涂哉！【疏】夫大人應物，譬彼天行，運而無心，故投諸吉地，出言利物，終不害人也。○碧虛子校引張本作「不出害人之涂也」。典案：張本是也。注「豈出害人之涂哉」，可證。 不多仁恩；【注】無害而不自多其恩。【疏】慈澤類乎春陽，而不多遍行恩惠也。 動不爲利，【注】應理而動，而理自無害。【疏】應機而動，不域心以利物。【釋文】爲利于僞反。 不賤門隸；【注】任其所能而位當于斯耳，非由賤之故措之斯職。【疏】混榮辱，一窮通，故守門僕隸，不以爲賤也。【釋文】故措七故反。 貨財弗爭，【注】各使分定。【疏】寡欲知足，守分不貪，故于彼貨財，曾無爭競也。不多辭讓；【注】適中而已。【疏】率性謙和，用捨隨物，終不矯情，飾辭多讓。事焉不借人，【注】各使自任。【疏】愚智率性，工拙襲情，終不假借于人，分外求務。不多食乎力，【注】足而已。【疏】食于分内，充足而已，不多貪求，疲勞心力。不賤貪污；【注】理自無欲。【疏】體達玄道，故無情欲，非關苟貴清廉，賤于貪污。行殊乎俗，【注】己獨無可無不可，所以與俗殊。【疏】和光同塵，無可不可，而在染不染，故行殊乎俗也。【釋文】行殊下孟反。下「堯、桀之行」同。不多辟異；【注】任理而自殊也。【疏】居正體道，故不多邪辟，而大順羣生，故曾無乖異也。【釋文】辟異匹亦反。爲在從衆，【注】從衆之所爲也。【疏】至人無心，未曾專己，故凡厥施爲，務在從衆也。不賤佞諂。【注】自然正直。【疏】素性忠貞，不履左道，非鄙賤佞諂，而後正直也。世之爵禄不足以爲勸，戮耻不足以爲辱，【注】外事不接于心。【疏】夫高官重禄，世以爲榮；刑戮黜落，世以爲耻。既而體榮枯之非我，達通塞之有時，寄來不足以勸勵，寄去不足以羞辱也。知是非之不可爲分，細大之不可爲倪。【注】故玄同也。【疏】各執是非，故是非不可爲定分；互爲大小，故細大何得有倪限。即天地毫末之謂乎。聞曰：『道人不聞，【注】任物而物性自通，則功名歸物矣，故不聞。【疏】夫體道聖人，和光韜晦，推功于物，無功名之可聞。寓諸他人，故稱聞曰。至德不得，【注】得者生于失也。物各無失，則得名去也。【疏】得者，不喪之名也。而造極之人，均于得喪，既無所喪，亦無所得。故老經云「上德不德」。大人無己。』【注】任物而已。【疏】大聖之人，有感斯應，方圓任物，故無己也。【釋文】無己音紀。約分之至也。」【注】約之以至其分，故冥也。夫唯極乎無形而不可圍者爲然。【疏】約，依也。分，限也。夫大人利物，抑乃多涂，要切而言，莫先依分。若視目所見，聽耳所聞，知止所知，而限于分内者，斯德之至者也。

河伯曰：「若物之外，若物之内，惡至而倪貴賤？惡至而倪小大？」【疏】若物之外，若物之内，謂物性分之内外也。惡，何也。言貴賤之分，小大之倪，爲在物性之中？爲在性分之外？至何處所，而有此耶？河伯未達其源，故致斯請也。【釋文】惡至音烏。下同。

北海若曰：「以道觀之，物無貴賤。【注】各自足也。【疏】道者，虛通之妙理；物者，質礙之麤事。而以麤視妙，故有大小；以妙觀麤，故無貴賤。以物觀之，自貴而相賤。【注】此區區者，乃道之所錯綜而齊之也。【疏】夫物情倒置，迷惑是非，皆欲貴己而賤他，他亦自貴而賤彼，彼此懷惑，故言「相」也。以俗觀之，貴賤不在己。【注】斯所謂倒置也。【疏】夫榮華戮耻，事出儻來，而流俗之徒，妄生欣戚，是以寄來爲貴，得之所以爲寵；寄去爲賤，失之所以爲辱。斯乃寵辱由乎外物，豈貴賤在乎己哉！以差觀之，因其所大而大之，則萬物莫不大；因其所小而小之，則萬物莫不小。知天地之爲稊米也，知毫末之爲丘山也，則差數睹矣。【注】所大者，足也。所小者，無餘也。

故因其性足以名大，則毫末丘山不得異其名；因其無餘以稱小，則天地稊米無所殊其稱。若夫觀差而不由斯道，則差數相加，幾微相傾，不可勝察也。【疏】差，别也。夫以自足爲大，則毫末之與丘山均其大矣；以無餘爲小，則天地之與稊米均其小矣。是以因毫末爲大，則萬物莫不大矣；因天地以爲小，則萬物莫不小矣。故雖千差萬際，數量不同，而以此觀之，則理可見。【釋文】其稱尺證反。可勝音升。

以功觀之，因其所有而有之，則萬物莫不有；因其所無而無之，則萬物莫不無。知東西之相反而不可以相無，則功分定矣。【注】天下莫不相與爲彼我，而彼我皆欲自爲，斯東西之相反也。然彼我相與爲脣齒，脣齒者未嘗相爲，而脣亡則齒寒。故彼之自爲，濟我之功宏矣，斯相反而不可以相無者也。故因其自爲而無其功，則天下之功莫不皆無矣；因其不可相無而有其功，則天下之功莫不皆有矣。若乃忘其自爲之功，而思夫相爲之惠，惠之愈勤，而僞薄滋甚，天下失業，而情性瀾漫矣，故其功分，無時可定也。【疏】夫東西異方，其義相反也；而非東無以立西，斯不可以相無者也。若近取諸身者，眼見耳聽，手捉脚行，五藏六腑，四肢百體，各有功能，咸稟定分，豈眼爲耳視而脚爲手行哉！相爲之功于斯滅矣。此是因其所無而無之，則萬物莫不無也。然足不行則四肢爲之委頓，目不視則百體爲之否塞，而所司各用，無心相爲，濟彼之功，自然成矣。斯因其所有而有之，則萬物莫不有也。以此觀之，則功用有矣，分各定矣。若乃忘其自爲之功，而思夫相爲之惠，則彼我失性，而是非殽亂也，豈莊生之意哉！

【釋文】自爲于僞反。注内「自爲」、「相爲」皆同，餘如字。以趣觀之，因其所然而然之，則萬物莫不然；因其所非而非之，則萬物莫不非。知堯、桀之自然而相非，則趣操睹矣。【注】物皆自然，故無不然；物皆相非，故無不非。無不非，則無然矣；無不然，則無非矣。無然無非者，堯也；有然有非者，桀也。然此二君，各受天素，不能相爲，故因堯、桀以觀天下之趣操，其不能相爲也可見矣。【疏】然，猶是也。夫物皆自是，故無不是；物皆相非，故無不非。無不非，則天下無是矣；無不是，則天下無非矣。故以物情趣而觀之，因其自是，則萬物莫不是；因其相非，則萬物莫不非矣。夫天下之極相反者，堯、桀也，故舉堯、桀之二君，以明是非之兩義。故堯以無爲爲是，有欲爲非；桀以無爲爲非，有欲爲是。故曰知堯、桀之自然相非。因此而言，則天下萬物情趣志操可以見之矣。○典案：「操」疑「捨」字之誤。「趣捨」即取舍，周季恒言也。下文「吾辭受趣舍，吾終奈何」，天地篇「趣舍滑心，使性飛揚」、「且夫趣舍聲色，以柴其内」，「趣舍」即趣捨也。

「昔者堯、舜讓而帝，之、噲讓而絶。【疏】夫帝王異代，爭讓異時。既而堯知天命有歸，故禪于舜；舜知歷祚將改，又讓于禹。唐、虞是五帝之數，故曰讓而帝也。子之，燕相子之也。噲，燕王名也。子之，即蘇秦之女壻也。秦弟蘇代，從齊使燕，以堯讓許由故事説燕王噲，令讓位與子之，子之遂受。國人恨其受讓，皆不服子之，三年國亂。齊宣王用蘇代計，興兵伐燕，于是殺燕王噲于郊，斬子之于朝，以絶燕國。豈非效堯、舜之陳迹而禍至于此乎？【釋文】之噲音快，又古邁反，又古會反。之者，燕相子之也。噲，燕王名也。司馬云：燕王噲拙于謀，用蘇代之説，效堯，舜，讓位與子之，三年而國亂。**湯、武争而王，白公争而滅。**【注】夫順天應人而受天下者，其迹則争讓之迹也。尋其迹者，失其所以迹矣，故絶滅也。【疏】殷湯伐桀，周武克紂，此之二君，皆受天命，故致六合清泰，萬國來朝。是以時繼三王，故云争而王也。而時須干戈，應以湯、武；時須揖讓，應以堯、舜。故千變萬化，接物隨時，讓争之迹，不可執留也。白公名勝，楚平王之孫，太子建之子也。平王用費無忌之言，納秦女而疏太子，太子奔鄭，娶鄭女而生勝。大傅伍奢被殺，子胥奔吴，勝從奔吴，與胥耕于野。楚令尹子西迎勝歸國，封于白邑，僭號稱公。勝以鄭人殺父，請兵報仇，頻請不允，遂起兵反。楚遣葉公子高伐而滅之，故曰白公争而滅。【釋文】而王往況反。白公名勝，楚平王之孫，白縣尹，僭稱公，作亂而死。事見左傳哀公十六年。**由此觀之，争讓之禮，堯、桀之行，貴賤有時，未可以爲常也。**【疏】争讓，文武也。堯、桀，是非也。若經緯天地，則賤武而貴文；若克定禍亂，則賤文而貴武。是以文武之道，貴賤有時，而是非之行，亦用舍何定。故争讓之禮，于堯、舜、湯、武之時則貴，于之、噲、白公之時則賤，不可常也。**梁麗可以衝城，而不可以窒穴，言殊器也；**【疏】梁，屋梁也。麗，屋棟也。衝，擊也。窒，塞也。言梁棟大，可用作攻擊城隍，不可用塞于鼠穴，言其器用大小不同也。【釋文】梁麗司馬、李音禮，一音如字。司馬云：梁麗，小船也。崔云：屋棟也。○俞樾曰：司馬云「梁麗，小船也」，崔云「屋棟也」，然小船與屋棟，皆非所以衝城。詩皇矣篇「與爾臨衝」，毛傳曰：臨，臨車也。衝，衝車也。正義曰：兵書有作臨車、衝車之法，墨子有備衝之篇，知「臨」「衝」俱是車也。然則此云「可以衝城」，其爲是車明矣。徐无鬼篇「君亦必無陳鶴列于麗譙之間」，郭注曰：麗譙，高樓也。司馬曰：麗譙，樓觀名也。此所云「梁麗」，疑是車之有樓者，若左傳所稱樓車矣。文選辨亡論「衝棚息于朔野」，李善注曰：字略作「轒」，樓也。可爲衝車有樓之證。窒珍悉反。爾雅云：塞也。崔、李同。説文都節反。**騏驥、驊騮，一日而馳千里，捕鼠不如狸狌，言殊技也；**【疏】騏驥、驊騮，并古之良馬也。捕，捉也。狸狌，野猫也。夫良馬駿足，日馳千里，而捕捉小鼠，不及狸狌。是技藝不同，不可一槩而取者也。【釋文】騏音其。驥音冀。驊戸花反。騮音留。李云：騏驥、驊騮，皆駿馬也。捕音步。本又作「搏」。徐音付。狸力之反。狌音姓。向同。又音生，崔本作「鼬」，由又反。殊技其綺反。**鴟鵂夜撮蚤，察毫末，晝出，瞋目而不見丘山，言殊性也。**【注】就其殊而任之，則萬物莫不當也。

【疏】鴟，鵂鶹也，亦名只狐，是土梟之類也。晝則眼暗，夜則目明，故夜能撮捉蚤虱，密視秋毫之末，晝出瞋張其目，不見丘山之形，是知物性不同，豈直鴟鵂而已！故隨其性而安之，則物無不當也。○典案：淮南子主術篇「鴟夜撮蚤蚊，察分秋豪；晝日顛越，不能見丘山，形性詭也」，即襲用莊子此文。【釋文】鴟尺夷反。崔云：鴟，鵂鶹，與委梟同。○典案：御覽九百二十七引「鴟鵂」作「鵂鶹」。夜撮七括反。崔本作「最」，音同。蚤音早。説文：跳蟲齧人者也。淮南子「鴟夜聚蚤，察分毫末」，許慎云：鴟夜聚食蚤蝨不失也。司馬本作「蚉」，音文，云：鴟，鵂鶹，夜取蚉食。今郭本亦有作「蚉」者。崔本作「爪」，云：鵂鶹夜聚人爪于巢中也。○王引之曰：「鵂」字涉釋文内「鴟，鵂鶹」而衍（埤雅引此已誤）。案釋文曰：「鴟，尺夷反。崔云：鴟，鵂鶹。」而不爲「鵂」字作音，則正文内本無「鵂」字明矣。淮南主術篇亦云「鴟夜撮蚤」。○典案：太平廣記四百六十二引感應經云「鵂鶹食人遺爪」，非也。蓋鵂鶹夜能拾蚤蝨，「爪」「蚤」音近，故誤云也。纂文云：鵂鶹，一名忌欺，白日不見人，夜能拾蚤蝨也。「蚤」、「爪」音相近，俗人云鵂鶹食人棄爪，相其吉凶，皆妄説也。觀諸書所言，鵂鶹夜食人遺爪之説，皆由崔本之作「爪」而起。瞋尺夷反。向處辰反。司馬云：張也。崔音眩，又師慎反。本或作「瞑」。○典案：御覽九百二十七引「瞋」作「瞑」，與釋文一本合。蘇輿曰：「瞋」字是。言鵂夜能撮蚤，及晝則雖瞋目而不見丘山矣。

「故曰：蓋師是而無非，師治而無亂乎？是未明天地之理、萬物之情者也。【注】夫天地之理，萬物之情，以得我爲是，失我爲非；適必爲治，失和爲亂。然物無定極，我無常適，殊性異便，是非無主。若以我之所是，則彼不得非，此知我而不見彼者耳。故以道觀者，于是非無當也，付之天均，恣之兩行，則殊方異類，同焉皆得也。【疏】蓋，不盡之辭也。師，猶師心也。夫物各師其域心，妄爲偏執，將己爲是，不知他以爲非；將我爲治，不知物以爲亂。故師心爲是，不見己上有非；師心爲治，謂言我身無亂。豈知治亂同源，是非無主？故治亂同源者，天地之理也；是非無主者，萬物之情也。暗于斯趣，故言未明也。【釋文】師是或云：師，順也。師治直吏反。注皆同。是猶師天而無地，師陰而無陽，其不可行，明矣。【疏】夫天地陰陽，相對而有。若使有天無地，則萬物不成；有陰無陽，則蒼生不立。是知師是而無非、師治而無亂者必不可行，明矣。然且語而不舍，非愚則誣也。【注】天地陰陽，對生也；是非治亂，互有也。將奚去哉？【疏】若夫師是而無非，師天而無地，語及于此而不捨于口者，若非至愚之人，則是故爲誣罔。○典案：韓非子顯學篇「無參驗而必之者，愚也；弗能必而據之者，誣也。故明據先王，必定堯、舜者，非愚則誣也」，是此「非愚則誣也」之義。【釋文】不舍音捨。下同。**帝王殊禪，三代殊繼。差其時、逆其俗者，謂之篡夫；**【疏】帝，五帝也。王，三王。三代，夏、殷、周。禪，授也。繼，續也。或宗族相承，或讓與他姓，故言殊禪也。或父子相繼，或興兵篡弒，故言殊繼也。或遲速差互，不合天時；或氓俗未歸，逆於人事。是以之、噲慕堯、舜以絶嗣，白公效湯、武以滅身。如此之流，謂之篡奪也。○碧虚子校引張君房本「篡」下有「之」字。○典案：「篡之夫」不詞，且與下「義徒」不相對，張本非是。【釋文】篡夫初患反，取也。下如字。**當其時，順其俗者，謂之義徒。**【疏】夫干戈揖讓，事迹不同，用捨有時，不可常執。至如湯、武興兵，唐、虞揖讓，上符天道，下合人心，如此之徒，謂之爲義也。**默默乎河伯，女惡知貴賤之門，小大之家！」**【注】俗之所貴，有時而賤；物之所大，世或小之，故順物之迹，不得不殊，斯五帝、三王之所以不同也。【疏】河伯未能會理，故海若訶使忘言，默默莫聲，幸勿辭費也。夫小大無主，貴賤無門，物情顛倒，妄爲臧否，故女於何推逐而知貴賤大小之家門乎？言其不知也。○典案：「默默乎河伯」五字隔斷文義。「默默乎」疑當在下文「兼懷萬物，其孰承翼」句上，與「繇繇乎」、「泛泛乎」竝列。疏「默默莫聲，幸勿辭費也」，是其錯亂已在唐前。【釋文】女惡音汝。後放此，下音烏。

河伯曰：「然則我何爲乎，何不爲乎？吾辭受趣舍，吾終奈何？」【疏】奈何，猶如何也。河伯雖領高義，而未達旨歸，故更請決疑，遲聞解釋。我欲處涉人世，攝衛修道，於何事而可爲乎？於何事而不可爲乎？及辭讓受納，進趣退舍，衆諸物務，其事云何？願垂告誨，終身奉遵。

北海若曰：「以道觀之，何貴何賤，是謂反衍；【注】貴賤之道，反覆相尋。【疏】反衍，猶反覆也。夫貴賤者，生乎妄執也。今以虛通之理照之，則貴者反賤，而賤者復貴，故謂之「反衍」也。【釋文】反衍如字。又以戰反。崔云：無所貴賤，乃反爲美也。本亦作「畔衍」。李云：猶漫衍合爲一家。○郭慶藩曰：文選左太冲蜀都賦注引司馬作「叛衍」，云：叛衍，猶漫衍也。釋文闕。反覆芳服反。無拘而志，與道大蹇。【注】自拘執，則不夷於道。【疏】而，汝也。夫修道之人，應須放任，而汝乃拘執心志，矜而持之，故與虛通之理蹇而不夷也。【釋文】與道大蹇向紀輦反。徐紀偃反。本或作「與天道蹇」。崔本「蹇」作「浣」，云：猶洽也。何少何多，是謂謝施；【注】隨其分，故所施無常。【疏】謝，代也。施，用也。夫物或聚少以成多，或散多以爲少，故施用代謝，無常定也。【釋文】謝施如字。司馬云：謝，代也。施，用也。崔云：不代其德，是謂謝施。無一而行，與道參差。【注】不能隨變，則不齊於道。【疏】夫代謝施用，多少適時，隨機變化，故能齊物。若執一爲行，則與理不冥者也。【釋文】參初林反。差初宜反。嚴乎若國之有君，其無私德；【注】公當而已。【疏】體道之士，望之儼然，端拱萬乘，楷模於物，羣彼萬國，宗仰一君，亭毒黎元，必無私德也。○奚侗曰：「嚴」字當重，與「繇繇乎」、「汎汎乎」相耦。典案：奚説是也。【釋文】嚴乎魚檢反。又如字。繇繇乎若祭之有社，其無私福；【注】天下之所同求。【疏】繇繇，賒長之貌也。若衆人之祭社稷，而社稷無私福於人也。【釋文】繇繇音由。泛泛乎其若四方之無窮，其無所畛域。【注】泛泛然無所在。【疏】泛泛，普偏之貌也。夫至人立志，周普無偏，接濟羣生，泛愛平等。譬東西南北，曠遠無窮，量若虛空，豈有畛界限域也！【釋文】泛泛孚劍反。字又作「汎」。畛之忍反。域于逼反。舊于自反。兼懷萬物，其孰承翼？【注】掩御羣生，反之分內而平往者也，豈扶疏而承翼哉！【疏】懷，藏也。孰，誰也。言大聖慈悲，兼懷庶品，平往而已，終無偏愛。誰復有心拯赦，而接承扶翼者也？是謂無方。【注】無方，故能以萬物爲方。【疏】譬彼明鏡，方兹幽谷，逗機百變，無定一方也。萬物一齊，孰短孰長？【注】莫不皆足。【疏】萬物參差，亭毒唯一，鳧鶴長短，分足性齊。道無終始，物有死生，【注】死生者，無窮之變耳，非終始也。【疏】虛通之道，無終無始，執滯之物，妄計死生。故老經云：「迎不見其首，隨不見其後。」不恃其成；【注】成無常處。【疏】應物無方，超然獨化，豈假待對而後生成也！一虛一滿，不位乎其形。【注】不以形爲位，而守之不變。【疏】譬彼陰陽，春生秋殺，盈虛變化，榮落順時。豈執守形骸，而拘持名位邪！年不可舉，【注】欲舉之令去，而不能。【釋文】令去力呈反。時不可止，【注】欲止之使停，又不可。【疏】夫年之夭壽，時之賒促，出乎天理，蓋不由人。故其來也不可舉而令去，其去也不可止而令住。俱當任之，未始非我也。

消息盈虛，終則有始，【注】變化日新，未嘗守故。【疏】夫陰消陽息，夏盈冬虛，氣序循環，終而復始。混成之道，變化日新，循理直前，無勞措意也。是所以語大義之方，論萬物之理也。【疏】前來所辨海若之談，正是語大道之義方、論萬物之玄理者也。物之生也，若驟若馳，【注】但當就用耳。【疏】夫生滅流謝，運運不停，其爲迅速，如馳如驟。是尤百年倏忽，何足介懷也！無動而不變，無時而不移。【注】故不可執而守。【疏】夫流動變化，物代遷移，迅若交臂，驟如過隙。故未有語動而不變化，言時而不遷移也。何爲乎，何不爲乎？夫固將自化。」【注】若有爲不爲於其間，則敗其自化矣。【疏】萬物紛亂，同稟天然，安而任之，必自變化，何勞措意爲與不爲！

河伯曰：「然則何貴於道邪？」【注】以其自化。【疏】若使爲與不爲混一，則凡聖之理均齊。既任變化之自然，又何貴於至道！河伯更起斯問，遲以所疑。

北海若曰：「知道者必達於理，達於理者必明於權，明於權者不以物害己。【注】知道者，知其無能也；無能也，則何能生我？我自然而生耳。而四支百體、五藏精神，己不爲而自成矣，又何有意乎生成之後哉！達乎斯理者，必能遣過分之知，遺益生之情，而乘變應權，故不以外傷內，不以物害己，而常全也。【疏】夫能知虛通之道者，必達深玄之實理；達深玄之實理者，必明於應物之權智。既明權實之無方，故能安排而去化，死生無變於己，何外物之能害哉！以答河伯之所疑，次明至道之可貴。【釋文】五藏才浪反。至德者，火弗能熱，水弗能溺，寒暑弗能害，禽獸弗能賊。【注】夫心之所安，則危不能危，意無不適，故苦不能苦也。【疏】至德者，謂得至道之人也。雖復和光混世，處俗同塵，而不爲四序所侵，不爲三災所害，既得之於內，故外不能賊。此明解道之可貴也。非謂其薄之也，【注】雖心所安，亦不使犯之。【疏】薄，輕也。所以水火不侵、禽獸不害者，惟心所安，則傷不能傷也。既不違避，亦不輕犯之也。【釋文】其薄如字。崔云：謂以體著之。言察乎安危，【注】知其不可逃也。【疏】所以傷不能傷者，正言審察乎安危，順之而不可逃，處之而常適也。寧於禍福，【注】安乎命之所遇。【疏】寧，安也。禍，窮塞也。福，通達也。至德之人，唯變所適，體窮通之有命，達禍福之無門。故所樂非窮通，而所遇常安也。謹於去就，【注】審去就之非己。【疏】謹去就之無定，審取舍之有時，雖復順物遷移，而恒居至當者。莫之能害也。【注】不以害爲害，故莫之能害。【疏】一於安危，冥於禍福，與化俱往，故物莫能傷。此總結以前無害之義。故曰：天在內，人在外，【注】天然在內，而天然之所順者在外，故大宗師云：知天人之所爲者，至矣。明內外之分，皆非爲也。【疏】天然之性，韞之內心；人事所須，涉乎外迹，皆非爲也。任之自然，故物莫之害矣。德在乎天。【注】恣人任知，則流蕩失素也。【疏】至德之美，在乎天然。若恣人任知，則流蕩天性。知天人之行，本乎天，位乎得，【注】此天然之知自行，而不出乎分者也，故雖行於外，而常本乎天而位乎得矣。【疏】此真知也。位，居處也。運真知而行於世，雖涉於物，千變萬化，而恒以自然爲本，居於虛極而不喪其性，動而寂者也。○碧虛子校引江南古藏本作「知乎人之行」。典案：江南古藏本亦可通。【釋文】之行如字。蹢躅而屈伸，【注】與機會相應者，有斯變也。【疏】蹢躅，進退不定之貌也。至人應世，隨物污隆，或屈或伸，曾無定執，趣人冥會，以逗機宜。【釋文】蹢丈益反，又持革反。躅丈録反，又音濁。屈伸音申。反要而語極。」【注】知雖落天地，事雖接萬物，而常不失其要極，故天人之道全也。【疏】雖復混迹人間而心恒凝静，常居樞要而反本還源。所有語言，皆發乎虛極，動不乖寂，語不乖默也。【釋文】反要於妙反。

曰：「何謂天？何謂人？」【疏】河伯未達玄妙，更起此疑，問天人之道，庶希後答也。

北海若曰：「牛馬四足，是謂天；落馬首，穿牛鼻，是謂人。【注】人之生也，可不服牛乘馬乎？服牛乘馬，可不穿落之乎？牛馬不辭穿落者，天命之固當也。苟當乎天命，則雖寄之人事，而本在乎天也。【疏】夫牛馬稟於天，自然有四脚，非關人事，故謂之天。羈勒馬頭，貫穿牛鼻，出自人意，故謂之人。然牛鼻可穿，馬首可絡，不知其爾，莫辨所由，事雖寄乎人情，理終歸乎造物。欲顯天人之一道，故託牛馬之二獸也。○典案：淮南子原道篇「故牛歧蹏而戴角，馬被髦而全足者，天也。絡馬之口，穿牛之鼻者，人也」，即襲用莊子此文。故曰：無以人滅天，【注】穿落之可也，若乃走作過分，驅步失節，則

天理滅矣。【疏】夫因自然而加人事，則羈絡之可也。若乃穿馬絡牛，乖於造化，可謂逐人情之矯僞，滅天理之自然。**無以故滅命，**【注】不因其自爲而故爲之者，命其安在乎！【疏】夫率性乃動，動不過分，則千里可致，而天命全矣。若乃以駑勵驥，而驅馳失節，斯則以人情事故，毁滅天理，危亡旦夕，命其安在乎！豈唯馬牛，萬物皆爾。**無以得殉名。**【注】所得有常分，殉名則過也。【疏】夫名之可殉者無涯，性之所得者有限。若以有限之得殉無涯之名，則天理滅而性命喪矣。**謹守而勿失，是謂反其真。」**【注】真在性分之內。【疏】夫愚智夭壽，窮通榮辱，稟之自然，各有其分。唯當謹固守持，不逐於物，得於分內，而不喪於道者，謂反本還源，復於真性者也。此一句總結前玄妙之理也。

夔憐蚿，蚿憐蛇，蛇憐風，風憐目，目憐心。【疏】憐是愛尚之名。夔是一足之獸，其形如鼓，足似人脚，而迴踵向前也。山海經云：東海之內有流波之山，其山有獸，狀如牛，蒼色，無角，一足而行，聲音如雷，名之曰夔。昔黄帝伐蚩尤，以夔皮冒鼓，聲聞五百里也。蚿，百足蟲也。夔則以少企多，故憐蚿。蚿則以有羡無，故憐蛇。蛇則以小企大，故憐風。風則以暗慕明，故憐目。目則以外慕內，故憐心。欲明天地萬物，皆稟自然，明暗有無，無勞企羡，放而任之，自合玄道。倒置之徒，妄心希慕，故舉夔等之麄事，以明天機之妙理。又解：憐，哀愍也。夔以一足而跳躑，憐蚿衆足之煩勞。蚿以有足而安行，哀蛇無足而辛苦。蛇〔以〕有形而適樂，愍風無質而冥昧。風以飄飖而自在，憐目域形而滯著。目以在外而明顯，憐心處內而暗塞。欲明物情顛倒，妄起哀憐，故託夔、蚿，以救其病者也。【釋文】夔求龜反。一足獸也。李云：黄帝在位，諸侯於東海流山得奇獸，其狀如牛，蒼色，無角，一足，能走，出入水即風雨，目光如日月，其音如雷，名曰夔。黃帝殺之，取皮以冒鼓，聲聞五百里。憐音蓮。蚿音賢，又音玄。司馬云：馬蚿蟲也。廣雅云：蛆渠馬蚿。蚿憐蛇蛇憐風風憐目目憐心司馬云：夔一足，蚿多足，蛇無足，風無形，目形綴於此，明流於彼，心則質幽，爲神遊外。

夔謂蚿曰：「吾以一足趻踔而行，予無如矣。今子之使萬足，獨奈何？」【疏】趻踔，跳躑也。我以一足跳躑，快樂而行，天下簡易，無如我者。今子驅馳萬足，豈不劬勞？如何受生獨異於物？發此疑問，庶顯天機也。○典案：「予」當爲「子」，形近而誤。此夔謂蚿之辭，作「予」則非其指矣。御覽九百四十八引字正作「子」，文選文賦注引作「爾」，其義一也。三百八十七引與今本同。【釋文】趻勑甚反。郭菟減反。一音初禀反。卓本亦作「踔」，同，勑角反。李云：趻卓，行貌。○典案：文選文賦「故踸踔於短垣」，注引「趻」作「踸」，成疏「趻踔，跳躑也」，最得其誼。楚辭七諫「馬蘭踸踔而日加」，王注：踸踔，暴長貌。廣雅釋訓：踸踔，無常也。暴長、無常，誼皆近似。海賦「踸踔湛灤」，注：波前却之貌。跳躑、前却，誼亦無別。凡雙聲字皆當連二字爲訓，或以卓爾、踔然釋之，非是。

蚿曰：「不然。子不見夫唾者乎？噴則大者如珠，小者如霧，雜而下者不可勝數也。今予動吾天機，而不知其所以然。」【疏】夫唾而噴者，實無心於大小，而大小之質自分，故大者如珠璣，小者如濛霧，散雜而下，其數難舉。今蚿之衆足，乃是天然機關，運動而行，未知所以，無心自張，有同噴唾。夔以人情起問，蚿以天機直答，必然之理，於此自明也。○典案：御覽三百八十七引「唾」下無「者」字。【釋文】唾吐臥反。噴普悶反，又芳奔反，又孚問反。如霧音務。郭武貢反。可勝音升。○郭慶藩曰：文選陸士衡文賦注引司馬云：天機，自然也。釋文闕。

蚿謂蛇曰：「吾以衆足行，而不及子之無足，何也？」【疏】蚿以衆足而遲，蛇以無足而速。然遲速有無，稟之造化。欲明斯理，故發此疑問。

蛇曰：「夫天機之所動，何可易邪？吾安用足哉！」【注】物之生也，非知生而生也，則生之行也，豈知行而行哉！故足不知所以行，目不知所以見，心不知所以知，俛然而自得矣。遲速之節，聰明之鑒，或能或否，皆非我也。而惑者因欲有其身而矜其能，所以逆其天機而傷其神器也。至人知天機之不可易也，故捐聰明，棄知慮，魄然忘其所爲而任其自動，故萬物無動而不逍遥也。【疏】天然機關，有此動用，遲速有無，不可改易，無心任運，何用足哉！【釋文】俛然亡本反。

蛇謂風曰：「予動吾脊脅而行，則有似也。今子蓬蓬然起於北海，蓬蓬然入於南海，而似無有，何也？」【疏】脅，肋也。蓬蓬，風聲也，亦塵動貌也。蛇既無足，故行必動脊脅也。似，像也。蛇雖無足，而有形像，風無形像，而鼓動無方，自北徂南，擊揚溟海，無形有力。竊有所疑，故陳此問，庶聞後答也。【釋文】蓬蓬步東反。徐扶公反。李云：風貌。

風曰：「然。予蓬蓬然起於北海而入於南海也，然而指我則勝我，䲡我亦勝我。雖然，夫折大木、蜚大屋者，唯我能也，故以衆小不勝爲大勝也。爲大勝者，唯聖人能之。」【注】恣其天機，無所與争，斯小不勝者也。然乘萬物御羣材之所爲，使羣材各自得，萬物各自爲，則天下莫不逍遥矣，此乃聖人所以爲大勝也。【疏】風雖自北徂南，擊揚溟海，然人以手指撝於風，風即不能折指，以脚蹢踏於風，風亦不能折脚，此小不勝也。然而飄風卒起，羊角乍騰，則大厦爲之飛揚，櫟社以之摧折，此大勝也。譬達觀之士，穢迹揚波，混愚智於羣小之間，泯是非於囂塵之内，此衆小不勝也。而亭毒蒼生，造化區宇，同二儀之覆載，等三光之照燭，此大勝也。非下凡之所解，唯聖人獨能之。蹢亦有作「鰌」字者，鰌，藉也〔一〕。今不用此解也。【釋文】鰌音秋。李云：藉也。藉則削也。本又作「蹢」，子六反，又七六反，迫也。折大之舌反。蜚大音飛，又扶貴反。

孔子遊於匡，宋人圍之數帀，而絃歌不惙〔二〕。【疏】輟，止也。「宋」當爲「衛」，字之誤也。匡，衛邑也。孔子自魯適衛，路經匡邑，而陽虎曾侵暴匡人，孔子貌似陽虎，又孔子弟子顔剋與陽虎同暴匡邑，剋時復與孔子爲御，匡人既見孔子貌似陽虎，復見顔剋爲御，謂孔子是陽虎重來，所以興兵圍繞。孔子達窮通之命，故絃歌不止也。【釋文】孔子遊於匡宋人圍之數色主反。○典案：御覽四百三十七引「匡」作「宋」，「宋」作「匡」。帀子合

〔一〕藉　其下原作「蓋」字，據釋文删。

〔二〕惙　趙諫議本作「輟」。

反。司馬云：「宋」當作「衛」。匡，衛邑也。衛人誤圍孔子，以爲陽虎。虎嘗暴於匡人，又孔子弟子顏剋，時與虎俱，後剋爲孔子御，至匡，匡人共識剋，又孔子容貌與虎相似，故匡人共圍之。○典案：御覽四百三十七引「帀」作「匝」。不惙本又作「輟」，同。丁劣反。○典案：「惙」，御覽四百三十七引作「輟」，與釋文一本合。

子路入見，曰：「何夫子之娛也？」【疏】娛，樂也。匡人既圍，理須憂懼，而絃歌不止，何故如斯？不達聖情，故起此問。本亦有作「虞」字者，虞，憂也。怪夫子憂虞而絃歌不止。【釋文】入見賢遍反。

孔子曰：「來！吾語女。我諱窮久矣，而不免，命也；求通久矣，而不得，時也。【注】將明時命之固當，故寄之求諱。【疏】諱，忌也，拒也。窮，否塞也。通，泰達也。夫子命仲由來，語其至理，云：我忌於窮困而不獲免者，豈非天命也？求通亦久而不能得者，不遇明時也。夫時命者，其來不可拒，其去不可留，故安而任之，無往不適也。夫子欲顯明斯理，故寄之窮諱，而實無窮諱也。○典案：「來」上當有「由」字，呼子路名而告之也。御覽四百三十七引「來」上有「由」字。【釋文】吾語魚據反。當堯、舜之時，而天下無窮人，非知得也；當桀、紂之時，而天下無通人，非知失也。時勢適然。【注】無爲勞心於窮通之間。【疏】夫生當堯、舜之時，而天下太平，使人如器，恣其分內，故無窮塞。當桀、紂之時，而天下暴亂，物皆失性，故無通人。但時屬夷險，勢使之然，非關運知，有斯得失也。○「堯舜」「桀紂」下「之時」二字舊敚。典案：碧虛子校引張君房本「堯舜」「桀紂」下竝有「之時」二字。疏「夫生當堯、舜之時，而天下太平」，「當桀、紂之時，而天下暴亂」，是所見本亦竝有此二字，今據補。

「夫水行不避蛟龍者，漁父之勇也；陸行不避兕虎者，獵夫之勇也；白刃交於前，視死若生者，烈士之勇也；【注】情各有所安。【疏】情有所安，而忘其怖懼，此起譬也。【釋文】蛟音交。漁父音甫。兕徐履反。知窮之有命，知通之有時，臨大難而不懼者，聖人之勇也。【注】聖人則無所不安。【疏】聖人知時命，達窮通，故勇敢於危險之中，而未始不安也。此合喻也。○典案：文選辯命論注、御覽四百三十七引「知窮」上有「聖人」二字。【釋文】大難乃旦反。由處矣，吾命有所制矣。」【注】命非己制，故無所用其心也。夫安於命者，無往而非逍遙矣，故雖匡、陳、羑里，無異於紫極閒堂也。【疏】處，安息也。制，分限也。告勑子路，令其安心，我稟天命，自有涯分，豈由人事所能制哉！【釋文】閒堂音閑。

無幾何，將甲者進，辭曰：「以爲陽虎也，故圍之。今非也，請辭而退。」【疏】無幾何，俄頃之時也。既知是宣尼，非關陽虎，故將帥甲士，前進拜辭，遜謝錯誤，解圍而退也。【釋文】無幾居起反。將甲如字。本亦作「持甲」。○典案：御覽四百三十七引「將」作「持」，與釋文一本合。

公孫龍問於魏牟曰：「龍少學先王之道，長而明仁義之行；合同異，離堅白，然不然，可不可；困百家之知，窮衆口之辯，吾自以爲至達已。【疏】姓公孫，名龍，趙人也。魏牟，魏之公子，懷道抱德，厭穢風塵。先王，堯、舜、禹、湯之迹也。仁義，五德之行也。孫龍禀性聰明，率才宏辯，著守白之論，以博辯知名，故能合異爲同，離同爲異，可爲不可，然爲不然，難百氏之書皆困，窮衆口之辯咸屈。生於衰周，一時獨步，弟子孔穿之徒，祖而師之，擅名當世，莫與爭者。故曰：矜此學問，達於至妙，忽逢莊子，猶若井蛙也。【釋文】公孫龍問於魏牟司馬云：龍，趙人。牟，魏之公子。少學詩照反。長而張丈反。之行下孟反。之知音智。**今吾聞莊子之言，汒焉異之。不知論之不及與，知之弗若與？今吾無所開吾喙，敢問其方。」**【疏】喙，口也。方，道也。孫龍雖善於言辯，而未體虛玄，是故聞莊子之言，汒焉怪其奇異，方覺己之學淺，始悟莊子語深。豈直議論不如，抑亦智力不逮。所以自緘其口，更請益於魏牟。【釋文】汒焉莫剛反。郭音莽。○典案：御覽八十九引「汒」作「茫」，疑是。論之力困反。及與音余。下助句放此。所開如字。本亦作「關」，兩通。本或作「闓」。吾喙許穢反，又昌鋭反。

公子牟隱机大息，仰天而笑曰：「子獨不聞夫埳井之鼃乎〔一〕**？謂東海之鱉曰：『吾樂與！出跳梁乎井幹之上，入休乎缺甃之崖；赴水則接腋持頤，蹶泥則没足滅跗；還視虷蟹與科斗，莫吾能若也。**【疏】公子體道清高，超然物外，識孫龍之

〔一〕鼃　趙諫議本作「蛙」。

淺辯，鑒莊子之深言，故仰天歎息而嗤笑，舉蛙、鼈之兩譬，明二子之勝負。埳井，猶淺井也。蛙，蝦蟆也。幹，井欄也。甃，井中累塼也。跗，脚趺也。還，顧視也。虷，井中赤蟲也，亦言是到結蟲也。蟹，小螃蟹也。科斗，蝦蟆子也。腋，臂下也。頤，口下也。東海之鼈，其形宏巨，隨波游戲，暫居平陸。而蝦蟆小蟲，處於淺井，形容既劣，居處不寬，謂自得於井中，見巨鼈而不懼。云：我出則跳躑井欄之上，入則休息乎破磚之涯，游泳則接腋持頤，蹶泥則滅趺没足，顧瞻蝦蟹之類，俯視科斗之徒，逍遥快樂，無如我者也。○馬叙倫曰：「梁」字羨文。疏「出則跳躑井欄之上，入則休息乎破磚之涯」，可證成本無「梁」字。音義出「跳」字，不出「梁」字，是陸本亦無「梁」字。典案：馬説未碻。碧虚子校引江南古藏本亦無「梁」字。惟逍遥遊篇「東西跳梁，不辟高下」，是「跳梁」固莊子書中之恒言。彼釋文亦不出「梁」字，此「跳梁」與逍遥遊篇文義正同，彼「梁」字若非羨文，則此不得無「梁」字。「休」、「崖」，御覽百八十九、九百三十二引作「沐」作「岸」。又「視」字舊敓，馬叙倫曰：當依御覽百八十九引「還」下補「視」字，疏「顧瞻蝦蟹之類，俯視科斗之徒」，是成本亦有「視」字。典案：馬説是也，今據成本補。【釋文】隱机於靳反。大息音泰。埳井音坎。郭音陷。之鼃本又作「蛙」，户蝸反。司馬云：埳井，壞井也。鼃，水蟲，形似蝦蟆。之鱉必滅反。字亦作「鼈」。吾樂音洛。下「之樂」、「大樂」同。跳音條。井幹古旦反。司馬云：井欄也。褚詮之音西京賦作韓音。甃側救反。李云：如闌，以塼爲之，著井底闌也。字林壯繆反，云：井壁也。赴水如字。司馬本作「踣」，云：赴也。蹶其月反，又音厥。泥則没足滅跗方于反。郭音附。司馬云：滅，没也。跗，足跗也。李云：言踊躍於塗中。還音旋。司馬云：顧視也。虷音寒，井中赤蟲也。一名蜎，爾雅云：蜎，蠉。郭注云：井中小蛣蟩赤蟲也。蜎，音求兖反。蠉，音況兖反。蛣蟩，音吉厥。蟹户買反。科斗苦禾反。

科斗，蝦蟆子也。且夫擅一壑之水，而跨跱埳井之樂，此亦至矣，夫子奚不時來入觀乎！』【注】此猶小鳥之自足於蓬蒿。【疏】擅，專也。跱，安也。蛙呼鼈爲夫子，言：我獨專一壑之水，而安埳井之樂，天下至足，莫甚於斯，處所雖陋，可以游涉。夫子何不暫時降步，入觀下邑乎？以此自多，矜夸於鼈也。【釋文】夫擅市戰反，專也。一壑火各反。

「東海之鼈左足未入，而右膝已縶矣，【注】明大之不游於小，非樂然。【疏】縶，拘也。埳井狹小，海鼈巨大，以小懷大，理不可容，故右膝纔下，而已遭拘束也。【釋文】已縶豬立反。司馬云：拘也。三蒼云：絆也。○典案：「縶」，御覽九百三十二引作「墊」。非樂音岳，又五教反。於是逡巡而卻，告之海曰：『夫千里之遠，不足以舉其大；千仞之高，不足以極其深。【疏】逡巡，從容也。七尺曰仞。鼈既左足未入，右膝已拘，於是逡巡卻退，告蛙大海之狀：夫世人以千里爲遠者，此未足以語海之寬大；以千仞爲高者，亦不足極海之至深。言海之深大，非人所測度，以埳井爲至，無乃劣乎！○俞樾曰：「海」字當在「夫」字之下。典案：俞說是也。藝文類聚水部、御覽六十、九百三十二引「海」字竝在「夫」字下，是其塙證。百八十九引作「告之海若曰」，此東海之鼈告井蛙之詞，則「若」字必淺人所妄加也。「千里」、「千仞」，於詞爲複，百八十九引作「萬里」，疑是。【釋文】逡七旬反。禹之時十年九潦，而水弗爲加益；湯之時八年七旱，而崖不爲加損。夫不爲頃久推移，不以多少進退者，此亦東海之大樂也。』【疏】頃，少時也。久，多時也。推移，變改也。堯遭洪水，命禹治之有功，故稱禹時也。而堯十年之中，九年遭潦，殷湯八歲之間，七歲遭旱，而旱崖不加損，潦亦水不加益，是明滄波浩汗，溟渺深宏，不爲頃久推移，豈由多少進退。東海之樂，其在茲乎！○典案：御覽九百三十二引「崖」作「岸」，「頃久」作「須臾」，六十引「亦」作「蓋」。又案：荀子正論篇「語曰，淺不足測深，愚不足與謀知，坎井之鼃，不可與語東海之樂」，此之謂也」，亦用此事。【釋文】九潦音老。弗爲于僞反。下同。頃久司馬云：猶早晚也。

於是埳井之鼃聞之，適適然驚，規規然自失也。【注】以小羡大，故自失。【疏】適適，驚怖之容。規規，自失之貌。蛙擅埳井之美，自言天下無過，忽聞海鼈之談，茫然喪其所謂，是以適適規規，驚而自失也。而公孫龍學先王之道，篤仁義之行，困百家之知，窮衆口之辯，忽聞莊子之言，亦猶井蛙之逢海鼈也。【釋文】適適始赤反，又丈革反。郭菟狄反。規規如字，又虚役反。李、徐紀睡反。適適、規規，皆驚視自失貌。

且夫知不知是非之竟，而猶欲觀於莊子之言，是猶使蚊負山、商蚷馳河也，必不勝任矣。【注】物各有分，不可强相希效。【疏】商蚷，馬蚿也，亦名商距，亦名且渠。孫龍雖復聰明性識，但是俗知，非真知也。故知未能窮於是非之境，而欲觀察莊子至理之言者，亦何異乎使蚊子負於丘山，商蚷馳於河海，而力微負重，智小謀大，故必不勝任也。【釋文】之竟音境。後同。蚊音文。商蚷音渠。郭音巨。司馬云：商蚷，蟲名，北燕謂之馬蚿。一本作「蝂」。徐市軫反。不勝音升。可强其丈反。

且夫知不知論極妙之言，而自適一時之利者，是非埳井之鼃與？【疏】孫龍所學，心知狹淺，何能議論莊子窮微極妙之言耶？祇可辯析是非，適一時之名利耳。以斯爲道，豈非坎井之鼃乎？此結譬也。

且彼方跐黃泉而登大皇，無南無北，奭然四解，淪於不測；無東無西，始於玄冥，反於大通。【注】言其無不至也。【疏】跐，蹈也，亦極也。大皇，天也。玄冥，妙本也。大通，應迹也。夫莊子之言，窮理性妙，能仰登旻蒼之上，俯極黃泉之下，四方八極，奭然無礙。此智隱没，不可測量，始於玄極，而其道杳冥，反於域中，而大通於物也。【釋文】方跐音此。郭時紫反，又側買反。廣雅云：蹋也，蹈也，履也。司馬云：測也。大皇音泰。奭然音釋。四解戶買反。

子乃規規然而求之以察，索之以辯，【注】夫遊無窮者，非察辯所得。【釋文】索之所白反。

是直用管闚天、用錐指地也，不亦小乎？子往矣！【注】非其任者，去之可也。【疏】規規，經營之貌也。夫以觀察求道，言辯率真，雖復規規用心，而去之遠矣。譬猶以管闚天，詎知天之闊狹！用錐指地，甯測地之淺深！莊子道合二儀，孫龍德同錐管，智力優劣如此之懸，既其不如，宜其速去矣。

且子獨不聞夫壽陵餘子之學行於邯鄲與？未得國能，又失其故行矣，直匍匐而歸耳。【注】以此効彼，兩失之。【疏】壽陵，燕之邑。邯鄲，趙之都。弱齡未壯，謂之餘子。趙都之地，其俗能行，故燕國少年，遠來學步。既乖本性，未得趙國之能；捨己效人，更失壽陵之故。是以用手據地，匍匐而還也。○典案：「行」當作「步」。御覽三百九十四引兩「行」字竝作「步」。疏「燕國少年，遠來學步」，是成所見本字亦作「步」，不作「行」也。漢書敘傳「昔有學步於邯鄲者，曾未得其髣髴，又復失其故步」，即本此文，尤其明證矣。【釋文】壽陵餘子司馬云：壽陵，邑名。未應丁夫爲餘子。○典案：呂氏春秋離俗覽「平阿之餘子，亡戟得矛」，高注：餘子，官氏也。邯音寒。鄲音丹。邯鄲，趙國都也。匍音蒲，又音符。匐蒲北反，又音服。今子不去，將忘子之故，失子之業。」【疏】莊子道冠重玄，獨超方外，孫龍雖言辯宏博，而不離域中，故以孫學莊談，終無得理。若使心生企尚，躊躇不歸，必當失子之學業，忘子之故步。此合喻也。○典案：「故」下當有「步」字，此承上文「又失其故行」而言。疏「必當失子之學業，忘子之故步」，是成所見本尚有「步」字。

公孫龍口呿而不合，舌舉而不下，乃逸而走。【疏】呿，開也。逸，奔也。前聞莊子之談，以過視聽之表；復見魏牟之説，更超言象之外。内殊外隔，非孫龍所知。故口開而不能合，舌舉而不能下，是以心神恍惚，形體奔馳也。【釋文】口呿起據反。司馬云：開也。李音袪，又巨劫反。

莊子釣於濮水，楚王使大夫二人往先焉，曰：「願以境内累矣。」【疏】濮，水名也，屬東郡，今濮州濮陽縣是也。楚王，楚威王也。莊生心處無爲，而寄迹綸釣，楚王知莊生賢達，屈爲卿輔，是以齎持玉帛，爰發使命，詣於濮水，先述其意，願以國境之内委託賢人。王事殷繁，不無憂累之也。○典案：「濮水」下當有「之上」二字，而今本敚之。史記莊子本傳正義、藝文類聚人部二十、文選嵇叔夜贈秀才入軍詩注、御覽七百六十七、八百三十四引竝作「莊子釣於濮水之上」，皇甫謐高士傳同。史記本傳正義引無「先焉」二字，世説新語注引「往先焉」作「造焉」，文選秋興賦注引作「使二大夫往聘莊子」，七啓注引「先焉」作「聘」，初學記二十二、御覽八百三十四、後漢書馮衍傳注引「先焉」作「見」，九百三十一引「先」下有「白」字。又文選秋興賦注、御覽九百三十一引「累」下有「子」字，六十三引「累矣」作

「爲累」，後漢書馮衍傳注引「矣」作「也」，御覽八百三十四引「矣」作「夫子」二字。【釋文】濮水音卜，陳地水也。楚王司馬云：威王也。先焉先，謂宣其言也。

莊子持竿不顧，曰：「吾聞楚有神龜，死已三千歲矣，王巾笥而藏之廟堂之上。○馬叙倫曰：後漢書馮衍傳注引「王」下有「以」字。典案：有「以」字文義較長。此龜者，寧其死爲留骨而貴乎？○典案：史記本傳正義引「死」作「無」，後漢書馮衍傳注、御覽九百三十一引「死」下竝無「爲」字。寧其生而曳尾於塗中乎？」【疏】龜有神異，故刳之而卜，可以決吉凶也。盛之以笥，覆之以巾，藏之廟堂，用占國事，珍貴之也。問此龜者，寧全生遠害，曳尾於泥塗之中，豈欲刳骨留名，取貴廟堂之上邪？是以莊生深達斯情，故敖然而不顧之矣。○馬叙倫曰：史記本傳正義引「塗」作「泥」。典案：作「塗」者是也。曹子建七啓云「竊慕古人之所志，仰老莊之遺風，假靈龜以託喻，寧掉尾於塗中」，三國志郤正傳釋譏云「超然高擧，寧曳尾於塗中」，是漢代人所見莊子字正作「塗」也。【釋文】巾笥息嗣反。或音司。而藏之李云：藏之以笥，覆之以巾。

二大夫曰：「寧生而曳尾塗中。」【疏】大夫率性以答莊生，適可生而曳尾，不能死而留骨也。莊子曰：「往矣！吾將曳尾於塗中。」【注】性各有所安也。【疏】莊子保高尚之遐志，貴山海之逸心，類澤雉之養性，同泥龜之曳尾。是以令使命之速往，庶全我之無爲也。

惠子相梁，莊子往見之。【疏】姓惠，名施，宋人，爲梁惠王之相。惠施博識贍聞，辯名析理。既是莊生之友，故往訪之。【釋文】惠子相息亮反。下同。梁相梁惠王。或謂惠子曰：「莊子來，欲代子相。」【疏】梁國之人，或有來者，知莊子才高德大，王必禮之，國相之位，恐有争奪，故謂惠子欲代之方也。於是惠子恐，搜於國中，三日三夜。【注】揚兵整旅。【疏】惠施聞國人之言，將爲實録，心靈恐怖，慮有阽危，故揚兵整旅，三日三夜，搜索國中，尋訪莊子。【釋文】子恐丘勇反。摉字又作「搜」，或作「廋」，所求反。李悉溝反，云：索也。說文云：求也。

莊子往見之，○馬叙倫曰：御覽九百十五引「莊子」下有「伏主人馬棧下」六字。典案：御覽引書，多删削，少增益，疑莊子元有此六字，而今本敓之也。曰：「南方有鳥，其名爲鵷鶵，子知之乎？夫鵷鶵，發於南海而飛於北海，○典案：「飛於」，類聚八十八、初學記二十八引作「飛到」，御覽九百五十六引作「到」，類聚九十五引作「飛至」，御覽九百十一引作「飛渡」，九百十五引作「飛之」。非梧桐不止，○典案：御覽九百十五引「止」作「栖」。非練實不食，○典案：「練實」，類聚八十八、初學記二十八、文選嵇叔夜與山巨源絶交書注、御覽九百十一、九百十五、九百五十六引竝作「竹實」，惟御覽九百六十二引作「練實」，與今本同，又引注云「練實，竹實也，取其絜白」。蓋唐代固有異本，或作「竹」，或作「練」也。惟北史彭城王勰傳作「竹實」，則作「竹」者爲近古。非醴泉不飲。於是鴟得腐鼠，○典案：御覽九百十一引「鴟」作「鴞」，九百二十三引莊子曰：鴟，嗜鼠之鳥也。

當是逸注，非正文也。**鵷鶵過之，仰而視之曰：『嚇！』**【疏】鵷鶵，鸞鳳之屬，亦言：鳳子也。練實，竹食也。醴泉，泉甘味如醴也。嚇，怒而拒物聲也。惠施恐莊子奪己，故整旅揚兵。莊子因往見之，爲其設譬。夫鳳是南方之鳥，來儀應瑞之物，非梧桐不止，非溟海不停，非竹實不食，非醴泉不飲，而凡猥之鳶，偶得臭鼠，自美其味，仰嚇鳳凰。譬惠施滯溺榮華，心貪國相，豈知莊子清高，無情爭奪。【釋文】鵷於袁反。鶵仕俱反。李云：鵷鶵，乃鸞鳳之屬也。醴泉音禮。李云：泉甘如醴。嚇本亦作「呼」，同。許嫁反，又許伯反。司馬云：嚇怒其聲，恐其奪己也。詩箋云：以口拒人曰嚇。**今子欲以子之梁國而嚇我邪？」**【注】言物嗜好不同，願各有極。【疏】鴟以腐鼠爲美，仰嚇鵷鶵；惠以國相爲榮，猜疑莊子。總合前譬也。○典案：惠子非梁君，不得言「子之梁國」，「梁國」下疑當有「相」字。御覽九百十一、九百十五引竝作「今子欲以梁國相嚇我耶」，疏「惠以國相爲榮，猜疑莊子」，是成所見本亦有「相」字。【釋文】嗜時志反。好呼報反。

莊子與惠子遊於濠梁之上。【疏】濠是水名，在淮南鍾離郡，今見有莊子之墓，亦有莊、惠遨遊之所。石絶水爲梁，亦言：是濠水之橋梁。莊、惠清談，在其上也。【釋文】豪梁本亦作「濠」，音同。司馬云：濠，水名也。石絶水曰梁。○典案：御覽四百六十八、九百三十七引竝作「豪梁水上」，九百三十五引「濠」亦作「豪」。百六十九引作「濠」，與釋文一本合。**莊子曰：「鯈魚出游從容，是魚之樂也。」**【疏】鯈魚，白鯈也。從容，放逸之貌也。夫魚遊於水，鳥棲於陸，各率其性，物皆逍遥。而莊子善達物情，所以故知魚樂也。【釋文】鯈魚徐音條。説文直留反。李音由，白魚也。爾雅云「鮂，黑鰦」，郭注：即白儵也。一音篠，謂白儵魚也。○典案：「儵」各本作「鯈」，道藏白文本、注疏本作「儵」，文選秋興賦注、御覽百六十九、四百六十八、九百三十七引同。淮南子覽冥篇「不得其道，若觀儵魚」，即用此事，字亦作「儵」。今依道藏本。從容七容反。魚樂音洛。注、下皆同。惠子曰：「子非魚，安知魚之樂？」【疏】惠施不體物性，妄起質疑，莊子非魚，焉知魚樂？○典案：文選秋興賦注、世説注、意林、御覽百六十九、九百三十七引「樂」下有「耶」字。莊子曰：「子非我，安知我不知魚之樂？」【注】欲以起明相非而不可以相知之義耳。子非我，尚可以知我之非魚，則我非魚，亦可以知魚之樂也。【疏】若以我非魚不得知魚，子既非我，何得知我？若子非我，尚得知我，我雖非魚，何妨知魚？反而質之，令其無難也。○典案：文選秋興賦注、御覽百六十九、九百三十七引「樂」下有「耶」字。惠子曰：「我非子，固不知子矣；子固非魚也，子之不知魚之樂，全矣。」【注】舍其本言而給辯以難也。【疏】惠非莊子，故不知莊子，莊必非魚，何得知魚之樂？不樂不知之義，於此無虧。捨其本宗，給辯以難。【釋文】以難乃旦反。莊子曰：「請循其本。【疏】循，猶尋也。惠施給辯，有言無理，棄初逐末，失其論宗。請尋其源，自當無難。循本之義，列在下文。子曰『汝安知魚樂』云者，既已知吾知之而問我，我知之濠上也。」【注】尋惠子之本言，云：非魚則無緣相知耳。今子非我也，而云汝安知魚樂者，是知我之非魚也。苟知我之非魚，則凡相知者，果可以此知彼，不待是魚然後知魚也。故循子「安知」之云，已知吾之所知矣，而方復問我，我正知之於濠上耳，豈待入水哉！夫物之所生而安者，天地不能易其處，陰陽不能回其業，故以陸生之所安，知水生之所樂，未足稱妙耳。【疏】子曰者，莊子卻稱惠之辭也。惠子云子非魚，安知魚樂者，足明惠子非莊子，而知莊子之不知魚也。且子既非我而知我，知我而問我，亦何妨我非魚而知魚，知魚而歎魚。夫物性不同，水陸殊致，而達其理者體其情。是以濠上彷徨，知魚之適樂，鑒照羣品，豈入水哉！故寄莊、惠之二賢，以標議論之大體也。○典案：碧虛子校引張君房本「子曰」上有「且」字，舊闕。【釋文】方復扶又反。其處昌慮反。

外篇　至樂第十八

【釋文】以義名篇。樂音洛。

天下有至樂無有哉？有可以活身者無有哉？【注】忘歡而後樂足，樂足而後身存。將以爲有樂耶？而至樂無歡。將以爲無樂耶？而身以存而無憂。【疏】此假問之辭也。至，極也。樂，歡也。言寰宇之中，頗有至極歡樂，可以養活身命者無有哉？【釋文】至樂音洛。篇内不出者皆同。至，極也。樂，歡也。今奚爲奚據？奚避奚處？奚就奚去？奚樂奚惡？【注】擇此八者，莫足以活身。唯無擇而任其所遇乃全耳。【疏】奚，何也。今欲行至樂之道以活身者，當何所爲造，何所依據，何所避諱，何所安處，何所從就，何所捨去，何所歡樂，何所嫌惡，而合至樂之道乎？此假設疑問，下自曠顯。【釋文】奚惡烏路反。

夫天下之所尊者，富、貴、壽、善也；所樂者，身安、厚味、美服、好色、音聲也；【疏】天下所尊重者，無過富足財寶，貴盛榮華，壽命遐長，善名令譽。所歡樂者，滋味爽口，麗服榮身，玄黄悦目，宫商娱耳。若得之者，則爲據處就樂。所下者，貧、賤、夭、惡也；【疏】貧窮，卑賤，夭折，惡名，世間以爲下也。所苦者，身不得安逸，口不得厚味，形不得美服，目不得好色，耳不得音聲。

若不得者，則大憂以懼。其爲形也亦愚哉。【注】凡此，失之無傷於形，而得之有損於性。今反以不得爲憂，故愚。【疏】凡此上事，無益於人，而流俗以不得爲苦。既不適情，遂憂愁懼慮。如此修爲形體，豈不甚愚癡！

夫富者，苦身疾作，多積財而不得盡用，其爲形也亦外矣。【注】內其形者，知足而已。【疏】夫富豪之家，勞神苦思，馳騁身力，多聚錢財，積而不散，用何能盡？內其形者，豈其如斯也！ 夫貴者，夜以繼日，思慮善否，其爲形也亦疏矣。【注】故親其形者，自得於身中而已。【疏】夫位高慮遠，禄重憂深。是以晝夜思量，獻可替否，勞形怵心，無時暫息。其爲形也，不亦疏乎！ 人之生也，與憂俱生，壽者惛惛，久憂不死，何苦也？其爲形也亦遠矣。【注】夫遺生然後能忘憂，忘憂而後生可樂，生可樂而後形是我有，富是我物，貴是我榮也。【疏】夫稟氣頑癡，生而憂戚，雖復壽考，而精神惛闇，久憂不死，翻成苦哉。如此爲形，豈非疏遠，其於至樂，不亦謬乎！【釋文】惛惛音昏，又音門。 烈士爲天下見善矣，未足以活身，吾未知善之誠善邪，誠不善邪？若以爲善矣，不足活身；以爲不善矣，足以活人。【注】善則適當，故不周濟。【疏】誠，實也。夫忠烈之士，忘身徇節，名傳今古，見善世間。然未知此善是有虛實。善若實也，不足以活身命；善必虛也，不應養活蒼生。賴諫諍而太平，此足以活人也；爲忠烈而被戮，此不足以活身也。 故曰：忠諫不聽，蹲循勿爭。

【注】唯中庸之德爲然。【疏】蹲循，猶順從也。夫爲臣之法，君若無道，宜以忠誠之心匡諫；君若不聽，即須蹲循休止。若逆鱗强諍，必遭刑戮也。【釋文】蹲七旬反。郭音存，又趣允反。循音旬，又音脣。勿争争鬬之争。下同。故夫子胥争之，以殘其形；不争，名亦不成。誠有善無有哉？【注】故當緣督以爲經也。【疏】吴王夫差荒淫無道，子胥忠諫，以遭殘戮，若不諫諍，忠名不成。故諫與不諫，善與不善，誠未可定矣。

今俗之所爲與其所樂，吾又未知樂之果樂邪，果不樂邪？【疏】果，未定也。流俗以貪染爲心，以色聲爲樂，未知此樂決定樂耶？而倒置之心，未可謂信也。吾觀夫俗之所樂，舉羣趣者，誙誙然如將不得已，【注】舉羣趣其所樂，乃不避死也。【疏】誙誙，趣死貌也。已，止也。舉世之人，羣聚趣競，所歡樂者，無過五塵，貪求至死，未能止息之也。【釋文】誙誙户耕反。徐苦耕反，又胡挺反。李云：趣死貌。崔云：以是爲非，以非爲是。「誙誙」，本又作「脛脛」。而皆曰樂者，吾未之樂也，亦未之不樂也。【注】無懷而恣物耳。【疏】而世俗之人，皆用色聲爲上樂，而莊生體道忘淡，故不見其樂，亦不見其不樂也。○典案：碧虛子校引江南古藏本兩「未」字下竝有「知」字。果有樂無有哉？吾以無爲誠樂矣，【注】夫無爲之樂，無憂而已。【疏】以色聲爲樂者，未知決定有此樂不。若以莊生言之，用虛淡無爲爲至實之樂。○典案：碧虛子校引江南古藏本作「吾以無爲而誠者爲樂矣」。又俗之所大苦也。故曰：至樂無樂，至譽無譽。【注】俗以鏗鎗爲樂，美善爲譽。【疏】俗以富貴榮華、鏗金鎗玉爲上樂，用美言佞善爲令譽，以無爲恬淡、寂寞虛夷爲憂苦。故知至樂以無樂爲樂，至譽以無譽爲譽也。【釋文】鏗苦耕反。鎗七羊反。

天下是非果未可定也。雖然，無爲可以定是非。【注】我無爲，而任天下之是非，是非者各自任，則定矣。【疏】夫有爲執滯，執是競非，而是非無主，故不可定矣。無爲虛淡，忘是忘非，既無是非，而是非定者也。至樂活身，唯無爲幾存。【注】百姓足，則吾身近乎存也。【疏】幾，近也。存，在也。夫至樂無樂，常適無憂，可以養活身心，終其天命。唯彼無爲，近在其中者矣。【釋文】近乎附近之近。

請嘗試言之。天無爲，以之清；地無爲，以之寧。【注】皆自清寧耳，非爲之所得。故兩無爲相合，萬物皆化生。【注】不爲而自合，故皆化。若有意乎爲之，則有時而滯也。【疏】天無心爲清，而自然清虛；地無心爲寧，而自然寧静。故天地無爲，兩儀相合，升降災福，而萬物化生。若有心爲之，即不能已。○「生」字舊敓。碧虛子校引江南古藏本「萬物皆化」下有「生」字。典案：江南古藏本是也。此以「清」、「寧」、「生」爲韻。疏「升降災福，而萬物化生」，是成氏所見本亦有「生」字。今據江南古藏本補。芒乎芴乎，而無從出乎！【注】皆自出耳，未有爲而出之也。【釋文】芒乎李音荒，又呼晃反。下同。芴乎音忽。下同。芴乎芒乎，而無有象乎！【注】無有爲之象。【疏】夫二儀造化，生物無心，恍惚芒昧，參差難測。尋其從出，莫知所由；視其形容，竟無象貌。覆論芒芴，互其文耳。萬物職職，皆從無爲殖。【注】皆自殖耳。【疏】職職，繁多貌也。夫春生夏長，庶物繁多，孰使其然？皆自生耳。尋其源流，從無爲種植。既無爲種植，豈有爲耶？【釋文】萬物職職司馬云：職職，猶祝祝也。李云：繁植貌。案：爾雅「職，主也」，謂各有主而區別。故曰：天地無爲也，而無不爲也，【注】若有爲，則有不濟也。人也孰能得無爲哉！【注】得無爲，則無樂而樂至矣。【疏】孰，誰也。夫天地清寧，無爲虚廓，而升降生化而無不爲也。凡俗之人，心靈暗昧，耽滯有欲，誰能得此無爲哉！言能之者，乃至務也。若得之者，便是德合二儀，冥符至樂也。

莊子妻死，惠子弔之，【疏】莊、惠二子爲淡水素交，既有死亡，理須往弔。莊子則方箕踞鼓盆而歌。【疏】箕踞者，垂兩脚如簸箕形也。盆，瓦缶也。莊子知生死之不二，達哀樂之爲一，是以妻亡不哭，鼓盆而歌，垂脚箕踞，敖然自樂。【釋文】箕踞音據。盆謂瓦缶也。惠子曰：「與人居，長子老身，死不哭亦足矣，又鼓盆而歌，不亦甚乎！」【疏】共妻居處，長養子孫，妻老死亡，竟不哀哭，乖於人理，足是無情，加之鼓歌，一何太甚也！○典案：「不亦甚乎」，文選潘安仁哀永逝文注引「亦」作「已」。【釋文】長子丁丈反。

莊子曰：「不然。是其始死也，我獨何能無概然。【疏】然，猶如是也。世人皆欣生惡死，哀死樂生，故我初聞死之時，何能獨無概然驚歎也！【釋文】無概古代反。司馬云：感也。又音骨，哀亂貌。察其始而本無生；非徒無生也，而本無形；非徒無形也，而本無氣。【疏】莊子聖人，妙達根本。故覩察初始，本自無生；未生之前，亦無形質；無形質之前〔一〕，亦復無氣。從無生有，假合而成，是知此身不足惜也。雜乎芒芴之間，變而有氣，氣變而有形，形變而有生，今又變而之死，是相與爲春秋冬夏四時行也。【疏】大道在恍惚之内，造化芒昧之中，和雜清濁，變成陰陽二氣；二氣凝結，變而有形；形既成就，變而生育。且從無出有，變而爲生，自有還無，變而爲死。而生來死往，變化循環，亦猶春秋冬夏四時代序。是以達人觀察，何哀樂之有哉！○典案：碧虚子校引江南古藏本「又」作「有」，蓋涉上「有氣」、「有形」、「有生」而誤。人且偃然寢於巨室，而我噭噭然隨而哭之，自以爲不通乎命，故止也。」【注】未明而概，已達而止，斯所以誨有情者，將令推至理以遺累也。【疏】偃然，安息貌也。巨室，謂天地之間也。且夫息我以死，卧於天地之間，譬彼炎凉，何得隨而哀慟！自覺不通天命，故止哭而鼓盆也。○典案：御覽五百三十一引「自以爲」三字作「是」。【釋文】巨室巨，大也。司馬云：以天地爲室也。噭噭古弔反，又古堯反。將令力呈反。

支離叔與滑介叔觀於冥伯之丘、崑崙之虚，黄帝之所休。【疏】支離，謂支體離析，

〔一〕質　原作「資」，形近而誤。

以明忘形也。滑介，猶骨稽也，謂骨稽挺特，以遺忘智也。欲顯叔世澆訛，故號爲叔也。冥，闇也。伯，長也。崑崙，人身也。言神智杳冥，堪爲物長；崑崙玄遠，近在人身；丘墟不平，俯同世俗。而黄帝聖君，光臨區宇，休心息智，寄在凡庸。是知至道幽玄，其則非遠，故託二叔，以彰其義也。【釋文】支離叔與滑音骨。崔本作「濇」。介音界。叔李云：支離忘形，滑介忘智，言二子乃識化也。冥伯之丘李云：丘名，喻杳冥也。○典案：御覽三百六十九引「冥」作「宜」，九百五十七引「伯」作「泊」。崑崙力門反。之虛音墟。○典案：御覽三百六十九引「虛」作「墟」。所休休，息也。俄而柳生其左肘，其意蹶蹶然惡之。【疏】蹶蹶，驚動貌。柳（生）者，易生之木，木者棺槨之象，此是將死之徵也。二叔遊於崑崙，觀於變化，俄頃之間，左臂生柳，蹶然驚動，似欲惡之也。【釋文】左肘竹九反。司馬本作「胕」，音趺，云：胕，足上也。蹶蹶紀衛反，動也。惡之烏路反。後皆同。

支離叔曰：「子惡之乎？」【疏】相與觀化，貴在虛忘，蹶然驚動，似有嫌惡也。滑介叔曰：「亡，予何惡！【疏】亡，無也。觀化之理，理在忘懷，我本無身，何惡之有也！生者假借也，假之而生生者，塵垢也。【疏】夫以二氣五行，四支百體，假合結聚，借而成身。是知生者塵垢穢累，非真物者也。【釋文】垢也音苟。死生爲晝夜。【疏】以生爲晝，以死爲夜，故天不能無晝夜，人焉能無死生？且吾與子觀化，而化及我，我又何惡焉！」【注】斯皆先示有情，然後尋至理以遺之。若云我本無情，故能無憂，則夫有情者，遂自絶於遠曠之域，而迷困於憂樂之竟矣。【疏】我與子同遊，觀於變化，化而及我，斯乃是當待終，有何嫌惡？既冥死生之變，故合至樂也。【釋文】之竟音境。

莊子之楚，見空髑髏，髐然有形，撽以馬捶，因而問之，【疏】之，適也。髐然，無潤澤也。撽，打擊也。馬捶，猶馬杖也。莊子適楚，遇見髑髏，空骨無肉，朽骸無潤，遂以馬杖打擊，因而問之。欲明死生之理均齊，故寄髑髏寓言答問也。○典案：藝文類聚十七、御覽三百五十九引「之楚」作「使楚」，三百七十四作「之于楚」。【釋文】髑音獨。髏音樓。髐苦堯反，徐又許堯反。李呼交反。司馬、李云：白骨貌，有枯形也。撽苦弔反，又古的反。說文作「撽」，云：旁擊也。○典案：藝文類聚十七引「撽」作「擊」，御覽三百七十四作「擊之」。馬捶拙蘂反，又之睡反，馬杖也。○典案：御覽五百四十八引「捶」作「棰」，三百五十九引「捶」作「箠」。**曰：「夫子貪生失理，而爲此乎？**【疏】夫子貪欲資生，失於道理，致使夭折性命，而骸骨爲此乎？○典案：御覽三百五十九引無「失」字。**將子有亡國之事，斧鉞之誅，而爲此乎？**【疏】爲當有亡國征戰之事，行陳斧鉞之誅，而爲此乎？○典案：御覽三百五十九引無「子」字。**將子有不善之行，愧遺父母、妻子之醜，而爲此乎？**【疏】或行姦盜不善之行，世間共惡，人倫所耻，遺愧父母，羞見妻孥，慚醜而死於此乎？【釋文】愧遺唯季反。**將子有凍餒之患，而爲此乎？**【疏】餒，餓也。或遊學他鄉，衣糧乏盡，患於飢凍，死於此乎？○典案：御覽三百七十四引無「有」字。【釋文】凍丁貢反。餒奴罪反。**將子之春秋故及此乎？」**【疏】春秋，猶年紀也。將子有黃髮之年，耆艾之壽，終於天命，卒於此乎？

於是語卒，援髑髏，枕而卧。【疏】卒，終也。援，引也。初逢枯骨，援馬杖而擊之；問語既終，引髑髏而高枕也。【釋文】援音袁。枕而針鴆反。夜半，髑髏見夢曰：「子之談者似辯士。視子所言，皆生人之累也，死則無此矣。子欲聞死之說乎？」【疏】覩於此子所言，皆是生人之累患，欲論死道，則無此憂虞。子是生人，頗欲聞死人之說乎？莊子睡中感於此夢也。○典案：碧虛子校引張君房本「子之談者」上有「向」字。「視」，御覽三百七十四、五百四十八引竝作「諸」。【釋文】見夢賢遍反。

莊子曰：「然。」【疏】然，許髑髏，欲其死說。髑髏曰：「死，無君於上，無臣於下，亦無四時之事，從然以天地爲春秋，雖南面王，樂不能過也。」【疏】夫死者魂氣升於天，骨肉歸乎土，既無四時炎涼之事，寧有君臣上下之累乎？從容不復死生，故與二儀同其年壽，雖南面稱孤，王侯之樂，亦不能過也。○「從」，碧虛子校引張君房本作「泛」。奚侗曰：「從」當依張君房本作「泛」，形近而誤。典案：奚說是也。御覽三百七十四引亦正作「泛」，與張本合。又案：御覽五百四十八引「從」作「縱」，與釋文李、徐合，蓋是別本。【釋文】從然七容反。從，容也。李、徐子用反。縱，逸也。

莊子不信，曰：「吾使司命復生子形，爲子骨肉肌膚，反子父母、妻子、閭里、知識，子欲之乎？」【疏】莊子不信髑髏之言，更說生人之事。欲使司命之鬼，復骨肉，反妻子，歸閭里，頗欲之乎？【釋文】復生音服，又扶又反。髑髏深矉蹙頞曰：「吾安能棄南面王樂而復爲人間之勞乎！」【注】舊說云莊子樂死惡生，斯說謬矣。若然，何謂齊乎？所謂齊者，生時安生，死時安死。生死之情既齊，則無爲當生而憂死耳，此莊子之旨也。【疏】深矉蹙頞，憂愁之貌也。既聞司命復形，反於鄉里，於是(矉)〔憂〕愁矉蹙，不用此言。誰能復爲生人之勞而棄南面王之樂耶？○典案：「人間」疑當爲「生人」。碧虛子校引張君房本作「生人」，疏「誰能復爲生人之勞」，是成本亦作「生人」。上文「視子所言，皆生人之累也」，此「生人之勞」正與相應。御覽三百六十七引此句作「豈能捨南面王樂而爲人生哉」，文雖小異，可爲旁證。【釋文】深矉音頻。○典案：「矉」，御覽三百六十七引作「頻」。蹙本又作「顣」，又作「蹴」，同。子六反。頞於葛反。李云：矉顣者，愁貌。○吴汝綸曰：釋文引李云「矉顣者，愁貌」，則「頞」字衍文也。列子注引此文亦作「矉顣」，馬叙倫曰：蹙頞，見孟子及史記蔡澤傳。有「頞」字亦得。而復扶又反。

顔淵東之齊，孔子有憂色。子貢下席而問曰：「小子敢問，回東之齊，夫子有憂色，何邪？」【疏】顔回自西之東，從魯往於齊國，欲將三皇、五帝之道以教齊侯。尼父恐不逗機，故有憂色。於是子貢避席，自稱小子，敢問夫子憂色所由。

孔子曰：「善哉，汝問！昔者管子有言，丘甚善之，曰：『褚小者不可以懷大，綆短者不可以汲深。』」【疏】褚，容受也。懷，包藏也。綆，汲索也。夫容小之器，不可以藏大物；短促之繩，不可以引深井。此言出管子之書，孔丘善之，故引以爲譬也。【釋文】褚小豬許反。綆格猛反。汲索也。汲居及反。夫若是者，以爲命有所成而形有所適也，夫不可損益。【注】故當任之而已。【疏】夫人稟於天命，愚智各有所成；受形造化，情好咸著好適。方之鳧鶴，不可益損，故當任之而無不當也。【釋文】所適適或作「通」。吾恐回與齊侯言堯、舜、黄帝之道，而重以燧人、神農之言。彼將内求於己而不得，不得則惑，人惑則死。【注】内求不得，將求於外。舍内求外，非惑如何？【疏】黄帝、堯、舜，五帝也。燧人、神農，三皇也。恐顔回將三皇、五帝之道以説齊侯。既而步驟殊時，澆淳異世，執持聖迹，不逗機緣；齊侯聞此大言，未能領悟，求於己身，不能得解。脱不得解，則心生疑惑，於是忿其勝己，必殺顔回。【釋文】皇帝謂三皇五帝也。司馬本作「黄帝」。而重直用反。舍内音捨。且女獨不聞邪？昔者海鳥止於魯郊，魯侯御而觴之于廟，奏九韶以爲樂，具太牢以爲膳。【疏】郭外曰郊。御，迎也。九韶，舜樂名也。太牢，牛、羊、豕也。昔有海鳥，名曰爰居，形容極大，頭高八尺，避風而至，止魯東郊。實是凡鳥，而妄以爲瑞，臧文仲祀之，故有不智之名也。於是奏韶樂，設太牢，迎於太廟之中而觴宴之也。此臧文仲用爲神鳥，非關魯侯，但飲鳥於魯廟之中，故言魯侯觴之也。【釋文】且女音汝。後同。海鳥司馬云：國語曰：爰居也。止魯東門之外，三日，臧文仲使國人祭之。不云魯侯也。爰居，一名雜縣，舉頭高八尺。樊光注爾雅云：形似鳳凰。御而音訝。觴音傷。于廟司馬云：飲之於廟中也。九韶常遥反。舜樂名。鳥乃眩視憂悲，不敢食一臠，不敢飲一杯，三日而死。【疏】夫韶樂太牢，乃美乃善，而施之爰居，非所餐聽，故目眩心悲，數日而死。亦猶三皇、五帝，其道高遠，施之齊侯，非所聞之也。【釋文】眩玄偏反。司馬本作「玄」，音眩。視如字。徐市至反。臠里轉反。此以己養養鳥也，非以鳥養養鳥也。【疏】韶樂牢觴，是養人之具，非養鳥之物也。亦猶顏回以己之學術以教於齊侯，非所樂也。○典案：「己」疑是「人」字之誤。御覽九百二十五引正作「此以人養鳥也」。疏「韶樂牢觴，是養人之具」，是所見本亦作「人養」。達生篇作「此之謂以己養養鳥也」，字雖作「己」，然義與此文有別。夫以鳥養養鳥者，宜栖之深林，遊之壇陸，浮之江湖，食之鰌鮲，隨行列而止，委虵而處。【疏】壇陸，湖渚也。鰌，泥鰌也。鮲，白魚子也。逶迤，寬舒自得也。夫養鳥之法，宜栖茂林，放洲渚，食魚子，浮江湖，逐羣飛，自閑放，此以鳥養之法養鳥者也。亦猶齊侯率己所行，逍遥自得，無所企羨也。【釋文】壇大丹反。司馬本作「澶」，音但，云：水沙澶也。食之音嗣。鮲音條，又音攸。李徒由反。一音由。隨行户剛反。委於危反。虵以支反，又如字。彼唯人言之惡聞，奚以夫譊譊爲乎！咸池、九韶之樂，張之洞庭之野，鳥聞之而飛，獸聞之而走，魚聞之而下入，人卒聞之，相與還而觀之。【疏】奚，何也。譊，喧聒也。咸池，堯樂也。洞庭之野，謂天地之間也。還，繞也。咸池、九韶，惟人愛好，魚鳥諸物，惡聞其聲。愛好則繞而觀之，惡聞則高飛深入。既有欣有惡，八音何用爲乎！【釋文】譊譊乃交反。咸池堯樂名。之樂如字。人卒寸忽反。司馬音子忽反，云：衆也。還而音患，又旋面反。魚處水而生，人處水而死，彼必相與異，其好惡故異也。【疏】魚好水而惡陸，人好陸而惡水。彼之人、魚，稟性各别，好惡不同，故死生斯異。豈唯二種，萬物皆然也。○典案：「故異也」三字文義未晰。碧虚子校引張君房本作「好惡異」。【釋文】其好呼報反。故先聖不一其能，不同其事。【注】各隨其情。【疏】先古聖人，因循物性，使人如器，不一其能，各稱其情，不同其事也。是知將三皇之道以説齊侯者，深不可也。名止於實，義設於適，是之謂條達而福持。」【注】實而適，故條達；性當得，故福持。【疏】夫因實立名，而名以召實，故名止於實，不用實外求名。而義者，宜也。隨宜施設，適性而已，不用捨己效人。如是之道，可謂條理通達而福德扶持者矣。

列子行食於道從，見百歲髑髏，攓蓬而指之曰：「唯予與汝知而未嘗死、未嘗生也。【注】各以所遇爲樂。【疏】攓，拔也。從，傍也。禦寇困於行李，食於道傍，仍見枯朽髑髏，形色似久。言百歲者，舉其大數。髑髏隱在蓬草之下，遂拔卻蓬草，因而指麾與言。然髑髏以生爲死，以死爲生，列子則以生爲生，以死爲死。生死各執一方，未足爲定，故未嘗死，未嘗生也。○典案：兩「嘗」字，御覽九百九十七引並作「曾」。【釋文】道從如字。司馬云：從，道旁也。本或作「徒」。○典案：御覽三百七十四、九百九十七引「道」下無「從」字，八百八十七引「從」作「反」。列子天瑞篇作「子列子適衛，食於道，從者見百歲髑髏」。攓居輦反。徐紀偃反，又起虔反。司馬云：拔也。或音厥。○王念孫曰：「攓」與「搴」通。典案：王説是也。御覽三百七十四引正作「搴」。蓬步東反。徐扶公反。若果養乎？予果歡乎？」【注】歡養之實，未有定在。【疏】汝欣冥冥，冥冥果有怡養乎？我悦人倫，人倫決可歡乎？適情所遇，未可定之者也。【釋文】若果一本作「汝果」。元嘉本作「汝過」。養司馬本作「暮」，云：死也。予果元嘉本作「子過」。歡乎司馬本作「嚾」，云：呼聲，謂生也。○俞樾曰：「養」讀爲「恙」。爾雅釋詁：恙，憂也。「若果恙乎，予果歡乎」，「恙」與「歡」對，猶憂與樂對也，言若之死非憂，予之生非樂也。「恙」與「養」古字通。詩二子乘舟篇「中心養養」，傳訓「養」爲憂，即本雅詁矣。司馬本「養」作「暮」，乃字之誤。

種有幾。【注】變化種數，不可勝計。【疏】陰陽造物，轉變無窮，論其種類，不可深計之也。○碧虛子校云：劉得一本「種有幾」下有「若鼃爲鶉」四字〔一〕。典案：此文以幾、㡭、衣爲韻，不當有此四字。劉本多此四字，疑是逸注。【釋文】種章勇反。注同。有幾居豈反。可勝音升。得水則爲㡭；【疏】潤氣生物，從無生有，故更相繼續也。【釋文】得水則爲㡭此古「絕」字。徐音絕。今讀音繼。司馬本作「繼」，云：萬物雖有兆眹，得水土氣，乃相繼而生也。本或作「斷」，又作「續斷」。得水土之際，則爲鼃蠙之衣；【疏】鼃蠙之衣，青苔也，在水中若張綿，俗謂之蝦蟆衣也。○典案：御覽八百八十七引「土」作「上」。【釋文】得水土之際則爲鼃户媧反。蠙步田反。徐扶賢反。郭父因反，又音賓。李婢軫反。之衣司馬云：言物根在水土際，布在水中，就水上視不見，按之可得，如張綿在水中。楚人謂之鼃蠙之衣。生於陵屯，則爲陵舄；【疏】屯，阜也。陵舄，車前草也。既生

〔一〕劉得一　原誤作「劉一得」。

於陵阜高陸，即變爲車前也。【釋文】生於陵屯司馬音徒門反，云：阜也。郭音純。則爲陵舄音昔。司馬云：言物因水成而陸産，生於陵屯，化作車前，改名陵舄也。一名澤舄，隨燥濕變也。然不知其祖，言物化無常形也。人之死也，亦或化爲草木，草木之精或化爲人也。陵舄得鬱棲，【疏】鬱棲，糞壤也。陵舄既老，變爲糞土也。○典案：御覽八百八十七引不重「陵舄」二字。則爲烏足；【疏】糞壤復化，生烏足之草根也。【釋文】陵舄得鬱棲則爲烏足司馬云：鬱棲，蟲名；烏足，草名，生水邊也。言鬱棲在陵舄之中，則化爲烏足也。李云：鬱棲，糞壤也。言陵舄在糞，化爲烏足也。烏足之根爲蠐螬，其葉爲胡蝶；胡蝶胥也【疏】蠐螬，蝎蟲也。胥，胡蝶名也。變化無恒，胡根爲蠐螬，而葉爲胡蝶也。【釋文】烏足之根爲蠐音齊。螬音曹。司馬本作「螬蠐」，云：蝎也。其葉爲胡蝶音牒。司馬云：胡蝶，蛺蝶也。草化爲蟲，蟲化爲草，未始有極。胡蝶胥也一名胥。○俞樾曰：釋文曰「胡蝶胥也，一名胥」，此失其義，當屬下句讀之。本云「胡蝶胥也化而爲蟲」，與下文「鴝掇千日爲鳥」兩文相對。「千日爲鳥」，言其久也；「胥也化而爲蟲」，言其速也。列子天瑞篇釋文曰「胥，少也，謂少時也」，得其義矣。化而爲蟲，生於竈下，其狀若脱，其名爲鴝掇；【疏】鴝掇，蟲名也。胥得熱氣，故作此蟲，狀如新脱皮毛，形容雅浄也。【釋文】化而爲蟲生於竈下司馬云：得熱氣而生也。其狀若脱它括反。司馬音悦，云：新出皮悦好也。其名爲鴝其俱反。掇丁活反。鴝掇千日爲鳥，其名爲乾餘骨；乾餘骨之沫爲斯彌，【疏】乾餘骨，鳥。口中之沫，化爲斯彌之蟲。○典案：「千日」下疑敚「化而」二字。列子天瑞篇、御覽八百八十七引竝作

「鴝掇千日，化而爲鳥」，是其證。【釋文】鴝掇千日爲鳥其名爲乾餘骨乾音干。乾餘骨之沫音末。李云：口中汁也。爲斯彌李云：蟲也。斯彌爲食醯。【疏】酢甕中蠛蠓，亦爲醯雞也。【釋文】斯彌爲食如字。司馬本作「蝕」。醯許兮反。李音海。司馬云：蝕醯，若酒上蠛蠓也。蠛，音眠結反。蠓，音無孔反。頤輅生乎食醯，黄軦生乎九猷，【疏】軦亦蟲名。○典案：列子天瑞篇、御覽八百八十七引莊子「食醯黄軦」四字重。碧虛子校引張君房本作「食醯生乎頤輅，頤輅生乎黄軦」。【釋文】頤以之反。輅生乎食醯輅音路。一音洛。黄軦音況。徐、李休往反。司馬云：頤輅、黄軦，皆蟲名。生乎九猷音由。李云：「九」宜爲「久」。久，老也。猷，蟲名也。九猷生乎瞀芮，瞀芮生乎腐蠸，【疏】瞀芮，蟲名。腐蠸，螢火蟲也。亦言是粉鼠蟲。○典案：「九猷生乎瞀芮」六字舊敓，文不銜接。今據碧虛子校引張君房本、列子天瑞篇、御覽八百八十七引補。【釋文】瞀莫豆反，又莫住反，又亡角反。芮如鋭反。徐如悅反。生乎腐音輔。蠸音權。郭音歡。司馬云：亦蟲名也。爾雅云：一名守爪。一云：蚡鼠也。腐蠸生乎羊奚，羊奚比乎不箰、久竹【疏】並草名也。○典案：「腐蠸生乎羊奚」六字舊敓，文不銜接。今依碧虛子校引張君房本、御覽八百八十七引補。【釋文】羊奚比毗志反。乎不箰息尹反。司馬云：羊奚，草名，根似蕪菁，與久竹比合而爲物，皆生於非類也。生青寧，【疏】羊奚比合於久竹，而生青寧之蟲也。○典案：「生青寧」上疑當有「不箰久竹」四字，御覽八百八十七引作「不箰久竹生於青寧」，列子天瑞篇作「羊奚比乎不荀久竹生青寧」，張注以「不旬」絶句，非是。【釋文】久竹生青寧司馬云：蟲名。青寧生程，【疏】亦蟲名也。【釋文】青寧生程李云：未聞。**程生馬，馬生人，**【疏】未詳所據。【釋文】程生馬馬生人俗本多誤，故具録之。**人又反入於機。萬物皆出於機，皆入於機。**【注】此言一氣而萬形，有變化而無死生也。【疏】機者發動，所謂造化也。造化者，無物也。人既從無生有，又反入歸無也。豈唯在人，萬物皆爾。或無識變成有識，有識變爲無識，或無識變爲無識，或有識變爲有識，千萬變化，未始有極也。而出入機變，謂之死生。既知變化無窮，寧復欣生惡死！體斯趣旨，謂之至樂也。○俞樾曰：「又」當作「久」，字之誤也。久者，老也。上文「黄軦生乎九猷」，釋文引李注曰：「九」宜爲「久」，久，老也。是其義也。「人久反入於機」者，言人老復入於機也。列子天瑞篇正作「人久入於機」。

莊子補正卷七上

外篇　達生第十九

【釋文】以義名篇。

達生之情者，不務生之所無以爲；【注】生之所無以爲者，分外物也。【釋文】達生達，暢也，通也。廣雅云：生，出也。○姚範曰：「生」，讀爲性。淮南詮言訓正作「性」。典案：姚説是也。「性」與「命」對言。周禮地官「辨五地之物生」，「生」，鄭讀爲性，是其比也。淮南子泰族篇「故知性之情者，不務性之所無以爲」，即襲用此文，尤其塙證。「情」、「誠」古通用，「達生之情」即達性之誠也。**達命之情者，不務知之所無柰何。**【注】知之所無柰何者，命表事也。【疏】夫人之生也，各有素分，形之妍醜，命之脩短，奚及貧富貴賤，愚智窮通，一豪已上，無非命也。故達生於性命之士，性靈明照，終不貪於分外爲己事務也。一生命之所鍾者，皆智慮之所無柰之何也。○馬叙倫曰：「知」，當依弘明集引正誣論作「命」。淮南詮言訓亦作「命」。典案：馬説是也。淮南子泰族篇作「知命之情者，不憂命之所無柰何」，字正作「命」，可證馬説。道家書皆以性、命對言，作「知」則非其指矣。**養形必先之以物，物有餘而形不養者有之矣；**【注】知止其分，物稱其生，生斯足矣，有餘則傷。【疏】物者，謂資貨衣食，旦夕所須。夫頤養身形，先須用物，而物有分限，不可無涯。故凡鄙之徒，積聚有餘而養衛不足者，世有之矣。【釋文】物稱尺證反。有生必先無離形，形不離而生亡者有之矣。【注】守形太甚，故生亡也。【疏】既有此浮生而不能離形遺智，愛形太甚，亡夫全生之道也，如此之類，世有之矣。【釋文】無離力智反，下同。大甚音泰。生之來不能卻，其去不能止。【注】非我所制，則無爲有懷於其間。【疏】生死去來，委之造物，妙達斯原，故無所惡。悲夫！世之人以爲養形足以存生，【注】故彌養之而彌失之。【疏】夫壽夭去來，非己所制，而世俗之人，不悟斯理，貪多資貨，厚養其身，妄謂足以存生，深可悲歎。而養形果不足以存生，【注】養之彌厚，則死地彌至。【疏】厚養其形，彌速其死，故決定不足以存生。則世奚足爲哉！【注】莫若放而任之。【疏】夫馳逐物境，本爲資生，生既非養所存，故知世間物務何足爲也！雖不足爲而不可不爲者，其爲不免矣。【注】性分各自爲者，皆在至理中來，故不可免也。是以善養生者從而任之。【疏】分外之事，不足爲也；分内之事，不可不爲也。夫目見耳聽，足行心知者，稟之性理，雖爲無爲，故不務免也。夫欲免爲形者莫如棄世，棄世則無累，無累則正平，正平則與彼更生，更生則幾矣。【注】更生者，日新之謂也。付之日新，則性命盡矣。【疏】幾，盡也。更生，日新也。

夫欲有爲養形者，無過棄却世間分外之事。棄世則無憂累，無憂累則合於正真平等之道，平正則冥於日新之變，故能盡道之玄妙。【釋文】則幾徐其依反。**事奚足棄而生奚足遺？棄事則形不勞，遺生則精不虧。**【注】所以遺棄之。【疏】人世虛無，何足捐棄？生涯空幻，何足遺忘？故棄世事則形逸而不勞，遺生涯則神凝而不損也。**夫形全精復，與天爲一。**【注】俱不爲也。【疏】夫形全不擾，故能保完天命；精固不虧，所以復本還原。形神全固，故與玄天之德爲一。**天地者，萬物之父母也，**【注】無所偏爲，故能子萬物。【疏】夫二儀無心而生化萬物，故與天地合德者，羣生之父母。**合則成體，散則成始。**【注】所在皆成，無常處。【疏】夫陰陽混合，則成體質；氣息離散，則反於未生之始。【釋文】常處昌慮反。**形精不虧，是謂能移；**【注】與化俱也。【疏】移者，遷轉之謂也。夫不勞於形、不虧其精者，故能隨變任化，而與物俱遷也。**精而又精，反以相天。**【注】還輔其自然也。【疏】相，助也。夫遺之又遺，乃曰精之又精，是以反本還元，輔於自然之道也。【釋文】相天息亮反。

子列子問關尹曰：「至人潛行不窒，【注】其心虛，故能御羣實。【疏】古人稱師曰子，亦是有德之嘉名，具斯二義，故曰子列子，即列禦寇也。姓尹，名喜，字公度，爲函谷關令，故曰關令尹真人，是老子弟子，懷道抱德，故禦寇詢之也。窒，塞也。夫至極聖人，和光匿耀，潛伏行世，混迹同塵，不爲物境障礙，故等虛室，空而無塞。本亦作「空」字。【釋文】關尹李云：關令尹喜也。不窒珍悉反。**蹈火不熱，行乎萬物之上而不慄。**

【注】至適，故無不可耳，非物往可之。【疏】冥於寒暑，故火不能災；一於高卑，故心不恐懼。【釋文】蹈火徒報反。請問何以至於此？」【疏】總結前問意也。

關尹曰：「是純氣之守也，非知巧果敢之列。【疏】夫不爲外物侵傷者，乃是保守純和之氣，養於恬淡之心而致之也。非關運役心智，分別巧詐，勇決果敢而得之。【釋文】非知音智。之列音例。本或作「例」。居，予語女！【疏】命禦寇，令復坐，我告女至言也。【釋文】予語魚據反。女音汝。後同。凡有貌象聲色者，皆物也，物與物何以相遠？【注】唯無心者獨遠耳。【釋文】相遠于萬反。夫奚足以至乎先？是形色而已。【注】同是形色之物耳，未足以相先也。【疏】夫形貌聲色，可見聞者，皆爲物也。二彼俱物，何足以遠，亦何足以先至乎？俱是聲色故也。唯當非色非聲、絶視絶聽者，故能超貌象之外，在萬物之先也。○「形」字舊敓。碧虚子校引江南古藏本「色」上有「形」字。奚侗曰：當依江南古藏本作「是形色而已」。依郭注，亦有「形」字。典案：奚説是。今依江南古藏本補。則物之造乎不形，而止乎無所化，【注】常遊於極。【疏】夫不色不形，故能造形色者也；無變無化，故能變化於萬物者也。是以羣有從造化而受形，任變化之妙本。夫得是而窮之者，物焉得而止焉！【注】夫至極者，非物所制。【疏】夫得造化之深根、自然之妙本，而窮理盡性者，世間萬物，何得止而控馭焉！故當獨往獨來，出没自在，乘正御辯，於何待焉？○典案：碧虚子校引張君房本「止」作「正」。【釋文】焉得於虔反。彼將處乎不淫之度，【注】止於所受之分。【疏】彼之得道聖人，方將處心虛淡，其度量宏博，終不滯於世間。**而藏乎無端之紀，**【注】冥然與變化日新。【疏】大道無端無緒，不始不終，即用此混沌而爲紀綱，故聖人藏心晦迹於恍惚之鄉也。**遊乎萬物之所終始，**【注】終始者，物之極。【疏】夫物所始終，謂造化也。言生死始終，皆是造化，物固以終始爲造化也。而聖人放任乎自然之境，遨遊乎造化之場。**壹其性，**【注】飾則二矣。【疏】率性而動，故不二也。**養其氣，**【注】不以心使之。【疏】吐納虛夷，故愛養元氣。**合其德，**【注】不以物離性。【疏】抱一不離，故常與玄德冥合也。**以通乎物之所造。**【注】萬物皆造於自爾。【疏】物之所造，自然也。既一性合德，與物相應，故能達至道之原，通自然之本。**夫若是者，其天守全，其神無郤，物奚自入焉！**【疏】是者，指斥以前聖人也。自，從也。若是者，其保守自然之道，全而不虧，其心神凝照，曾無間郤，故世俗事物，何從而入於靈府哉！【釋文】無郤去逆反。

「夫醉者之墜車，雖疾不死。骨節與人同，而犯害與人異，其神全也。乘亦不知也，墜亦不知也，死生驚懼不入乎其胸中，是故遻物而不慴。【疏】自此已下，凡有三譬，以況聖人任獨無心：一者醉人，二者利劍，三者飄瓦。此則是初。夫醉人乘車，忽然顛墜，雖復困疾，必當不死。其謂心無緣慮，神照凝全，既而乘墜不知，死生不入，是故遻於外物，而情無慴懼。〇典案：御覽四百九十七引作

「醉者之墜車也希死，形體與人同，其悟物與人異。何則？其神全也」，文與今本多異，當是别本。「悟物」，即下文之「遻物」，悟、遻古或通用。【釋文】之墜字或作「隊」，同。直類反。後皆同。乘亦音繩，又繩證反。遻音悟。郭音愕。爾雅云：遻，忤也。郭注云：謂干觸。不慴之涉反，懼也。李、郭音習。彼得全於酒而猶若是，【注】醉故失其所知耳，非自然無心者也。而況得全於天乎？【疏】彼之醉人，因於困酒，猶得暫時凝淡，不爲物傷，而況德全聖人，冥於自然之道者乎！物莫之傷，（故）〔固〕其宜矣。聖人藏於天，故莫之能傷也。【注】不闚性分之外，故曰藏。【疏】夫聖人照等三光，智周萬物，藏光塞智於自然之境，故物莫之傷矣。復讎者不折鏌干，【注】夫干將、鏌鋣，雖與讎爲用，然報讎者不事折之，以其無心。【疏】此第二論也。干將、鏌鋣，並古之良劍。雖用劍殺害，因以結讎，而報讎之人，終不瞋怒此劍而折之也。其爲無心，故物莫之害也。【釋文】鏌音莫。本亦作「莫」。干李云：鏌耶、干將，皆古之利劍名。吴越春秋云：吴王闔閭使干將造劍，劍有二狀，一曰干將，二曰鏌耶。鏌耶，干將妻名也。雖有忮心者，不怨飄瓦，【注】飄落之瓦，雖復中人，人莫之怨者，由其無情。【疏】飄落之瓦，偶爾傷人，雖忮逆褊心之夫，終不怨恨，爲瓦是無心之物。此第三論也。【釋文】忮心之豉反。郭、李音支，害也。字書云：佷也。飄瓦匹遥反。郭、李云：落也。雖復扶又反。下章同。中人丁仲反。是以天下平均。【注】凡不平者由有情。故無攻戰之亂，無殺戮之刑者，由此道也。【注】無情之道大矣。【疏】夫海内清平，遐荒静息，野無攻戰之亂，朝無殺戮之刑者，蓋由此無爲之道，無心聖人，故致之也。是知無心之義大矣。不開人之天，而開天之天。【注】不慮而知開，天也；知而後感開，人也。然則開天者，性之動也；開人者，知之用也。【疏】郭注云：「不慮而知開，天者也；知而後感開，人者也。然則開天者，性之動；開人者，知之用。」郭得之矣，無勞更釋。○典案：碧虛子校引劉得一本「人之天」作「人之人」。開天者德生，【注】性動者遇物而當足則忘餘，斯德生也。開人者賊生。【注】知用者從感而求，勌而不已，斯賊生也。【疏】夫率性而動，動而常寂，故德生也；運智御世，爲害極深，故賊生也。老經云：「以智治國，國之賊；不以智治國，國之德也。」不厭其天，不忽於人，【注】任其天性而動，則人理亦自全矣。【疏】常用自然之性，不厭天者也；任智自照於物，斯不忽人者也。【釋文】不厭李於豔反。徐於瞻反。民幾乎以其真！」【注】民之所患，僞之所生，常在於知用，不在於性動也。【疏】幾，盡也。因天任人，性動智用，既而人天無別，知用不殊，是以率土盡真，蒼生無僞者也。【釋文】幾乎音機。或音祈。

仲尼適楚，出於林中，見痀僂者承蜩，猶掇之也。【疏】痀僂，老人曲腰之貌。承蜩，取蟬也。掇，拾也。孔子聘楚，行出林籟之中，遇老公以竿承蟬，如俛拾地芥，一無遺也。○典案：「出於林中」，御覽九百四十四引「於」作「遊」。【釋文】痀郭於禹反。李、徐居具反，又其禹反。僂郭音縷。李、徐良付反。承一本作「美」。蜩音條，蟬也。猶掇丁活反，拾也。仲尼曰：「子巧乎！有道邪？」曰：「我有道也。

【疏】怪其巧妙一至於斯，故問其方，答云有道也。五六月累丸二而不墜，則失者錙銖；【注】累二丸於竿頭，是用手之停審也。故其承蜩，所失者不過錙銖之間也。【疏】錙銖，稱兩之微數也。初學承蜩，時經半歲，運手停審，故所失不多。○典案：「丸二」二字疑倒。下文「累三而不墜」，「累五而不墜」，此不當獨言「累丸二」也。注「累二丸於竿頭」，是郭所見本作「二丸」。列子黃帝篇張注引向秀注同。藝文類聚九十七引正作「二丸」。又御覽九百四十四引注「之停」作「足停」。【釋文】五六月司馬云：黏蟬時也。累丸劣彼反。下同。司馬云：謂累之於竿頭也。者錙側其反。銖音殊。累三而不墜，則失者十一；【注】所失愈少。【疏】時節猶久，累丸徵多，所承之蜩，十失其一也。○典案：注「少」舊作「多」。道藏注疏本誤同。「所失愈多」，與正文「則失者十一」義殊相反。御覽九百四十四引注正作「所失愈少也」，世德堂本同。今據正。累五而不墜，猶掇之也。【注】停審之至，故乃無所復失。【疏】累五丸於竿頭，一無墜落，停審之意，遂到於斯。是以承蜩蟬猶如俛拾。吾處身也，若厥株拘；吾執臂也，若槁木之枝；【注】不動之至。【疏】拘，謂斫殘枯樹枝也。執，用也。我安處身心，猶如枯樹，用臂執竿，若槁木之枝，凝寂停審，不動之至。斯言有道，此之謂也。【釋文】若厥本或作「橛」，同。其月反。株音誅。拘其俱反。郭音俱。李云：厥，豎也，豎若株拘也。若槁苦老反。雖天地之大，萬物之多，而唯蜩翼之知。【疏】二儀極大，萬物甚多，而運智用心，唯在蜩翼，蜩翼之外，無他緣慮也。吾不反不側，不以萬物易蜩之翼，何爲而不得！」【注】遺彼，故得此。【疏】反側，猶變動也。外息攀緣，内心凝静，萬物雖衆，不奪蜩翼之知。是以事同拾芥，何爲不得也？

孔子顧謂弟子曰：「用志不分，乃凝於神，其痀僂丈人之謂乎！」【疏】夫運心用志，凝静不離，故累丸乘蜩，妙凝神鬼。而尼父勉勖門人，故云「痀僂丈人之謂」也。【釋文】不分如字。○俞樾曰：「凝」當作「疑」。下文「梓慶削木爲鐻，鐻成，見者驚猶鬼神」，即此所謂「乃疑於神」也。列子黄帝篇正作「疑」，張湛注曰：意專則與神相似者也。可據以訂正。○馬叙倫曰：雲谷雜記引蘇軾曰：蜀本莊子云「用志不分，乃疑於神」，此與易「陰疑於陽」、禮「使人疑汝於夫子」同，今四方本皆作「凝」。尋下文「器之所以疑神者」，字正作「疑」。「疑」即擬度之擬，初文。典案：「疑」讀曰「擬」。周官司服鄭注：「疑」之言擬也。史記平準書「人徒之費擬於南夷」，漢書食貨志「擬」作「疑」，天地篇「子非夫博學以擬聖」，淮南子俶真篇作「於是博學以疑聖」，皆其比也。

顔淵問仲尼曰：「吾嘗濟乎觴深之淵，津人操舟若神。【疏】觴深，淵名也，其狀似栝，因以爲名，在宋國也。津人，謂津濟之人也。操，捉也。顔回嘗經行李，濟渡斯淵，而津人操舟，甚有方便，其便辟機巧，妙若神鬼。顔回怪之，故問夫子。○典案：御覽七百六十八引「吾」作「回」，「淵」作「泉」，唐人避高祖諱改之也；三百九十五引作「淵」，當是别本。「濟」，三百九十五引作「遊」。【釋文】操舟七曹反。下章同。吾問焉曰：『操舟可學邪？』曰：『可。善游者數能。【注】言物雖有性，亦須數習而後能耳。【疏】顔回問：可學否？答曰：好游涉者數習則能。夫物雖稟之自然，亦有習以成性者。○典案：「善游者數能」，文不成義。注「亦須數習而後能耳」，是郭所見本作「數習而後能也」。疑今本「數」下敚「習而後」三字。白帖十一引正作「數習而後能」，與郭注合，是其證。列子黄帝篇此上有「能游者可教也」六字，疑莊子脱之。【釋文】數能音朔。注、下同。若乃夫没人，則未嘗見舟而便操之也。』【注】没人，謂能鶩没於水底。【疏】注云：謂鶩没水底。鶩，鴨子也。謂津人便水，没入水下，猶如鴨鳥没水，因而捉舟。【釋文】鶩音木，鴨也。吾問焉而不吾告，敢問何謂也？」

仲尼曰：「善游者數能，忘水也。【注】習以成性，遂若自然。【疏】好游於水，數習故能，心無忌憚，忘水者也。○典案：御覽三百九十五引「善游者」下有「之」字；七百六十八引「忘水」下有「故」字。列子黄帝篇「仲尼曰」下有「譆，吾與若玩其文也久矣，而未達其實，而固且道與。能游者可教也，輕水也」二十九字。若乃夫没人之未嘗見舟而便操之也，彼視淵若陵，視舟之覆，猶其車卻也。【注】視淵若陵，故視舟之覆於淵，猶車之卻退於坂也。【疏】好水數游，習以成性，遂使顧視淵潭，猶如陵陸，假令舟之顛覆，亦如車之卻退於坂。○典案：「猶其車卻也」，御覽七百六十八引作「猶車之卻退也」。【釋文】之覆芳服反。注、下同。猶其車卻也元嘉本無「車」字。覆卻萬方陳乎前，而不得入其舍，【注】覆卻雖多，而猶不以經懷，以其性便故也。【疏】舍，猶心中也。隨舟進退，方便萬端，陳在目前，不關懷抱，既(不)〔能〕忘水，豈復勞心！○俞樾曰：「萬」下脱「物」字。此本以「覆卻萬物」爲句，「方陳乎前，而不得入其舍」爲句。方者，竝也。方之本義，爲兩舟相竝，故方有竝義。荀子致仕篇「莫不明通方起以尚盡矣」，楊倞曰：方起，竝起。漢書揚雄傳「雖方征僑與偓佺兮」，師古注曰：方，謂竝行也。皆其證也。「方陳乎前」，謂萬物竝陳乎前也。今上句脱「物」字，而以「方」字屬上讀，則所謂陳前者果何指歟？郭注曰「覆卻雖多，而猶不以經懷」，是其所據本有「物」字，蓋正文是「萬物」，故以「多」言，若如今本作「萬方」，當以廣大言，不當以「多」言也。列子黄帝篇正作「覆卻萬物，方陳乎前，而不得入其舍」，可據以訂正。惡往而不暇？【注】所遇皆閒暇也。【疏】率性操舟，任真游水，心無矜係，何往不閒！豈唯操舟，學道亦爾，但能忘遺，即是達生。【釋文】惡往音烏。閒暇音閑。以瓦注者巧，以鉤注者憚，以黄金注者殙。【注】所要愈重，則其心愈矜也。【疏】注，射也。用瓦器賤物而戲賭射者，既心無矜惜，故巧而中也。以鉤帶賭者，以其物稍貴，恐不中垛，故心生怖懼而不著也。用黄金賭者，既是極貴之物，矜而惜之，故心智昏亂而不中也。是以津人以忘遺，故若神；射者以矜物，故昏亂。是以矜之則拙，忘之則巧，勗諸學者，幸志之焉。○典案：御覽百八十八引注云：注，射賭物也。所賭物輕，則意巧。七百五十二引注「矜」作「瞀」。【釋文】瓦注之樹反。李云：擊也。憚徒丹反，又音丹，又丈旦反。忌惡也。一曰：難也。殙武典反，又音昏，又音門。本亦作「殙」。説文云：殙，瞀也。元嘉本作「昬」。○典案：御覽七百五十二、八百十引「殙」竝作「昏」。所要一遥反。其巧一也，而有所矜則重外也。凡外重者内拙。」【注】夫欲養生全内者，其唯無所矜重也。【疏】夫射者之心，巧拙無二，爲重於外物，故心有所矜，只爲貴重黄金，故内心昏拙。豈唯在射，萬事亦然。

田開之見周威公，威公曰：「吾聞祝腎學生，【注】學生者，務中適。【釋文】田開之李云：開之，其名也。周威公崔本作「周威公竈」。○俞樾曰：史記周本紀：(孝)〔考〕王封其弟於河南，是爲桓公。桓公卒，子威公代立。此周威公，殆即其人乎？索隱：按系本，西周桓公名揭，威公之子東周惠公名班，而威公之名不傳。崔本可補史闕。祝腎上之六反。下市軫反。字又作「緊」，音同。本或作「賢」。學生司馬云：學養生之道也。務中丁仲反。下章注「而中適」同。吾子與祝腎游，亦何聞焉？」【疏】姓田，名開之，學道之人。姓祝，名腎，懷道者也。周公之胤，莫顯其名，食采於周，謚曰威也。素聞祝腎學養生之道，開之既從游學，未知何所聞乎？有此咨疑，庶禀其術。【釋文】吾子與祝腎游司馬本以「吾子」屬上句，更云「子與祝腎游」。田開之曰：「開之操拔篲以侍門庭，亦何聞於夫子？」【疏】開之謂祝腎爲夫子。拔篲，掃帚也。言我操提埽帚，參侍門戶，灑掃庭前而已，亦何敢輒問先生之道乎？古人事師，皆擁篲以充役也。【釋文】操七曹反。拔蒲末反。徐甫末反。李云：把也。篲似歲反。徐以醉反。郭矛税反。李尋恚反、信醉反。或蘇忽反。帚也。亦何聞於夫子絶句。

威公曰：「田子無讓，寡人願聞之。」【疏】讓，猶謙也。養生之道，寡人願聞，幸請指陳，不勞謙遜。開之曰：「聞之夫子曰：『善養生者，若牧羊然，視其後者而鞭之。』」【疏】我承祝腎之説，養生譬之牧羊，鞭其後者，令其折中。【釋文】而鞭如字。崔本作「趣」，云：匿也。視其羸瘦在後者，匿著牢中養之也。威公曰：「何謂也？」【疏】未悟田開之言，故更發疑問。田開之曰：「魯有單豹者，巖居而水飲，不與民共利，行年七十而猶有嬰兒之色；不幸遇餓虎，餓虎殺而食之。【疏】姓單，名豹，魯之隱者也。巖居飲水，不争名利，雖復年齒長老，而形色不衰。久處山林，忽遭餓虎所食。【釋文】單豹音善。李云：單豹，隱人姓名也。　而水飲元嘉本作「飲水」。○馬叙倫曰：「水」當依御覽七百二十引作「谷」，淮南人間訓亦作「谷」。典案：馬説是也。　有張毅者，高門縣薄無不走也，行年四十而有内熱之病以死。【疏】姓張，名毅，亦魯人也。高門，富貴之家也。縣薄，垂簾也。言張毅是流俗之人，追奔世利，高門甲第，朱户垂簾，莫不馳驟參謁，趨走慶弔。形勞神弱，困而不休，於是内熱發背而死。○碧虚子校引劉得一本「高」上有「見」字。典案：劉本是也。淮南子人間篇「張毅好恭，過宮室廊廟必趨，見門閭聚衆必下」，即用此事。文雖各異，「門閭」上有「見」字，可爲旁證。又案：「無不走也」，文選幽通賦注引作「無不趨義也」。【釋文】縣音玄。○典案：文選幽通賦注、御覽七百二十引「縣」作「懸」，古今字。　薄司馬云：簾也。　無不走也司馬云：走，至也。言無不至門奉富貴也。李云：走，往也。○俞樾曰：「無不走也」語意未明。司馬云：走，至也。言無不至門奉富貴也。亦殊迂曲。「走」乃「趣」之壞字。文選幽通賦李注引此文曰「有張毅者，高門縣薄無不趣義也」，字正作「趣」，但衍「義」字耳。呂覽必己篇曰「張毅好恭，門閭帷薄聚居衆無不趨」，高注曰：過之必趨。淮南人間篇曰「張毅好恭，過宮室廊廟必趨，見門閭聚衆必下，廝徒馬圉，皆與伉禮，然不終其壽，内熱而死」，其義更明。莊子文不備，故學者莫得其解。　豹養其内而虎食其外，毅養其外而病攻其内，此二子者，皆不鞭其後者也。」【注】夫守一方之事至於過理者，不及於會通之適也。鞭其後者，去其不及也。【疏】單豹寡欲清虛，養其內德，而虎食其外；張毅交游世貴，養其形骸，而病攻其內以死。此二子各滯一邊，未爲折中，故並「不鞭其後」也。【釋文】去其起呂反。

仲尼曰：「無入而藏，【注】藏既內矣，而又入之，此過於入也。【疏】注云：「入既入矣，而又藏之。」偏滯於處，此單豹也。無出而陽，【注】陽既外矣，而又出之，是過於出也。【疏】陽，顯也。出既出矣，而又顯之。偏滯於出，此張毅也。柴立其中央。【注】若槁木之無心，而中適是立也。【疏】柴，木也。不滯於出，不滯於處，出處雙遣，如槁木之無情，妙捨二邊，而獨立於一中之道。三者若得，其名必極。【注】名極而實當也。【疏】夫因名詮理，從理生名。若得已前三句語意者，則理窮而名極者也。亦言：得此三者，名爲證至極之人也。夫畏塗者十殺一人，則父子兄弟相戒也，必盛卒徒而後敢出焉，不亦知乎，【疏】塗，道路也。夫路有劫賊，險難可畏，十人同行，一人被殺，則親情相戒，不敢輕行，彊盛卒伍，多結徒伴，斟量平安，然後敢去。豈不知全身遠害乎？○典案：御覽四百五十九引「盛」作「勝」〔一〕。【釋文】畏塗司馬云：阻險道可畏懼者也。卒徒子忽反。亦知音智。人之所取畏者。衽席之上，飲食之

〔一〕御覽　二字原缺。

間，而不知爲之戒者，過也。」【注】十殺一耳，便大畏之；至於色欲之害，動皆之死地，而莫不冒之，斯過之甚也！【疏】衽，衣服也。夫塗路患難，十殺其一，猶相戒慎，不敢輕行。況飲食之間不能將節，衽席之上恣其淫蕩，動之死地，萬無一全。舉世皆然，深爲罪過。○典案：碧虛子校引江南古藏本「取」作「最」。御覽四百五十九引「過也」上有「知之」二字，義較長。【釋文】衽而甚反。徐而鴆反。李云：臥衣也。鄭注禮記云：臥席也。動皆之死地一本無「地」字。不冒音墨。

祝宗人玄端以臨牢筴說彘，【疏】祝，祝史也，如今太宰六祝官也。玄端，衣冠。筴，圈也。彘，豬也。夫饗祭宗廟，必有祝史，具於玄端，冠服執版，而祭鬼神。未祭之間，臨圈說彘，說彘之文，在於下也。【釋文】牢筴初革反。李云：牢，豕室也。筴，木欄也。說如字，又始銳反。彘直例反。本亦作「豕」。曰：「汝奚惡死？吾將三月𢡕汝，十日戒，三日齊，藉白茅，加汝肩尻乎彫俎之上，則汝爲之乎？」【疏】𢡕，養也。俎，盛肉器也。謂彫飾之俎也。說彘曰：汝何須好生而惡死乎？我將養汝以好食，齊戒以潔清，藉神坐以白茅，置汝身於俎上，如此相待，豈不欲爲之乎？【釋文】奚惡烏路反。𢡕音患。司馬云：養也。本亦作「犧」。○碧虛子校云：「𢡕」，篇韻不收。依張君房本改「豢」。馬叙倫曰：御覽五百三十引「𢡕」作「犧」，「三日」作「十日」。說文曰：豢，以穀圈養豕也。「𢡕」，俗字；「犧」，譌字。日齊側皆反。後章同。藉在夜反，又在亦反。尻苦羔反。彫俎莊呂反。畫飾之俎也。爲彘謀曰：不如食以糠糟，而錯之牢筴之中；自爲謀，則苟生有軒冕之尊，死得於腞楯之上、聚僂之中，則爲之。爲彘謀則去之，自爲謀則取之，所異彘者何也？【注】欲贍則身亡，理常俱耳，不問人獸也。【疏】措，置也。腞，畫飾也。楯，筴車也。謂畫輀車也。聚僂，棺槨也。爲彘謀者，不如置之圈内，食之糟糠，不用白茅，無勞彫俎。自爲謀，則苟且生時有乘軒戴冕之尊，死則置於棺中，載於楯車之上，則欲得爲之。爲彘謀則去白茅、彫俎，自爲謀則取於軒冕楯車，而異彘者何也？此蓋顛倒愚癡，非達生之性也。◯典案：碧虛子校引張潛夫本「所異」上有「其」字。【釋文】爲彘于僞反。下「自爲」、「爲彘」同。食以音嗣。穅音康。糟音遭。錯之七故反，置也。又如字。本又作「措」。腞〔一〕音直轉反，又敕轉反。楯食準反。徐敕荀反。李敕準反。司馬云：腞，猶篆也。楯，猶案也。聚僂力主反。司馬云：聚僂，器名也。今冢壙中注爲之。一云：聚僂，棺槨也。一云：「聚」當作「菆」，才官反；「僂」當作「蔞」，力久反。謂殯於菆塗蔞翣之中。◯王念孫曰：釋文引司馬云：腞，猶篆也。楯，猶案也。聚僂，器名也。今冢壙中注爲之。一云：聚僂，棺槨也。一云：「聚」當作「菆」，「僂」當作「蔞」，謂殯於菆塗蔞翣之中。案「腞」讀爲「輇」，謂載柩車也。雜記「載以輲車」，鄭注曰：「輲」讀爲「輇」。士喪禮記注曰：載柩車。周禮謂之「蜃車」，雜記謂之「團」，或作「輇」，或作「槫」，聲讀皆相附耳。其車之轝狀如牀，中央有轅，前後出，設前後輅。轝上有四周，下則前後有軸，以輇爲輪。許叔重說有輻曰「輪」，無輻曰「輇」。「輇」、「輲」、「槫」、「團」，並字異而義同。此作「腞」，義亦同也。「楯」讀爲「輴」，亦謂載柩車

〔一〕腞　原作「豚」，據釋文改。

也。檀弓曰「天子之殯也，菆塗龍輴以椁」，又曰「天子龍輴而椁幬，諸侯輴而設幬」。喪大記曰「君殯用輴」，鄭注曰：天子之殯，居棺以龍輴，諸侯輴不畫龍，大夫廢輴。士喪禮下篇注曰：輁，狀如長牀，穿桯，前後著金而關軸焉，大夫諸侯以上有四周，謂之輴。「輴」與「楯」古字通。雜記注曰「載柩以楯」，是其證也。「聚僂」，謂柩車飾也。衆飾所聚，故曰「聚僂」；亦以其形中高而四下，故言「僂」也。雜記注曰：將葬，載柩之車飾曰柳。周官縫人「衣翣柳之材」，注曰：柳之言聚，謂飾之所聚。劉熙釋名曰：輿棺之車，其蓋曰柳。柳，聚也，衆飾所聚，亦其形僂也。檀弓曰「設蔞翣」。荀子禮論篇曰「無帾絲歶縷，翣其頞以象菲帷幬尉也」。「柳」、「蔞」、「縷」、「僂」，並字異而義同。吕氏春秋節喪篇「僂翣以督之」，其字亦作「僂」。釋文所引或說，以「僂」爲蔞翣字，是也。餘説皆失之。

桓公田於澤，管仲御，見鬼焉。公撫管仲之手曰：「仲父何見？」對曰：「臣無所見。」【疏】公，即桓公小白也。畋獵於野澤之下，而使管夷吾御車。公因見鬼，心有所怖懼，執管之手問之，答曰：臣無所見。此章明凡百病患，多因妄係而成。○典案：御覽八百七十二引「田」作「遊」。又案：御覽八百八十三引「臣無所見」下有「也」字。**公反，誒詒爲病，數日不出。**【疏】誒詒是懈怠之容，亦是數悶之貌。既見鬼，憂惶而歸，遂成病患，所以不出。【釋文】去反一本作「公反」。誒於代反。郭音熙。説文云：可惡之辭也。李呼該反。一音哀。詒吐代反。郭音怡。李音臺。司馬云：懈倦貌。李云：誒詒，失魂魄也。數日所主反。司馬本作「數月」。

齊士有皇子告敖者曰：「公則自傷，鬼惡能傷公？【疏】姓皇子，字告敖，齊之賢人也。既聞公有病，來問之，云：公妄繫在心，自遭傷病；鬼有何力，而能傷公？欲以正理遣其邪病也。【釋文】皇子告敖如字。司馬云：皇，姓。告敖，字。齊之賢士也。○俞樾曰：廣韻六止「子」字注：複姓十一，莊子有皇子告敖。則以「皇子」爲複姓。列子湯問篇末載錕鋙劍火浣布事，云「皇子以爲無此物」，殆即其人也。典案：御覽三百九十一引「敖」作「傲」。鬼惡音烏。夫忿滀之氣，散而不反，則爲不足；【疏】夫人忿怒，則滀聚邪氣，於是精魂離散，不歸於身，則心虚弊犯神，道不足也。【釋文】忿拂粉反。李房粉反。滀敕六反。之氣散而不反則爲不足李云：忿，滿也。滀，結聚也。精神有逆，則陰陽結於內，魂魄散於外，故曰不足。上而不下，則使人善怒；下而不上，則使人善忘；不上不下，中身當心，則爲病。」【疏】夫邪氣上而不下，則上攻於頭，令人心中怖懼，鬱而好怒；下而不上，陽伏陰散，精神恍惚，故好忘也。夫心者，五藏之主，神靈之宅，故炁當身心則爲病。○典案：御覽八百八十三引作「不上不下者，中身當心，則爲病耳」。【釋文】上時掌反。下同。而不下則使人善怒下而不上則使人善忘亡尚反。李云：陽散陰凝，故怒；陰發陽伏，故忘也。不上不下中丁仲反。身當心則爲病李云：上下不和，則陰陽争而攻心。心，精神主，故病也。

桓公曰：「然則有鬼乎？」曰：「有。【疏】公問所由，答言有鬼。沈有履，竈有髻。【疏】沈者，水下泥之中有鬼曰履。竈神，其狀如美女，著赤衣，名髻也。【釋文】沈有履司馬本作「沈有漏」，云：沈，水汙泥也。漏，神名。○俞樾曰：司馬云：沈，水汙泥也。則當與「水有罔象」等句相次，不當與「竈有髻」相次也。「沈」當爲「煁」。「煁」從甚聲，「沈」從冘聲，兩音相近。詩蕩篇「其命匪諶」，説文心部引作「天命匪忱」。常棣篇「和樂且湛」，禮記中庸篇引作「和樂且耽」，並其證也。「煁」之通作「沈」，猶「諶」之通作「忱」、「湛」之通作「耽」矣。白華篇「卬烘於煁」，毛傳曰：煁，竈也。是「煁」、「竈」同類，故以「煁有履，竈有髻」並言之耳。鄭禪諶字竈，「諶」即「煁」之假字，漢書古今人表作「禪湛」，「湛」亦「煁」之假字。李善注文選鄒陽上吳王書曰：「湛」，今沈字。又注答賓戲曰：「湛」，古沈字。然則以「沈」爲「煁」，即以「湛」爲「煁」也。竈有髻音結。徐胡節反。郭音詰。李音吉。司馬云：髻，竈神。著赤衣，狀如美女。

户内之煩壤，雷霆處之；【疏】門户内糞壤之中，其間有鬼，名曰雷霆。【釋文】霆音庭，又音挺，又徒佞反。

東北方之下者，倍阿鮭蠪躍之；【疏】人宅中東北牆下有鬼，名倍阿鮭蠪，躍狀如小兒，長一尺四寸，黑衣赤幘，帶劍持戟。【釋文】倍音裴。徐扶來反。阿鮭本亦作「蛙」，户媧反。徐胡佳反。蠪音龍，又音聾。躍之司馬云：倍阿，神名也。鮭蠪，狀如小兒，長一尺四寸，黑衣，赤幘，大冠，帶劍持戟。

西北方之下者，則泆陽處之。【疏】豹頭馬尾，名曰泆陽。【釋文】泆陽音逸。司馬云：泆陽，豹頭馬尾，一作狗頭。一云：神名也。

水有罔象〔一〕，【疏】注云：狀如小兒，黑色赤衣，大耳長臂，名曰罔象。【釋文】罔象如字。司馬本作「無傷」，云：狀如小兒，赤黑色，赤爪，大耳，長臂。一云：水神名。

丘有峷，【疏】其狀如狗，有角，身有文彩。【釋文】峷本又作「莘」，所巾反，又音臻。司馬云：狀如狗，有角，文身五采。

山有夔，【疏】大如牛，狀如鼓，一足行也。

〔一〕罔象　原作「罔象」，據釋文及世德堂本改。疏、釋文及上文「沈有履」之俞樾所引皆同此。

【釋文】夔求龜反。司馬云：狀如鼓而一足。野有彷徨，【疏】其狀如蛇，兩頭，五采。【釋文】方音傍。本亦作「彷」，同。皇本亦作「徨」，同。司馬云：方皇，狀如蛇，兩頭，五采文。澤有委蛇。」公曰：「請問委蛇之狀何如？」【疏】桓公見鬼，本在澤中，既聞委蛇，故問其狀。【釋文】委於危反，又如字。皇子曰：「委蛇，其大如轂，其長如轅，紫衣而朱冠。其爲物也，惡聞雷車之聲，則捧其首而立。見之者殆乎霸。」桓公囅然而笑曰：「此寡人之所見者也。」【疏】囅，喜笑貌也。殆，近也。若見委蛇，近爲霸主。桓公聞說，大笑歡之：我所見正是此也。○典案：御覽八百七十二引「則」上有「見人」二字；八百八十三引「殆」上有「其」字。【釋文】朱冠司馬本作「俞冠」，云：俞國之冠也，其制似螺。惡聞雷烏路反。捧芳勇反。○典案：御覽八百七十二引「捧」作「舉」。其首司馬本同。一本作「手」。囅敕引反。徐敕一反，又敕私反。司馬云：笑貌。李云：大笑貌。於是正衣冠與之坐，不終日而不知病之去也。【注】此章言憂來而累生者，不明也。患去而性得者，達理也。【疏】聞說委蛇，情中暢適，於是整衣冠，共語論，不終日而情抱豁然，不知疾病從何而去也。

紀渻子爲王養鬭雞。【疏】姓紀，名渻子，亦作「消」字，隨字讀之。爲齊王養雞，擬鬭也。此章明不必稟生知自然之理，亦有積習以成性者。【釋文】紀渻所景反。徐所幸反。人姓名也。一本作「消」。爲于僞反。王司馬云：齊王也。○俞樾曰：列子黄帝篇亦載此事，云「紀渻子爲周宣王養鬭雞」，則非齊王也。十日而問：「雞已乎？」曰：「未也，方虛憍而恃氣。」【疏】養經十日堪鬬乎？答曰：始性驕矜，自恃意氣，故未堪也。【釋文】虛憍居喬反，又巨消反。李云：高也。司馬云：高仰頭也。十日又問，曰：「未也，猶應嚮景。」【疏】見聞他雞，猶相應和，若形聲影響也。【釋文】猶應應對之應。下同。嚮許丈反。本亦作「響」。景於領反，又如字。李云：應響鳴，顧景行。十日又問，曰：「未也，猶疾視而盛氣。」【疏】顧視速疾，意氣强盛，心神尚動，故未堪也。十日又問，曰：「幾矣。雞雖有鳴者，已無變矣，【疏】幾，盡也。都不驕矜，心神安定，雞雖有鳴，已無變慴，養雞之妙，理盡於斯。望之似木雞矣，其德全矣，異雞無敢應者，反走矣。」【注】此章言養之以至於全者，猶無敵於外，況自全乎？【疏】神識安閑，形容審定，遥望之者，其猶木雞，不動不驚，其德全具。他人之雞，見之反走，天下無敵，誰敢應乎！○碧虛子校引文如海、劉得一本「者」上有「見」字。馬叙倫曰：當依文、劉本補「見」字。「見者」應屬下讀。

孔子觀於吕梁，縣水三十仞，流沫四十里，黿鼉魚鼈之所不能游也。【疏】吕梁，水名。解者不同，或言是西河離石有黄河縣絶之處，名吕梁也。或言蒲州二百里有龍門，河水所經，瀑布而下，亦名吕梁。或言宋國彭城縣之吕梁。八尺曰仞，計高二十四丈而縣下也。今者此水，縣注名高，蓋是寓言，談過其實耳。黿者，似鼈而形大。鼉者，類魚而有脚。此水瀑布既高，流波峻駛，遂使激湍騰沫四十里，至於水族，尚不能游，況在陸生，如何可涉？○典案：御覽五十八、三百九十五、九百三十二引竝作「流沫三十里」，列子黄帝篇同。「四」疑「三」之譌也。

【釋文】呂梁司馬云：河水有石絶處也。今西河離石西有此縣絶，世謂之黄梁。淮南子曰：古者龍門未鑿，河出孟門之上也。縣水音玄。三十仞音刃。七尺曰仞。流沫音末。黿音元。鼉徒多反。或音檀。鼈字又作「鱉」，必滅反。**見一丈夫游之，以爲有苦而欲死也，使弟子並流而拯之。**【疏】激湍沸涌，非人所能游，忽見丈夫，謂之遭溺而困苦，故命弟子隨流而拯接之。○典案：御覽三百五十九引「見」作「有」。【釋文】有苦如字。司馬云：病也。拯之拯救之拯。**數百步而出，被髮行歌而游於塘下。**【疏】塘，岸也。既安於水，故散髮而行歌，自得逍遥，遨游岸下。○典案：既出水，不得復言「游」。「游」當爲「遊」，涉上「游」字而誤也。御覽三百九十五引正作「遊」，當從之。【釋文】數百所主反。被髮皮寄反。行歌司馬本作「行道」。道，常行之道也。

孔子從而問焉，曰：「吾以子爲鬼，察子則人也。請問蹈水有道乎？」【疏】丈夫既不憚流波，行歌自若，尼父怪其如此，從而問之：我謂汝爲鬼神，審觀察，乃人也。汝能履深水，頗有道術不乎？○典案：御覽九百三十二引「從」作「請」。**曰：「亡，吾無道。**【疏】答云：我更無道術，直是久游則巧，習以性成耳。**吾始乎故，長乎性，成乎命。**【疏】我初始生於陵陸，遂與陵爲故舊也；長大游於水中，習而成性也。既習水成性，心無懼憚，恣情放任，遂同自然天命也。【釋文】長乎丁丈反。下同。**與齊俱入，與汩偕出，**【注】磨翁而旋入者，齊也。回伏而涌出者，汩也。【疏】湍沸旋入，如磑心之轉者，齊也。回復騰漫，而反出者，汩也。既與水相宜，事符天命，故出入齊汩，曾不介懷。郭注云「磨翁而入者」，關東人喚磑爲磨，「磨翁而入」，是磑釭轉也。【釋文】與齊司馬云：齊，回水如磨齊也〔一〕。郭云：磨翁而旋入者，齊也。○典案：列子黄帝篇「齊」作「齎」。與汩胡忽反。司馬云：涌波也。郭云：回伏而涌出者，汩也。從水之道而不爲私焉，【注】任水而不任己。【疏】隨順於水，委質從流，不使私情，輒懷違拒。從水尚爾，何況唯道是從乎！此吾所以蹈之也。」【疏】更無道術，理盡於斯。○典案：御覽三百九十五引「之」作「水」。

孔子曰：「何謂始乎故，長乎性，成乎命？」【疏】未聞斯旨，請重釋之。曰：「吾生於陵而安於陵，故也；長於水而安於水，性也；不知吾所以然而然，命也。」【注】此章言人有偏能，得其所能而任之，則天下無難矣。用夫無難以涉乎生生之道，何往而不通也？【疏】此之三義並釋於前，無勞重解也。

梓慶削木爲鐻，鐻成，見者驚猶鬼神。【注】不似人所作也。【疏】姓梓，名慶，魯大匠也。亦云：梓者，官號。鐻者，樂器，似夾鍾。亦言：鐻似虎形，刻木爲之。彫削巧妙，不類人工，見者驚疑，謂鬼神所作也。○典案：御覽五百三十引「木」上有「大」字。【釋文】梓音子。慶李云：魯大匠也。梓，官名。慶，其名也。○俞

〔一〕回水　原作「向水」，據釋文改。

樾曰：春秋襄四年左傳「匠慶謂季文子」，杜注：匠慶，魯大匠。即此梓慶。鐻音據。司馬云：樂器也。似夾鍾。魯侯見而問焉，曰：「子何術以爲焉？」【疏】魯侯見其神妙，怪而問之：汝何道術，爲此鐻焉？○典案：御覽五百三十引作「子一何巧矣，何術以至此」。御覽引書多删削，少增益，疑今本敚「巧矣」二字。對曰：「臣工人，何術之有？雖然，有一焉。臣將爲鐻，未嘗敢以耗氣也，必齊以靜心。【疏】梓答云：臣是工巧材人，有何藝術？雖復如是，亦有一法焉。臣欲爲鐻之時，未嘗輒有攀緣，損耗神氣，必齊戒清潔，以靜心靈也。【釋文】耗呼報反。司馬云：損也。氣李云：氣耗則心動，心動則神不專也。齊三日，而不敢懷慶賞爵禄；【疏】心迹既齊，凡經三日，至於慶弔賞罰、官爵利禄，如斯之事，並不入於情田。齊五日，不敢懷非譽巧拙；【疏】齊日既多，心靈漸靜，故能非譽雙遣，巧拙兩忘。【釋文】非譽音餘。齊七日，輒然忘吾有四枝形體也。當是時也，無公朝，【注】視公朝若無，則跂慕之心絶矣。【疏】輒然，不敢動貌也。齊潔既久，情義清虚，於是百體四肢，一時忘遣，輒然不動，均於枯木。既無意於公私，豈有懷於朝廷哉！【釋文】輒然丁協反。輒然，不動貌。無公朝直遥反。注同。其巧專而外骨消。【注】性外之事去也。【疏】滑，亂也。專精内巧之心，消除外亂之事。【釋文】骨消如字。本亦作「滑消」。然後入山林，觀天性，形軀至矣；然後成，見鐻，然後加手焉。不然則已。【注】必取材中者也。【疏】外事既除，內心虛静，於是入山林，觀看天性好木，形容軀貌至精妙，而成事堪爲鐻者，然後就手加工焉。若其不然，則止而不爲。○典案：「形軀至矣」，藝文類聚四十四引作「形區別矣」，御覽五百七十五引作「區別見」。【釋文】成見賢遍反。材中丁仲反。則以天合天，【注】不離其自然也。【疏】機變雖加人工，木性常因自然，故以合天也。器之所以疑神者，其是與？」【注】盡因物之妙，故乃疑是鬼神所作也。【疏】所以鐻之微妙，疑似鬼神者，只是因於天性，順其自然，故得如此。此章明順理則巧若神鬼，性乖則心勞而自拙也。○典案：御覽五百三十引「疑」作「凝」。碧虛子校引江南古藏本「其」下有「由」字。馬叙倫曰：當依江南古藏本補。案：馬說是也。【釋文】是與音餘。

東野稷以御見莊公，進退中繩，左右旋中規。莊公以爲文弗過也，【疏】姓東野，名稷，古之善御人也，以御事魯莊公。左右旋轉，合規之圓；進退抑揚，中繩之直。莊公以爲組繡織文，不能過此之妙也。○典案：御覽七百四十六引作「周旋中規」。【釋文】東野稷李云：東野，姓；稷，名也。司馬云：孫卿作「東野畢」。以御見賢遍反。下同。莊公李云：魯莊公也。或云：內篇曰「顏闔將傅衛靈公太子，問於蘧伯玉」，則不與魯莊同時，當是衛莊公。○俞樾曰：荀子哀公篇載此事，莊公作定公，顏闔作顏淵，則爲魯定公矣。中繩丁仲反。下同。文弗過也司馬云：謂過織組之文也。○錢大昕曰：呂氏春秋適威篇作「以爲造父弗過也」。「文」蓋「父」之誤。典案：錢說是也。造父，周穆王臣。古稱善御，故以爲此。荀子哀公篇、韓詩外傳二、新序雜事五、家語顏回篇皆載此事，亦竝言「造父」。御覽七百四十六引此文正作「造父弗過也」，尤其塙證矣。惟司馬注已云「謂過織組之文也」，是其敚誤已在晉前。使之鉤百而反。【疏】任馬旋回，如鉤之曲，百度反之，皆復其迹。【釋文】使之鉤百而反司馬云：稷自矜其能，圓而驅之，如鉤復迹，百反而不知止。顔闔遇之，入見曰：「稷之馬將敗。」公密而不應。【疏】姓顔，名闔，魯之賢人也。入見，莊公初不信，故密不應焉。【釋文】顔闔戶臘反。元嘉本作「盍」，崔同。少焉，果敗而反。公曰：「子何以知之？」【疏】少時之頃，馬困而敗，公問顔生，何以知此？曰：「其馬力竭矣，而猶求焉，故曰敗。」【注】斯明至當之不可過也。【疏】答：馬力竭盡，而求其過分之能，故知必敗也。非唯車馬，萬物皆然。

工倕旋而蓋規矩，指與物化，而不以心稽，【疏】旋，規也。規，圓也。稽，留也。倕是堯時工人，禀性極巧，蓋用規矩，手隨物化，因物施巧，不稽留也。【釋文】工倕音垂，又音睡。旋而蓋矩指與物化而不以心稽音雞。司馬本「矩」作「瞿」，云：工倕，堯工巧人也。旋，圓也。瞿，句也。倕工巧任規，以見爲圓，覆蓋其句指，不以施度也。是與物化之，不以心稽留也。故其靈臺一而不桎。【注】雖工倕之巧，猶任規矩。此言因物之易也。【疏】任物因循，忘懷虛淡，故其靈臺凝一，而不桎梏也。【釋文】不桎之實反。司馬云：閡也。之易以豉反。忘足，屨之適也；忘要，帶之適也；【注】百體皆適，則都忘其身也。【釋文】足屨九住反。要帶一遥反。知忘是非，心之適也；【注】是非生於不適耳。【疏】夫有履有帶，本爲足爲要。今既忘足腰，履帶理當閑適。亦猶心懷憂戚，爲有是非；今則知忘是非，故心常適樂。○碧虛子校引張君房、文如海本「知」作「口」。典案：作「口」義太淺薄，張、文本非是。又案：此當以「忘足」爲句，「屨之適也」爲句，「忘要」爲句，「帶之適也」爲句，謂所以忘足忘要者，以屨帶之適耳。疏非。不內變，不外從，事會之適也。【注】所遇而安，故無所變從也。【疏】外智凝寂，內心不移，物境虛空，外不從事，乃契會真道，所在常適。始乎適而未嘗不適者，忘適之適也。【注】識適者猶未適也。【疏】始，本也。夫體道虛忘，本性常適，非由感物而後歡娛，則有時不適。本性常適，故無往不歡也。斯乃忘適之適，非有心適。

有孫休者，【疏】姓孫，名休，魯人也。踵門而詫子扁慶子曰：「休居鄉不見謂不脩，臨難不見謂不勇，然而田原不遇歲，事君不遇世，賓於鄉里，逐於州部，則胡罪乎天哉？休惡遇此命也。」【疏】踵，頻也。詫，告也，歎也。不能述道，而怨迍邅，頻來至門而歎也。姓扁，名子慶，魯之賢人，孫休之師也。孫休俗人，不達天命，頻詣門而言之：我居鄉里，不見道我不修飾；臨於危難，不見道我無勇武。而營田於平原，逢歲不熟，禾稼不收；處朝廷以事君，不遇聖明，不縻好爵。遭州部而放逐，被鄉閭而賓棄，有何罪於上天，苟遇斯之運命？【釋文】踵門章勇反。司馬云：至也。而詫敕駕反，又呼駕反。郭都駕反。司馬云：告也。李本作「託」，云：屬也。子扁慶子音篇，又符殄反。李云：扁，姓；慶子，字也。臨難乃旦反。賓於必刃反。惡遇音烏。下同。

扁子曰：「子獨不聞夫至人之自行邪？忘其肝膽，遺其耳目，【注】闇付自然也。【疏】夫至人立行，虛遠清高，故能内忘五藏之肝膽，外遺六根之耳目，蕩然空静，無纖介於胸臆。芒然彷徨乎塵垢之外，【注】凡非真性，皆塵垢也。【釋文】芒然武剛反。彷徨元嘉本作「房皇」，音同。逍遥乎無事之業，【注】凡自爲者，皆無事之業也。【疏】芒然，無心之貌也。彷徨是縱放之名，逍遥是任適之稱。而處染不染，縱放於囂塵之表；涉事無事，任適於物務之中也。是謂爲而不恃，【注】率性自爲耳，非恃而爲之。長而不宰。【注】任其自長耳，非宰而長之。【疏】接物施化，不恃藉於我（我）勞；長養黎元，豈斷割而從己？事出老經。【釋文】長而丁丈反。注同。今汝飾知以驚愚，脩身以明汙，昭昭乎若揭日月而行也。【疏】汝光飾心智，驚動愚俗；修營身形，顯他汙穢；昭昭明白，自炫其能，猶如擔揭日月而行於世也，豈是韜光匿耀，以蒙養恬哉？【釋文】飾知音智。明汙音烏。若揭其列反，又其謁反。汝得全而形軀，具而九竅，無中道夭於聾盲跛蹇，而比於人數，亦幸矣，又何暇乎天之怨哉？子往矣！」【疏】而，汝也。得軀貌完全，九竅具足，復免中塗夭於聾盲跛蹇，又得預於人倫，偕於人數，慶幸矣莫甚於斯，有何容暇，怨於天道？子宜速往，無勞辭費。【釋文】九竅苦弔反。跛波我反。蹇紀輦反，又紀偃反。徐其偃反。而比如字，又毗志反。

孫子出。扁子入，坐有間，仰天而歎。【疏】孫休聞道而出，扁子言訖而歸。俄頃之間，子慶嗟歎也。弟子問曰：「先生何爲歎乎？」【疏】扁子門人問其嗟歎所以。扁子曰：「向者休來，吾告之以至人之德，吾恐其驚而遂至於惑也。」【疏】孫休頻來，踵門而詫，述己居世，坎軻不平，吾遂告以至人深玄之德，而器小言大，慮有漏機，恐其驚迫，更增其惑，是以吁歎也。弟子曰：「不然。孫子之所言是邪？先生之所言非邪？非固不能惑是。孫子所言非邪？先生所言是邪？彼固惑而來矣，又奚罪焉？」【疏】若孫子言是，扁子言非，非理之言，必不惑是；若扁子言是，孫子言非，彼必以非故，來詣斯求是。進退尋責，何罪有乎？先生之歎，終成虛假。扁子曰：「不然。昔者有鳥止於魯郊，魯君説之，爲具太牢以饗之，奏九韶以樂之，鳥乃始憂悲眩視，不敢飲食。此之謂以己養養鳥也。若夫以鳥養養鳥者，宜棲之深林，浮之江湖，食之以委蛇，則平陸而已矣。【注】各有所便也。【疏】此爰居之鳥，非應瑞之物。魯侯濫賞，饗以太牢，事顯前篇，無勞重解。○典案：碧虚子校引劉得一本「平」上有「安」字。【釋文】説之音悅。爲具于僞反。奏九韶元嘉本作「奏韶武」。以樂音洛。下同。食之音嗣。委於危反。**蛇**如字。李云：大鳥吞蛇。司馬云：委蛇，泥鰌。○俞樾曰：委蛇未詳何物。李云：大鳥食蛇。然未聞養鳥者必食之以蛇也。司馬云：委蛇，泥鰌。此亦臆説。今案至樂篇云「夫以鳥養養鳥者，宜棲之深林，遊之壇陸，浮之江湖，食之鰌鰍，隨行列而止，委蛇而處」，然則此文宜亦當云「食之以鰌鯈，委蛇而處」，傳寫有闕文耳。且云「委蛇而處」，方與下句「則平陸而已矣」文氣相屬，若無「而處」二字，下句便不貫矣。**今休，款啓寡聞之民也，吾告以至人之德，譬之若載鼷以車馬、樂鴳以鐘鼓也，彼又惡能無驚乎哉？」**【注】此章言善養生者各任性分之適而至矣。【疏】鼷，小鼠也。鷃，雀也。孫休是寡識少聞之人，應須款曲，啓發其事。今乃告以至人之德，大道玄妙之言，何異乎載小鼠以大車，娛鷃雀以韶樂！既御小而用大，亦何能無驚懼者也？【釋文】**款啓**李云：款，空也。啓，開也。如空之開，所見小也。**鼷**音奚。**鷃**字又作「鴳」，音晏。○典案：御覽九百二十一引「鴳」作「鷃」。

外篇　山木第二十【釋文】舉事以名篇。

莊子行於山中，見大木，枝葉盛茂，伐木者止其旁而不取也。問其故，曰：「無所可用。」莊子曰：「此木以不材得終其天年。」【疏】既同曲轅之樹，又類商丘之木，不材無用，故終其天年也。○典案：御覽九百五十二引「伐」作「採」。類聚九十一、御覽九百五十二引「年」下有「矣」字。【釋文】山中釋名云：山，產也，產生物也。說文云：山，宣也，謂能宣散氣，生萬物也。大木釋名云：木，冒也，冒地而生也。字林云：木，衆樹之總名。白虎通云：木，踊也。

夫子出於山，舍於故人之家，【疏】舍，息也。○馬叙倫曰：此「夫」字爲「矣」字壞文，讀者妄加「子」字。典案：馬説是也。「出於山」下當有「及邑」二字，而今本敚之。呂氏春秋必己篇作「出於山及邑」，類聚鳥部中、御覽九百十七引「山」下亦竝有「及邑」二字，是其塙證。【釋文】夫出如字。夫者，夫子，謂莊子也。本或即作「夫子」。

故人喜，命豎子殺雁而烹之。【疏】門人呼莊子爲夫子也。豎子，童僕也。○典案：「故人喜」下當有「具酒肉」三字，而今本敚之。呂氏春秋必己篇、御覽九百十七引「故人喜」下竝有「具酒肉」三字，是其證。「命」，呂氏春秋必己篇、文選盧子諒贈劉琨詩注、御覽九百十七引竝作「令」。【釋文】豎市主反。烹之普彭反，煮也。○王念孫曰：愚案：此「亨」讀爲「享」，「享之」，謂享莊子。故人喜莊子之來，故殺雁而享之。「享」與「饗」通，呂氏春秋必己篇作「令豎子爲殺雁饗之」，是其證也。故書「享」字作「亯」，「烹」字亦作「亯」，故釋文誤讀爲「烹」，而今本遂改「享」爲「烹」矣。竪子請曰：「其一能鳴，其一不能鳴，請奚殺？」主人曰：「殺不能鳴者。」

明日，弟子問於莊子曰：「昨日山中之木以不材得終其天年，今主人之雁以不材死，先生將何處？」

莊子笑曰：「周將處乎材與不材之間。材與不材之間，似之而非也，故未免乎累。【注】設將處此耳，以此未免於累，竟不處。【疏】言材者，有爲也；不材者，無爲也；之間，中道也。雖復離彼二偏，處茲中一，既未遣中，亦猶人不能理於人，雁不能同於雁，故似道而非真道，猶有斯患累也。○典案：「主人曰」，御覽九百十七引「主人」下有「公」字，與呂氏春秋必己篇合。「今主人之雁以不材死」，類聚鳥部中、御覽九百十七引「死」下竝有「而」字。文選盧子諒贈劉琨詩注引「不材」作「不能鳴」〔一〕。「先生將何處」，御覽九百十七引作「先生何處焉」，類聚鳥部中引「處」下亦有「焉」。「莊子笑曰：『周將處乎材與不材之間』」，御覽九百十七引「笑」作「歎」，「乎」作「夫」，文選盧子諒贈劉琨詩注引「乎」亦作「夫」，「不材」作「不能鳴」，「間」下有「矣」字。類聚鳥部中引「乎」作「夫」，「間」下有「乎」字。若夫乘道德而浮遊則不然。【疏】夫乘玄道至德而浮遊於世者，則不如此也。

〔一〕盧子諒　原作「劉子諒」，據文選改，後同。

既遺二偏，又忘中一，則能虛通而浮遊於代爾。無譽無訾，一龍一蛇，【疏】訾，毀也。龍，出也。蛇，處也。言道無材與不材，故毀譽之稱都失也。【釋文】無譽音餘。無訾音紫。毀也。（餘）〔徐〕音疵。與時俱化，【疏】此遺中也。既遺二偏，又忘中一，遺之又遺，玄之又玄。而無肯專爲；【疏】言既妙遺中一，遠超四句，豈復諂情毀譽，惑意龍蛇？故當世浮沈，與時俱化，何肯偏滯而專爲一物也！一上一下，以和爲量，【疏】言至人能隨時上下，以和同爲度量。【釋文】一上如字，又時掌反。爲量音亮。○俞樾曰：此本作「一下一上，以和爲量」，「上」與「量」爲韻。今作「一上一下」，失其韻矣。古書往往倒文以協韻，後人不知而誤改者甚多。秋水篇「無東無西，始於玄冥，反於大通」，亦後人所改，莊子原文本作「無西無東」，與「通」爲韻也。浮遊乎萬物之祖，【疏】以大和而等量，遊造物之祖宗。物物而不物於物，則胡可得而累邪！【疏】物不相物，則無憂患。此神農、黃帝之法則也。【注】故莊子亦處焉。【疏】郭注云：「故莊子亦處焉。」若夫萬物之情，人倫之傳，則不然。【疏】倫，理也。共俗物傳習，則不如前也。【釋文】人倫之傳直專反。司馬云：事類可傳行也。合則離，成則毀，廉則挫，尊則議，【疏】合則離之，成者必毀，清廉則被剉傷，尊貴者又遭議疑，世情險陂，何可必固？又：廉則傷物，物不堪化，則反挫也。自尊財物，物不堪辱，反有議疑也。【釋文】則剉子卧反。本亦作「挫」，同。○俞樾曰：「議」當讀爲「俄」。詩賓之初筵篇「側弁之俄」，鄭箋云：俄，傾貌。「尊則俄」，謂崇高必傾側也。古書「俄」字或以「義」爲之，說見王氏經義述聞尚書立政篇，亦或以「議」爲之，管子法禁篇「法制不議，則民不相私」，「議」亦「俄」也，謂法制不傾衺也。又或以「儀」爲之，荀子成相篇「君法儀，禁不爲」，「儀」亦「俄」也，謂君法傾衺，則當禁使不爲也。有爲則虧，賢則謀，【疏】虧，損也，有爲則損也。賢以志高，爲人之所謀也。不肖則欺，胡可得而必乎哉！【疏】言已上賢與不肖等事何必爲也！必則偏執名中，所以有成虧也。悲夫！弟子志之，【疏】悲夫，歎聲也。志，記也。其唯道德之鄉乎！」【注】不可必，故待之不可以一方也。唯與時俱化者爲能涉變而常通耳。【疏】言能用中平之理，其爲道德之鄉也。【釋文】之鄉如字。一音許亮反。

市南宜僚見魯侯，【疏】姓熊，名宜僚，隱於市南也。【釋文】市南宜僚了蕭反。徐力遥反。司馬云：熊宜僚也，居市南，因爲號也。李云：姓熊，名宜僚。案左傳云：市南有熊宜僚，楚人也。○俞樾曰：高注淮南主術篇云：宜遼，姓也，名熊。疑「名」、「姓」字互誤。魯侯有憂色。市南子曰：「君有憂色，何也？」魯侯曰：「吾學先王之道，脩先君之業，吾敬鬼尊賢，【疏】先王，謂王季、文王。先君，謂周公、伯禽也。親而行之，無須臾離居。【疏】離，散也。居，安居也。【釋文】無須臾離力智反。絶句。崔本無「離」字。○俞樾曰：崔譔本無「離」字，而以「居」字連上句讀，當從之。吕覽慎人篇「胼胝不居」，高誘訓「居」爲「止」，「無須臾居」者，無須臾止也，正與上句「行」字相對成義。學者不達「居」字之旨，而習於中庸「不可須臾離」之文，遂妄加「離」字，而「居」字屬下讀，失之矣。下文「居得行而不名處」，亦以「居」與「行」對言，郭注曰「居然自得此行」，非是。

然不免於患，吾是以憂。」

市南子曰：「君之除患之術淺矣。【注】有其身而矜其國，故雖憂懷萬端，尊賢尚行，而患慮愈深矣。【疏】言敬鬼尊賢之法，其法未除也。【釋文】居然崔讀以「居」字連上句。尚行下孟反。夫豐狐文豹，【疏】豐，大也。以文章豐美，毛衣悅澤，故爲人利也。○典案：御覽九百八引「豹」作「貔」。【釋文】豐狐司馬云：豐，大也。棲於山林，伏於巖穴，靜也；夜行晝居，戒也；雖飢渴隱約，猶旦胥疏於江湖之上而求食焉，【疏】戒，慎也。隱約，猶斟酌也。旦，明也。胥，皆也。言雖飢渴，猶斟酌明旦無人之時，相命於江湖之上，扶疏草中，而求食也。○典案：御覽九百八引「棲」作「搏」，八百九十二引「伏」作「處」。又案：唐寫本「旦」作「且」，「疏」下有「草」字。【釋文】胥疏如字。司馬云：胥，須也。疏，菜也。李云：胥，相也，謂相望疏草也。定也；然且不免於罔羅機辟之患。是何罪之有哉？其皮爲之災也。【疏】機辟，罝罘也。言斟酌定計如此，猶不免罝罘之患者，更無餘罪，直是皮色之患也。○典案：御覽八百八十四引「莊子云：豐狐文豹，不免於網羅之患者，文也」，疑即約舉此文。【釋文】機辟婢亦反。今魯國獨非君之皮邪？吾願君刳形去皮，洒心去欲，而遊於無人之野。【注】欲令無其身，忘其國，而任其自化也。【疏】刳形，忘身也。去皮，忘國也。洒心，忘智也。去欲，息貪也。無人之野，謂道德之鄉也。郭注云：「欲令無其身，忘其國，而任其自化。」【釋文】刳形音枯。廣雅云：屠也。去皮起呂反。下「去欲」、「去君」同。洒心先典反。本亦作「洗」，音同。去欲如字。徐音慾。欲令力呈反。章末同。南越有邑焉，名爲建德之國，【注】寄之南越，取其去魯之遠也。【疏】言去魯既遥，名建立無爲之道德也。其民愚而樸，少私而寡欲，知作而不知藏，【疏】作，謂耕作也。藏，謂藏貯也。君既懷道，民亦還淳。與而不求其報，不知義之所適，不知禮之所將，【疏】義，宜也。將，行也。猖狂妄行，【疏】猖狂，無心也。妄行，混迹也。○典案：唐寫本「猖」作「昌」。乃蹈乎大方，【注】各恣其本步，而人人自蹈其方，則萬方得矣，不亦大乎！【疏】道方也。猖狂恣任，混迹妄行，乃能蹈大方之道。其生可樂，其死可葬。【注】言可終始處之。【疏】郭注云：「言可以終始處之也。」【釋文】可樂音洛。吾願君去國捐俗，與道相輔而行。」【注】所謂去國捐俗，謂蕩除其胸中也。【疏】捐，棄也。言棄俗，與無爲至道相輔導而行也。

君曰：「彼其道遠而險，又有江山，我無舟車，奈何？」【注】真謂欲使之南越。【疏】迷悟性殊，故致魯、越之隔也。市南子曰：「君無形倨，【注】形倨，躓礙之謂。【疏】勿恃高尊，形容倨傲。【釋文】無形倨音據。司馬云：無倨傲其形。躓之實反，又知吏反。礙五代反。無留居，【注】留居，滯守之謂也。【疏】隨物任運，無滯榮觀。【釋文】無留居司馬云：無留安其居。以爲君車。」【注】形與物夷，心與物化，斯寄物以自載也。君曰：「彼其道幽遠而無人，吾誰與爲鄰？吾無糧，我無食，安得而至焉？」【疏】未體獨化，不能忘物也。○典案：「安得而至焉」，唐寫本作「何以至焉」。【釋文】我無食一本「我」作「餓」。市南子曰：「少君之費，寡君之欲，雖無糧而乃足。【注】所謂知足則無所不足者也。【疏】言道不資物成，而但恬淡耳。○典案：唐寫本無「而」字。君其涉於江而浮於海，【疏】江，謂智也。海，謂道也。涉上善之江，遊大道之海。○典案：文選任彥昇王文憲集序注引作「君其步於江南而浮於四海」。望之而不見其崖，愈往而不知其所窮。【注】絶情欲之遠也。【疏】寧知窮極哉！○典案：唐寫本「愈」作「逾」。送君者皆自崖而反，【注】君欲絶，則民各反守其分矣。【疏】送君行邁，至於道德之鄉，民反真自守素分。崖，分也。君自此遠矣。【注】超然獨立於萬物之上也。【疏】自，從也。君從此清高，道德玄遠也。故有人者累，【注】有人者，有之以爲己私者也。【疏】君臨魯邦，富贍人物，爲我己有，深成病累也。見有於人者憂。【注】見有於人者，爲人所役用者也。【疏】言未能忘魯，見有於人，是以敬鬼尊賢，矜人恤衆，爲民驅役，寧非憂患？故堯非有人，非見有於人也。【注】雖有天下，皆寄之百官，委之萬物，而不與焉，斯非有人者也。

因民任物，而不役己，斯非見有於人者也。【疏】郭注云：「雖有天下，皆寄之百官，委之萬物，而不與焉，斯非有人也。因民任物，而不役己，斯非見有於人也。」【釋文】不與音預。吾願去君之累，除君之憂，而獨與道遊於大莫之國。【注】欲令蕩然無有國之懷也。【疏】大莫，猶大無也。言天下無能雜之。○典案：唐寫本「而獨與」下有「君」字。【釋文】大莫莫，無也。方舟而濟於河，【疏】兩舟相併曰方舟。【釋文】方舟司馬云：方，併也。有虛船來觸舟，雖有惼心之人不怒；【疏】褊，狹急也。不怒者，緣舟虛故也。○典案：「不怒」，御覽七百六十八引作「終不怒也」，文選王仲寶褚淵碑文注引作「不能怒」。【釋文】惼心必善反。爾雅云：急也。○典案：「惼」，北堂書鈔百三十七、文選任彥昇出郡傳舍哭范僕射詩、王仲寶褚淵碑文注、御覽七百六十八引竝作「褊」。有一人在其上，則呼張歙之，一呼而不聞，再呼而不聞，於是三呼邪，則必以惡聲隨之。【疏】惡聲，罵辱也。○典案：御覽七百六十八引「有」上有「忽」字。馬敘倫曰：「則呼張歙之」，當依北堂書鈔百三十七引作「一呼張之，一呼歙之」。淮南子詮言訓作「一謂張之，一謂歙之」，可證。案：馬說是也。唐寫本無「之」字。【釋文】則呼火故反。下同。張歙許及反。徐許輒反。郭疎獵反。張，開也。歙，斂也。向也不怒而今也怒，向也虛而今也實。人能虛己以遊於世，其孰能害之？」【注】世雖變，其於虛己以免害，一也。【疏】虛己，無心也。○典案：「向也不怒而今也怒」，唐寫本「向」下無「也」字。又「遊」下「於」字舊敚，今據唐寫本、文選王仲寶褚淵碑文注補。

北宮奢【疏】姓北宮，名奢。居北宮，因以爲姓。衞之大夫也。【釋文】北宮奢李云：衞大夫。居北宮，因以爲號。奢，其名也。爲衞靈公賦斂以爲鐘，爲壇乎郭門之外，【疏】鐘，樂器名也。言爲鐘先須設祭，所以爲壇也。○典案：御覽六百二十七引「乎」作「于」。【釋文】爲衞于僞反。賦斂力豔反。爲壇但丹反。李云：祭也。禱之，故爲壇也。三月而成上下之縣。【疏】上下調，八音備，故曰「縣」。【釋文】上下之縣音玄。司馬云：八音備爲縣而聲高下。○典案：御覽六百二十七引「縣」作「懸」。王子慶忌見而問焉，曰：「子何術之設？」【疏】慶忌，周王之子，周之大夫。言見鐘壇極妙，怪而問焉。○典案：御覽六百二十七引「之設」作「設之」。【釋文】王子慶忌李云：王族也。慶忌，周大夫也。怪其簡速，故問之。○俞樾曰：論語皇疏：王孫賈，周靈王之孫，名賈，是時仕衞爲大夫。然則此王子慶忌疑亦周之王子而仕衞者。齊亦有王子成父，見文十一年左傳。

奢曰：「一之間無敢設也。【注】泊然抱一耳，非敢假設以益事也。【疏】郭注云：「泊然抱一耳，非敢假設以益事也。」【釋文】泊然步各反。奢聞之，既彫既琢，復歸於朴。【注】還用其本性也。【疏】郭注云：「還用本性。」侗乎其無識，【注】任其純朴而已也。【疏】侗乎，無情之貌。任其淳朴而已。【釋文】侗乎吐功、敕動二反。無知貌。字林云：大貌。一音慟。儻乎其怠疑；【注】無所趣也。【疏】儻，無慮也。怠，退也。言狐疑思慮之事並已去矣。○典案：御覽六百二十七引「乎」作「兮」。又引注「趨」作「取」。

王念孫曰：「怠疑」即「佁儗」。【釋文】儻敕蕩反。萃乎芒乎，其送往而迎來；【注】無所忻説。【疏】萃，聚也。言物之萃聚，芒然不知，物之去來，亦不迎送，此下各任物也。又：芒昧恍惚，心無的當，隨其迎送，任物往來。【釋文】萃乎在醉反。○典案：御覽六百二十七引「萃乎」作「萃兮」。芒乎莫郎反。○典案：唐寫本無「芒乎」二字。忻説音悦。來者勿禁，往者勿止；【注】任彼也。【疏】百姓懷來者未防禁，而去者亦無情而留止也。○典案：御覽六百二十七引「勿」作「無」。從其强梁，【注】順乎梁也。○典案：注「順乎梁也」不詞。御覽六百二十七引注作「從於衆也」，唐寫本「梁」亦作「衆」。【釋文】强梁多力也。隨其曲傅，【注】無所係也。【疏】剛强難賦者，從而任之；人情曲傅者，隨而順之。【釋文】曲傅音附。司馬云：謂曲附己者，隨之也。本或作「傳」，張戀反。○典案：「傅」，御覽六百二十七引作「傳」，與釋文同。因其自窮也。【注】用其不得不爾。【疏】因任百姓，各窮於其所情也。○典案：「窮」下「也」字舊敚，今依唐寫本補。故朝夕賦斂，而毫毛不挫，【注】當，故無損。【疏】雖設賦斂，而未嘗抑度，各率其性，是故略無挫損者也。【釋文】不挫子卧反。而況有大塗者乎！【注】泰然無執，用天下之自爲，斯大通之塗也。故曰：「經之營之，不日成之。」【疏】塗，道也。直致任物，已無挫損，況資大道，神化無爲？三月而成，何怪之有！

孔子圍於陳、蔡之間，七日不火食。【疏】楚昭王召孔子，孔子自魯聘楚，塗經陳、蔡二國之間。尼父徒衆既多，陳、蔡之人謂孔子是陽虎，所以起兵圍之。門人飢餒，七日不起火食，窘迫困苦也。大公任往弔之，曰：「子幾死乎？」曰：「然。」「子惡死乎？」曰：「然。」【注】自同於好惡耳，聖人無好惡也。【疏】太公，老者稱也。任，名也。幾，近也。然，猶如是也。尼父既遭圍繞，太公弔而問之，曰：子近死乎？答云：如是。曰：子嫌惡乎？答云：如是也。○典案：唐寫本無「往」字。【釋文】大音泰。公任如字。李云：大公，大夫稱。任，其名。○俞樾曰：廣韻一東「公」字注：世本有太公穎叔。然則大公迺複姓，非大夫之稱。子幾音祈，又音機。子惡烏路反。注及下同。於好呼報反。章内同。

任曰：「予嘗言不死之道。東海有鳥焉，其名曰意怠。其爲鳥也，翂翂翐翐，而似無能；引援而飛，迫脅而棲；【注】既弘大舒緩，又心無常係也。【疏】試言長生之道，舉海鳥而譬之。翂翂翐翐，是舒遲不能高飛之貌也。飛必援引徒侶，不敢先起，棲必戢其脅翼，迫引於羣。○典案：「東海有鳥焉，其名曰意怠」，唐寫本無「焉」、「曰」二字。【釋文】翂翂音紛。字或作「㵤」。翐翐音秩。徐音族。字或作「溎」。司馬云：翂翂翐翐，舒遲貌。一云：飛不高貌。李云：羽翼聲。迫脅而棲李云：不敢獨棲，迫脅在衆鳥中，纔足容身而宿，辟害之至也。進不敢爲前，退不敢爲後；【注】常從容處中也。【釋文】從容七容反。食不敢先嘗，必取其緒。【注】其於隨物而已耳。【疏】夫進退處中，遠害之至；飲啄隨行，必依次叙。【釋文】其緒緒，次緒也。○王念孫曰：釋文曰「緒，次緒也」，案陸説非也。「緒」者，餘也，言食不敢先嘗，而但取其餘也。讓王篇「其緒餘以爲國家」，司馬彪曰：「緒」者，殘也，謂殘餘也。楚詞九章「欸秋冬之緒風」，王注曰：「緒，餘也。」管子弟子職篇「奉椀以爲緒」，尹知章曰：「緒」，然燭燼也。燼亦餘也。是故其行列不斥，【注】與羣俱也。【釋文】行列户剛反。下「亂行」同。不斥音尺。而外人卒不得害，是以免於患。【注】患害生於役知以奔競也。【疏】爲其謙柔，不與物競，故衆鳥行列，不獨斥棄也，而外人造次不得害之，是以免於人間之禍患。○馬叙倫曰：御覽九百二十七引無「外」字、「卒」字。「外」字疑涉上句「列」字或「斥」字而誤衍。【釋文】卒不子恤反，終也。又七忽反。直木先伐，甘井先竭。【注】才之害也。【疏】直木有材，先遭斫伐；甘井來飲，其流先竭。人衒才智，其義亦然。○馬叙倫曰：周書周祝解曰「甘泉必竭，直木必伐」，墨子親士篇曰「是以甘井近竭，招木近伐」。典案：文子符言篇「甘井必竭，直木必伐」，藝文類聚八十八引淮南子「直木先伐，甘井先竭」，皆本莊子。又文選謝靈運遊赤石進帆海詩注引「井」作「泉」。子其意者飾知以驚愚，脩身以明汙，昭昭乎如揭日月而行，故不免也。【注】夫察焉小異，則與衆爲迕矣；混然大同，則無獨異於世矣。故夫昭昭者，乃冥冥之迹也。將寄言以遺迹，故因陳、蔡以託患〔一〕。【疏】謂仲尼意在裝飾才智，驚異愚俗，修瑩身心，顯他汙染，昭昭明察，炫耀己能，猶如揭日月而行，故不免於禍患也。【釋文】飾知音智。

〔一〕患　集釋中華本作「意」。

○典案：唐寫本「知」作「智」。明汙音烏。揭其列、其謁二反。○郭慶藩曰：文選沈休文齊安陸昭王碑注引司馬云：揭，擔也。釋文闕。爲迕五故反。**昔吾聞之大成之人曰：『自伐者無功。』功成者隳，名成者虧。**【注】恃功名以爲己成者，未之嘗全。【疏】大成之人，即老子也。言聖德宏博，生成庶品，故謂之大成。伐，取也。隳，敗也。夫自取其能者，無功績；而功成不退者，必隳敗；名聲彰顯者，不韜光，必毁辱。【釋文】者隳許規反。**孰能去功與名，而還與衆人？**【注】功自衆成，故還之也。【疏】夫能立大功，建鴻名，而功成弗居，推功於物者，誰能如是？其唯聖人乎！○奚侗曰：管子白心篇作「孰能去名與功，而還與衆人同」，當據以訂補。此以「隳」、「虧」爲韻。典案：奚説是也。唐寫本無下「與」字。【釋文】去功起吕反。**道流而不明**【注】昧然而自行耳。【疏】道德流行，徧滿天下，而韜光匿耀，故云「不明」。○吕惠卿曰：「明居」連讀。典案：吕讀是也。「道流而不明居，得行而不名處」，句法一律，「居」、「處」爲韻。郭失其讀，句既參差，又無韻矣。唐寫本無「而」字。**居，得行而不名處；**【注】彼皆居然自得此行耳，非由名而後處之也。【疏】身有道德，盛行於世，而藏名晦迹，故不處其名。【釋文】居得行如字，又下孟反。注同。**純純常常，乃比於狂；**【注】無心而動故也。【疏】純純者材素，常常者混物，既不矜飾，更類於狂人也。**削迹捐勢，不爲功名；**【注】功自彼成，故勢不在我，而名迹皆去也。【疏】削除聖迹，捐棄權勢，豈存情於功績，以留意於名譽？○典案：「功名」，唐寫本作「名功」。**是故無責於人，人亦無責焉。**【注】恣情任彼，故彼各自當其責也。【疏】爲是義，故無名譽，我既不譴於人，故人亦無責於我。至人不聞，子何喜哉？」【注】寂泊無懷，乃至人也。【疏】夫至德之人，不顯於世。子既聖哲，何爲喜好聲名者邪？【釋文】泊步各反。

孔子曰：「善哉！」辭其交遊，去其弟子，逃於大澤，衣裘褐，食杼栗，【注】取於棄人間之好也。【疏】孔子既承教戒，善其所言，於是辭退交游，捨去弟子，離析徒衆，獨逃山澤之中，捐縫掖而服絺裘，棄甘肥而食杼栗。○典案：唐寫本無「哉」字。文選謝靈運遊赤石進帆海詩注引「逃於大澤」作「乃逃大澤之中」。【釋文】衣裘於既反。褐户割反。杼食汝反，又音序。入獸不亂羣，入鳥不亂行。【注】若草木之無心，故爲鳥獸所不畏也。鳥獸不惡，而況人乎？【注】蓋寄言以極推至誠之信，任乎物而無受害之地也。【疏】同死灰之寂泊，類草木之無情，羣鳥獸而不驚，況人倫而有惡邪？

孔子問子桑雽曰：「吾再逐於魯，伐樹於宋，削迹於衛，窮於商、周，圍於陳、蔡之間。吾犯此數患，親交益疏，徒友益散，何與？」【疏】姓桑，名雽，隱者也。孔子爲魯司寇，齊人聞之，遂選女樂、文馬而遺魯君，間構魯君，因而被逐。宋是殷後。孔子在宋及周，遂不被用，故偁窮也。遇此憂患，親戚交情益甚疏遠，門徒朋友益甚離散，何爲如此邪？○典案：「再」，類聚八十四、御覽八百六引作「見」。「交」，御覽引作「而」。【釋文】子桑雽音户。本又作「雩」，音于。李云：桑，姓；雩，其名。隱人也。或云：姓桑雩，名隱。○俞樾曰：疑即大宗師之「子桑户」。「雽」音户，則固與「子桑户」同矣。其或作「雽」，即「雩」字，説文「雩」或作「𦐖」，愚以爲古今人表之「采桑羽」即「子桑户」，説在大宗師篇，「羽」或「雩」之壞字乎？〇典案：御覽八百六引「雩」作「靈」。伐樹於衛一本作「伐樹於宋，削迹於衛」。此數所主反。何與音餘。下放此。

子桑雩曰：「子獨不聞假人之亡與？林回棄千金之璧，負赤子而趨。或曰：『爲其布與？赤子之布寡矣；【注】布，謂財帛也。〇典案：唐寫本無「人」字。文選王仲寶褚淵碑文注引「趨」作「趣」。【釋文】假古雅反。李云：國名。〇郭慶藩曰：文選王仲寶褚淵碑文注引司馬云：假，國名也。釋文闕。林回司馬云：殷之逃民之姓名。〇俞樾曰：上文「假人之亡」，李注：假，國名。然則林回當是假之逃民。蓋假亡而其民逃，故林回負赤子而趨也。「殷」乃「假」字之誤。爲其如字。下同。又皆于僞反。布與布，謂貨財也。爲其累與？赤子之累多矣。棄千金之璧，負赤子而趨，何也？』【疏】假，國名，晉下邑也。姓林，名回，假之賢人也。布，財貨也。假遭晉滅，百姓逃亡，林回棄擲寶璧，負子而走。或人問之，謂爲財布，然亦以爲財則少財，以爲累重則多累，輕少負多，不知何也？〇典案：唐寫本敚「也」字。林回曰：『彼以利合，此以天屬也。』夫以利合者，迫窮禍患害相棄也；以天屬者，迫窮禍患害相收也。夫相收之與相棄亦遠矣。【疏】寶璧，利合也；赤子，親屬也。親屬急迫猶相收，利合窮禍則相棄。棄收之情，相去遠耳。〇郭慶藩曰：文選王仲寶褚淵碑文注引司馬云：屬，連也。釋文闕。〇典案：「彼以利合，此以天屬也」，「屬」下當有「者」字。唐寫本正作「此以天屬者也」，文選王仲寶褚淵碑文注引同。且君子之交淡若水，小人之交甘若醴；君子淡以親，【注】無利故淡，道合故親。○典案：唐寫本二「交」字下竝有「也」字。【釋文】淡如字，又徒暫反。小人甘以絶。【注】飾利故甘。利不可常，故有時而絶也。【疏】無利故淡，道合故親；有利故甘，利盡故絶。彼無故以合者，則無故以離。」【注】夫無故而自合者，天屬也，合不由故，則故不足以離之也。然則有故而合，必有故而離矣。【疏】不由事故而合者，謂父子天屬也，故無由而離之。孔子説先王陳迹，親於朋友，非天屬也，皆爲求名利而來，此則是有故而合也；見削迹伐樹而去，是則有故而離也。非是天屬，無故自親，無故自離。

孔子曰：「敬聞命矣！」徐行翔佯而歸，絶學捐書，弟子無挹於前，其愛益加進。【注】去飾任素故也。【疏】的聞高命，徐步而歸，翱翔閑放，逍遥自得，絶有爲之學，棄聖迹之書，不行華藻之教，故無揖讓之禮，徒有敬愛，日加進益焉。○典案：唐寫本「佯」作「庠」，「加」作「嘉」。【釋文】無挹音揖。李云：無所執持也。去飾起吕反。

異日，桑雽又曰：「舜之將死，真泠禹曰：『汝戒之哉！形莫若緣，情莫若率。【注】因形率情，不矯之以利也。【疏】緣，順也。形必順物，情必率中，昔虞舜將終，用此真教命大禹，令其戒慎，依語遵行，故桑雽引來，以告孔子。亦有作「泠」字者，泠，曉也。舜將真言曉示大禹也。【釋文】真司馬本作「直」。泠音零。○典案：唐寫本「泠」作「命」。疏「用此真教命大禹」，是成所見本字亦作「命」。禹司馬云：泠，曉也，謂以真道曉語禹也。「泠」或爲「命」，又作「令」。命，猶教也。○王引之曰：釋文曰：「真」，司馬本作「直」。「泠」音零，司馬云：泠，曉也，謂以直道曉語禹也。「泠」或爲「命」，又作「令」，命，猶教也。案「直」當爲「卤」，「卤」，籀文「乃」字，隸書作「迺」。「卤」形似「直」，故訛作「直」，又訛作「真」。「命」與「令」古字通，作「命」作「令」者是也。「卤令禹」者，乃命禹也。

緣則不離，率則不勞。【注】形不假，故常全；情不矯，故常逸。【疏】形順則常合於物，性率則用而無弊。**不離不勞，則不求文以待形。**【注】任樸而直前也。【疏】率性而動，任樸直前，豈復求假文迹，而待用飾其形性哉？**不求文以待形，固不待物。』」**【注】樸素而足矣。【疏】既不求文籍以飾形，故知當分各足，不待於外物也。○典案：「固」疑當爲「故」。疏「故知當分各足，不待於外物也」，是其所見本字正作「故」。唐寫本作「故」。

莊子衣大布而補之，正緳係履而過魏王。魏王曰：「何先生之憊邪？」【疏】大布，猶粗布也。莊子家貧，以粗布爲服而補之。緳，履帶也，亦言腰帶也。履穿，故以繩係之。魏王，魏惠王也。憊，病也。衣粗布而著破履，正腰帶見魏王。王見其顦顇，故問言：先生何貧病如此耶？○典案：「莊子衣大布而補之」，不類先秦語。御覽六百八十九引作「莊子衣大布之衣」，與左閔二年傳「衛文公大布之衣」句法相似。【釋文】莊子衣於既反。大布司馬云：麤布也。正緳賢節反，又苦結反。司馬云：帶也。係履李云：履穿，故係。而過古禾反。魏王司馬云：惠王也。憊皮拜反，又薄計反。司馬本作「病」。**莊子曰：「貧也，非憊也。士有**

道德不能行，憊也；衣弊履穿，貧也，非憊也。此所謂非遭時也。王獨不見夫騰猿乎？其得柟梓豫章也，攬蔓其枝而王長其間，雖羿、逢蒙不能眄睨也。【注】遭時得地，則申其長技，故雖古之善射，莫之能害也。【疏】柟梓豫章，皆端直好木也。攬蔓，猶把捉也。王長，猶自得也。羿，古之善射人。逢蒙，羿之弟子也。睥睨，猶斜視，字亦有作「眄」字者，隨字讀之。言善士賢人，遭時得地，猶如猨得直木，則跳躑自在，雖有善射之人，不敢舉目側視，何況彎弓乎？○典案：唐寫本「行」作「保」，「穿」作「空」，「時」下有「者」字。【釋文】螣音騰。本亦作「騰」。柟音南。木名。攬舊歷敢反。蔓音萬。郭武半反。而王往況反。司馬本作「往」。○典案：御覽九百五十七引「王長」作「生長」。唐寫本作「王張」，與釋文一本合。長丁亮反。本又作「張」，音同。司馬直良反，云：兩枝相去長遠也。○俞樾曰：郭注曰「遭時得地，則申其長技」，是讀「長」爲長短之長，然於本文之義殊爲未合。司馬云「兩枝相去長遠也」，則就樹木言，義更非矣。此當就猿而言，謂猿得柟梓豫章，則率其屬居其上，而自爲君長也，故曰「王長其間」。釋文「王」往況反，「長」丁亮反，頗得其讀。羿音詣，或户係反。蓬蒙符恭反。徐扶公反。司馬云：羿，古之善射者。蓬蒙，羿之弟子。○典案：「蓬」，唐寫本作「逢」。眄莫練反。舊莫顯反。本或作「睥」，善計反。睨音詣。郭五米反。李云：邪視也。長技其綺反。及其得柘棘枳枸之間也，危行側視，振動悼慄。此筋骨非有加急而不柔也，處勢不便，未足以逞其能也。【疏】柘棘枸枳，並有刺之惡木也。夫猿得有刺之木，不能逞其捷巧，是以心中悲悼而戰慄，形貌危行而側視。

非謂筋骨有異於前，而勢不便也。士逢亂世，亦須如然。○典案：御覽九百十引「側視」作「反視」。唐寫本無「勢」字。「逞」，御覽九百十引作「騁」。【釋文】柘棘章夜反。枳吉氏反，又音紙。枸音矩。悼如字，又直弔反。不便婢面反。注同。○王念孫曰：古者謂所居之地曰「處勢」，史記蔡澤傳「翠鵲犀象，其處勢非不遠死也」。或曰「勢居」，逸周書周祝篇曰「勢居小者不能爲大」〔一〕，賈子過秦篇「至於秦王，二十餘君，常爲諸侯雄，其勢居然也」，淮南原道篇「形性不可易，勢居不可移也」。或言「處勢」，或言「勢居」，其義皆同。漢書陳湯傳曰「故陵因天性，據真土，處勢高敞〔二〕」。

今處昏上亂相之間，而欲無憊，奚可得邪？此比干之見剖心，徵也夫！【注】勢不便，而强爲之，則受戮矣。【疏】此合諭也。當時周室微弱，六國興盛，於是主昏於上，臣亂於下。莊生懷道抱德，莫能見用，晦迹遠害，故發此言。昔殷紂無道，比干忠諫，剖心而死，豈非徵驗？引古證今，異日明鏡。【釋文】亂相息亮反。見心賢遍反。强爲其丈反。

孔子窮於陳、蔡之間，七日不火食，左據槁木，右擊槁枝，而歌猋氏之風，有其具而無其數，有其聲而無宮角，木聲與人聲，犁然有當於人之心。【疏】猋氏，神農也。孔子聖人，安於窮通，雖遭陳、蔡之困，不廢其爲，故左手擊槁木，右手憑枯枝，恬然自得，歌猋氏之淳風。木乃

〔一〕周祝　「祝」原作「視」，據逸周書改。

〔二〕勢　漢書陳湯傳作「埶」。

八音，雖擊而無曲無聲，惟打木寧有於宮商？然歌聲木聲，犁然清淡，而樂正心，故有應當於人心者也。○典案：唐寫本無三「其」字。【釋文】槁木苦老反。下同。猋氏必遥反。古之無爲帝王也。○典案：唐寫本「猋」作「焱」。犁然力兮反，又力之反。司馬云：犁然，猶栗然。○典案：唐寫本「犁」作「梨」。有當丁浪反。顔回端拱還目而窺之。仲尼恐其廣己而造大也，愛己而造哀也，【疏】顔生既見仲尼擊木而歌，於是正身回目而視。仲尼恐其未悟，妄生虞度，謂言仲尼廣己道德，而規造大位之心，愛惜己身遭窮，而造哀歎之曲。慮其如是，故召而誨之。【釋文】還目音旋。而窺徐起規反。造大司馬云：造，適也。曰：「回，無受天損易，【注】唯安之，故易也。【釋文】損易以豉反。注、下同。○典案：唐寫本「損」作「捐」。無受人益難。【注】物之儻來，不可禁禦也。【疏】夫自然之理，有窮塞之損，達於時命，安之則易；人倫之道，有禄之益，儻來而寄，推之即難。此明仲尼雖擊木而歌，無心哀怨。無始而非卒也，【注】於今爲始者，於昨爲卒，則所謂始者，即是卒矣。言變化之無窮也。【疏】卒，終也。於今爲始者，於昨爲終也。欲明無始無終，無生無死。既無死無生，何窮塞之有哀乎？人與天一也。【注】皆自然也。【疏】所謂天損人益者，猶是教迹之言也。若至凝理處，皆是自然，故不二也。夫今之歌者其誰乎？」【注】任其自爾，則歌者非我也。【疏】夫大聖虛忘，物我兼喪，我既非我，歌是誰歌？我乃無身，歌將安寄也？

回曰：「敢問無受天損易。」仲尼曰：「飢渴寒暑，窮桎不行，天地之行也，運物之泄也，【注】不可逃也。【疏】前略標名，此下解義。桎，塞也。夫命終窮塞，道德不行，此猶天地虛盈，四時轉變，運動萬物，發泄氣候也。○典案：唐寫本無「易」字。碧虛子校引江南古藏本「物」作「化」。「泄」，唐寫本作「洩」。【釋文】窮桎之實反。運物司馬云：運，動也。之泄息列反。司馬云：發也。徐以世反。言與之偕逝之謂也。【注】所謂不識不知而順帝之則者也。【疏】偕，俱也。逝，往也。既體運物之無常，故與變化而俱往，而無欣惡於其間也。【釋文】言與之言，我也。爲人臣者不敢去之。執臣之道猶若是，而況乎所以待天乎！」【注】所在皆安，不以損爲損，斯待天而不受其損者也。【疏】夫爲人臣者，不敢逃去君命。執持臣道，由自如斯，而況爲變化窮通，必待自然之理，豈可違距者哉？○典案：唐寫本作「執臣而猶若是」。

「何謂無受人益難？」仲尼曰：「始用四達，【注】感應旁通爲四達。○典案：唐寫本無「難」字。爵祿並至而不窮，【注】旁通，故可以御高大也。物之所利，乃非己也，【注】非己求而取之也。【疏】始，本也。乃，宜也。妙本虛寂，迹用赴機，傍通四方，凝照九表，既靡好爵，財德無窮，萬物利求，是其宜也。○典案：唐寫本無「非己也」三字。吾命其在外者也。【注】人之生，必外有接物之命，非如瓦石止於形質而已矣。【疏】孔子聖人，挺於天命，運茲外德，救彼蒼生，非瓦石形質也。○典案：唐寫本「其」作「有」。君子不爲盜，賢人不爲竊。吾若取之，何哉！【注】盜竊者，私取之謂也。

今賢人君子之致爵禄，非私取也，受之而已耳。【疏】夫賢人君子，尚不爲盜竊，況孔丘大聖，寧肯違天乖理，而私取於爵禄乎？儻來而寄，受之而已矣，蓋無心也。故曰：鳥莫知於鷾鴯，目之所不宜處不給視，雖落其實，棄之而走。【注】避禍之速也。【疏】鷾鴯，燕也。實，食也。智能遠害全身，鳥中無過燕子。飛入人舍，欲作窠巢，目略處所，不是宜便，不待周給看詠，即遠飛出。假令銜食落地，急棄而走，必不復收，避禍之速者也。〇典案：「不給視，雖落其實，棄之而走」，唐寫本作「不給，雖其實，棄而走」。【釋文】莫知音智。鷾音意。鴯音而。或云：鷾鴯，燕也。目之所不宜處昌吕反。言不可止處，目已羅絡知之，故棄之。其畏人也，而襲諸人間，【注】未有自疏外於人而人存之者也。畏人而入於人舍，此鳥之所以稱知也。【疏】襲，入也。燕子畏懼於人，而依附人住，入人舍宅，寄作窠巢，是故人愛而狎之，故得免害。亦由聖人和光在世，混迹人間，戒慎災危，不溺塵境，蒼生樂推而不厭，故得久視長生。〇典案：唐寫本無「而」字。注「人舍」作「人間」，與正文合。社稷存焉爾。」【注】況之至人，則玄同天下，故天下樂推而不厭，相與社而稷之，斯無受人益之所以爲難也。【疏】聖德遐被，羣品樂推，社稷之存，故其宜矣。所謂人益，此之謂乎！

「何謂無始而非卒？」仲尼曰：「化其萬物而不知其禪之者，【注】莫覺其變也。【疏】禪，代也。夫道通生萬物，變化羣方，運轉不停，新新變易，日用不知，故莫覺其代謝者也。既無日新而變，何始卒之有耶？○典案：唐寫本「萬物」作「萬方」。【釋文】其禪市戰反。司馬云：授予也。焉知其所終？焉知其所始？正而待之而已耳。」【注】日夜相代，未始有極，故正而待之，無所爲懷也。【疏】夫終則是始，始則是終，故何能定終始？既其無終與始，則無死與生，是以隨變任化，所遇皆適，抱守正真，待於造物而已矣。○典案：「始」，唐寫本作「止」。【釋文】焉知於虔反。下同。

「何謂人與天一邪？」仲尼曰：「有人，天也；有天，亦天也。【注】凡所謂天，皆明不爲而自然耳。【疏】夫人倫萬物，莫不自然，愛及自然也，是以人天不二，萬物混同。人之不能有天，性也。【注】言自然則自然矣，人安能故有此自然哉？自然耳，故曰性。【疏】夫自然者，不知所以然而然，自然耳，不爲也，豈是能有之哉？若謂所有，則非自然也。故知自然者，性也，非人有之矣。此解前「有天」之義也。○典案：唐寫本「天」下有「也」字。聖人晏然體逝而終矣。」【注】晏然無矜，而體與變俱也。【疏】晏然，安也。逝，往也。夫聖人通始終之不二，達死生之爲一，故能安然解體，隨化而往，汎乎無始，任變而終。○典案：唐寫本「終」下有「耳」字。

莊周遊於雕陵之樊，覩一異鵲，自南方來者，翼廣七尺，目大運寸，感周之顙，而集於栗林。【疏】雕陵，栗園名也。樊，藩也。謂遊於栗園藩籬之内也。運，員也。感，觸也。顙，額也。異常之鵲，從南方來，翅長七尺，眼圓一寸，突著莊生之額，仍栖栗林之中。○典案：「莊周遊於雕陵之樊」，御覽九百二一

十一、三百五十引「於」竝作「乎」，唐寫本同。【釋文】雕徐音彫。本亦作「彫」。陵之樊音煩。司馬云：雕陵，陵名。樊，藩也。謂遊栗園藩籬之内也。「樊」或作「埜」，「埜」，古「野」字。○典案：御覽九百二十一引注「栗園」作「栗林」。翼廣光浪反。運寸司馬云：可回一寸也。○王念孫曰：司馬彪曰「運寸，可回一寸也」。案司馬以「運」爲轉運之運，非也。「運寸」與「廣七尺」相對爲文，「廣」爲横，則「運」爲從也，「目大運寸」，猶言目大徑寸耳。越語「句踐之地，廣運百里」，韋注曰：東西爲廣，南北爲運。是「運」爲從也。西山經曰「是山也，廣員百里」，「員」與「運」同。周官大司徒「周知九州之地域廣輪之數」，士喪禮記「廣尺，輪二尺」，鄭注竝曰：輪，從也。「輪」與「運」聲近而義同。「廣輪」，即「廣運」也。典案：御覽九百二十一引注作「周曲一寸」。感周之顙息蕩反。李云：感，觸也。莊周曰：「此何鳥哉？翼殷不逝，目大不覩。」蹇裳躩步，執彈而留之。【疏】殷，大也。逝，往也。躩步，猶疾行也。留，伺候也。翅大不能遠飛，目大不能遠視，莊生怪其如此，仍即起意規求，既而舉步疾行，把彈弓而伺候。【釋文】翼殷不逝目大不覩司馬云：殷，大也。曲折曰逝。李云：翼大逝難，目大視希，故不見人。蹇起虔反。○碧虚子校引張本「蹇」作「褰」。典案：張本是也。唐寫本作「騫」。躩李驅碧反。徐九縛反。司馬云：疾行也。案：即論語云「足躩如也」。執彈徒旦反。留之力救反。司馬云：宿留，伺其便也。○典案：「留」上疑敓「宿」字。御覽九百四十六引正作「執彈而宿留之」。覩一蟬，方得美蔭而忘其身；螳蜋執翳而搏之，見得而忘其形；【注】執木葉以自翳於蟬，而忘其形之見乎異鵲也。○典案：「螳蜋執翳而搏之」，御覽九百四十六引「而」作「且」。類聚九十八引作「且將」。【釋文】螳音堂。蜋音郎。執翳於計反。司馬云：執草以自翳也。搏之郭音博。徐音付。之見乎賢遍反。**異鵲從而利之，見利而忘其真。**【注】目能覩，翼能逝，此鳥之真性也，今見利，故忘之耳。【疏】搏，捕也。真，性命也。莊生執彈未放，中間忽見一蟬，隱於樹葉，美茲蔭庇，不覺有身；有螳蜋執木葉以自翳，意在捕蟬，不覺形見異鵲；異鵲從螳蜋之後，利其捕蟬之便，意在取利，不覺性命之危，所謂忘其真矣。【釋文】其真司馬云：真，身也。

莊周怵然曰：「噫！物固相累，【注】相爲利者，恒相爲累也。【疏】既覩蟬鵲，徇利忘身，於是怵然驚惕，仍言噫歎之聲。故知物相利者，必有累憂。【釋文】怵然肇律反。**二類相召也！」**【注】夫有欲於物者，物亦有欲之也。【疏】夫有欲於物者，物亦欲之也。是以蟬鵲俱世物之徒，利害相召，必其然也。○典案：御覽三百五十引「召」作「招」。**捐彈而反走，虞人逐而誶之。**【注】誶，問之也。【疏】捐，棄也。虞人，掌栗園之虞侯也。誶，問也。既覺利害相隨，棄彈弓而反走，虞人謂其盜栗，故逐而問之。【釋文】誶之本又作「訊」，音信，問也。司馬云：以周爲盜栗也。○典案：唐寫本「誶」作「訊」，注同。

莊周反入，三月不庭。藺且從而問之：「夫子何爲頃間甚不庭乎？」【疏】莊周見鵲忘身，被疑盜栗，歸家愧恥，不出門庭。姓藺，名且，莊子弟子。怪師頃來閉户，所以從而問之。○典案：「莊周反入」，碧虛子校引江南古藏本作「莊子反入宮」。【釋文】三月不庭一本作「三日」。司馬云：不出，坐庭中三月。○王念孫曰：釋文曰「『三月不庭』，一本作『三日』。司馬云：不出，坐庭中三月」。案如司馬說，則「庭」上須加「出」字，而其義始明。下文云「夫子何爲頃間甚不庭乎」，若以「甚不庭」爲「甚不出庭」，則尤不成語。今案「庭」當讀爲「逞」，「不逞」，不快也，「甚不逞」，甚不快也。忘吾身，忘吾真，而爲虞人所辱，是以不快也。方言曰：逞，曉，快也。自關而東，或曰「曉」，或曰「逞」，江、淮、陳、楚之間曰「逞」。桓六年左傳「今民餒而君逞欲」，周語「虢公動匱百姓以逞其違」，韋、杜注並曰：逞，快也。「逞」字古讀若呈，聲與「庭」相近，故通作「庭」。「三月不庭」，一本作「三日」，是也。○典案：唐寫本「庭」作「迋」〔一〕，古「往」字，始譌爲「廷」，傳寫又譌「庭」耳。藺力信反。一本作「蔺」。且子餘反。司馬云：藺且，莊子弟子。釋文闕。○郭慶藩曰：文選郭景純江賦注引司馬云：頃，久也。謝靈運入華子洞是麻源第三谷詩注引司馬云：頃，常久也。

莊周曰：「吾守形而忘身，【注】夫身在人間，而世有夷險，若推夷易之形於此世，而不度此世之所宜，斯守形而忘身者也。【釋文】夷易以豉反。不度直落反。觀於濁水而迷於清淵。【注】見彼而不明，即因彼以自見，幾忘反鑒之道也。【疏】我見利徇物，愛守其形，而利害相召，忘身者也。既覩鵲蟬，歸家不出門庭，疑亦自責，所謂因觀濁水，所以迷於清泉，雖非本情合真，猶存反照之道。【釋文】自見賢遍反。且吾聞諸夫子曰：『入其俗，從其令。』【注】不違其禁令也。【疏】莊周師老

〔一〕迋　原作「廷」，與下文「始譌爲『廷』」不協。迋，古「往」字，說文：「迋，往也。」

聃，故稱老子爲夫子也。夫達者同塵入俗，俗有禁令，從而行之。今既遊彼雕陵，被疑盜栗，輕犯憲綱。悔責之辭。○典案：「令」舊作「俗」，碧虛子校引江南李氏本、成本竝作「令」，注、疏亦竝言「禁令」，是其塙證。今據李本、成本改。今吾遊於雕陵而忘吾身，異鵲感吾顙，遊於栗林而忘真，栗林虞人以吾爲戮，吾所以不庭也。」【注】以見問爲戮也。夫莊子推平於天下，故每寄言以出意，乃毁仲尼，賤老聃，上掊擊乎三皇，而下痛病其一身也。【疏】意在異鵲，遂忘栗林之禁令，斯忘身也。字亦作「真」字者，隨字讀之。虞人謂我偷栗，是成身恥之辱如此，是故不庭。夫莊子大人，隱身卑位，遨遊宋國，養性漆園，豈迷目於清淵、留意於利害者耶？蓋欲評品羣性，毁殘其身耳。○典案：唐寫本「身」上無「吾」字，是也。此承上文「吾守形而忘身」而言，不當有「吾」字。又案：「虞人」上「栗林」二字疑衍。碧虛子校引張本、文本「栗林」作「□□」，唐寫本無下「栗林」二字。【釋文】上掊普口反。

陽子之宋，宿於逆旅。逆旅人有妾二人，其一人美，其一人惡，惡者貴而美者賤。陽子問其故，逆旅小子對曰：「其美者自美，吾不知其美也；其惡者自惡，吾不知其惡也。」【疏】姓陽，名朱，字子居，秦人也。逆旅，店也。往於宋國，宿於中地逆旅。美者恃其美，故人忘其美而不知也；惡者謙下自惡，故人忘其惡而不知也。○典案：「逆旅人有妾二人」，碧虛子校引劉得一本上「人」字作「之」，非是。【釋文】陽子司馬云：陽朱也。陽子曰：「弟子記之！行賢而去自賢之行，安往而不愛哉！」【注】言自賢之道，無時而可也。【疏】夫種德立行，而去自賢輕物之心者，何往而不得愛重哉？故命門人記之云耳。○奚侗曰：韓非子說林上篇「自賢之行」，「行」作「心」，當從之。典案：奚說是也。疏「夫種德立行，而去自賢輕物之心者」，是成本字正作「心」，是其塙證。御覽三百八十二引此已誤，列子黃帝篇誤與莊子同。【釋文】而去起呂反。之行下孟反。

莊子補正卷七下

外篇　田子方第二十一

【釋文】以人名篇。

田子方侍坐於魏文侯，數稱谿工。【疏】姓田，名無擇，字子方，魏之賢人也，文侯師也。文侯是畢萬七世孫，武侯之父也。姓谿，名工，亦魏之賢人。【釋文】田子方李云：魏文侯師也，名無擇。○典案：吕氏春秋重言篇「故聖人聽於無聲，視於無形，詹何、田子方、老耽是也」，高注：田子方學於子貢，尚賢仁而貴禮義，魏文侯友之。李以爲文侯師，未知何據。蓋傳聞異詞耳。數稱雙角反，又所主反。下同。谿音溪，又音兮。司馬本作「雞」。工李云：谿工，賢人也。文侯曰：「谿工，子之師邪？」子方曰：「非也，無擇之里人也。稱道數當，故無擇稱之。」【疏】谿工是子方鄉里人也，稱説言道，頻當於理，故無擇稱之，不是師。文侯曰：「然則子無師邪？」子方曰：「有。」曰：「子之師誰邪？」子方曰：「東郭順子。」文侯曰：「然則夫子何故未嘗稱之？」【疏】居在郭東，因以爲氏，名順子，子方之師也。既是先生之師，何故不稱說之？子方曰：「其爲人也真，【注】無假也。【疏】所謂真道人也。人貌而天，【注】雖貌與人同，而獨任自然。【疏】雖復貌同人理，而心契自然也。虛緣而葆真，【注】虛而順物，故真不失。【疏】緣，順也。虛心順物而恒守真宗，動而常寂也。【釋文】葆真音保。本亦作「保」。清而容物。【注】夫清者患於大絜。今清而容物，與天同也。【疏】郭注云：「清者患於大潔。今清而容物，與天同也。」【釋文】大絜音泰。○俞樾曰：郭注以「人貌而天」四字爲句，殆失其讀也，此當以「人貌而天虛」爲句。「人貌」、「天虛」相對成義。「緣而保真」爲句，與「清而容物」相對成義。「虛」者，孔竅也。淮南子氾論篇「若循虛而出入」，高注曰：虛，孔竅也。訓孔竅，故亦訓心，俶真篇「虛室生白」，注曰：虛，心也。太玄斷初一曰「斷心滅斧」，失初一曰「刺虛滅刃」，「滅刃」與「滅斧」同，「刺虛」與「斷心」同，故毅初一曰「懷威滿虛」，猶言滿心也。說詳太玄經。此云「人貌而天虛」，即人貌而天心，言其貌則人，其心則天也。學者不達「虛」字之義，誤屬下讀，則「人貌而天」句文義不完，下兩句本相儷者亦參差不齊矣。養生主篇「緣督以爲經」，釋文引李云：緣，順也。「緣而葆真」者，順而葆真也，上綴「虛」字，亦爲無義。物無道，正容以悟之，使人之意也消。【注】曠然清虛，正己而已，而物邪自消。【疏】世間無道之物，斜僻之人，東郭自正容儀，令其曉悟，使惑亂之意自然清除也。【釋文】物邪似嗟反。無擇何足以稱之！」【疏】師之盛德，深玄若是，無擇庸鄙，何足稱揚也？

子方出，文侯儻然終日不言，召前立臣而語之曰：「遠矣，全德之君子。

【疏】儻然，自失之貌。聞談順子之德，儻然靡據，自然失所謂，故終日不言。於是召前立侍之臣，與之語話，歎東郭子之道深遠難知，諒全德之人，可以君子萬物也。【釋文】儻然敕蕩反。司馬云：失志貌。而語魚據反。始吾以聖知之言、仁義之行爲至矣，吾聞子方之師，吾形解而不欲動，口鉗而不欲言。【注】自覺其近。【釋文】聖知音智。之行下孟反。形解户買反。口鉗其炎反。徐其嚴反。吾所學者，直土梗耳，【注】非真物也。【疏】我初昔修學，用先王聖智之言，周、孔仁義之行，爲窮理至極。今聞説子方之師，其道宏博，遂使吾形解散，不能動止，口舌鉗困，無可言語，自覺所學，土人而已，逢雨則壞，並非真物。土梗者，土人也。【釋文】直如字。本亦作「真」，下句同。元嘉本此作「真」，下句作「直」。○典案：道藏白文本、注疏本並作「真」，下同。土梗更猛反。司馬云：土梗，土人也，遭雨則壞。夫魏真爲我累耳！」【注】知至貴者，以人爵爲累也。【疏】既聞真道，隳體坐忘，故知爵位壇土，適爲憂累耳。

温伯雪子適齊，舍於魯。魯人有請見之者，温伯雪子曰：「不可。吾聞中國之君子，明乎禮義而陋於知人心，吾不欲見也。」【疏】姓温，名伯，字雪子，楚之懷道人也。中國，魯國也。陋，拙也。自楚往齊，途經於魯，止於主人之舍。魯人是孔子門人，聞温伯雪賢人，請欲相見，温伯不許，云：我聞中國之人，明於禮義聖迹，而拙於知人心，是故不欲見也。【釋文】温伯雪子李云：南國賢人也。至於齊，反舍於魯，是人也又請見。【疏】温伯至齊，反還舍魯，是前之人，復欲請見。温伯雪子曰：

「往也蘄見我，今也又蘄見我，是必有以振我也。」【疏】蘄，求也。振，動也。昔我往齊，求見於我，我今還魯，復來求見，必當別有所以，故欲感動我來。【釋文】蘄音祈。

出而見客，入而歎。明日見客，又入而歎。其僕曰：「每見之客也，必入而歎，何耶？」【疏】前後見客，頻自嗟歎，溫伯僕隸，怪而問之也。曰：「吾固告子矣：『中國之民，明乎禮義而陋乎知人心。』昔之見我者，進退一成規、一成矩，從容一若龍、一若虎，【注】槃辟其步，逶蛇其迹。【疏】擎跪揖讓，前卻方圓，逶迤若龍，槃辟如虎。【釋文】從容七容反。槃辟婢亦反。遺如字。本又作「逶」，於危反。蛇以支反。其諫我也似子，其道我也似父，【注】禮義之弊，有斯飾也。【釋文】其道音導。○典案：碧虛子校引江南古藏本「道」作「導」。疏「訓導我也，似父之教子」，是成本字亦作「導」。是以歎也。」【疏】匡諫我也，如子之事父；訓導我也，似父之教子。夫遠近尊卑，自有情義，既非天性，何事殷勤？是知聖迹之弊，遂有斯矯，是以歎之也。

仲尼見之而不言。【注】已知其心矣。子路曰：「吾子欲見溫伯雪子久矣，見之而不言，何邪？」【疏】二人得意，所以忘言。仲由怪之，是故起問焉。○典案：子路對孔子言，當稱夫子。呂氏春秋精諭篇「吾子」作「夫子」，當從之。又：「子路」作「子貢」。仲尼曰：「若夫人者，目擊而道存矣，亦不可以容聲矣。」【注】目裁往，意已達，無所容其德音也。【疏】擊，動也。夫體悟之人，忘言得理，目裁運動，而玄道存焉，無勞更事辭費，容其聲説也。【釋文】夫人音符。目擊而道存矣司馬云：見其目動，而神實已著也。擊，動也。郭云：目裁往，意已達。

顏淵問於仲尼曰：「夫子步亦步，夫子趨亦趨，夫子馳亦馳，夫子奔逸絶塵，而回瞠若乎後矣。」夫子曰：「回，何謂邪？」曰：「夫子步，亦步也；夫子言，亦言也；夫子趨，亦趨也；夫子辯，亦辯也；夫子馳，亦馳也；夫子言道，回亦言道也。及奔逸絶塵，而回瞠若乎後者，夫子不言而信，不比而周，無器而民滔乎前，而不知所以然而已矣。」【疏】奔逸絶塵，急走也。瞠，直目貌也。滅塵迅速，不可追趂，故直視而在後也。器，爵位也。夫子不言而爲人所信，未曾親比而與物周旋，實無人君之位，而民足蹈乎前而衆聚也，不知所然而然，直置而已矣，所謂奔逸絶塵也。【釋文】奔逸司馬（又）本作「徹」。瞠敕庚反，又尹郎反。字林云：直視貌。一音杜哽反，又敕孟反。○郭慶藩曰：後漢書逸民傳注、文選范蔚宗逸民傳論注並引司馬云：言不可及也。釋文闕。不比而周毗志反。滔乎前吐刀反。謂無人君之器，滔聚其前也。又杜高反。

仲尼曰：「惡，可不察與！夫哀莫大於心死，而人死亦次之。【注】夫心以死爲死，乃更速其死。其死之速，由哀以自喪也。無哀則已，有哀則心死者，乃哀之大也。

【疏】夫不比而周，不言而信，蓋由虛心順物，豈徒然哉！何可不忘懷鑒照，夷心審察耶？夫情之累者，莫過心之變易，變易生滅，深可哀傷，而以生死，哀之次也。【釋文】惡可音烏。察與音餘。下「哀與」同。自喪息浪反。下章同。

日出東方而入於西極，萬物莫不比方。【注】皆可見也。【疏】夫夜暗晝明，東出西入，亦由人入幽出顯，死去生來。故知人之死生，譬天之晝夜，以斯寓比，亦何惜哉？有目有趾者，待是而後成功，【注】目成見功，足成行功也。【疏】趾，足也。夫人百體，稟自陰陽；目見足行，資乎造化。若不待此，何以成功？故知死生非關人也。是出則存，是入則亡。【注】直以不見爲亡耳，竟不亡。【疏】見日出謂之存，覩日入謂之亡，此蓋凡情之浪執，非通聖人之達觀。萬物亦然，有待也而死，有待也而生。【注】待隱謂之死，待顯謂之生，竟無死生也。【疏】夫物之隱顯，皆待造化，隱謂之死，顯謂之生。日出入既無存亡，物隱顯豈有生死者耶？吾一受其成形，而不化以待盡，【注】夫有不得變而爲無，故一受成形，則化盡無期也。【疏】夫我之形性，稟之造化，明闇妍醜，崖分已成，一定已後，更無變化。唯當端然待盡，以此終年。妍醜既不自由，生死理亦當任也。○典案：齊物論篇「一受其成形，不(忘)〔亡〕以待盡」，文義與此正同。效物而動，【注】自無心也。【疏】夫至聖虛凝，感來斯應，物動而動，自無心者也。日夜無隙，【注】恒化新也。【疏】變化日新，泯然而無間隙。而不知其所終。【注】不以死爲死也。【疏】隨之不見其後。薰然其成形，【注】薰然自成，又奚爲哉？【疏】薰然，自動之貌。薰然稟氣成形，無物使之然也。

【釋文】薰然許云反。知命不能規乎其前，丘以是日徂。【注】不係於前，與變俱往，故日徂。【疏】徂，往也。達於時變，不能預作規模；體於日新，是故與化俱往也。【釋文】日徂如字。司馬本作「疽」，云：病也。吾終身與汝交一臂而失之，可不哀與！【注】夫變化不可執而留也。故雖執臂相守，而不能令停，若哀死者，則此亦可哀也。今人未嘗以此爲哀，奚獨哀死耶？【疏】孔丘、顔子，賢聖二人，共修一身，各如交臂。而變化日新，遷流迅速，牢執固守，不能暫停，把臂之間，欻然已謝。新既行矣，故以失焉，若以失故而悲，此深可哀也。○典案：御覽三百六十九引無「一」字。【釋文】能令力呈反。下章注同。

女殆著乎吾所以著也。彼已盡矣，而女求之以爲有，是求馬於唐肆也。【注】唐肆非停馬處也。言求向者之有，不可復得也。人之生，若馬之過肆耳，恒無駐須臾，新故之相續，不舍晝夜也。著，見也。言汝殆見吾所以見者耳。吾所以見者，日新也，故已盡矣，汝安得有之！【疏】殆，近也。著，見也。唐，道。肆，市也。吾所見者，變故日新者也。顔回、孔子對面清談，向者之言，其則非遠，故言「殆著」也。彼之故事，於今已滅，汝仍求向時之有，謂在於今者耳，謂求馬於唐肆也。唐肆非停馬之處也，向者見馬，市道而行，今時復尋，馬已過去。亦猶向者之迹，已滅於前，求之於今，物已變矣。故知新新不住，運運遷移耳。【釋文】女音汝。殆著乎吾所以著也郭「著」音張慮反，注同。又一音張略反。司馬云：吾所以著者，外化也，汝殆庶於此耳。吾一不化者，則非汝所及也。是求馬於唐肆也郭云：唐肆非停馬處也。李同。又云：唐，亭也。司馬本作「廣肆」，云：廣，庭也。求馬於市肆廣庭，非其所也。馬處昌慮反。可復扶又反。不舍音捨。吾服女也甚忘，【注】服者，思存之謂也。甚忘，謂過去之速也。言汝去忽然，思之恒欲不及。【疏】服者，尋思之謂也。向者之汝，於今已謝，吾服思之，亦竟忘失。女服吾也亦甚忘！【注】俱爾耳，不問賢之與聖，未有得停者。【疏】變化日新，不簡賢聖，豈唯於汝，抑亦在吾。汝之思吾，故事亦滅。雖然，女奚患焉？雖忘乎故吾，吾有不忘者存。」【注】不忘者存，謂繼之以日新也。雖忘故吾，而新吾已至，未始非吾，吾何患焉！故能離俗絶塵，而與物無不冥也。【疏】夫變化之道，無時暫停，雖失故吾，而新吾尚在，斯「有不忘者存」也。故未始非吾，汝何患也？○典案：淮南子齊俗篇「吾服汝也忘，而汝服於我也亦忘。雖然，汝雖忘乎，吾猶有不忘者存」，即本莊子此文。【釋文】離俗力智反。下章文同。

孔子見老聃，老聃新沐，方將被髮而乾，慹然似非人。【注】寂泊之至。【釋文】被髮皮寄反。而干本或作「乾」。慹乃牒反，又丁立反。司馬云：不動貌。說文云：怖也。泊步各反。孔子便而待之，【疏】既新沐髮，曝之令乾，凝神寂泊，慹然不動，（搖）〔掘〕若槁木，故似非人。孔子見之，不敢往觸，遂便徙所，消息待之。【釋文】便而待「待」或作「侍」。少焉見，曰：「丘也眩與，其信然與？向者無先生形體，掘若槁木，似遺物離人而立於獨也。」【注】無其心身，而後外物去也。

【疏】俄頃之間，入見老子，云：丘見先生，眼爲眩燿，忘遺形智，信是聖人。既而離異於人，遺棄萬物，亡於不測，而冥於獨化也。【釋文】見曰賢遍反。眩玄遍反。與音餘。下同。掘若徐音屈。槁木苦老反。老聃曰：「吾遊心於物之初。」【注】初未有而欻有，故遊於物初，然後明有物之不爲而自有也。【疏】初，本也。夫道通生萬物，故名道爲物之初也。遊心物初，則是凝視妙本，所以形同槁木，心若死灰也。【釋文】而欻訓弗反。

孔子曰：「何謂邪？」【疏】雖聞聖言，未識意謂。曰：「心困焉而不能知，口辟焉而不能言，【注】欲令仲尼必求於言意之表也。【疏】辟者，口開不合也。夫聖心非不能知，爲其無法可知；口非不能辯，爲其無法可辯。辯之則乖其體，知之則喪其真。是知至道深玄，超言意之表，故困焉辟焉。【釋文】口辟必亦反。司馬云：辟，卷不開也。又婢亦反。徐敷赤反。嘗爲汝議乎其將。【注】試議陰陽，以擬向之無形耳，未之敢必。【疏】夫至理玄妙，非言意能詳。試爲汝議論陰陽，將擬議大道。雖即仿象，未即是真矣。【釋文】嘗爲于僞反。至陰肅肅，至陽赫赫。肅肅出乎天，赫赫發乎地，【注】言其交也。【疏】肅肅，陰氣寒也。赫赫，陽氣熱也。近陰中之陽，陽中之陰，言其交泰也。兩者交通成和而物生焉，或爲之紀而莫見其形。【注】莫見爲紀之形，明其自爾。【疏】陽氣下降，陰氣上昇，二氣交通，遂成和合，因此和氣，而物生焉。雖復四序炎涼，紀綱庶物，而各自化，故莫見綱紀之形。消息滿虚，一晦一明，日改月化，日有所爲，【注】未嘗守故。【疏】陰消陽息，夏滿冬虚，夜晦晝明，日遷月徙，新新不住，故曰「有所爲」也。而莫見其功。【注】自爾，故無功。【疏】玄功冥濟，故莫見爲之者也。生有所乎萌，【注】萌於未聚也。【疏】萌於無物。死有所乎歸，【注】歸於散也。【疏】歸於未生。始終相反乎無端，而莫知乎其所窮。【注】所謂「迎之不見其首，隨之不見其後」。【疏】死生終始，反覆往來，既無端緒，誰知窮極？故至人體達，任其變也。非是也，且孰爲之宗？」【疏】若非是虚通生化之道，誰爲萬物之宗本乎？夫物云云，必資於道也。【釋文】且孰如字。舊子餘反。

孔子曰：「請問遊是。」【疏】請問遊心是道，其術如何？必得遊是，復有何功力也。老聃曰：「夫得是，至美至樂也。得至美而遊乎至樂，謂之至人。」【注】至美無美，至樂無樂故也。【疏】夫證於玄道，美而歡暢。既得無美之美，而遊心無樂之樂者，可謂至極之人也。【釋文】至樂音洛。下及注同。孔子曰：「願聞其方。」【疏】方，猶道也。請説至美至樂之道。曰：「草食之獸，不疾易藪；水生之蟲，不疾易水，行小變而不失其大常也。【注】死生亦小變也。【疏】疾，患也。易，移也。夫食草之獸，不患移易藪澤；水生之蟲，不患改易池沼。但有草有水，則不失大常，從東從西，蓋小變耳。

亦猶人處於大道之中，隨變任化，未始非我，此則不失大常。生死之變，蓋亦小耳。○典案：淮南子説山篇「故食草之獸，不疾易藪；水居之蟲，不疾易水」，即襲用此文。高注：疾，患也。成疏用淮南注。【釋文】行小下孟反，又如字。喜怒哀樂不入於胸次。【注】知其小變而不失大常故〔一〕。【疏】喜順怒逆，樂生哀死，夫四者，生崖之事也。而死生無變於己，喜怒豈入於懷中也！【釋文】胸次李云：次，中也。夫天下也者，萬物之所一也。得其所一而同焉，則四支百體將爲塵垢，而死生終始將爲晝夜，而莫之能滑，而況得喪禍福之所介乎！【注】愈不足患。【疏】夫天地萬物，其體不二，達斯趣者，故能混同。是以物我皆空，百體將爲塵垢；死生虚幻，終始均乎晝夜。死生不能滑亂，而況得喪、禍福、生崖之事乎？愈不足以介懷也。【釋文】能滑古没反。所介音界。棄隸者若棄泥塗，知身貴於隸也，【注】知身之貴於隸，故棄之若遺土耳。苟知死生之變，所在皆我，則貴者常在也。貴在於我而不失於變。【注】所貴者，我也，而我與變俱，故無失也。【疏】夫舍棄僕隸，事等泥塗，故知貴在於我，不在外物。我將變俱，故無所喪也。且萬化而未始有極也，夫孰足以患心已？爲道者解乎此。」【注】所謂縣解。【疏】夫世物遷流，未嘗有極，而隨變任化，誰復累心？唯當修道達人，方能解此。【釋

〔一〕故 趙諫議本作「也」。

文】解乎戶買反。注同。

孔子曰：「夫子德配天地，而猶假至言以修心，古之君子，孰能脱焉？」【疏】配，合也。脱，免也。老子德合二儀，明齊三景，故應忘言歸理，聖智自然。今乃盛談至言，以修心術，然則古之君子，誰能遣於言説而免於修爲者乎？ 老聃曰：「不然。夫水之於汋也，無爲而才自然矣。至人之於德也，不修而物不能離焉。若天之自高，地之自厚，日月之自明，夫何脩焉？」【注】不脩不爲而自得也。【疏】汋，水（也）。澄湛也。言水之澄湛，其性自然，汲取利潤，非由修學。至人玄德，其義亦然。端拱巖廊，而物不能離，澤被羣品，日用不知。若天高地厚，日月照明，夫何修爲？自然而已矣。【釋文】汋音灼，又上若反。李以略反。李云：取也。

孔子出，以告顔回曰：「丘之於道也，其猶醯雞與？」【注】醯雞者，甕中之蠛蠓。【釋文】醯雞許西反。郭云：醯雞，甕中之蠛蠓也。司馬云：若酒上蠛蠓也。甕中烏弄反。蠛亡結反。蠓無孔反。 微夫子之發吾覆也，吾不知天地之大全也。」【注】比吾全於老聃，猶甕中之與天地矣。【疏】醯雞，醋甕中之蠛蠓。每遭物蓋甕頭，故不見二儀也。亦猶仲尼遭聖迹蔽覆，不見事理。若無老子爲發覆蓋，則終身不知天地之大全、虚通之妙道也。

莊子見魯哀公，哀公曰：「魯多儒士，少爲先生方者。」【疏】方，術也。莊子是六國時人，與魏惠王、齊威王同時，去魯哀公一百二十年。如此言見魯哀公者，蓋寓言耳。然魯則是周公之後，應是衣冠之國。又孔子生於魯，盛行五德之教，是以門徒三千，服膺儒服，長裾廣袖，魯地必多，無爲之學，其人鮮矣。【釋文】莊子見賢遍反，亦如字。魯哀公司馬云：莊子與魏惠王、齊威王同時，在哀公後百二十年。莊子曰：「魯少儒。」哀公曰：「舉魯國而儒服，何謂少乎？」【疏】哀公庸暗，不察其道，直據衣冠，謬稱多儒。莊子曰：「周聞之，儒者冠圜冠者，知天時；履句屨者，知地形；緩佩玦者，事至而斷。君子有其道者，未必爲其服也；爲服其者，未必知其道也。【疏】夫服以象德，不易其人，莊子體知，故譏儒少。【疏】句，方也。緩者，五色絛繩，穿玉玦以飾佩也。玦，決也。本亦有作「綬」字者。夫天員地方，服以象德。故戴圓冠以象天者，則知三象之吉凶；履方屨以法地者，則知九州之水陸；曳綬佩玦者，事到而決斷。是以懷道之人，不必爲服；爲之服者，不必懷道。彼己之子，今古有之，是故莊生寓言辯説也。【釋文】冠古亂反。圜冠音圓。履句音矩。徐其俱反。李云：方也。○典案：御覽六百七十九引作「履方屨者，知地形」。道藏注疏本、白文本字竝作「方」。屨徐居具反。緩戶管反。司馬本作「綬」。佩玦古穴反。而斷丁亂反。公固以爲不然，何不號於國中曰：『無此道而爲此服者，其罪死。』」於是哀公號之五日，而魯國無敢儒服者，【疏】有服無道，罪合極刑。法令既嚴，不敢犯者，號經五日，無復一儒也。【釋文】號於國號，號令也。獨有一丈夫，儒服而立乎公門。公即召而問以國事，千轉萬變而不窮。莊子曰：「以魯國而儒者一人耳，可謂多乎？」【注】德充於内者，不修飾於外。【疏】一人，謂孔子。孔子聖人，觀機吐智，若鏡之照，轉變無窮。舉國一人，未足多也。

百里奚爵禄不入於心，故飯牛而牛肥，使秦穆公忘其賤，與之政也。【疏】姓孟，字百里奚，秦之賢人也。本是虞人，虞被秦亡，遂入秦國。初未遭用，貧賤飯牛，安於飯牛，身甚肥悦，忘於富貴，故「爵禄不入於心」。後穆公知其賢，委以國事，都不猜疑，故云「忘其賤」矣。【釋文】故飯煩晚反。忘其賤與之政也謂忘其飯牛之賤也。有虞氏死生不入於心，故足以動人。【注】内自得者，外事全也。【疏】有虞，舜也。姓嬀氏，字重華，遭後母之難，頻被躓頓，而不以死生經心，至孝有聞，感動天地，於是堯妻以二女，委以萬乘，故「足以動人」也。

宋元君將畫圖，衆史皆至，受揖而立，舐筆和墨，在外者半。【疏】宋國之君欲畫國中山川地土圖樣，而畫師並至，受君令命，拜揖而立，調朱和墨，争競功能。除其受揖，在外者半，言其趍競者多。【釋文】受揖而立司馬云：受命揖而立也。舐本或作「䑛」，食紙反。有一史後至者，儃儃然不趨，受揖不立，因之舍。公使人視之，則解衣般礴臝。君曰：「可矣，是真畫者也。」【注】内足者神閒而意定。【疏】儃儃，寬閒之貌也。内既自得，故外不矜持，徐行不趨，受命不立，直入就舍，解衣箕坐，倮露赤身，曾無懼憚。元君見其神彩，可謂真畫者也。【釋文】儃儃吐袒反。徐音但。李云：舒閒之貌。般字又作「襃」。礴傍各反。徐敷各反。司馬云：般礴〔一〕，謂箕坐也。臝本又作「羸」，同。力果反。司馬云：將畫，故解衣見形。神閒音閑。

文王觀於臧，見一丈夫釣，而其釣莫釣。【注】聊以卒歲。【疏】臧者，近渭水地名也。丈夫者，寓言於太公也。呂望未遭文王之前，綸釣於臧地，無心施餌，聊自寄此逍遥。【釋文】文王觀於臧李云：臧，地名也。司馬本作「文王微服而觀於臧」。丈夫本或作「丈人」。非持其釣有釣者也，【注】竟無所求。常釣也。【注】不以得失經意，其於假釣而已。【疏】非執持其釣，有意羨魚，常遊渭濱，卒歲而已。文王欲舉而授之政，而恐大臣父兄之弗安也；欲終而釋之，而不忍百姓之無天也。【疏】文王既見賢人，欲委之國政，復恐皇親宰輔猜而忌之；既欲捨而釋之，不忍蒼生失於覆蔭，故言「無天」也。於是旦而屬之大夫曰：「昔者寡人夢見良人，黑色而頓，乘駁馬而偏朱蹄，號曰：『寓而政於臧丈人，庶幾乎民有瘳乎！』」【疏】既欲任賢，故託諸夢想，乃屬語臣佐云：我昨

〔一〕般　原作「殷」，據釋文改。

夜夢見賢良之人，黑色而有鬚髯，乘駁馬而蹄偏赤，號令我云：寄汝國政於臧丈人，慕賢進隱，則民之荒亂病必瘳差矣。「駁」亦有作「駮」字者，隨字讀之也。【釋文】旦而屬音燭。之夫夫皆方于反。司馬云：夫夫，大夫也。一云：夫夫，古讀爲大夫。　頓而占反。郭、李而兼反，又而銜反。　駁馬邦角反。　偏朱蹄李云：一蹄偏赤也。　瘳乎敕留反。　諸大夫蹵然曰：「先君王也。」【疏】文王之父季歷生存之日，黑色多髯，好乘駁馬，駁馬蹄偏赤。王之所夢，乃是先君教令於王，是以蹵然驚懼也。【釋文】蹵然子六反。本或作「愀」，在久、七小二反。　先君王也司馬云：言先君王靈神之所致。○俞樾曰：「先君」下疑奪「命」字。此本作「先君命王也」，故下文曰「先君之命，王其無他」。　文王曰：「然則卜之。」諸大夫曰：「先君之命，王其無它，又何卜焉？」【疏】此是先君令命，決定無疑。卜以決疑，不疑何卜也？【釋文】之令本或作「命」。　王其無它司馬云：無違令。

遂迎臧丈人而授之政。典法無更，偏令無出。【疏】君臣契協，遂迎丈人，拜爲卿輔，授其國政。於是典憲刑法，一施無改，偏曲敕令，無復出行也。　三年，文王觀於國，則列士壞植散羣，長官者不成德，斔斛不敢入於四竟。【疏】植，行列也。亦言境界列舍以受諫書也。亦言是諫士之館也。庾，六斗四升也。爲政三年，移風易俗，君臣履道，無可箴規，散卻列士之爵，打破諫書之館，上下咸亨，長官不顯其德，遐邇同軌，度量不入四境。【釋文】列士壞音怪。下同。　植音直。　散羣司馬云：植，行列也。散羣，言不養徒衆也。一云：植者，疆界頭造屋以待諫者也。○俞樾曰：司馬兩說，並未得「植」字之義。宣二年左傳「華元爲植」，杜注曰：植，將主也。列士必先有主，而後得有徒衆，故欲散其羣，必先壞其植也。長丁丈反。下同。官者不成德司馬云：不利功名也。鍈斛音庾。李云：六斛四斗曰鍈。司馬本作「鍈斞」，云：「鍈」讀曰「鍾」，「斞」讀曰「臾」。四竟音境。下同。列士壞植散羣，則尚同也；【注】所謂「和其光，同其塵」。長官者不成德，則同務也；【注】絜然自成，則與衆務異也。鍈斛不敢入於四竟，則諸侯無二心也。【注】天下相信，故能同律度量衡也。【疏】天下大同，不競忠諫，事無隔異，則德下彰，五等守分，則四方寧謐也。文王於是焉以爲大師，北面而問曰：「政可以及天下乎？」臧丈人昧然而不應，泛然而辭，朝令而夜遁，終身無聞。【注】爲功者非己，故功成而身不得不退，事遂而名不得不去。名去身退，乃可以及天下也。【疏】俄頃之間，拜爲師傅，北面事之，問其政術。無心榮寵，故泛然而辭；其意消聲，故昧然不應。由名成身退，推功於物，不欲及於天下，故逃遁無聞。然呂佐周室，受封於齊，檢於史傳，竟無逃迹，而云「夜遁」者，蓋莊生之寓言也。【釋文】大師音泰。昧然音妹。泛然徐敷劍反。夜遁徐困反。

顏淵問於仲尼曰：「文王其猶未邪？又何以夢爲乎？」【疏】顏子疑於文王未極至人之德，真人不夢，何以夢乎？仲尼曰：「默！汝無言。夫文王盡之也，【注】任諸大夫而不自任，斯盡之也。而又何論刺焉！彼直以循斯須也。」【注】斯須者，百姓之情，當悟未悟之頃，故文王循而發之，以合其大情也。【疏】斯須，(由)〔猶〕須臾也。循，順也。夫文王聖人，盡於妙理，汝宜寢默，不勞譏刺。彼直隨任物性，順蒼生之望，欲悟未悟之頃，進退須臾之間，故託夢以發其性耳，未足怪也。【釋文】刺焉七賜反。

列禦寇爲伯昏無人射，引之盈貫，【注】盈貫，謂溢鏑也。【釋文】爲伯昏于僞反。○典案：御覽七百四十五引「伯昏無人」作「伯昏瞀人」，與列子黄帝篇合。下同。盈貫古亂反。司馬云：鏑也。鏑丁歷反。措杯水其肘上，【注】左手如拒石，右手如附枝，右手放發而左手不知，故可措之杯水也。【疏】禦寇、無人，内篇具釋。盈貫，滿鏃也。措，置也。禦寇風仙，(魯)〔鄭〕之善射，右手引弦，如附枝而滿鏑，左手如拒石，置杯水於肘上，言其停審敏捷之至也。○典案：御覽七百四十五引「其」上有「於」字，「肘」下無「上」字。【釋文】措七故反。其肘竹九反。如拒音矩。本亦作「矩」字。○典案：御覽七百四十五引注「拒」作「矩」，與釋文一本合。發之，適矢復沓，【注】矢，去也。箭適去，復歃沓也。【釋文】適矢丁歷反。○典案：御覽七百四十五引「適」作「鏑」，與列子黄帝篇合。復沓扶又反。注及下同。歃色洽反，又初洽反。方矢復寓。【注】箭方去未至的也，復寄杯於肘上，言其敏捷之妙也。【疏】適，往也。沓，重也。寓，寄也。弦發矢往，復重沓前箭，所謂擘括而入者。箭方適垛，未至於的，復寄杯水，言其敏捷。「寓」字亦作「隅」者，言圓鏑重沓，破括方全，插孔復於隅角也。○典案：「方矢復寓」，御覽七百四十五引作「放矢復寓也」。引注「方」亦作「放」、「妙」作「甚」。

當是時，猶象人也。【注】不動之至。【疏】象人，木偶、土梗人也。言禦寇當射之時，掘然不動，猶土木之人也。○典案：御覽七百四十五引「象人」下有注「偶人」二字。

伯昏無人曰：「是射之射，非不射之射也。【疏】言汝雖巧，仍是有心之射，非忘懷無心，不射之射也。○典案：御覽七百四十五引「是射之射」下有「也」字。又引注云「不射之射，乃盡善矣」，當是逸注。嘗與汝登高山，履危石，臨百仞之淵，若能射乎？」【疏】七尺曰仞。深七百尺也。若，汝也。此是不射之射也。於是無人遂登高山，履危石，臨百仞之淵，背逡巡，足二分垂在外，揖禦寇而進之。禦寇伏地，汗流至踵。【疏】前略陳射意，此直欲彎弓。逡巡，猶卻行也。進，讓也。登峻聳高山，履危懸之石，臨極險之淵，仍背淵卻行，足垂二分在外空裏。控弦自若，揖禦寇而讓之。禦寇怖懼，不能舉頭，於是冥目伏地，汗流至脚也。○典案：「無人」上敚「伯昏」二字，上下文皆作「伯昏無人」，此不得獨省。列子黃帝篇正作「於是伯昏瞀人遂登高山，履危石」，可證。【釋文】逡巡七旬反。汗流户旦反。

伯昏無人曰：「夫至人者，上闚青天，下潛黃泉，揮斥八極，神氣不變。【注】揮斥，猶縱放也。夫德充於內，則神滿於外，無遠近幽深，所在皆明，故審安危之機，而泊然自得也。【釋文】揮音輝。斥音尺。李音託。郭云：揮斥，猶放縱。今汝怵然有恂目之志，爾於中也，殆矣夫！」【注】不能明至分，故有懼，有懼而所喪多矣，豈唯射乎？【疏】揮斥，猶縱放也。恂，懼也。夫至德之人，與太空等量，故能上闚青天，下隱黃泉，譬彼神龍，升沈無定，縱放八方，精神不改，臨彼萬仞，何足介懷！今我觀汝，有怵惕之心，眼目眩惑，懷恂懼之志，汝於射之危殆矣夫！【釋文】怵然敕律反。有恂李又作「眴」，音荀。爾雅云：恂，慄也。目之志恂，謂眩也。欲以眩悦人之目，故怵也。於中丁仲反，又如字。中，精神也。所喪息浪反。後章同。

肩吾問於孫叔敖曰：「子三爲令尹，而不榮華；三去之，而無憂色。吾始也疑子，今視子之鼻間栩栩然，子之用心獨奈何？」【疏】肩吾，隱者也。叔敖，楚之賢人也。栩栩，歡暢之貌也。夫達者毀譽不動，寵辱莫驚，故孫叔敖三仕而不榮華，三黜而無憂色。肩吾始聞其言，猶懷疑惑，復察其貌，栩栩自懽，若爲用心，獨得如此也？【釋文】栩栩況甫反。

孫叔敖曰：「吾何以過人哉！吾以其來不可卻也，其去不可止也，吾以爲得失之非我也，而無憂色而已矣。我何以過人哉！【疏】夫軒冕榮華，物來儻寄耳。故其來不可遣卻，其去不可禁止，窮通得喪，豈由我哉？達此去來，故無憂色，何有藝術能過人耶？且不知其在彼乎，其在我乎？其在彼邪？亡乎我；在我邪？亡乎彼。【注】曠然無係，玄同彼我，則在彼非獨亡，在我非獨存也。【疏】亡，失也。且不知榮華定在彼人，定在我己？若在彼邪？則於我爲失；若在我邪？則於彼爲失。而彼我既其玄同，得喪於乎自泯也。方將躊躇，方將四顧，何暇至乎人貴人賤哉！」【注】躊躇四顧，謂無可無不可。【疏】躊躇，是逸豫自得；四顧，是高視八方。方將磅礴萬物，揮斥宇宙，有何容暇，至於人世，留心貴賤之間乎？故去之而無憂色也。【釋文】躊直留反。躇直於反。

仲尼聞之曰：「古之真人，知者不得説，美人不得濫，盗人不得劫，伏戲、黄帝不得友。【注】伏戲、黄帝者，功號耳，非所以功者也。故況功號於所以功，相去遠矣。故其名不足以友其人也。【疏】仲尼聞孫叔敖之言，而美其德，故引遠古以證斯人。古之真人，窮微極妙。縱有智言之人，不得辯説；美色之姿，不得淫濫；盗賊之徒，何能劫剥；三皇、五帝，未足交友也。【釋文】得劫居業反。元嘉本作「刼」。伏戲音羲。死生亦大矣，而無變乎己，況爵禄乎！【疏】人雖日新，死生大矣，而不變於己，況於爵禄，豈復栖心！

若然者，其神經乎大山而無介，入乎淵泉而不濡，處卑細而不憊，充滿天地，既以與人己愈有。」【注】割肌膚以爲天下者，彼我俱失也；使人人自得而已者，與人而不損於己也。其神明充滿天地，故所在皆可；所在皆可，故不損己爲物，而放於自得之地也。【疏】介，礙也。既，盡也。夫真人入火不熱，入水不濡，經乎太山，而神無障礙，屈處卑賤，其道不虧。德合二儀，故充滿天地；不損己爲物，故愈有也。【釋文】大山音泰。無介音界。不憊皮拜反。以爲于僞反。下同。

楚王與凡君坐，少焉，楚王左右曰：「凡亡者三。」【注】言有三亡徵也。【疏】楚文王共凡僖侯同坐，論合從會盟之事。凡是國名，周公之後，國在汲郡界，今有凡城是也。三者，謂不敬鬼尊賢養民也。而楚大凡小，楚有吞夷之意，故使從者以言感也。○俞樾曰：楚王左右言凡亡者三人也。郭注曰「言有三亡徵也」，非是。【釋文】凡君如字。司馬云：凡，國名，在汲郡共縣。案左傳，凡，周公之後也。隱七年，天王使凡伯來聘。俗本此後有「孔子窮於陳、蔡」及「孔子謂顏回」二章，與讓王篇同。衆家并於讓王篇音之。檢此二章無郭注，似如重出，古本皆無，謂無者是也。凡君曰：「凡之亡也，不足以喪吾存。【注】遺凡故也。【疏】自得造化，怡然不懼，可謂周公之後，世不乏賢也。夫凡之亡不足以喪吾存，則楚之存不足以存存。【注】夫遺之者，不以亡爲亡，則存亦不足以爲存矣。曠然無矜，乃常存也。由是觀之，則凡未始亡，而楚未始存也。」【注】存亡更在於心之所措耳，天下竟無存亡也。【疏】夫存亡者，在心之得喪也。既冥於得喪，故亡者未必亡，而亡者更存；存者不獨存，而存者更亡也。

外篇　知北遊第二十二

【釋文】以義名篇。

知北遊於玄水之上，登隱弅之丘，而適遭無爲謂焉。【疏】此章並假立姓名，寓言明理。北是幽冥之域，水又幽昧之方，隱則深遠難知，弅則鬱然可見。欲明至道玄絶，顯晦無常，故寄此言，以彰其義也。【釋文】知北遊音智，又如字。於玄水之上李云：玄，水名。司馬、崔本「上」作「北」。隱弅符云反，又音紛，又符紛反。李云：隱出弅起，丘貌。知謂無爲謂曰：「予欲有問乎若：【疏】若，汝也。此明運知極心問道，假設賓主，謂之無爲。何思何慮則知道？何處何服則安道？何從何道則得道？」【疏】此假設言方，運知問道。若爲尋思，何所念慮，則知至道？若爲服勤，於何處所，則安心契道？何所依從，何所道説，則得其道也？○奚侗曰：禮器鄭注：道，由也，從也。此「何道」即何從也。典案：奚説是也。三問而無爲謂不答也。非不答，不知答也。【疏】知，分別也。設此三問，竟無一答，非無爲謂惜情不答，直是理無分別，故不知所以答也。

知不得問，反於白水之南，登狐闋之上，而睹狂屈焉。知以之言也問乎狂屈，【疏】白是潔素之色，南是顯明之方。狐者，疑似夷猶；闋者，空靜無物。問不得決，反照於白水之南，捨有反無，狐疑未能窮理。既而猖狂妄行，掘若槁木，欲表斯義，故曰狂屈焉耳。【釋文】白水水名。狐闋若穴反。司馬、李云：狐闋，丘名。而睹丁古反。狂屈求勿反，徐又其述反。司馬、向、崔本作「詘」。李云：狂屈佯張，似人而非也。以之言司馬云：之，是也。狂屈曰：「唉！予知之，將語若，中欲言而忘其所欲言。」【疏】唉，應聲也。初欲言語，中途忘之，斯忘之術，反照之道。【釋文】唉哀在反。徐烏來反。李音熙，云：應聲。語若魚據反。

知不得問，反於帝宮，見黃帝而問焉。黃帝曰：「無思無慮始知道，無處無服始安道，無從無道始得道。」【疏】軒轅體道，妙達玄言，故以一無（無）〔答〕於三問。知問黃帝曰：「我與若知之，彼與彼不知也，其孰是邪？」黃帝曰：「彼無爲謂真是也，狂屈似之，我與汝終不近也。夫知者不言，言者不知，故聖人行不言之教。【注】任其自行，斯不言之教也。【疏】真者不知也，似者中忘也，不近者以其知之也。「行不言之教」，引老子經爲證也。【釋文】不近附近之近。道不可致，【注】道在自然，非可言致者也。【疏】致，得也。夫玄道不可以言得，言得非道也。德不可至。【注】不失德，故稱德，稱德而不至也。【疏】夫上德不德，若爲德者，非至德也。仁可爲也，【疏】夫至仁無親，而今行偏愛之仁者，適可有爲而已矣。義可虧也，【疏】夫裁非斷割，適可虧殘，非大全也。大全者，生之而已矣。禮相僞也。【疏】夫禮尚往來，更相浮僞，華藻亂德，非真實也。故曰『失道而後德，失德而後仁，失仁而後義，失義而後禮。禮者，道之華而亂之首也』。【注】禮有常則，故矯效之所由生也。【疏】棄本逐末，散樸爲澆，道喪淳漓，逮於行禮，故引老經證成其義也。故曰『爲道者日損，【注】損華僞也。損之又損之，以至於無爲，無爲而無不爲也』。【注】華去而樸全，則雖爲而非爲也。【疏】夫修道之夫，日損華僞，既而前損有，後損無，有無雙遣，以至於非有非無之無爲也，寂而不動，無爲故無不爲也。此引老經重明其旨。今已爲物也，【注】物失其所，故有爲物。欲復歸根，不亦難乎！其易也，其唯大人乎！【注】其歸根之易者，唯大人耳。大人體合變化，故化物不難。【疏】倒置之類，浮僞居心，徇末忘本，以道爲物，縱欲歸根復命，其可得乎？今量反本不難，唯在大聖人耳。【釋文】其易以豉反。注同。生也死之徒，【注】知變化之道者，不以死生爲異。○典案：注「不以」下敓「死生」二字。今依唐寫本補。死也生之始，孰知其紀？【注】更相爲始，則未知孰死孰生也。【疏】氣聚而生，猶是死之徒類；氣散而死，猶是生之本始。生死終始，誰知紀綱乎？聚散往來，變化無定。【釋文】更相音庚。人之生，氣之聚也；聚則爲生，散則爲死。【注】俱是聚也，俱是散也。○典案：御覽十五引作「人之生，氣聚則爲生，散則爲死」，類書徵引，多從删節故也。又唐寫本注作「俱是物也，但爲聚散」。若死生爲徒，吾又何患？【注】患生於異。【疏】夫氣聚爲生，氣散爲死，聚散雖異，爲氣則同。斯則死生聚散，可爲徒伴，既無其別，有何憂色！故萬物一也。【疏】生死既其不二，萬物理當歸一。是其所美者爲神奇，其所惡者爲臭腐；臭腐復化爲神奇，神奇復化爲臭腐，故曰『通天下一氣耳』。【注】各以所美爲神奇，所惡爲臭腐耳。然彼之所美，我之所惡也；我之所美，彼或惡之。故通共神奇，通共臭腐耳，死生彼我豈殊哉！【疏】夫物無美惡而情有向背，故情之所美者，則謂爲神妙奇特，情之所惡者，則謂爲腥臭腐敗，而顛倒本末，一至於斯。然物性不同，所好各異。彼之所美，此則惡之；此之所惡，彼又爲美。故毛嬙、麗姬，人之所美，魚見深入，鳥見高飛，斯則臭腐神奇，神奇臭腐，而是非美惡，何有定焉？是知天下萬物，同一和氣耳。〇典案：碧虛子校引劉得一本作「通天地之一氣耳」。唐寫本與今本同。詳審文義，今本爲長。【釋文】所惡烏路反。注同。復化扶又反。下同。聖人故貴一。」【疏】夫體道聖人，智周萬化，故貴此真一，而冥同萬境。

知謂黄帝曰：「吾問無爲謂，無爲謂不應我，非不我應，不知應我也。吾問狂屈，狂屈中欲告我而不我告，非不我告，中欲告而忘之也。今予問乎若，若知之，奚故不近？」黄帝曰：「彼其真是也，以其不知也；此其似之也，以其忘之也；予與若終不近也，以其知之也。」

狂屈聞之，以黃帝爲知言。【注】明夫自然者，非言知之所得，故當昧乎無言之地。是以先舉不言之標，而後寄明于黃帝，則夫自然之冥物，概乎可得而見也。【疏】彼無爲謂妙體無知，故真是道也。此狂屈反照遺言，中忘其告，似道非真也。知與黃帝二人，運智以詮理，故不近真道也。狂屈逖聽，聞此格量，謂黃帝雖未近真，適可知玄言而已矣。○典案：唐寫本注「無言」作「不言」，與下「不言之標」義正相合。【釋文】之標必摇反。

天地有大美而不言，四時有明法而不議，萬物有成理而不説。【注】此孔子之所以云「予欲無言」。【疏】夫二儀覆載，其功最美，四時代敘，各有明法，萬物生成，咸資道理，竟不言説，曾無議論也。【釋文】大美謂覆載之美也。聖人者，原天地之美，而達萬物之理，是故至人無爲，【注】任其自爲而已。【疏】夫聖人者，合兩儀之覆載，同萬物之生成，是故口無所言，心無所作。大聖不作，【注】唯因任也。觀于天地之謂也。【注】觀其形容，象其物宜，與天地不異也。【疏】夫大聖至人，無爲無作，觀天地之覆載，法至道之生成，無爲無言，斯之謂也。今彼神明至精，與彼百化，【注】百化自化，而神明不奪之。【疏】彼神聖明靈，至精極妙，與物和混，變化隨流，或聚或散，曾無欣戚。今言百千萬者，並舉其大綱數爾。○碧虛子校引劉得一本「今」作「合」。奚侗曰：「今」當從劉本作「合」。典案：劉本作「合」義較長。物已死生方圓，莫知其根也，【注】夫死者已自死，而生者已自生，圓者已自圓，而方者已自方，未有爲其根者，故莫知。【疏】夫物或生或死，乍方乍圓，變化自然，莫知根緒。扁然而萬物自古以固存。【注】豈待爲之而後存哉？【疏】扁然，遍生之貌也。言萬物翩然，隨時生育，從古以來，必固自有。豈由措意而後有之？【釋文】扁音篇，又音幡。六合爲巨，未離其内；【注】計六合在無極之中則陋矣。【釋文】未離力智反。其内謂不能出自化也。秋豪爲小，待之成體。【注】秋豪雖小，非無亦無以容其質。【疏】六合，天、地、四方也。獸逢秋景，毛端生豪，豪極微細，謂秋豪也。巨，大也。六合雖大，猶居至道之中；豪毛雖小，資道以成體質也。天下莫不沈浮，終身不故；【注】日新也。【疏】世間庶物，莫不浮沈，升降生死，往來不住，運之不停，新新相續，未嘗守故也。陰陽四時運行，各得其序。【注】不待爲之。【疏】夫二氣氤氳，四時運轉，春秋寒暑，次叙天然，豈待爲之而後行之？惛然若亡而存，【注】昭然若存則亡矣〔一〕。【疏】惛然如昧，似無而有。【釋文】惛然音昏，又音泯。油然不形而神，【注】絜然有形則不神。【疏】神者，妙萬物而爲言也。油然無係，不見形象，而神用無方。【釋文】油然音由。謂無所給惜也。萬物畜而不知。此之謂本根，【注】畜之而不得其本性之根，故不知其

〔一〕昭　原作「照」，據世德堂本改。

所以畜也。【疏】亭毒羣生，畜養萬物，而玄功潛被，日用不知。此之真力，是至道一根本也。【釋文】物畜本亦作「滀」，同。敕六反。注同。可以觀于天矣。【注】與天同觀。【疏】觀，見也。天，自然也。夫能達理通玄、識根知本者，可謂觀自然之至道也。

齧缺問道乎被衣，被衣曰：「若正汝形，一汝視，天和將至；【疏】齧缺，王倪弟子。被衣，王倪之師也。汝形容端雅，勿爲邪僻，視聽純一，勿多取境，自然和理，歸至汝身。○典案：「乎」，唐寫本作「于」，與淮南子道應篇同。【釋文】被衣音披。本亦作「披」。攝汝知，一汝度，神將來舍。【疏】收攝私心，令其平等，專一志度，令無放逸，汝之精神，自來舍止。○俞樾曰：「一汝度」當作「正汝度」，蓋此四句變文以成辭，其實一義也。「攝汝知」即「一汝視」之意，所視者專一，故所知者收攝矣。「正汝度」即「正汝形」之意，「度」猶形也。淮南子道應篇、文子道原篇並作「正汝度」，可據以訂正。德將爲汝美，道將爲汝居，【疏】深玄上德，盛美于汝，無極大道，居乎汝心中。汝瞳焉如新生之犢，而無求其故。」【疏】瞳焉，無知直視之貌。故，事也。心既虛夷，視亦平直，故如新生之犢，于事無求也。○典案：「如」，唐寫本作「若」，與淮南子道應篇合。「瞳焉」，淮南子作「惷乎」，說文心部：惷，愚也。是其誼。【釋文】瞳敕紅反。郭菟絳反。李云：未有知貌。言未卒，齧缺睡寐。

被衣大說，行歌而去之，【疏】談玄未終，斯人已悟，坐忘契道，事等睡瞑。于是被衣喜躍，贊其敏速，行于大道，歌而去之。【釋文】齧缺睡寐體向所說，畏其視聽以寐耳。受道速，故被衣喜也。大說音悅。曰：「形若槁骸，心若死灰，真其實知，不以故自持。【注】與變俱也。【疏】形同槁木之骸，心類死灰之土，無情直任純實之真知，不自矜持于事故也。○典案：「真其實知」義不可通。淮南子道應篇作「真實不知」，當從之，道家固以不知爲貴也。文子道原篇與莊子同，蓋襲其已誤之文也。【釋文】若槁苦老反。媒媒晦晦，無心而不可與謀。彼何人哉！」【注】獨化者也。【疏】媒媒晦晦，息照遺明，忘心忘知，不可謀議，非凡所識，故云「彼何人哉」。自「形若槁骸」以下，并被衣歌辭也。【釋文】媒媒音妹，又武朋反。晦晦音誨。李云：媒媒，晦貌。○典案：淮南子道應篇作「墨墨恢恢，無心可與謀」。「墨」「媒」、「恢」「晦」，一聲之轉。

舜問乎丞曰：「道可得而有乎？」【疏】丞，古之得道人，舜師也。而至道虚通，生成動植，未知己身之内得有此道不乎？既逢師傅，故有咨請。【釋文】丞如字。李云：舜師也。一云：古有四輔，前疑後丞，蓋官名。曰：「汝身非汝有也，汝何得有夫道？」【注】夫身者非汝所能有也，塊然而自有耳。身非汝所有，而況無哉？【疏】道者，四句所不能得，百非所不能詮。汝身尚不能自有，何得有于道耶？○典案：注「身非汝所有」，唐寫本「身」作「有」，與「無」字相對爲文，義較長。【釋文】有夫音符。塊然苦對反。舜曰：「吾身非吾有也，孰有之哉？」【疏】未悟生因自然，形由造物，故云身非我有，孰有之哉？曰：「是天地之委形也；生非汝有，是天地之委和也；性命非汝有，是天地之委順也；【注】若身是汝有者，則美惡死生，當制之由汝。今氣聚而生，汝不能禁也；氣散而死，汝不能止也。明其委結而自成耳，非汝有也。【疏】委，結聚也。夫天地陰陽，結聚剛柔和順之氣，成汝身形性命者也。故聚則爲生，散則爲死。死生聚散，既不由汝，是知汝身豈汝有邪？【釋文】委形司馬云：委，積也。○俞樾曰：司馬云「委，積也」，于義未合。國策齊策「願委之于子」，高注曰：委，付也。成二年左傳「王使委于三吏」，杜注曰：委，屬也。「天地之委形」，謂天地所付屬之形也。下三「委」字並同。子孫非汝有，是天地之委蜕也。【注】氣自委結而蟬蜕也。【疏】陽陰結聚，故有子孫，獨化而成，猶如蟬蜕也。○典案：「子孫」舊作「孫子」。碧虚子校引張君房本作「子孫」，唐寫本同。疏「陰陽結聚，故有子孫」，是成本亦作「子孫」。下文「未有子孫而有子孫，可乎」，正與此文一例。今據張本、唐寫本乙。【釋文】委蜕吐卧反，又音悦，又敕外反，又始鋭反，又始劣反。故行不知所往，處不知所持，食不知所味。【注】皆在自爾中來，故不知也。【疏】夫行住食味，皆率自然，推尋根由，莫知其所。故行者誰行，住者誰住，食者誰食，味者誰味乎？皆不知所由，而悉自爾也。天地之强陽氣也，又胡可得而有邪！」【注】强陽，猶運動耳。明斯道也，庶可以遺身而忘生也。【疏】强陽，運動也。胡，何也。夫形性子孫者，并是天地陰陽運動之氣聚結而成者也，復何得自有此身也？【釋文】天地之强陽氣也郭云：强陽，猶運動耳。案：言天地尚運動，況氣聚之生，何可得執而留也？

孔子問于老聃曰：「今日晏閒，敢問至道。」【疏】晏，安也。孔子師于老子，故承安居閑暇而詢問玄道也。【釋文】晏于諫反。徐于顯反，又于見反。閒音閑。

老聃曰：「汝齊戒，疏瀹而心，澡雪而精神，掊擊而知。夫道，窅然難言哉！將爲汝言其崖略。【疏】疏瀹，猶灑濯也。澡雪，猶精潔也。而，汝也。掊擊，打破也。崖，分也。汝欲問道，先須齋汝心迹，戒慎專誠，灑濯身心，清浄神識，打破聖智，滌蕩虚夷。然玄道窅冥，難可言辯，將爲汝舉其崖分，粗略言之。【釋文】齊戒側皆反。瀹音藥。或云漬也。掊普口反。徐方垢反。而知音智。窅然烏了反。將爲于僞反。夫昭昭生於冥冥，有倫生於無形，精神生於道，【注】皆所以明其獨生而無所資也。【釋文】無形謂太初也。形本生於精，【注】皆由精以至粗。【疏】倫，理也。夫昭明顯著之物，生於窅冥之中；人倫有爲之事，生於無形之内；精智神識之心，生於重玄之道；有形質氣之類，根本生於精微。【釋文】形本生於精謂常道也。而萬物以形相生。故九竅者胎生，八竅者卵生。【注】言萬物雖以形相生，亦皆自然耳。故胎、卵不能易種而生，明神氣之不可爲也。【疏】夫無形之道，能生有形之物，有形之物，則以形質氣類而相生也。故人獸九竅而胎生，禽魚八竅而卵生，禀之自然，不可相易。【釋文】九竅苦弔反。卵生力管反。易種章勇反。其來無迹，其往無崖，無門無房，四達之皇皇也。【注】夫率自然之性，遊無迹之塗者，放形骸於天地之間，寄精神於八方之表。是以無門無房，四達皇皇，逍遥六合，與化偕行也。【疏】皇，大也。夫以不來爲來者，雖來而無踪迹；不往爲往者，雖往亦無崖際。是以出入無門户，來往無邊傍，故能宏達四方，大通萬物也。邀於此者，四肢彊，思慮恂達，耳目聰明，其用心不勞，其應物無方。【注】人生而遇此道，則天性全而精神定。【疏】邀，遇也。恂，通也。遇於道而會於真理者，則百體安康，四肢强健，思慮通達，視聽聰明。無心之心，用而不勞；不應之應，應無方所也。【釋文】邀於古堯反。○俞樾曰：説文無「邀」字。彳部：徼，循也。即今「邀」字也。又曰：循，行順也。然則「邀」亦「順」也。「邀於此者」，猶言順於此者。郭注曰「人生而遇此道」，是以「遇」訓「邀」，義既迂曲，且於古訓無徵，殆失之矣。思慮息嗣反。恂達音荀。天不得不高，地不得不廣，日月不得不行，萬物不得不昌，此其道與！【注】言此皆不得不然而自然耳，非道能使然也。【疏】二儀賴玄道而高廣，三光資玄道以運行，庶物得之以昌盛，斯大道之功用也。故老經云「天得一以清，地得一以寧，萬物得一以生」，是之謂也。【釋文】天不得不高謂不得一道，不能爲高也。道與音餘。皆同。

「且夫博之不必知，辯之不必慧，聖人以斷之矣。【注】斷棄知慧而付之自然也。【疏】夫博讀經典，不必知真；宏辯飾詞，不必慧照。故老經云「善者不辯，辯者不善；知者不博，博者不知」，斯則聖人斷棄之矣。【釋文】博之不必知觀異書爲博。以斷端管反。注同。若夫益之而不加益，損之而不加損者，聖人之所保也。【注】使各保其正分而已，故無用知慧爲也。【疏】博知辯慧，不益其明；沈默面牆，不加其損。所謂不增不減，無損無益，聖人妙體，故保而愛之也。淵淵乎其若海，【注】容姿無量。【疏】尾閭泄之而不耗，百川注之而不增，淵澄深大，故譬玄道。巍巍乎其終則復始也，【注】與化俱者，乃積無窮之紀，可謂巍巍矣。【疏】巍巍者，高大貌也。夫道遠超太一，近邁兩儀，囊括無窮，故以歎巍巍也。終則復始，此明無終無始，變化日新，隨迎不得。【釋文】魏魏魚威反。則復扶又反。運量萬物而不匱。【注】用物而不役己，故不匱也。【釋文】運量音亮。萬物而不匱求位反。謂任物自動運，物物各足量也。○碧虛子校引文如海、劉得一本「匱」作「遺」。典案：文、劉本「匱」作「遺」較長。下文「萬物皆往資焉而不匱」，此若作「匱」，則與下文重複矣。「運量」言「不遺」，「資焉」言「不匱」，義各有當。此本作「匱」者，疑後人依下文改之也。則君子之道，彼其外與！【注】各取於身而足。【疏】夫運載萬物，器量羣生，潛被無窮，而不匱乏者，聖人君子之道。此而非遠，近在內心，既不藉稟，豈其外也？萬物皆往資焉而不匱，此其道與！【注】還用萬物，故我不匱。此明道之贍物在於不贍，不贍而物自得，故曰「此其道與」。言至道之無功，無功乃足稱道也。【疏】有識無情，皆稟此玄之道，而玄功冥被，終不匱乏。然道物不一不異，而離道無物，故曰「此其道與」。○典案：注「用」下舊敓「萬」字。唐寫本正作「還用萬物」，今據補。【釋文】之贍涉豔反。下同。

「中國有人焉，非陰非陽，【注】無所偏名。處於天地之間，直且爲人，【注】敖然自放，所遇而安，了無功名。【疏】中國，九州也。言人所稟之道，非陰非陽，非柔非剛，非短非長，故絕四句，離百非也。處在天地之間，直置爲人，而無偏執。本亦作「值」字者，言處乎宇內，遇值爲人，曾無所係也。【釋文】直且如字。舊子餘反。將反於宗。【注】不逐末也。【疏】既無偏執，任置爲人，故能反本還原，歸於宗極。自本觀之，生者，喑醷物也。【注】直聚氣也。【疏】本，道也。喑噫，氣聚也。從道理而觀之，故知生者聚氣之物也，奚足以惜之哉！【釋文】喑音蔭。郭音闇。李音飲。一音於感反。醷於界反。郭於感反。李音意。一音他感反。李、郭皆云：喑醷，聚氣貌。○典案：唐寫本「醷」作「䭇」。雖有壽夭，相去幾何？須臾之説也。奚足以爲堯、桀之是非？【注】死生猶未足殊，況壽夭之間哉！【疏】一生之内，百年之中，假令壽夭，賒促詎幾！俄頃之間，須臾之説耳，何足以是堯非桀，而分别於其間哉？【釋文】幾何居豈反。果蓏有理，【注】物無不理，但當順之。【釋文】果蓏徐力果反。人倫雖難，所以相齒。【注】人倫有智慧之變，故難也。然其智慧自相齒耳，但當從而任之。【疏】在樹曰果，在地曰蓏。桃李之屬，瓜瓠之徒，木生藤生，皆有其理。人之處世，險阻艱難，而貴賤尊卑，更相齒次。但當任之，自合天道，譬彼果蓏，有理存焉。聖人遭之而不違，【注】順所遇也。過之而不守。【注】宜過而過。【疏】遭遇軒冕，從而不違，既以過焉，亦不留舍也。調而應之，德也；偶而應之，道也；【注】調、偶，和合之謂也。【疏】調和庶物，順而應之，上德也；偶對前境，逗機應物，聖道也。帝之所興，王之所起也。【注】如斯而已。【疏】夫帝王興起，俯應羣生，莫過調偶隨時，逗機接物。人生天地之間，若白駒之過郤，忽然而已。【注】乃不足惜。【疏】白駒，駿馬也，亦言日也。隙，孔也。夫人處世，俄頃之間，其爲迫促，如馳駿駒之過孔隙，欻忽而已，何曾足云也！【釋文】白駒或云：日也。過郤去逆反。本亦作「隙」。隙，孔也。○典案：「郤」當爲「郄」，即古「隙」字。墨子兼愛下篇「人之生乎地上之無幾何也，譬之猶駟馳而過隙也」。文選劉孝標重答劉秣陵詔書注引「隙」作「郄」，云：古「隙」字。本書盜跖篇「天與地無窮，人死者有時，操有時之具而託於無窮之間，忽然無異騏驥之馳過隙也」，文義與此略同，字亦作「隙」。注然勃然，莫不出焉；油然漻然，莫不入焉。【注】出入者，變化之謂耳。言天下未有不變也。【疏】注、勃是生出之容。油、漻是入死之狀。言世間萬物，相與無恒，莫不從變而生，順化而死。【釋文】勃然步忽反。油然音由。漻然音流。李音礫。已化而生，又化而死，【注】俱是化也。生物哀之，【注】死物不哀。人類悲之。【注】死類不悲。【疏】夫生死往來，皆變化耳，委之造物，何足係哉？故其死也，生物人類，共悲哀之務，非類非生，故不悲不哀也。解其天弢，墮其天袠，【注】獨脱也。【疏】弢，囊藏也。袠，束囊也。言人執是競非，欣生惡死，故爲生死束縛也。今既一於是非，忘於生死，故隳解天然之弢袠也。【釋文】天弢敕刀反。字林云：弓衣也。墮其許規反。天袠陳筆反。紛乎宛乎，【注】變化烟熅。【釋文】宛乎於阮反。絪音因。本亦作「烟」，音因。緼於云反。本亦作「熅」，音同。魂魄將往，乃身從之，乃大歸乎！【注】無爲用心於其間也。【疏】紛，綸；宛，轉，並適散之貌也。魂魄往天，骨肉歸土，神氣離散，紛宛任從，自有還無，乃大歸也。

「不形之形，形之不形，【注】不形，形乃成。若形之形〔一〕，則敗其形矣。【疏】夫人之未生也，本不有其形，故從無形；氣聚而有其形，氣散而歸於無形也。【釋文】則敗補邁反。是人之所同知也，【注】雖知之，然不能任其自形而反形之，所以多敗。非將至之所務也，【注】務則不至。【疏】夫從無形生形，從有形復無形質，是人之所同知也。斯乃人間近事，非詣理至人之達務也。此衆人之所同論也。【注】雖論之，然故不能不務，所以不至也。【疏】形質有無，生死來往，衆人凡類，同共乎論耳。彼至則不論，【注】悗然不覺乃至。【釋文】悗然亡本反。論則不至。【疏】彼至聖之人，忘言得理，故無所論説。若論説之，則不至於道。明見無值，【注】闇至乃值。【疏】值，會遇也。夫能閉智塞聰，冥契玄理。若顯明聞見，則不會真也。辯不若默。道不可聞，聞不若塞。此之謂大得。」【注】默然而塞之，則無所奔逐，故大得也。【疏】夫大辯飾詞，去真遠矣；忘言静默，玄道近焉。故道不可以多聞求，多聞求不如於闇塞。若能妙知於此意，可謂深得於大理矣。

東郭子問於莊子曰：「所謂道，惡乎在？」【疏】居在東郭，故號東郭子，則無擇之師，東郭順

〔一〕世德堂本無下「形」字。

子也。問莊子曰：所謂虛通至道，於何處在乎？○典案：御覽九百四十七引「所謂道，惡乎在」作「道安在」。【釋文】東郭子李云：居東郭也。惡乎音烏。莊子曰：「無所不在。」【疏】道無不偏，在處有之。東郭子曰：「期而後可。」【注】欲令莊子指名所在。【疏】郭注云：「欲令莊子指名所在也。」【釋文】欲令力呈反。莊子曰：「在螻蟻。」曰：「何其下邪？」曰：「在稊稗。」曰：「何其愈下邪？」曰：「在瓦甓。」曰：「何其愈甚邪？」曰：「在屎溺。」東郭子不應。【疏】大道無不在，而所在皆無，故處處有之，不簡穢賤。東郭未達斯趣，謂道卓爾清高，在瓦甓已嫌卑甚，又聞屎溺，故瞋而不應也。【釋文】螻力侯反。蟻魚綺反。在苐大西反。本又作「稊」。薜步計反。本又作「稗」，蒲賣反。李云：苐、薜，二草名。瓦甓本又作「甓」，步歷反。屎尸旨反。舊詩旨反。本或作「矢」。溺乃弔反。

莊子曰：「夫子之問也，固不及質。【注】舉其標質，言無所不在，而方復怪此，斯不及質也。【疏】質，實也。言道無不在，豈唯稊稗？固答子之問，猶未逮真也。正獲之問於監市履狶也，每下愈況。【注】狶，大豕也。夫監市之履豕，以知其肥瘦者，愈履其難肥之處，愈知豕肥之要。今問道之所在，而每況之於下賤，則明道之不逃於物也必矣。【疏】正，官號也，則今之市令也。獲，名也。監，市之魁也，則今屠卒也。狶，猪也。凡今問於屠人買猪之法，云：履踐豕之股脚之間、難肥之處，愈知豕之肥瘦之意況也。何者？近下難肥之處有肉，足知易肥之處足脂。亦猶屎溺卑下之處有道，則明清虛之地皆偏也。【釋文】正獲之問於監古銜反。市履狶虛豈反。每下愈況李云：正，亭卒也。獲，其名也。監市，市魁也。狶，大豕也。履，踐也。夫市魁履豕，履其股脚，狶難肥處，故知豕肥耳。問道亦況下賤，則知道也。瘦色救反。之處昌慮反。汝唯莫必，無乎逃物。【注】若必謂無之逃物，則道不周矣。道而不周，則未足以爲道。【疏】無者，無爲道也。夫大道曠蕩，無不制圍，汝唯莫言至道逃棄於物也。必其逃物，何爲周偏乎？○碧虛子校引張、成本「必」下有「謂」字。奚侗曰：依郭注亦應有。典案：疏「汝唯莫言至道逃棄於物也」，「言」當爲「謂」之壞字。唐寫本無。至道若是，大言亦然。【注】明道不逃物。【疏】至道，理也。大言，教也。理既不逃於物，教亦普偏無偏也。周、偏、咸三者，異名同實，其指一也。【疏】周悉普偏，咸皆有道。此重明至道不逃於物。雖有三名之異，其實理旨歸則同於一也。【釋文】周偏音遍。嘗相與游乎無何有之宮，同合而論，無所終窮乎！【注】若遊有，則不能周、偏、咸也。故同合而論之，然後知道之無不在。知道之無不在，然後能曠然無懷，而遊彼無窮也。【疏】無何有之宮，謂玄道處所也。無一物可有，故曰無何有也。而周、偏、咸三者，相與遨遊乎至道之鄉，實旨既一，同合而論，冥符玄理，故無終始窮極耳。嘗相與無爲乎！澹而靜乎！漠而清乎！調而閒乎！【注】此皆無爲故也。【疏】此總歎周、偏、咸三功能盛德也。既游至道之鄉，又處無爲之域，故能恬淡安靜，寂寞清虛，柔順調和，寬閒逸豫。【釋文】澹而徒暫反。而閒音閑。寥已吾志，【注】寥然空虛。【疏】得道玄聖，契理冥真，性志虛夷，寂寥而已。【釋文】寥音遼。無往焉而不知其所至；【注】志苟寥然，則無所往矣。無往焉，故往而不知其所至；有往焉，則理未動而志已至矣〔一〕。【釋文】已驚如字。本亦作「鶩」，音務。○典案：唐寫本、世德堂本字並作「驚」，與釋文本同。去而來而，不知其所止；【注】斯順之也。【疏】語既寂寥，故與無還往。假令不往而往，不來而來，竟無至所，亦無止住。吾已往來焉，而不知其所終；【注】但往來不由於知耳，不爲不往來也。往來者，自然之常理也，其有終乎？【疏】假令往還造物，來去死生，隨變任化，亦不知終始也。彷徨乎馮閎，大知入焉而不知其所窮。【注】馮閎者，虛廓之謂也。大知由乎寥廓，恣變化之所如，故不知窮也。【疏】彷徨是放任之名，馮閎是虛曠之貌。謂入契會也。言大聖知之人，能會於寂寥虛曠之理，是以逍遥自得，放任無窮。○典案：注「不知」下舊敚「窮」字，今據唐寫本補。【釋文】彷音旁。本亦作「傍」。徨音皇。馮皮冰反，又普耕反，又步耕反。閎音宏。李云：馮、宏，皆大也。郭云：虛廓之謂也。物物者與物無際，【注】明物物者無物，而物自物耳。物自物耳，故冥也。【疏】際，崖畔也。夫能物於物者，聖人也。聖人冥同萬境，故與物無彼我之際畔。而物有際者，所謂物際者也，【注】物有際，故每相與不能冥然，真所謂際者也。【疏】物情分別，取舍萬端，故

〔一〕已至　或作「已驚」。詳下之釋文及典案。「驚」恐爲「鶩」之誤。

有物我之交際也。○典案：「所謂物際者也」，唐寫本作「所謂際者，物也」。**不際之際，際之不際者也。**

【注】不際者雖有物物之名，直明物之自物耳。物物者竟無物也，際其安在乎？【疏】際之不際者，聖人之達觀也。不際之際者，凡鄙之滯情也。**謂盈虚衰殺，彼爲盈虚非盈虚，彼爲衰殺非衰殺，彼爲本末非本末，彼爲積散非積散也。」**【注】既明物物者無物，又明物之不能自物〔一〕，則爲之者誰乎哉？皆忽然而自爾也。【疏】富貴爲盈。貧賤爲虚。老病爲衰殺。終始爲本末。生來爲積。死去爲散。夫物物者非物，而生物誰乎？此明能物所物，皆非物也。物既非物，何盈虚衰殺之可語耶？是知所謂盈虚，皆非盈虚，故西昇經云：「若能明之，所是反非也。」【釋文】衰殺色界反。徐所例反。下同。

妸荷甘與神農同學於老龍吉。【疏】姓妸，字荷甘。神農者，非三皇之神農也，則後之人物耳。二人同學於老龍吉。老龍吉亦是號也。【釋文】妸於河反。荷甘音河。本或作「苛」。老龍吉李云：懷道人也。**神農隱几闔户晝瞑，妸荷甘日中奓户而入，曰：「老龍死矣！」**【疏】隱，憑也。闔，合也。奓，開也，亦排也。學道之人，心神凝静，閉門隱几，守默而瞑。荷甘既聞師亡，所以排户而告。【釋文】隱机於靳反。下同。闔户户臘反。晝瞑音眠。奓郭處野反，又音奢。徐都嫁反，又處夜反。司馬云：開也。**神農隱几**

〔一〕又　原作「不」，據郭注改。

擁杖而起，嚗然放杖而笑，【注】起而悟夫死之不足驚，故還放杖而笑也。【疏】嚗然，放杖聲也。神農聞吉死，是以擁杖而驚；覆思死不足哀，故還放杖而笑。○俞樾曰：既言「擁杖而起」，不當言「隱几」，疑「隱几」字涉上文「神農隱几，闔户晝瞑」而衍。【釋文】嚗然音剥，又孚邈反，又孚貌反。李云：放杖聲也。○典案：書鈔百三十三、御覽七十八引「嚗」竝作「暴」。投杖本亦作「放杖」。曰：「天知予僻陋慢訑，故棄予而死。已矣夫子！無所發予之狂言而死矣夫！」【注】自肩吾已下，皆以至言爲狂而不信也。故非老龍、連叔之徒莫足與言也。【疏】夫子，老龍吉也。言其有自然之德，故呼之曰「天」也。狂言，猶至言也，非世人之所解，故名至言爲「狂」也。而師知我偏僻鄙陋，慢訑不專，故棄背吾徒，止息而死。哲人云亡，至言斯絶，無復談玄垂訓，開發我心。【釋文】僻陋匹亦反。慢武半反。徐無見反。郭如字。訑徒旦反。徐徒見反。郭音但。○典案：書鈔百三十三、白帖八十八、御覽七十八引「訑」竝作「誕」，當從之。「慢誕」，疊韻連綿字，「慢誕」、「僻陋」，義亦正相類。已矣夫音符。

弇堈弔聞之，曰：「夫體道者，天下之君子所繫焉。【注】言體道者，人之宗主也。【釋文】弇音奄。堈音剛。弔李云：弇剛，體道人；弔，其名。繫焉謂爲物所歸投也。今於道，秋豪之端萬分未得處一焉，【注】秋豪之端細矣，又未得其萬分之一。而猶知藏其狂言而死，又況夫體道者乎！【注】明夫至道非言之所得也，唯在乎自得耳。【疏】姓弇，名堈，隱者也。繫，屬也。聞龍吉之亡，傍爲議論云：體道之人，世間共重，賢人君子，繫屬歸依。今老龍之於玄道，猶豪端萬分之未一，尚知藏其狂簡，處順而亡，況乎妙悟之人，曾肯露其言説？是知體道深玄，忘言契理者之至稀也。**視之無形，聽之無聲，於人之論者，謂之冥冥，所以論道，而非道也。」**【注】冥冥而猶復非道，明道之無名也。【疏】夫玄道虚漠，妙體希夷，非色非聲，絶視絶聽，故於學人論者，論曰冥冥。而謂之冥冥，猶非真道也。【釋文】猶復扶又反。

於是泰清問乎無窮曰：「子知道乎？」無窮曰：「吾不知。」【疏】泰，大也。夫至道宏曠，恬淡清虚，囊括無窮，故以泰清、無窮爲名也。既而泰清以知問道，無窮答以不知，欲明道離形聲，亦不可以言知求也。**又問乎無爲。無爲曰：「吾知道。」曰：「子之知道，亦有數乎？」曰：「有。」曰：「其數若何？」**【疏】子既知道，頗有名數不乎？其數如何，請爲略述。**無爲曰：「吾知道之可以貴，可以賤，可以約，可以散，此吾所以知道之數也。」**【疏】貴爲帝王，賤爲僕隸，約聚爲生，分散爲死，數乃無極。此略言之，欲明非名而名，非數而數也。

泰清以之言也問乎無始曰：「若是，則無窮之弗知與無爲之知，孰是而孰非乎？」【疏】至道玄通，寂寞無爲，隨迎不測，無終無始，故寄無窮、無始爲其名焉。無窮、無爲，弗知與知，誰是誰非，請定臧否。【釋文】與無爲之知並如字。**無始曰：「不知深矣，知之淺矣；弗知内矣，知**

之外矣。」【疏】不知合理，故深玄而處内；知之乖道，故粗淺而疏外。

於是泰清中而歎曰：「弗知乃知乎！知乃不知乎！孰知不知之知？」【注】凡得之不由於知，乃冥也。【疏】泰清得中道而嗟歎，悟不知乃真知。誰知不知之知，明真知之至希也。○奚侗曰：「孰知不知之知」一句語意未完。淮南道應訓作「孰知知之爲弗知，弗知之爲知邪」。此文奪「知之爲不知乎」一句。馬叙倫曰：當依淮南補作「孰知知之爲不知，不知之爲知乎」。典案：馬説是也。【釋文】中而歎崔本「中」作「卬」。○奚侗曰：「中」當依崔本作「卬」。淮南子道應篇正作「仰」。典案：奚説是也。「卬」、「仰」古今字，作「中」者形近而誤也。天地篇「爲圃者卬而視之」，釋文音仰，本又作「仰」，與此一例，可爲旁證。

無始曰：「道不可聞，聞而非也；道不可見，見而非也；道不可言，言而非也。【注】故默成乎不聞、不見、不言之域，而後至焉。【疏】道無聲，不可以耳聞，耳聞非道也；道無色，不可以眼見，眼見非道也；道無名，不可以言説，言説非道也。○典案：注「不見」下舊敓「不言」二字，今據唐寫本補。疏「不可以言説」，是成所見注有「不言」二字。

知形形之不形乎！【注】形自形耳。形形者竟無物也。【疏】夫能形色萬物者，固非形色也，乃曰形形不形也。○奚侗曰：「知」上奪「孰」字，當依淮南道應訓補。典案：淮南道應篇作「孰知形之不形者乎」，此當補「孰」字，且删一「形」字。注「形形者竟無物也」，是「形」字之重衍已在晉前。

道不當名。」【注】有道名而竟無物，故名之不能當也。【疏】名無得道之功，道無當名之實，所以名道而非。

無始曰：「有問道而應之者，不知道也。雖問道者，亦未聞道。【注】不知故問。問之而應，則非道也。不應則非問者所得，故雖問之，亦終不聞也。【疏】夫道絕名言，不可問答，故問道應道，悉皆不知。道無問，問無應。【注】絕學去教，而歸於自然之意也。【疏】體道離言，有何問應。凡言此者，覆釋前文。【釋文】去教起呂反。無問問之，是問窮也；【注】所謂責空。【疏】窮，空也。理無可問而強問之，是責空也。無應應之，是無內也。【注】實無而假有以應者，外矣。【疏】理無可應，而強應之，乃成殊外。以無內待問窮，若是者，外不觀乎宇宙，內不知乎大初，【疏】天地四方曰宇，往古來今曰宙。太初，道本也。若以理外之心待空內之智者，可謂外不識乎六合宇宙，內不知乎己身之妙本者也。【釋文】大初音泰。是以不過乎崐崙，不遊乎太虛。」【注】若夫婪落天地，遊虛涉遠，以入乎冥冥者，不應而已矣。【疏】崐崙是高遠之山，太虛是深玄之理。苟其滯著名言，猶存問應者，是知未能經過高遠，游涉深玄者矣。【釋文】婪落力含反。

光曜問乎無有曰：「夫子有乎？其無有乎？」【疏】光曜者，是能視之智也。無有者，所觀之境也。智能照察，故假名光曜；境體空寂，故假名無有也。而智有明暗，境無深淺，故以智問境，有乎無乎？光曜不得問，而孰視其狀貌，窅然空然，終日視之而不見，聽之而不聞，搏之而不得也。【疏】夫妙境希夷，視聽斷絶，故審狀貌，唯寂唯空也。○俞樾曰：淮南子道應篇「光曜不得問」上有「無有弗應也」五字，當從之。惟無有弗應，故光曜不得問也。此脱五字，則義不備。○典案：俞説是也。【釋文】窅然烏了反。搏之音博。光曜曰：「至矣！其孰能至此乎？予能有無矣，而未能無無也；及爲無有矣，何從至此哉？」【注】此皆絶學之意也。於道絶之，則夫學者乃在根本中來矣。故學之善者，其唯不學乎？【疏】光明照曜，其智尚淺，唯能得無喪有，未能雙遣有無，故歎無有至深，誰能如此玄妙？而言無有者，非直無有，亦乃無無，四句百非，悉皆無有。以無之一字，無所不無，言約理廣，故稱無也。而言何從至此者，但無有之境，窮理盡性，自非玄德上士，孰能體之？是以淺學小智，無從而至也。○典案：「無有」當作「無無」。作「無有」者，涉上文「有無」而誤也。淮南子俶真篇「予能有無，而未能無無也。及其爲無無，至妙何從及此哉」，即襲用此文。道應篇作「及其爲無無，又何從至於此哉」，文雖小異，亦正作「無無」。

大馬之捶鉤者，年八十矣，而不失豪芒。【注】拈捶鉤之輕重，而無豪芒之差也。【疏】大馬，官號，楚之大司馬也。捶，打鍛也。鉤，腰帶也。大司馬家有工人，少而善鍛鉤，行年八十，而捶鉤彌巧。專性凝慮，故無豪芒之差失也。鉤，稱鉤權也，謂能拈捶鉤權，知斤兩之輕重，無豪芒之差失也。【釋文】大馬之捶鉤者年八十矣而不失豪芒捶，郭音丁果反，徐之累反，李之睡反。大馬，司馬也。司馬、郭云：捶者，拈捶鉤之輕重，而不失豪芒也。或説云：江東三魏之間，人皆謂鍛爲捶，音字亦同。郭失之。今不從此説也。玷丁恬反。捶丁果反。

大馬曰：「子巧與？有道與？」【疏】司馬怪其年老而捶鍛愈精，謂其工巧，別有道術也？【釋文】巧與音餘。下同。曰：「臣有守也。臣之年二十而好捶鉤，於物無視也，非鉤無察也。【疏】更無別術，有所守持。少年已來，專精好此，捶鉤之外，無所觀察，習以成性，遂至於斯也。○王念孫曰：「守」即「道」字。達生篇「仲尼曰：『子巧乎？有道耶？』曰：『我有道也』」，是其證。「道」字古讀若「守」，故與「守」通。【釋文】而好呼報反。是用之者假不用者也以長得其用，而況乎無不用者乎？物孰不資焉？」【注】都無懷，則物來皆應。【疏】所以至老而長得其捶鉤之用者，假賴於不用心視察他物故也。夫假不用爲用，尚得終年，況乎體道聖人，無用無不用，故能成大用，萬物資稟，不亦宜乎！【釋文】以長丁丈反。

冉求問於仲尼曰：「未有天地可知邪？」仲尼曰：「可。古猶今也。」【注】言天地常存，乃無未有之時。【疏】姓冉，名求，仲尼弟子。師資發起，詢問兩儀未有之時，可知已否？夫變化日新，則無今無古，古猶今也，故答云：可知也。冉求失問而退。明日復見，曰：「昔者吾問：『未有天地可知乎？』夫子曰：『可。古猶今也。』【疏】失其問意，遂退而歸。既遵應問，還用應答。【釋文】明日復扶又反。見賢遍反。昔日吾昭然，今日吾昧然，敢問何謂也？」【疏】昔日初咨，心中昭然明察；今時後閒，情慮昧然暗晦。敢問前明後暗，意謂如何？仲尼曰：「昔之昭然也，神者先受之；【注】虛心以待命，斯神受也。今之昧然也，且又爲不神者求邪？【注】思求更致不了。【疏】先來未悟，鋭彼精神，用心求受，故昭然明白也。後時領解，不復運用精神，直置任真，無所求請，故昧然闇塞也。求耶者，言不求也。【釋文】又爲于僞反。無古無今，無始無終。【注】非唯無不得化而爲有也，有亦不得化而爲無矣。是以無有之爲物，雖千變萬化，而不得一爲無也。不得一爲無也，故自古無未有之時而常存也。【疏】日新而變，故無始無終，無今無古。故知無未有天地之時者也。未有子孫而有子孫，可乎？」【注】言世世無極。【疏】言子孫相生，世世無極，天地人物，悉皆無原無有之時也。可乎，言不可也。【釋文】未有子孫而有孫子言其要有，由不得無故而有。傳世故有子孫，不得無子而有孫也。如是，天地不得先無而今有也。

冉求未對。仲尼曰：「已矣，未應矣！不以生生死，【注】夫死者，獨化而死耳，非夫生者生此死也。不以死死生。【注】生者亦獨化而生耳。【疏】已，止也。未，無也。未聚散死生，皆獨化日新，未嘗假賴，豈相因待？故不用生生此死，不用死死此生。冉求未對之間，仲尼止令無應，理盡於此，更何所言也？死生有待邪？【注】獨化而足。皆有所一體。【注】死與生各自成一體。【疏】死獨化也，豈更成一物哉！死既不待於生，故知生亦不待於死。死生聚散，各自成一體耳，故無所因待也。有先天地生者物邪？○典案：「物」字疑衍。唐寫本無「物」字，文義較長。物物者非物，物出不得先物也，猶其有物也。猶其有物也無已。【注】誰得先物者乎哉？吾以陰陽爲先物，而陰陽者即所謂物耳。誰又先陰陽者乎？吾以自然爲先之，而自然即物之自爾耳。吾以至道爲先之矣，而至道者乃至無也。既以無矣，又奚爲先？然則先物者誰乎哉？而猶有物無已。明物之自然，非有使然也。【疏】夫能物於物者，非物也，故非物則無先後。物出則是物，復不得有先於此物者。何以知其然耶？謂其猶是物故也。以此推量，竟無先物者也。然則先物者誰乎哉？明物之自然耳。自然則無窮已之時也。是知天地萬物，自古以固存，無未有之時也。【釋文】有先悉薦反。下及注同。聖人之愛人也終無已者，亦乃取於是者也。」【注】取於自爾，故恩流百代而不廢也。【疏】夫得道聖人，慈愛覆育，恩流百代，而無窮止者，良由德合天地，妙體自然，故能虛己於彼，忘懷亭毒，〔不仁〕萬物，芻狗蒼生，蓋取斯義而然也。

顔淵問乎仲尼曰：「回嘗聞諸夫子曰：『無有所將，無有所迎。』回敢問其遊。」【疏】請夫子言。將，送也。夫聖人如鏡，不送不迎，顔回聞之曰：未曉其理。故詢諸尼父，問其所由。仲尼曰：「古之人外化而內不化，【注】以心順形，而形自化。【疏】古人純樸，合道者多，故能外形隨物，內心凝靜。今之人內化而外不化。【注】以心使形。【疏】內以緣通，變化無明，外形乖誤，不能順物。與物化者，一不化者也。【注】常無心，故一不化。一不化，乃能與物化者耳。安化安不化，【注】化與不化，皆任彼耳，斯無心也。【疏】安，任也。夫聖人無心，隨物流轉，故化與不化，斯安任之。既無分別，曾不概意也。安與之相靡，【注】直無心而恣其自化耳。非將迎而靡順之。【疏】靡，順也。所以化與不化悉安任者，爲不忤蒼生，更相靡順。必與之莫多。【注】不將不迎，則足而止。【疏】雖復與物相順，而亦不多仁恩，各止於分，彼我無損。狶韋氏之囿，黄帝之圃，有虞氏之宮，湯、武之室。【注】言夫無心而任化，乃羣聖之所游處。【疏】狶韋、軒轅、虞舜、殷湯、周武，並是聖明王也。言無心順物之道，乃是狶韋彷徨之苑囿，軒轅遨遊之園圃，虞舜養德之宮闈，湯、武怡神之虚室，斯乃羣聖之所游而處之也。【釋文】之囿音又。之圃布五反，又音布。君子之人，若儒墨者師，故以是非相䪢也，而況今之人乎！【注】䪢，和也。夫儒墨之師，天下之難和者。而無心者猶故和之，而況其凡乎？【疏】䪢，和也。夫儒墨之師，更相是非，天下之難和者也。而聖人君子，猶能順而和之，況乎今世之人非儒墨之師者也。隨而化之，不亦宜乎！【釋文】相䪢子兮反，和也。聖人處物不傷物，【注】至順也。【疏】處俗和光，利而不害，故不傷之也。不傷物者，物亦不能傷也。【注】在我而已。【疏】虚舟飄瓦，大順羣生，羣生樂推，故處不害也。唯無所傷者，爲能與人相將迎。【注】無心故至順，至順故能無所將迎，而義冠於將迎也。【疏】夫唯安任羣品，彼我無傷者，故能與物交際，而明不迎而迎者也。【釋文】義冠古亂反。山林與！皐壤與〔一〕！使我欣欣然而樂與！【注】山林皐壤，未善於我，而我便樂之，此爲無故而樂也。○碧虛子校引江南古藏本「皐壤與」下有「與我無親」四字。典案：江南古藏本是也。注「山林皐壤，未善於我，而我便樂之」，「未善於我」即釋「與我無親」之義。若所見本無此四字，無緣言「未善於我」也。【釋文】山林與音餘。下同。而樂音洛。注、下皆同。樂未畢也，哀又繼之。【注】夫無故而樂，亦無故而哀也。則凡所樂不足樂，凡所哀不足哀也。【疏】凡情滯執，妄生欣惡。忽覩高山茂林，神皐奧壤，則欣然欽慕，以爲快樂，而樂情未幾，哀又繼之。情隨事遷，哀樂斯變，此乃無故而樂，無故而哀。是知世之哀樂，不足計也。哀樂之來，吾不能扞，其去弗能止。悲夫，世人直爲物逆旅耳！【注】不能坐忘自得，而爲哀樂所寄也。【疏】逆旅，客舍也。窮達之來，不能禦扞；哀樂之去，不能禁止。而凡俗之人，不閑斯趣，譬彼客舍，爲物所停，以妄爲真，深可悲歎也。【釋文】能禦魚呂反。

「夫知遇而不知所不遇，【注】知之所遇者即知之，知之所不遇者即不知也。知能能而不能所不能。【注】所不能者，不能强能也。由此觀之，知與不知，能與不能，制不

〔一〕皐 原作「臯」，據下文改。

由我也，當付之自然耳。【疏】夫智有明闇，能有工拙，各禀素分，不可强爲，故分之所遇，知則知之，不遇者不能知也。分之所能，能則能之，性之不能，不可能也。譬鳥飛魚泳，蛛網蜣丸，率之自然，寧非性也！【釋文】强其丈反。

無知無能者，固人之所不免也。【注】受生各有分也。【疏】既非聖人，未能智周萬物，故知與不知，能與不能，禀生不同，機關各異，而流俗之人，必固其所不免也。○典案：唐寫本注「生」作「性」，於義爲長。夫務免乎人之所不免者，豈不亦悲哉！【疏】人之所不免者，分外智能之事也。而凡鄙之流，不能安分，故鋭意惑清，務在獨免，愚惑之甚，深可悲傷。至言去言，至爲去爲。【注】皆自得也。【疏】至理之言，無言可言，故去言也；至理之爲，無爲可爲，故去爲也。齊知之所知，則淺矣。」【注】夫由知而後得者，假學者耳，故淺也。【疏】見賢思齊，捨己效物，假學求理，運知訪道，此乃淺近，豈曰深知矣！【釋文】齊知之才細反，又如字。

莊子補正卷八上

雜篇　庚桑楚第二十三

【釋文】以人名篇。本或作庚桑。○典案：高山寺古鈔本無「楚」字，與釋文或本合。

老聃之役有庚桑楚者，偏得老聃之道，【疏】姓庚桑，名楚，老君之弟子，蓋隱者也。役，門人之稱。古人事師，共其驅使，不憚艱危，故稱役也。而老君大聖，弟子極多，門人之中，庚桑楚最勝，故稱「偏得」也。【釋文】老聃之役司馬云：役，學徒弟子也。廣雅云：役，使也。庚桑楚司馬云：楚，名。庚桑，姓也。太史公書作「亢桑」。○俞樾曰：列子仲尼篇「老聃之弟子有亢倉子者」，張湛注：音庚桑。賈逵姓氏英覽云：吴郡有庚桑姓，稱爲七族。然則庚桑子吴人歟？偏得向音篇。

以北居畏壘之山，其臣之畫然知者去之，其妾之挈然仁者遠之。【注】畫然，飾知也。挈然，矜仁也。【疏】畏壘，山名，在魯國。臣，僕隸。妾，接也。言人以仁智爲臣妾，庚桑子悉棄仁智，以接事君子也。楚既幽人，寄居山藪，情敦素樸，心鄙浮華，山旁士女，競爲臣妾，故畫然飾智〔一〕，自明炫

〔一〕飾　原作「舒」，據注文改。

者，斥而去之，絜然矜仁，苟異於物者，令其疏遠。【釋文】畏本或作「嵔」，又作「猥」，同。烏罪反。向於鬼反。壘崔本作「纍」，同。力罪反。向良裴反。李云：畏壘，山名也。或云：在魯。又云：在梁州。○王念孫曰：「畏壘」即「鍡𨯂」，說文曰：不平也。典案：「畏壘」，疊韻連綿字，又作「碨磊」。文選木玄虛海賦「碨磊山壟」，李注：不平貌。莊子皆寓言，非必實有其地，李注泥矣。御覽五百三十二引作「嵔𡾋」，音義同。畫然音獲。知者音智。注同。挈然本又作「契」，同。苦計反。向云：知也。又苦結反。廣雅云：提也。遠之于萬反。司馬云：言人以仁智爲臣妾，庚桑悉棄仁智也。

擁腫之與居，【注】擁腫，樸也。【釋文】擁於勇反。腫章勇反。本亦作「踵」。鞅掌之爲使。【注】鞅掌，自得也。【疏】擁腫、鞅掌，皆淳樸自得之貌也。斥棄仁智，淡然歸實，故淳素之士，與其同居，率性之人，供其驅使。【釋文】鞅掌於丈反。郭云：擁腫，樸也。鞅掌，自得也。崔云：擁腫，無知貌。鞅掌，不仁意。向云：二句樸纍之謂。司馬云：皆醜貌也。居三年，畏壘大壤。畏壘之民相與言曰：「庚桑子之始來，吾洒然異之。【注】異其棄知而任愚也。【釋文】大壤而掌反。本亦作「穰」。崔本同。又如羊反。廣雅云：豐也。洒然素殄反，又悉禮反。崔、李云：驚貌。向蘇(俱)〔很〕反。今吾日計之而不足，歲計之而有餘。【注】夫與四時俱者無近功。【疏】大穰，豐也。洒，微驚貌也。居住三年，山中大熟，畏壘百姓僉共私道云：庚桑子初來，我微驚異。今我日計，利益不足稱；以歲計，至功其有餘。蓋賢聖之人，與四時合度。無近功，故日計不足；有遠德，故歲計有餘。三歲一閏，天道小成，故居三年而畏壘大穰。【釋文】日計之而不足向云：無旦夕小利也。歲計之而有餘向云：順時而大穰也。○典案：淮南子俶真篇「是故日計之不足，而歲計之有餘」，即本莊子此文。庶幾其聖人乎！子胡不相與尸而祝之，社而稷之乎？」【疏】庶，慕也。幾，近也。尸，主也。庚桑大賢之士，慕近聖人之德，何不相與尊而爲君，主南面之事，爲立社稷，建其宗廟，祝祭依禮，豈不善邪？

庚桑子聞之，南面而不釋然。弟子異之。【疏】忽聞畏壘之人立爲南面之主，既乖無爲之道，故釋然不悦。門人未明斯趣，是以怪而異之也。庚桑子曰：「弟子何異於予？夫春氣發而百草生，正得秋而萬寶成。夫春與秋，豈無得而然哉？天道已行矣。【注】夫春秋生氣，皆得自然之道，故不爲也。○典案：注「春秋生氣」不詞。高山寺古鈔本注作「春秋生成」，即疏所謂「春生秋實」，亦釋文所謂「至秋而成也」，疑是。【疏】夫春生秋實，陰陽之恒；夏長冬藏，物之常事。故春秋豈有心施於萬實？而天然之道已自行焉，故忘其生有之德也。「實」亦有作「寶」字者，言二儀以萬物爲實，故逢秋而成就也。【釋文】正得秋而萬寶成天地以萬物爲寶，至秋而成也。元嘉本作「萬實」。○典案：高山寺古鈔本「萬寶」作「萬實」，與元嘉本、疏所據本合。俞樾曰：「得」字疑衍，原文蓋作「正秋而萬寶成」。易説卦「兑，正秋也，萬物之所説也」，疏：正秋而萬物皆説成也。即本此文，是其證。「得」字蓋涉下句「夫春與秋豈無得而然哉」，因而誤衍。「春氣發而百草生，正秋而萬寶成」，文義已足，不必加「得」字與上句相儷偶。大道已行矣本或作「天道」。吾聞至人，尸居環堵之室，而百姓猖狂，不知所如往。【注】直自往耳，非由知也。【疏】四面環各一堵，謂之環堵也，所謂方丈室也。如死尸之寂泊，故言尸居。【釋文】環如字。廣雅云：圓也。堵丁魯反。司馬云：一丈曰堵。環堵者，面各一丈，言小也。今以畏壘之細民，而竊竊焉欲俎豆予于賢人之間，我其杓之人邪？【注】不欲爲物標杓也。【疏】竊竊，平章偶語也。俎，切肉之几；豆，盛脯之具，皆禮器也。夫羣龍無首，先聖格言；蒙德養恬，後賢軌轍。今細碎百姓，偶語平章，方欲禮我爲賢，尊我爲主，便是物之標杓，豈曰棲隱者乎？【釋文】俎豆側吕反。崔云：俎豆食我於衆人間。杓郭音的，又匹么反，又音弔。廣雅云：樹末也。郭云：爲物之標杓也。王云：斯由己爲人準的也。向云：馬氏作「畃」，音的。標必遥反。一音必小反。吾是以不釋於老聃之言。」【注】聃云：「功成事遂，而百姓皆謂我自爾。」今畏壘反此，故不釋然。【疏】老君云：「功成弗居，長而不宰。」楚既虔稟師訓，畏壘反此，故不釋然。

弟子曰：「不然。夫尋常之溝，巨魚無所還其體，而鯢鰌爲之制；步仞之丘陵，巨獸無所隱其軀，而孽狐爲之祥。【注】弟子謂大人必有豐祿也。【疏】八尺曰尋，倍尋曰常。六尺曰步，七尺曰仞。鯢，小魚而有脚，此非鯤大魚也。制，擅也。夫尋常小瀆，豈鯤鯨之所周旋，而鯢鰌小魚，反以爲美。步仞丘陵，非大獸之所藏隱，而妖孽之狐，用之爲吉祥。故知巨獸必隱深山，大人應須厚祿也。【釋文】尋常之溝八尺曰尋，倍尋曰常。尋常之溝，則周禮洫澮之廣深也。洫廣深八尺，澮廣二尋，深二仞也。○馬叙倫曰：

「溝」下當依御覽七十五引補「洫」字。「尋常之溝洫」，與下文「步仞之丘陵」相對爲文。典案：馬校是也。釋文雖未出「洫」字，而引周禮澮洫之廣深釋之，云「洫廣深八尺」，亦可爲旁證。所還音旋，回也。崔本作「逮」。鯢五兮反。鰌音秋。爲之制廣雅云：制，折也。謂小魚得曲折也。王云：制，謂擅之也。鯢鰌專制於小溝也。步仞之丘陵六尺爲步，七尺曰仞。廣一步，高一仞也。孔安國云：八尺曰仞。小爾雅云：四尺曰仞。蘖魚竭反。狐爲之祥李云：祥，怪也。狐狸慝爲妖蘖。言各有宜，宜不失則大人有豐禄也。王云：野狐依之，作妖祥也。崔云：蠱狐以小丘爲善也。祥，善也。○典案：白帖六、御覽五十三引「蘖」作「孽」。「祥」，御覽引作「降」。且夫尊賢授能，先善與利，自古堯、舜以然，而況畏壘之民乎？夫子亦聽矣。」【疏】尊貴賢人，擢受能者，有善先用，與其利禄，堯、舜聖人，尚且如是，況畏壘百姓，敢異前修？夫子通人，幸聽從也。

庚桑子曰：「小子來！夫函車之獸，介而離山，則不免於罔罟之患；吞舟之魚，碭而失水，則蟻能苦之。故鳥獸不厭高，魚鼈不厭深。【注】去利遠害乃全。【疏】其獸極大，口能含車，孤介離山，則不免網羅爲其患害。吞舟之魚，其質不小，波蕩失水，蟻能害之。故鳥獸高山，魚鼈深水，豈好異哉？蓋全身遠害。魚鳥尚爾，而況人乎？○典案：御覽八百三十四引「於」作「乎」，三十八引「罔」作「網」。【釋文】函音含。車之獸李云：獸大如車也。一云：大容車。介而音戒。廣雅云：獨也。又古黠反。一本作「分」，謂分張也。元嘉本同。○俞樾曰：方言「獸無偶曰介」。一本作「分」，非。離山力智反。下注同。吞舟敕恩反，又音天。碭而失水徒浪反。謂碭溢而失水也。崔本作「去水陸居也」。○典案：文選吴都賦注、御覽九百三十四、九百四十七引「碭」並作「蕩」。國策齊策、淮南子人間篇亦並言「蕩而失水」。高山寺古鈔本字亦正作「蕩」。則蟻魚綺反。○馬叙倫曰：御覽九三五、又九四七及文選賈誼弔屈原文注引「蟻」上有「螻」字。六帖九八、御覽九三五引「苦」作「制」。案：國策齊策「則螻蟻得意焉」，文與此同，亦作「螻蟻」。列禦寇篇「在下爲螻蟻食」，亦「螻蟻」連文。疑當補「螻」字。典案：馬校是也。淮南子人間篇「蕩而失水，則螻螘皆得志焉」，亦有「螻」字。此文以「函車之獸」與「吞舟之魚」、「介而離山」與「碭而失水」相對爲文，則此句亦必以「罔罟」與「螻蟻」相對，不得獨言「蟻」也。苦之如字。向云：馬氏作「最」，又作「窮」。夫全其形生之人，藏其身也，不厭深眇而已矣。【注】若嬰身於利禄，則粗而淺。【疏】眇，遠也。夫棲遁之人，全形養生者，故當遠迹塵俗，深就山泉。若嬰於利禄，則粗而淺也。【釋文】深眇彌小反。則粗七奴反。後皆同。且夫二子者，又何足以稱揚哉？【注】二子，謂堯、舜。【疏】二子，謂堯、舜也。唐、虞聖迹，亂人之本，故何足稱邪！【釋文】二子者向、崔、郭皆云：堯、舜也。

是其於辯也，將妄鑿垣牆而殖蓬蒿也。【注】將令後世妄行穿鑿而殖穢亂也。【疏】將令後世妄行穿鑿而殖穢亂。辯，別也。物性之外，別立堯、舜之風，以教迹令人倣傚者，猶如鑿破好垣牆，種殖蓬蒿之草，以爲蕃屏者也。【釋文】蓬蒲空反。將令力呈反。簡髮而櫛，數米而炊，【注】理錐刀之末也。【疏】譬如擇簡毛髮，梳以爲髻，格量米數，炊以供餐，利益蓋微，爲損更甚。【釋文】而扻莊筆反，又作「櫛」，亦作「楖」，皆同。郭音節。徐側冀反。○王引之曰：釋文「扻，莊筆反，又作『櫛』，亦作『楖』，皆同。郭音節。徐側冀反」。按玉篇：扻，苦敢切，打扻也。不得音莊筆反，又音節。「扻」當爲「⿰扌次」，即玉篇「⿱次手」字，隸書轉寫手旁於左耳。玉篇：⿱次手，七咨切，⿱次手也。此借爲「櫛髮」之「櫛」，故音莊筆反，又音節。凡從「次」聲之字，可讀爲即，又可讀爲節。說文：⿱次土，以土增大道上。從土，次聲。古文⿱次土從土，即聲。引虞書「朕堲讒說殄行」。玉篇音才資、才即二切。說文：楶，欂櫨也。從木，咨聲。即是「山節藻棁」之「節」。康誥「勿庸以次女封」，荀子致士篇引此，「次」作「即」。皆其例也。「⿰扌次」爲「櫛髮」之「櫛」，當讀入聲，而其字以「次」爲聲，則亦可讀去聲，故徐邈音側冀反。數米色主反。而炊昌垂反。向云：理於小利也。

竊竊乎又何足以濟世哉！【注】混然一之，無所治爲，乃濟。【疏】祖述堯、舜，私議竊竊，此蓋小道，何足救世？【釋文】竊竊如字。司馬云：細語也。一云：計校之貌。崔本作「察察」。舉賢則民相軋，【注】將戾拂其性，以待其所尚。【釋文】軋烏黠反。向音乙。戾拂符弗反。任知則民相盜。【注】真不足而以知繼之，則僞矣，僞以求生，非盜如何？【疏】軋，傷也。夫舉賢授能，任知先善，則爭爲欺侮，盜詐百端，趨競路開，故更相害也。【釋文】任知音智。注同。之數物者，不足以厚民。民之於利甚勤，子有殺父，臣有殺君，正晝爲盜，日中穴阫。【注】無所復顧也。【疏】數物者，謂舉賢、任知等也。此教浮薄，不足令百姓淳厚也。而蒼生貪利之心，甚自殷勤，私情怨忿，遂生篡弒，謀危社稷，正晝爲盜，攻城穿壁，日中穴阫也。【釋文】有殺音試。本又作「弒」，下同。○典案：高山寺古鈔本、道藏音義本「殺」並作「弒」，與釋文一本合。穴阫普回反。向音裴，云：阫，牆也。言無所畏忌。吾語女，大亂之本，必生於堯、舜之間，其末存乎千世之後。千世之後，其必有人與人相食者也！」【注】堯、舜遺其迹，飾僞播其後，以致斯弊也。【疏】唐、虞揖讓之風，會成簒逆之亂，亂之根本，起自堯、舜。千載之後，其弊不絶，黄巾、赤眉，則是相食也。【釋文】吾語魚據反。女音汝。後皆放此。

南榮趎蹵然正坐曰：「若趎之年者已長矣，將惡乎託業以及此言邪？」【疏】姓南榮，名趎，庚桑弟子也。蹵然，驚悚貌。南榮既聞斯義，心生慕仰，於是驚懼正容，勤誠請益云：趎年老，精神暗昧，憑託何學，方逮斯言？【釋文】南榮趎昌于反。向音疇。一音紹俱反。徐直俱反，又敕俱反，又處由反。李云：庚桑弟子也。漢書古今人表作南榮疇，或作「儔」，又作「壽」。淮南作南榮幬，云：敕蹻趹步，百舍不休。亦作「疇」。蹵然子六反。已長丁丈反。將惡音烏。庚桑子曰：「全汝形，【注】守其分也。【釋文】其分扶問反。後以意求之。抱汝生，【注】無攬乎其生之外也。俞樾曰：釋名釋姿容曰：抱，保也，相親保也。是「抱」與「保」義通。「抱汝生」即「保汝生」。郭注曰「無攬乎其生之外也」，猶泥「抱」字爲説，未達叚借之旨。無使汝思慮營營。若此三年，則可以及此言矣。」【疏】不逐物境，全形者也；守其分内，抱生者也。既正分全生，神凝形逸，故不復役知思慮，營營狥生也。三年虚静，方可及乎斯言。此庚桑教南榮之詞也。【釋文】思慮息吏反。下同。

南榮趎曰：「目之與形，吾不知其異也，而盲者不能自見；耳之與形，吾不知其異也，而聾者不能自聞；心之與形，吾不知其異也，而狂者不能自得。【注】目與目，耳與耳，心與心，其形相似而所能不同。苟有不同，則不可强相法效也。【疏】夫盲聾之士，與凡常之人，耳目無異，而盲者不見色，聾者不聞聲。風狂之人，與不狂之者，形貌相似，而狂人失性，不能自得。南榮舉此三諭以況一身，不解至道之言，與彼盲聾何別？故內篇云「非唯形骸有聾盲，夫智亦有之」也。【釋文】可强其丈反。下章「可强」同。形之與形亦辟矣，【注】未有閉之者也。【釋文】亦辟婢亦反，開也。崔云：相著也。音必亦反。而物或間之邪，欲相求而不能相得？【注】兩形雖開而不能相得，將有間也。【疏】闢，開也。間，別也。夫盲與不盲，二形孔竅俱開；見與不見，於物遂有間別。而盲聾求於聞見，終不可得也，亦猶南榮求於解悟，無由致之。【釋文】或間間厠之間。注同。今謂趎曰：『全汝形，抱汝生，勿使汝思慮營營。』趎勉聞道達耳矣！」【注】早聞形隔，故難化也。【疏】全形抱生，已如前釋；重述所聞，以彰問旨。【釋文】勉聞道崔、向云：勉，强也。本或作「睌」。○典案：道藏音義本云：「勉」，一本作「晚」。高山寺古鈔本同。釋文云：本或作「睌」。「睌」疑「晚」之誤。達耳矣崔、向云：僅達於耳，未徹入於心也。

庚桑子曰：「辭盡矣。曰奔蜂不能化藿蠋，越雞不能伏鵠卵，魯雞固能矣。【疏】奔蜂，細腰土蜂也。藿，豆也。蠋者，豆中大青蟲。越雞，荆雞也。魯雞，今之蜀雞也。奔蜂細腰，能化桑蟲爲己子，而不能化藿蠋。越雞小，不能伏鵠卵，蜀雞大，必能之也。言我才劣，未能化人，所説辭情，理盡於此也。○碧虛子校引江南李氏本、張君房本「曰」作□。張伯禧曰：「曰」字疑衍文。典案：庚桑子告南榮趎之辭猶未畢，下又云「今吾才小，不足以化子，子胡不南見老子」，則此處不當有「曰」字明矣。疑寫者見上云「辭盡矣」，李、張本有□，遂以意改爲「曰」字耳。【釋文】奔蜂孚恭反。司馬云：奔蜂，小蜂也。一云：土蜂。藿蠋音蜀。司馬云：豆藿中大青蟲也。越雞司馬、向云：小雞也。或云：荆雞也。能伏扶又反。鵠本亦作「鶴」，同。户各反。一音户沃反。卵力管反。魯雞向云：大雞也。今蜀雞也。雞之與雞，其德非不同也，有能與不能者，其才固有巨小也。今吾才小，不足以化子，子胡不南見老子？」【疏】夫雞有五德：頭戴冠，禮也；足有距，義也；得食相呼，仁也；知時，智也；見敵能距，勇也。而魯、越雖異，五德則同。所以有能與不能者，才有大小也。我類越雞，才小不能化子，子何不南行，往師以謁老君？○典案：高山寺古鈔本「越雞」作「越雛」，「雞之與雞」，作「雛之與雞」。

南榮趎贏糧，七日七夜，至老子之所。【疏】贏，裹也，擔也。慕聖情殷，晝夜不息，終乎七日，方見老君也。【釋文】贏糧音盈。案方言：贏，儋也。齊、楚、陳、宋之間謂之贏。一音果。老子曰：「子自楚之所來乎？」南榮趎曰：「唯。」【疏】自，從也。問云：汝從桑楚處來？南榮趎曰唯，直敬應之聲也。答云：如是。【釋文】曰唯惟癸反。老子曰：「子何與人偕來之衆也？」【注】挾三言而來故也。【疏】偕，俱也。老子聖人，照機如鏡。未忘仁義，故刺以偕來，理挾三言，故譏之言衆也。【釋文】挾三音協。

南榮趎懼然顧其後。【疏】懼然，驚貌也。未達老子之言，忽聞衆來之説，顧眄其後，恐有多人也。【釋文】懼然向紀俱反。本又作「㦃」，音同。又況縛反。

老子曰：「子不知吾所謂乎？」【疏】謂者，言意也。我言偕來，譏汝挾三言而來，汝視其後，是不知吾謂也。

南榮趎俯而慙，仰而歎曰：「今者吾忘吾答，因失吾問。」【疏】俯，低頭也。自知暗昧，不達聖言，於是俯首羞慚，仰天歎息，神魂恍忽，情彩章惶。豈直喪其形容，亦乃失其咨問。【釋文】因失吾問元嘉本「問」作「聞」。○典案：高山寺古鈔本「問」作「聞」，與元嘉本合。

老子曰：「何謂也？」【疏】問其所言，有何意謂。

南榮趎曰：「不知乎？人謂我朱愚。知乎？反愁我軀。【疏】朱愚，猶專愚，無知之貌也。若使混沌塵俗，則有愚痴之名；若（也）〔使〕運智人間，更致危身之禍。禍敗在己，故云愁軀也。不仁則害人，仁則反愁我身；不義則傷彼，義則反愁我己。我安逃此而可？此三言者，趎之所患也，願因楚而問之。」【疏】仁者，兼愛之迹；義者，成物之功。並是先聖蘧廬，非所以全身遠害者也。故不仁不義，則傷物害人；行義行仁，則乖真背道。未知若爲處心，免茲患害？寄此三言，因桑楚以爲媒，願留聽於下問。

老子曰：「向吾見若眉睫之間，吾因以得汝矣，今汝又言而信之。【疏】吾昔觀汝形貌，已得汝心。今子所陳，畢挾三術。以子之言，於是信驗。【釋文】向吾本又作「嚮」，同。眉睫音接。釋名云：目毛也。若規規然若喪父母，揭竿而求諸海也。女亡人哉，惘惘乎！【疏】規規，細碎之謂也。汝用心細碎，懷兹三術，猶如童稚小兒，喪失父母也。似儋揭竿木，尋求大海，欲測深底，其可得乎？汝是亡真失道之人，亦是溺喪逃亡之子，芒昧何所歸依也？【釋文】規規李云：失神貌。一云：細小貌。若喪息浪反。注同。揭其列、其謁二反。竿音干。而求諸海也。向云：言以短小之物，欲測深大之域也。女亡人哉崔云：喪亡性情之人也。汝欲反汝情性而無由入，可憐哉！」【疏】榮趎踐於聖迹，溺於仁義，縱欲還原反本，復歸於實生真情，瘡疣已成，無由可入。大聖運慈，深可哀愍也。

南榮趎請入就舍，召其所好，去其所惡，十日自愁，復見老子。【疏】既失所問，情識芒然，於是退就家中，思惟旬日，徵求所好之道德，除遣所惡之仁義，未能契道，是以悲愁。庶其請益，仍見老子。○碧虚子校引江南李氏本、文如海本、劉得一本、張君房本「自」並作「息」。典案：李、文、劉、張本作「息愁」，義較長。「自」疑「息」字之壞。【釋文】所好呼報反。去其起呂反。所惡烏路反。注同。復見扶又反。老子曰：汝自洒濯熟哉！鬱鬱乎！然而其中津津乎猶有惡也。【疏】歸家一旬，遣除五德，滌蕩穢累精熟。以吾觀汝氣，鬱鬱乎平，雖復加功，津津尚漏，以此而驗，惡猶未盡也。【釋文】洒濯大角反。鬱鬱崔云：孰洒貌。津津如字。崔本作「律律」，云：惡貌。猶有惡也李云：惡計未盡也。夫外韄者不可繁而捉，將內揵；內韄者不可繆而捉，將外揵。【注】揵，關揵也。耳目，外也；心術，內也。夫全形抱生，莫若忘其心術，遺其耳目。若乃聲色韄於外，則心術塞於內，欲惡韄於內，則耳目喪於外。固必無得無失而後爲通也。【疏】韄者，繫縛之名。揵者，關閉之目。繁者，急也。繆者，殷勤也。言人外用耳目，而爲聲色所韄者，則心神閉塞於內也；若內用心智，而爲欲惡所牽者，則耳目閉塞於外也。此內外相感，必然之符。假令用心禁制，急手捉持，殷勤綢繆，亦無由得也。夫唯精神定於內，耳目靜於外者，方合全生之道。【釋文】外獲向音霍。崔云：恢廓也。又如字。本亦作「韄」，音獲。又乙虢反，又烏邈反，又音羈。李云：縛也。三蒼云：佩刀靶韋也。○典案：高山寺古鈔本「韄」作「獲」，注同。與釋文合。而捉徐側角反。崔作「促」，云：迫促也。內揵郭其輦反。徐其偃反，關也。向云：閉也。又音蹇。下同。繆莫侯反，又音稠，結也。崔、向云：綢繆也。○俞樾曰：郭於此無注，而注下文曰「雖繁手以執之，綢繆以持之，弗能止也」，則訓「繁」爲繁手，殆不可通矣。「繁」疑「繁」字之誤。「繁」，俗作「繳」，史記太史公自叙「名家苛察繳繞」，如淳曰：繳繞，猶纏繞也。此以「繁而捉」、「繆而捉」並言，「繁」謂繁繞，「繆」謂綢繆，廣雅釋詁「繁」與「綢繆」並訓纏，是其義一也。「繁」、「繁」形似，因而致誤耳。外內韄者，道德不能持，而況放道而行者乎！【注】偏韄由不可，況外內俱韄乎？將耳目眩惑於外，而心術流蕩於內，雖繁手以執之，綢繆以持之，弗能止也。【疏】偏執滯邊，已乖生分，況內外韄溺，爲惑更深。縱有懷道抱德之士，尚不能扶持，況放散玄道，而專行此惑，欲希禁止，可得乎？【釋文】放道如字。向方往反，云：依也。

南榮趎曰：「里人有病，里人問之，病者能言其病，然其病病者猶未病也。【疏】閭里有病，鄰里問之，病人能自説其病狀者，此人雖病，猶未困重而可療也。亦猶南榮雖愚，能自陳過狀，庶可教也。若趎之聞大道，譬猶飲藥以加病也，【疏】夫藥以療疾，疾瘉而藥消；教以機悟，機悟而教息。苟其本不病，藥復不消，教資不忘，機又不悟，不謂飲藥以加其病？○典案：御覽七百三十八引「聞」作「問」，「大道」下有「也」字，「病」下有「者」字。【釋文】加病如字。元嘉本作「知病」。崔本作「駕」，云：加也。○典案：御覽七百三十八引司馬注「加，增加也」。釋文闕。趎願聞衛生之經而已矣。」【疏】經，常也。已，止也。夫聖教多端，學門匪一。今所謂衛請全生，心之所存，止在於此，如蒙指誨，輒奉爲常。【釋文】衛生李云：防衛其生，令合道也。○典案：御覽七百三十八引注云：「衛生，可衛護其生，全性命。」疑亦司馬逸注。

老子曰：「衛生之經，能抱一乎？【注】不離其性。【疏】守真不二也。○典案：高山寺古鈔本「經」下有「乎」字。能勿失乎？【注】還自得也。【疏】自得其性也。能無卜筮而知吉凶乎？【注】當則吉，過則凶，無所卜也。【疏】履道則吉，徇物則凶，斯理必然，豈用卜筮？○王念孫曰：「吉凶」當爲「凶吉」，「一」、「失」、「吉」爲韻，「止」、「已」、「己」爲韻。管子心術篇「能專乎？能一乎？能無卜筮而知凶吉乎」是其證。【釋文】當則丁浪反。後放此。能止乎？【注】止於分也。【疏】不逐分外。能已乎？

【注】無追故迹。【疏】已過不追。能舍諸人而求諸己乎？【注】全我而不效彼。【疏】諸，於也。捨棄效彼之心，追求己身之道。【釋文】能舍音捨。下同。能翛然乎？【注】無停迹也。【疏】往來無係止。【釋文】翛音蕭。徐始六反，又音育。崔本作「隨」，云：順也。能侗然乎？【注】無節礙也。【疏】順物無心也。【釋文】侗本又作「侗」，大董反，又音慟。向敕動反，云：直而無累之謂。三蒼云：愨直貌。崔同。字林云：大也。礙也五代反。能兒子乎？【疏】同於赤子也。兒子終日嘷而嗌不嗄，和之至也；【注】任聲之自出，不由於喜怒也。【疏】嗌，喉塞也。嗄，聲破。任氣出聲，心無喜怒，故終日嘷號，不破不塞，淳和之守，遂至於斯。【釋文】嘷户羔反。本又作「號」，音同。而嗌音益。崔云：喉也。司馬云：咽也。李音厄，謂噎也。一本作「而不嗌」。案：如李音，有「不」字。不嗄於邁反。本又作「嚘」。徐音憂。司馬云：楚人謂嗁極無聲爲嗄。崔本作「喝」，云：啞也。○俞樾曰：釋文：「嗄」本作「嚘」，徐音憂。當從之。老子「終日號而不嗄」，傅奕本作「𪢊」，即「嚘」之異文也。揚子太玄經夷「次三日柔，嬰兒於號，三日不嚘」，二宋、陸、王本皆如是。蓋以「嚘」與「柔」爲韻。可知揚子所見老、莊皆作「嚘」也。終日握而手不掜，共其德也；【注】任手之自握，非獨得也。【疏】掜，拘寄，〔而不〕勞倦者，爲其淳和與玄道至德同也。【釋文】終日握李云：捲手曰握。不掜五禮反。向音藝。崔云：寄也。廣雅云：捉也。○俞樾曰：説文無「掜」字，角部：觬，角觬曲也。疑即此「掜」字。以角言則從角，以手言則從手。變「觬」爲「掜」，字之所以孳乳浸多也。「終日握而手不掜」，謂手不拳曲也。崔云：掜，寄也。殊非其義。共其如字。崔

云：壹也。終日視而目不瞚，偏不在外也。【注】任目之自見，非係於色也。【疏】瞚，動也。任眼之視，視不動目，不偏滯於外塵也。【釋文】不瞚字又作「瞬」，同。音舜，動也。本或作「瞑」，莫經反。偏不徐音篇。行不知所之，【注】任足之自行，無所趣也。【疏】之，往也。泛若不繫之舟，故雖行而無所的詣也。居不知所爲，【注】縱體而自任也。【疏】恬惔無爲，寂寞之至。與物委蛇，【注】斯順之也。【疏】接物無心，委曲隨順。【釋文】委於危反。蛇以支反。而同其波，【注】物波亦波。【疏】和光混迹，同其波流。是衛生之經已。」【疏】總指已前，結成義也。

南榮趎曰：「然則是至人之德已乎？」【注】若能自改而用此言，便欲自謂至人之德也。【疏】如前所説衛生之經，依而行之，合於玄道。至人之德，止此可乎？曰：「非也。是乃所謂冰解凍釋者〔一〕。【注】能乎，明非自爾。【疏】南榮拘束仁義，其日固久，今聞聖教，方解衛生。譬彼冬冰，逢茲春日，執滯之心，於斯釋散。此因學致悟，非率自然，能乎，明非真也。此則老子答趎之辭也。【釋文】冰解音蟹。夫至人者，相與交食乎地而交樂乎天，【注】自無其心，皆與物共也。【疏】夫至人無情，隨

〔一〕者　其下集釋有「能乎」二字。據注、疏，似當以有「能乎」爲是。

物興感，故能同蒼生之食地，共羣品而樂天。交，共也。【釋文】交食崔云：交，俱也。李云：共也。交樂音洛。○俞樾曰：郭注曰：「自其無心，皆與物共。」釋文引崔云：交，俱也。李云：共也。是皆未解「交」字之義。徐无鬼篇曰「吾與之邀樂於天，吾與之邀食於地」，與此文異義同。「交」即「邀」也。古字只作「徼」，文二年左傳「寡君願徼福於周公、魯公」，此云「邀食乎地」、「邀樂乎天」，語意正相似。作「邀」者，後出字。作「交」者，叚借字。詩桑扈篇「彼交匪傲」，漢書五行志作「匪儌匪傲」，即其例矣。不以人物利害相攖，不相與爲怪，不相與爲謀，不相與爲事，【疏】攖，擾亂也。夫至人虛心順世，與物同波，故能息怪異於羣生，絶謀謨於黎首。既不以事爲事，何利害之能攖乎？【釋文】相攖於營反，徐又音嬰。廣雅云：亂也。崔云：猶貫也。翛然而往，侗然而來，是謂衛生之經已。」【疏】重舉前文，結成其義。曰：「然則是至乎？」【注】謂己便可得此言而至耶？【疏】謂聞此言，可以造極。南榮不敏，重問老君。曰：「未也。吾固告汝曰：『能兒子乎？』【注】非以此言爲不至也，但能聞而學者，非自至耳。苟不自至，則雖聞至言，適可以爲經，胡可得至哉？故學者不至，至者不學也。【疏】夫云能者，獎勸之辭也。此言雖至，猶是筌蹏，既曰告汝，則因稟學。然學者不至，至者不學，在筌異魚，故曰未也。此是老子重答南榮。兒子動不知所爲，行不知所之，身若槁木之枝，而心若死灰。【疏】虛冲凝淡，寂寞無情，同槁木而不榮，類死灰而忘照。身心既其雙遣，何行動之可知乎？衛生之要也。【釋文】若槁苦老反。若是者，禍亦不至，福亦不來，禍福無有，惡有人災也？」【注】禍福生於失得，人災由於愛惡。今槁木死灰，無情之至，則愛惡失得，無自而來。【疏】夫禍福生乎得喪，人災起乎美惡。今既形同槁木，心若死灰，得喪兩忘，美惡雙遺，尚無冥昧之責，何人災之有乎？【釋文】惡有音烏。愛惡烏路反。下同。

宇泰定者，發乎天光。【注】夫德宇泰然而定，則其所發者天光耳，非人耀。【疏】夫身者，神之舍，故以至人爲道德之器宇也。且德宇安泰而靜定者，其發心照物，由乎自然之智光。【釋文】宇泰定王云：宇，器宇也。謂器宇閒泰，則靜定也。發乎天光者，人見其人，物見其物。【注】天光自發，則人見其人，物見其物，物各自見而不見彼，所以泰然而定也。【疏】凡庸之人不能測聖，但見羣於衆庶，不知天光遐照也。○「物見其物」四字舊闕。碧虛子校引張君房本「人見其人」下有「物見其物」四字。奚侗曰：當依張君房本補。馬叙倫曰：注「天光自發，則人見其人，物見其物」，是郭本亦有「物見其物」一句。典案：奚、馬校是，今依張本補。人有脩者，乃今有恒；【注】人而脩人，則自得矣，所以常泰。【疏】恒，常也。理雖絶學，道亦資求，故有真脩之人，能會凝常之道也。有恒者，人舍之，天助之。【注】常泰，故能反居我宅，而自然獲助也。【疏】體常之人，動以吉會，爲蒼生之所舍止，皇天之所福助，不亦宜乎！人之所舍，謂之天民；天之所助，謂之天子。【注】出則天子，處則天民，此二者俱以泰然而自得之，非爲而得之也。【疏】出則君后，處則逸人，皆以臨道體常，故致斯功者也。學者，學其所不能學也；行者，行其所不能行也；辯者，辯其所不能辯也。【注】凡所能者，雖行非爲，雖習非學，雖言非辯也。【疏】夫爲於分內者，雖爲也不爲，故雖學不學，雖行不行，雖辯不辯。豈復爲於分外，學所不能耶？【釋文】學者學其所不能學也言人皆欲學其所不能，知凡所能者，故是能於所能。夫能於所能者，則雖習非習也。知止乎其所不能知，至矣；【注】所不能知，不可彊知，故止斯至。【疏】率其所能，止於分內，所不能者，不彊知之，此臨學之至妙。若有不即是者，天鈞敗之。【注】意雖欲爲，爲者必敗，理終不能。【疏】若有心分外，即不以分內爲是者，斯敗自然之性者也。【釋文】敗之補邁反。或作「則」。元嘉本作「則」。○典案：高山寺古鈔本字亦作「則」，與元嘉本合。淮南子俶真篇「夫秉皓白而不黑，行純粹而不糅，處玄冥而不闇，休于天鈞而不碭，孟門、終隆之山不能禁，唯體道能不敗」，高注：碭，敗也。是「天鈞」當言「敗」，不當言「則」，元嘉本非。

備物以將形，【注】因其自備而順其成形。【疏】將，順也。夫造化洪鑪，物皆備足，但順成形，於理問學。【釋文】備物以將形備，具也。將，順也。藏不虞以生心，【注】心自生耳，非虞而出之。虞者，億度之謂。【疏】夫至人無情，物感斯應，包藏聖智，遇物生心，終不預謀所爲虞度者也。【釋文】億度待洛反。敬中以達彼，【注】理自達彼耳，非慢中而敬外。【疏】中，內智也。彼，外境也。敬重神智，不敢輕染，智既凝寂，境自虛通。若是而萬惡至者，皆天也，【注】天理自有窮通。而非人也，【注】有爲而致惡者乃是人。【疏】若文王之拘羑里，孔子之困匡人，智非不明也，人非不聖也，而遭斯萬惡窮否者，蓋由天時運命耳，豈人之所爲哉？不足以滑成，【注】安之若命，故其成不滑。【疏】滑，亂也。體道會真，安時達命，縱遭萬惡，不足以亂於大成之心。○典案：「滑成」無義，「成」當爲「和」，字之誤也。德充符篇「故不足以滑和，不可入於靈府」，文義與此正同。淮南子原道篇「聖人不以身役物，不以欲滑和」，俶真篇「不足以滑其和」，精神篇「何足以滑和」，「滑和」蓋道家之恒言也。草書「和」作「和」，「成」作「成」，形相近，故「和」誤爲「成」。注「安之若命，故其成不滑」，疏「不足以亂於大成之心」，皆不知「成」爲「和」之誤字，而曲爲之説耳。【釋文】以滑音骨。不可內於靈臺。【注】靈臺者，心也。清暢，故憂患不能入也。【疏】內，入也。靈臺，心也。妙體空静，故世物不能入其靈臺也。○俞樾曰：「不可」上當有「萬惡」二字。上文「若是而萬惡至者，皆天也，而非人也，不足以滑成」，其文已足，「萬惡不可內於靈臺」，則又起下意。下文云「靈臺者有持，而不知其所持，而不可持者也」，皆承此言之。讀者不詳文義，誤謂「不可內於靈臺」與「不足以滑成」兩句相屬，故删「萬惡」二字耳。文選廣絶交論李善注引此文正作「萬惡不可內於靈臺」。典案：俞説是也。御覽三百七十六引此文亦正作「萬惡不可內於靈臺」，尤其塙證。【釋文】靈臺郭云：心也。案：謂心有靈智，能任持也。許慎云：人心以上，氣所往來也。○典案：文選廣絶交論注引司馬云：心爲神靈之臺也。釋文闕。靈臺者有持，【注】有持者，謂不動於物耳，其實非持也。【疏】惟貴能持之心，竟不知所以也。○典案：「臺」有持義，故曰「靈臺者有持」。釋名釋宮室曰：臺，持也。築土堅高，能自勝持也。淮南子俶真篇「其所居神者，臺簡以游太清」，高注：臺，猶持也。是其義也。蓋皆以聲爲訓耳。而不知其所持，【注】若知其所持，則持之。而不可持者也。【注】持則失也。【疏】若有心執持，則失之遠矣，故不可也。不見其誠己而發，【注】此妄發作者也。【釋文】不見其誠己而發謂不自照其内而外馳也。每發而不當，【注】發而不由己誠，何由而當耶？【疏】以前顯得道之士，智照光明；此下明喪真之人，妄心乖理。誠，實也。未曾反照實智，而輒妄發迷心，心既不真，故每乖實當也。【釋文】每發而不當丁浪反。爾雅云：每，雖也。謂雖有發動不中當。業入而不舍，【注】事不居其分内。【疏】業，事也。世事攖擾，每入心中，不達違從，故不能舍止。每更爲失。【注】發由己誠，乃爲得也。【疏】每妄發心，緣逐前境，自謂爲得，翻更喪真。○碧虚子校引劉得一本「每」下有「妄」字。典案：疏「每妄發心」，是成本亦有「妄」字。上文「不見其誠己而發」，郭注「此妄發作」，當即因此文有「妄」字而言。「每妄更爲失」，與上「每發而不當」相對爲文，劉得一本較長。若以「每發而不當，業入而不舍」二句相對，則「每更爲失」一句爲無所係麗矣。爲不善乎顯明之中者，人得而誅之；爲不善乎幽閒之中者，鬼得而誅之。【疏】夫人鬼幽顯，乃曰殊塗，至於推誠履信，道理無隔。若彼乖分失真，必招報應，讎怨相感，所以遭誅，則杜伯、彭生之類是也。【釋文】幽閒音閑。○典案：高山寺古鈔本作「幽冥」。明乎人，明乎鬼者，然後能獨行。【注】幽顯無愧於心，則獨行而不懼。【疏】幽顯二塗，分明無譴，不犯於物，故獨行不懼也。

券内者，行乎無名；【注】券，分也。夫遊於分内者，行不由於名。【疏】券，分也。無名，道也。履道而爲於分内者，雖行而無名迹也。【釋文】券内字又作「卷」。徐音勸。券分符問反。下同。崔云：券，分明也。則宜方云反。券外者，志乎期費。【注】有益無益，期欲損己以爲物也。【疏】期，卒也。立志矜矯，游心分外，終無成益，卒有費損也。【釋文】期費芳貴反。下同。廣雅云：期，卒也。費，耗也。言若存分外而不止者，卒有所費耗也。○俞樾曰：案郭象注，既言「志」，又言「期」，於義複矣。釋文於義亦不可通。今案荀子書每用「綦」字爲窮極之義。王霸篇「目欲綦色，耳欲綦聲」，楊注曰：綦，極也。亦或作「期」。議兵篇曰「已朞三年，然後民可信也」，宥坐篇曰「綦三年，而百姓往矣」〔一〕，是「期」與「綦」通。「期費」者，極費也。「費」，謂財用也。呂覽安死篇「非愛其費也」，高曰：費，財也。「期費」之義，與「綦色」、「綦聲」相近，彼謂窮極其聲色，此謂窮極其財用也，故下文曰「志乎期費者，惟賈人也」。以爲于僞反。行乎無名者，唯庸有光；【注】本有斯光，因而用之。【疏】庸，用也。游心無名之道者，其所用智日有光明也。志乎期費者，唯賈人也，【注】雖己所無，猶借彼而販賣也。【疏】志求之分外，要期聲名，而貪損神智者，意唯名利，猶高價販賣之人。【釋文】賈人音古。人見其跂，猶之魁然。【注】夫期費者，人已見其跂矣，而猶自以爲安。【疏】企，危也。魁，安也。鋭情貪取，分外企求，他人見其危乎，猶自以爲安穩，愚之至也。【釋文】人見其跂猶之魁苦回反，安也。一云：主也。然謂衆人已見其跂

〔一〕宥坐　原作「宥座」，據荀子改。

求分外，而猶自安，可羞愧之甚也。與物窮者，物入焉；【注】窮，謂終始。【疏】舍止之謂也。物我冥符，而窮理盡性者，故爲外物之所歸依之也。與物且者，其身之不能容，焉能容人？【注】且，謂券外而跂者。跂者不立，焉能自容？不能自容，焉能容人？人不獲容則去也。【疏】聊與人涉，苟且於浮華，貪利求名，身尚矜企，心靈躁競，不能自容，何能容物耶？【釋文】物且且，始也。○俞樾曰：「且」即「苟且」之「且」。詩東門之枌篇「穀旦于差」，韓詩「旦」作「且」，云：苟且也。是重言爲苟且，單言爲「且」也。上文「與物窮者」，郭注：窮，謂終始。是「窮」爲窮極之義。苟且與窮極，義正相反也。釋文曰：且，始也。非是。焉於虔反。注同。不能容人者無親，無親者盡人。【注】身且不能容，則雖己非己，況能有親乎？故盡是他人。【疏】褊狹不容，則無親愛，既無親愛，則盡是他人。逆忤既多，讎敵非少，欲求安泰，其可得乎？兵莫憯於志，鏌鋣爲下；【注】夫志之所攖，燋火凝冰，故其爲兵，甚於劍戟也。【疏】兵戈，鋒刃之徒。鏌鋣，良劍也。夫憯毒傷害，莫甚乎心。心志所緣，不疾而速，故其爲損害，甚於鏌鋣。以此校量，劍戟爲下。【釋文】莫憯七坎反。廣雅云：痛也。元嘉本作「潛」。○典案：淮南子主術篇「兵莫憯於志，莫邪爲下」，高注：憯，猶利也。鏌音莫。鋣也嗟反。鏌鋣，良劍名。寇莫大於陰陽，無所逃於天地之間。【疏】寇，敵也。域心得喪，喜怒戰於胸中，其寒凝冰，其熱燋火，此陰陽之寇也。夫勍敵巨寇，猶可逃之，而兵起内心，如何避邪！○奚侗曰：淮南繆稱訓、主術訓並作「寇莫大於陰陽，而桴鼓爲小」，當依補。典案：奚説是也。「無所逃於天地之間」上當有脱文。人間世篇「臣之事君，義也，無適而非君也，無所逃於天地之間」，以彼例此，「無所逃於天地之間」句上必尚有「無適而非陰陽」語，不止「桴鼓爲小」四字。

非陰陽賊之，心則使之也。【注】心使氣，則陰陽徵結於五藏，而所在皆陰陽也，故不可逃。【疏】此非陰陽能賊害於人，但由心有躁競，故使之然也。【釋文】五藏才浪反。後皆放此。

道通，其分也，其成也毁也。【注】成毁無常分，而道皆通焉。【疏】夫物之受氣，各有崖限，妍醜善惡，稟分毁成。而此謂之成，彼謂之毁，道以通之，無不備足。【釋文】其分符問反。注及下皆同。一音方云反。所惡乎分者，其分也以備；【注】不守其分而求備焉，所以惡分也。【疏】夫榮辱壽夭，稟自天然，素分之中，反已備足。分外馳者而求備焉，游心是非之境，惡其所受之分也。【釋文】所惡烏路反。下及注皆同。所以惡乎備者，其有以備。【注】本分不備而有以求備，所以惡備也。若其本分素備，豈惡之哉？【疏】造物已備，而嫌惡之，豈知自然先已備矣。故出而不反，見其鬼；【注】不反守其分内，則其死不久。【疏】夫出愚惑，妄逐是非之境，而不能反本還原者，動之死地，故見爲鬼也。【釋文】故出而不反謂情識外馳，而不反觀於内也。見其鬼王云：永淪危殆，資死之術，已行及之，故曰見鬼也。出而得，是謂得死。【注】不出而無得，乃得生。【疏】其出心逐物，遂其欲情，而有所獲者，此可謂得死滅之本。【釋文】出而得是謂得死若情識外馳，以爲得者，是曰得死耳，非理也。滅而有實，鬼之一也。

【注】已滅其性矣，雖有斯生，何異於鬼？【疏】迷滅本性，謂身實有，生死不殊，故與鬼爲一也。【釋文】滅而有實鬼之一也廣雅云：滅，殄也，盡也。實，塞也。既殄塞純樸之道，而外馳澆薄之境，雖復行尸於世，與鬼何別？故云鬼一也。以有形者象無形者而定矣。【注】雖有斯形，苟能曠然無懷，則生全而形定也。【疏】象，似也。雖有斯形，似如無者，即形非有故也。曠然忘我，故心靈和光而止定也。

出無本，【注】欻然自生，非有本也。入無竅，【注】欻然自死，非有根也。【疏】出，生也。入，死也。從無出有，有無根原，自有還無。無乃無竅穴也。【釋文】出無本入無竅苦弔反。出，生也。入，死也。本，始也。竅，孔也。所以知有形累於無形者，以其出入無本竅故也。欻然訓勿反。有實而無乎處，有長而無乎本剽，【疏】剽，末也，亦原也。本亦作「摽」字，今隨字讀之。言從無出有，實有此身，推索因由，意無處所〔一〕；自古至今，甚爲長遠，尋求今古，竟無本末。【釋文】乎處昌據反。下注同。有長丁丈反，增也。又如字。下注同。本剽本亦作「摽」，同。甫小反。崔云：末也。李怖遥反。徐又敷遥反。下同。有所出而無竅者有實。【注】言出者自有實耳，其所出無根竅以出之。【疏】有所出而無竅穴者，以凡觀之，謂其有實，其實不有也。【釋文】有所出夫生必有所出也。而無此明所出是無也。既是無矣，何能有所出耶？竅者有實既言

〔一〕意 依下文似作「竟」爲是。

有竅，竅必有實；求實不得，竅亦無也。有實而無乎處者，宇也。【注】宇者，有四方上下，而四方上下未有窮處。【疏】宇者，四方上下也。方物之生，謂其有實，尋責宇中，竟無來處。宇既非矣，處豈有邪？【釋文】有實而無乎處者宇也三蒼云：四方、上、下爲宇。宇雖有實，而無定處可求也。有長而無本剽者，宙也。【注】宙者，有古今之長，而古今之長無極。【疏】宙者，往古來今也。時節賒長，謂之今古，推求代敘，竟無本末，宙既無矣，本豈有耶？【釋文】有長而無本剽者宙也三蒼云：往古來今曰宙。說文曰：舟輿所極覆爲宙。長，猶增也。本，始也。宙雖有增長，亦不知其始末所至者也。有乎生，有乎死，有乎出，有乎入，入出而無見其形，【注】死生出入，皆欻然自爾，無所由，故無所見其形。【疏】出入，由生死也。謂其出入生死，故有出入之名，推窮性理，竟無出入處所之形而可見也。○碧虛子校引張君房本「入出」作「出入」。典案：張本是也。上文云「有乎出，有乎入」，注「死生出入」，疏「出入，由生死也」，是郭、成所見本亦並作「出入」，疑當據乙。是謂天門。【注】天門者，萬物之都名也。謂之天門，猶云衆妙之門也。【疏】天者，自然之謂也。自然者，以無所由爲義。言萬有皆無所從，莫測所以，自然爲造物之門户也。○典案：注「天門者，萬物之都名也」，「門」字疑衍。疏「天者，自然之謂也」，亦僅釋「天」字。高山寺古鈔本注上「天」字下無「門」字，疑是。天門者，無有也，萬物出乎無有。【注】死生出入，皆欻然自爾，未有爲之者也。然有聚散隱顯，故有出入之名。徒有名耳，竟無出入也，門其安在乎？故以無爲門。以無爲門，則無門也。【疏】夫天然之理，造化之門，徒有其名，竟無其實。而一切萬物，從此門生，故郭注云「以無爲門。以無爲門，則無門矣」。有不能以有爲有，【注】夫有之未生，以何爲生乎？故必自有耳，豈有之所能有乎？【疏】有既有矣，焉能有有？有之未生，誰生其有？推求斯有，竟無有也。必出乎無有，【注】此所以明有之不能爲有而自有耳，非謂無能爲有也。若無能爲有，何謂無乎？【疏】夫已生未生，二俱無有，此有之出乎無有，非謂此無能生有。無若生有，何謂無乎？而無有一無有，【注】一無有則遂無矣。無者遂無，則有自欻生，明矣。【疏】不問百非四句，一切皆無，故謂一無有。聖人藏乎是。【注】任其自生而不生生。【疏】玄德聖人，冥真契理，藏神隱智，其在茲乎！

古之人，其知有所至矣。【疏】玄古聖人，得道之士，知與境合，故稱爲至。惡乎至？【疏】問至所由，有何爲至？【釋文】惡乎音烏。有以爲未始有物者，至矣，盡矣，弗可以加矣。【疏】此顯至之體狀也。知既造極，觀中皆空，故能用諸有法，未曾有一物者也，可謂精微至極，窮理盡性，虛妙之甚，不復可加矣。其次以爲有物矣，【疏】其次以下，未達真空，而諸萬境，用爲有物也。將以生爲喪也，【注】喪其散而之乎聚也。【釋文】爲喪息浪反。注同。以死爲反也，【注】還融液也。【疏】喪，失也。流俗之人，以生爲得，以死爲喪。今欲反於迷情，故以生爲喪，以其無也，以死爲反，反於空寂。雖未盡於至妙，猶齊於死生。【釋文】融液音亦。是以分已。【注】雖欲均之，然已分也。【疏】雖齊死生，猶見死生之異，故從非有而起分別也。【釋文】以分方云反。注同。其次曰始無有，既而有生，生俄而死；以無有爲首，以生爲體，以死爲尻；孰知有無死生之一守者，吾與之爲友。【疏】其次以下，心知稍闇，而始本無有，從無有生，俄頃之間，此生彼滅。故用無爲其頭，以生爲其形體，以死爲其尻。誰能知有無生死之不二，而以此脩守者，莊生狎而友，明斯人猶難得也。○碧虛子校引文如海本「守」作「宗」。王念孫曰：「守」借爲「道」。知北遊篇：「大馬曰：『子巧與？有道與？』曰：『臣有守也。』」達生篇：「仲尼曰：『子巧乎？有道邪？』曰：『我有道也。』」是其證。典案：王説是也。作「守」義較長。文本作「宗」者，蓋淺人不知「守」、「道」通叚，妄改之耳。【釋文】爲尻苦羔反。是三者雖異，公族也，【注】或有而無之，或有而一之，或分而齊之，故謂三也。此三者雖有盡與不盡，然俱能無是非於胷中，故謂之公族。【疏】三者，謂以無爲首、以生爲體、以死爲尻是也。於一體之中，而起此三異，猶如楚家於一姓之上分爲三族。昭、景也，著戴也，甲氏也，著封也，非一也。【注】此四者雖公族，然已非一，則向之三者已復差之。【疏】昭、屈、景，楚之公族三姓。昔屈原爲三閭大夫，掌三族三姓，即斯是也。此中文略，故直言昭、景。王孫公子，長大加冠，故著衣而戴冠也。各有品秩，咸莅職官，因官賜姓，故甲弟氏族也。功績既著，封之茅土，枝派分流，故非一也。猶如一道之中，分爲有無生死，種類不同，名實各有異，故引其族以譬也。【釋文】昭景也著丁略反，又張慮反。戴本亦作「載」。也甲氏也著張慮反，久也。又丁略反。封也非一也一說云：昭、景、甲三者，皆楚同宗也。著戴者，謂著冠，世世處楚朝，爲衆人所戴仰也。著封者，謂世世處封邑，而光著久也。昭、景、甲三姓雖異，論本則同也。崔云：昭、景二姓，楚之所顯戴，皆甲姓顯封，雖非一姓，同出公族，喻死生同也。此兩說與注不同，聊出之耳。已復扶又反。

有生，黬也，【注】直聚氣也。【疏】黬，疵也。無有此形質而謂之生者，直是聚氣成疵黬，非所貴者也。【釋文】有生黬徐於減反。司馬（云）烏簟反，云：黶，有疵也。有疵者，欲披除之。李烏感反。字林云：釜底黑也。披然曰移是。【注】既披然而有分，則各是其所是矣。是無常在，故曰移。【疏】披，分散也。夫道無彼我，而物有是非，是非不定，故分散移徙而不常也。其移是之狀，列在下文。【釋文】披普皮反。然曰移是或云：黬然聚而生，披然散而死也。嘗言移是，非所言也。【注】所是之移，已著於言前矣。【疏】理形是非，故試言耳。然是非之移，非所言也。雖然，不可知者也。【注】不言其移，則其移不可知，故試言也。【疏】雖復是非不由於言，而非言無以知是非，故試言是非，一遣於是非。名不寄言，則不知是非之無是非也。臘者之有膍胲，可散而不可散也；【注】物各有用也。【疏】臘者，大祭也。膍，牛百葉也。胲，備也，亦言是牛蹄也。臘祭之時，牲牢甚備，至於四肢五藏，並皆陳設。祭事既訖，方復散之，則以散爲是；若其祭未了，則不合散，則以散爲不是。是知是與不是，移是無常。【釋文】臘力闔反。者之有膍音毗。司馬云：牛百葉也。本或作「昆」，音昆，獐也。胲古來反。足大指也。崔云：備也。案臘者大祭備物，而肴有膍胲。此雖從散，禮應具，不可散棄也。觀室者周於寢廟，又適其偃溲焉，【注】偃，謂屏廁。【疏】偃，屏廁也。祭事既竟，齋宮與飲，施設餘胙於屋室之中，觀看周旋於寢廟之內。飲食既久，應須便僻，故往圊圂而便尿也。飲食則以寢廟爲是，便尿則以圊圂爲是，是非無常，竟何定乎？臘者明聚散無恒，觀室顯處所不定，俱無是非也。○典案：「偃」下「溲」字舊敓。碧虚子校引江南李氏本、張君房本「偃」下並有「溲」字。疏「飲食既久，應須便僻，故往圊圂而便尿也」，是成所見本亦有「溲」字。今據補。【釋文】其偃於晚反。司馬、郭皆云：屏廁也。又於建反。屏廁步定反，又必領反。下同。爲是舉移是。【注】寢廟則以饗燕，屏廁則以偃溲。當其偃溲，則寢廟之是移於屏廁矣。故是非之移，一彼一此，誰能常之？故至人因而乘之，則均耳。【釋文】爲是于僞反。溲所留反。請常言移是。是以生爲本，【注】物之變化，無時非生，生則所在皆本也。【疏】夫能忘生死者，則無是無非者也。祇爲滯生，所以執是也；必能遣生，是將安寄？故知移是以生爲本。以知爲師，【注】所知雖異，而各師其知。因以乘是非；【注】乘是非者，無是非也。【疏】因其師知之心，心乘是非之用，豈知師知者顛倒是非(者)無是非乎？果有名實，【注】物之名實，果各自有。【疏】夫物云云，悉皆虚幻，芻狗萬像，名實何施？倒置之徒，謂決定有此名實也。因以己爲質；【注】質，主也。物各謂己是，足以爲是非之主。【疏】質，主也。妄執名實，遂用己爲名實之主，而競是非也。使人以爲己節，【注】人皆謂己是，故莫通也。【疏】節者，至操也。既迷名實，又滯是非，遂使無識之人，堅執虚名，以爲節操也。**因以死償節。**【注】當其所守，非真脱也。【疏】守是非以成志操，慇乎不拔，期死執之也。【釋文】因以死償節常亮反。廣雅云：償，報也，復也。案：謂殺身以成名，節成而身死，故曰「以死償節」也。**若然者，以用爲知，以不用爲愚；以徹爲名，以窮爲辱。**【注】不能隨所遇而安之。【疏】以炫燿爲智，晦迹爲愚，通徹爲榮名，窮塞爲耻辱，若然者，豈能一窮通榮辱乎？【釋文】爲知音智。**移是非，今之人也，**【注】玄古之人，無是無非，何移之有？【疏】夫固執名實，移滯是非，澆季浮僞，今世之人也，豈上古淳和質樸之士乎？〇「非」字舊敚。碧虚子校引江南李氏本、張君房本「是」下有「非」字。馬叙倫曰：郭注「元古之人，無是無非，何移之有」，疏「移滯是非」，是郭、成本「是」下皆有「非」字〔一〕，當據補，仍以「移是」絶句，「非」字屬下讀。典案：如李、張本補「非」字，則當以「非」字絶句，謂今之人爲是非所移耳。若以「移是」爲句，「非今之人也」爲句，是謂古之人亦爲是所移矣，此豈莊生之指哉？馬讀非。今據江南李氏本、張本補「非」字，仍從郭讀。**是蜩與學鳩同於同也。**【注】同共是其所同。【疏】蜩、鷽二蟲，以蓬蒿爲是。二蟲同是，未爲通見，移是之人，斯以類也。蜩同於鳩，鳩同於蜩，故曰「同於同」也。【釋文】蜩音條。學鳩本或作「鷽」，音同。

〔一〕字　原誤作「子」。

蹍市人之足，則辭以放驁，【注】稱己脱誤以謝之。【疏】蹍，蹋也，履也。履蹋市廛之人不相識者之節脚，則謝云己傲慢放縱錯（雜）誤而然，非故爲也者。【釋文】蹍女展反。司馬、李云：蹈也。廣雅云：履也。○郭慶藩曰：文選馬季長長笛賦注引司馬云：蹍，女展切。釋文漏。驁五報反。廣雅云：妄也。兄則以嫗，【注】言嫗詡之，無所辭謝。【疏】蹋著兄弟之足，則嫗詡而憐之，不以言愧以。【釋文】嫗於禹反。注同。○典案：「嫗」借爲「傴」。人間世篇「是皆修其身以下傴拊人之民」，音義引李云：謂憐愛之也。崔云：猶嘔呴。是其義也。詡況甫反。大親則已矣。【注】明恕素足。【疏】若父蹋子足，則（敏）〔默〕然而已，不復辭費。故知言辭往來者，僞不實。故曰：至禮有不人，【注】不人者，視人若己。視人若己，則不相辭謝，斯乃禮之至也。【疏】自彼兩忘，視人若己，不允人者己外，何辭謝之有乎？斯至禮也。至義不物，【注】各得其宜，則物皆我也。【疏】物我雙遣，妙得其宜，不卻我外有物，何裁非之有？斯至義。至知不謀，【注】謀而後知，非自然知也。【疏】率性而照，非謀謨而智，斯至智也。至仁無親，【注】譬之五藏，未曾相親，而仁已至矣。【疏】方之手足，更相御用，無心相爲，而相濟之功成矣。豈有親愛於其間哉？【釋文】未曾才能反。至信辟金。【注】金玉者，小信之質耳，至信則除矣。【疏】辟，除也。金玉者，〔小〕信之質耳，至信則棄除之矣。【釋文】辟金必領反，除也。又婢亦反。

徹志之勃，解心之謬，去德之累，達道之塞。【疏】徹，毁也。勃，亂也。謬，繫縛也。此略標名，下具顯釋也。【釋文】之勃本又作「悖」，同。必妹反。之謬如字。一本作「繆」，亡侯反，亦音謬。去德起呂反。貴、富、顯、嚴、名、利，六者勃志也。【疏】榮貴、富贍、高顯、尊嚴、聲名、利祿，六者亂情志之具也。容、動、色、理、氣、意，六者(繆)〔謬〕心也。【疏】容貌、變動、顏色、辭理、氣調、情意，六者綢繆繫縛心靈者也。本亦有作「謬」字者，解心之謬妄也。○典案：文選陸士衡歎逝賦注引「理」作「治」，「心」下有「者」字，下句「德」字下同。惡、欲、喜、怒、哀、樂，六者累德也。【疏】憎惡、愛欲、欣喜、恚怒、悲哀、歡樂，六者德家之患累也。【釋文】惡欲烏路反。哀樂音洛。累德劣僞反。後注同。去、就、取、與、知、能，六者塞道也。【疏】去捨、從就、貪取、施與、知慮、伎能，六者蔽真道也。【釋文】知能音智。此四六者不盪胷中則正，正則靜，靜則明，明則虛，虛則無爲而無不爲也。【注】盪，動也。【疏】四六之病不動盪於胸中，則心神平正，正則安靜，靜則照明，明則虛通，虛則恬淡無爲，應物而無窮也。【釋文】不盪本亦作「蕩」，徒黨反。郭云：動也。又徒浪反，又吐浪反。

道者，德之欽也；【疏】道是所修之法，德是臨人之法。重人輕法，故欽仰於道。○俞樾曰：説文广部：廞，陳輿服於庭也。小爾雅廣詁：廞，陳也。此「欽」字即「廞」之叚字，蓋所以生者爲德，而陳列之即爲道，故曰「德之廞也」。漢書哀帝紀注引李斐曰：陳，道也。是其義矣。生者，德之光也；【疏】天地之大德曰生，故生化萬物者，盛德之光華也。【釋文】德之光一本「光」字作「先」。性者，生之質也。【疏】質，本也。自然之性者，是稟生之本也。性之動，謂之爲；【注】以性自動，故稱爲耳。此乃真爲，非有爲也。【疏】率性而動，分内而爲，爲而無爲，非有爲也。爲之僞，謂之失。【疏】感物而動，性之欲〔也。矯性〕僞情，分外有爲，謂之喪道也。知者，接也；知者，謨也；【疏】夫交接前物，謀謨情事，故謂之知也。知者之所不知，猶睨也。【注】夫目之能視，非知視而視也，不知視而視，不知知而知耳，所以爲自然。若知而後爲，則知僞也。【疏】睨，視也。夫目之張視也，不知所以視而視，視有明暗。必之能知，不知所以知而知，而知有深淺。而目不能視而不可强視，心不能知而不可强知，若有分限，猶如睨也。【釋文】睨也魚計反，又五禮反，視也。動以不得已之謂德，【注】若得已而動，則爲强動者，所以失也。【疏】夫迫而後動，和而不唱，不得已而用之，可謂盛德也。動無非我之謂治，【注】動而效彼則亂。【疏】率性而動，不捨我效物，合於正理，故不亂。【釋文】謂治直吏反。名相反而實相順也。【注】有彼我之名，故反；各得其實〔一〕，則順。【疏】有彼我是非之名，故名相反；無彼我是非之實，故實相順也。

〔一〕各　世德堂本作「名」。

羿工乎中微，而拙乎使人無己譽。【注】善中則善取譽矣，理常俱。【疏】羿，古之善射人。工，巧也。羿彎弓放矢，工中前物，盡射家之微妙。既有斯伎，則擅斯名，使己無令譽，不可得也。【釋文】羿五計反，徐又户計反。中微丁仲反。注同。己譽音餘。後章同。聖人工乎天，而拙乎人。【注】任其自然，天也；有心爲之，人也。【疏】前起譬，此合論也。聖人妙契自然，功侔造化，使羣品日用不知，不顯其迹，此誠難也。故上文云「使天下兼忘我難」。夫工乎天而俍乎人者，唯全人能之。【注】工於天，即俍於人矣，謂之全人，全人則聖人也。【疏】俍，善也。全人，神人也。夫巧合天然，善能晦迹，澤及萬世，而日用不知者，其神人之謂乎？神人無功，故能之耳。【釋文】而俍音良。崔云：良工也。又音浪。唯蟲能蟲，唯蟲能天。【注】能還守蟲，即是能天。【疏】鳥飛、獸走，能蟲也；蛛網、蜣丸，能天也。皆禀之造物，豈仿效之所致哉？【釋文】唯蟲一本「唯」作「雖」，下句亦爾，言蟲自能爲蟲者，天也。全人惡天？惡人之天？【疏】夫全德之人，神功不測，豈嫌己之素分，而惡人之所禀哉？蓋不然，率順其天然而已矣。【釋文】惡天烏路反。下同。而况吾天乎人乎！【注】都不知而任之，斯而謂工乎天。【疏】天乎人乎，不見人天之異，都任之也。前自遺天人美惡，猶有天人；此句混一天人，不見天人之異也。吾者，論主假自稱也。

一雀適羿，羿必得之，威也。【注】威以取物，物必逃之。【疏】假有一雀，羿善射，射必得之，此以威猛，猛非由德慧，故所獲者少，所逃者多。以威御世，其義亦爾。○孫詒讓曰：韓非子難三曰「故宋人語曰：『一雀過羿，必得之，則羿誣』」，文與此同〔一〕，「適」當依韓非作「過」。典案：孫説是也。藝文類聚九十二、御覽七百六十四引並作「過」。今本作「適」，蓋形近而誤耳。御覽九百二十二引作「遇」，「遇」亦「過」字之形誤。【釋文】威也崔本作「或也」。以天下爲之籠，則雀無所逃。【注】天下之物，各有所好，所好各得，則逃將安在？【疏】大道曠蕩，無不制圍，故以天地爲籠，則雀無逃處。是知以威取物，深乖大造。○典案：御覽七百六十四引「以」上有「或」字，九百二十二引有「或曰」二字。【釋文】之籠力東反。所好呼報反。下及注文同。是故湯以庖人籠伊尹，秦穆公以五羊之皮籠百里奚。【疏】伊尹，有莘氏之媵臣，能調鼎，負玉鼎以干湯，湯知其賢也，又順其性，故以庖廚而籠之。百里奚没狄，狄人愛羊皮，秦穆公以五色羊皮而贖之。又云：百里奚好著五色羊皮裘，號曰五羖大夫。而湯聖穆賢，俱能好士，故得此二人，用爲良佐，皆順其本性，所以籠之。○典案：類聚九十三、御覽九百二十二引「湯」上有「殷」字，「殷湯」與「秦穆」相對爲文。【釋文】湯以胞本又作「庖」，白交反。○典案：正文「庖人」舊作「胞人」。釋文：本又作「庖」。與宋本、道藏注疏本、音義本合。御覽七百六十四、九百二十二引字並作「庖」。人籠伊尹伊尹好廚，故湯用爲庖人也。秦穆公以五羊之皮籠百里奚百里奚好秦而拘於宛，故秦穆

〔一〕羿誣　原作「誣羿」，據韓非子難三乙。

公以五羊皮贖之於楚也。或云：百里好五色皮裘，故因其所好也。是故非以其所好籠之而可得者，無有也。【疏】順其所好，則天下無難。逆其本性而牢籠得者，未之有也。

介者拸畫，外非譽也；【注】畫，所以飾容貌也。刖者之貌，既以虧殘，則不復以好醜在懷，故拸而棄之。【疏】介，刖也。拸，去也。畫，裝也。裝嚴服飾，本爲容儀，殘刖之人，形貌殘損，至於非譽榮辱，無復在懷，故拸而棄之。【釋文】介音界。郭云：刖也。又古黠反，廣雅云：獨也。崔本作「兀」。拸畫敕紙反，又音他，又與紙反。本亦作「移」。司馬云：畫，飾容之具。無足，故不復愛之。一云：移，離也。崔云：移畫，不拘法度也。○俞樾曰：郭注曰「畫，所以飾容貌也。刖者之貌既以虧殘，則不復以好醜在懷，故拸而棄之」。然云「外非譽」，似不當以容貌言。崔云：拸畫，不拘法度也。當從之。漢書司馬相如傳「痑以陸離」，師古注曰：痑，自放縱也。即此「拸」字之義。桓六年穀梁傳「以其畫我」，公羊傳作「化我」，何休注曰：行過無禮謂之化。即此「畫」字之義。蓋人既刖足，不自顧惜，非譽皆所不計，故不拘法度也。不復扶又反。

胥靡登高而不懼，遺死生也。【注】無賴於生，故不畏死。【疏】胥靡，徒役之人也。千金之子，固貴其身，僕隸之人，不重其命，既不矜惜，故登危而不怖懼也。【釋文】胥靡司馬云：刑徒人也。一云：癃人也。崔云：腐刑也。

夫復謵不餽而忘人，【注】不識人之所惜。【疏】「餽」，本亦有作「愧」字者，隨字讀之。夫復於本性，胥以成之，既不捨己效人，遂棄忘於愧謝，斯忘於人倫之道也。譬之手足，方諸服用，更相御用，豈謝賴於其間哉？【釋文】夫復音服。徐扶又反。謵音習。不餽其愧反。

廣雅云：遺也。一音愧。元嘉本作「愧」。而忘人復者，温復之謂也。謵，慴也。夫人慴習者，雖復小事，皆所至惜。今温復人之所習，既得之矣，而不還歸以餽遺之，此至愚不獲人之所習者也。無復相爲之情，故曰忘人。忘人，因以爲天人矣。【注】無人之情，則自然爲天人。【疏】率其天道之性，忘於人道之情，因合於自然之理也。故敬之而不喜，侮之而不怒者〔一〕，唯同乎天和者爲然。【注】彼形殘胥靡，而猶同乎天和，况天和之自然乎！【疏】同乎天和，忘於逆順，故恭敬之而不喜，侮慢之而不怒也。【釋文】侮之亡甫反。出怒不怒，則怒出於不怒矣；出爲無爲，則爲出於無爲矣。【注】此故是無不能生有、有不能爲生之意也。【疏】夫能出怒出爲者，不爲不怒者也。是以從不怒不爲出。故知爲本無爲，怒本不怒，能體斯趣，故侮之而不怒也。欲靜則平氣，欲神則順心，有爲也。欲當則緣於不得已，不得已之類，聖人之道。【注】平氣則靜理足，順心則神功至，緣於不得已，則所爲皆當，故聖人以斯爲道，豈求無爲於恍惚之外哉？【疏】緣，順也。夫欲靜攀援，必須調乎志氣；神功變化，莫先委順心靈。和混有爲之中，而欲當於理者，又須順於不得止。不得止者，感而後應，分內之事也。如斯之例，聖人所以用爲正道也。

〔一〕侮　原誤作「悔」，據釋文等改。

莊子補正卷八中

雜篇　徐无鬼第二十四　【釋文】以人名篇。

徐无鬼因女商見魏武侯，【疏】姓徐，字无鬼，隱者也。姓女，名商，魏之宰臣。武侯，文侯之子，畢萬八世孫也〔一〕。无鬼欲箴規武侯，故假宰臣以見之。【釋文】徐无鬼緡山人，魏之隱士也。司馬本作「緡山人徐无鬼」。女商人名也。李云：无鬼、女商，並魏幸臣。魏武侯名擊，文侯之子，治安邑。武侯勞之曰：「先生病矣！苦於山林之勞，故乃肯見於寡人。」【疏】久處山林，勤苦貧病，忽能降志，混迹俗中，中心欣悦，有慰勞也。【釋文】武侯勞之力報反。唯「山林之勞」一字如字，餘并下章並力報反。徐无鬼曰：「我則勞於君，君有何勞於我？君將盈耆欲，長好惡，則性命

〔一〕八世孫　集釋作「十世孫」。

之情病矣；君將黜耆欲，掔好惡，則耳目病矣。【注】嗜欲好惡，内外無可。【疏】黜，廢退也。掔，引却也。君若嗜欲盈滿，好惡長進，則性命精靈困病也。君屏黜嗜欲，掔去好惡，既不稱適，故耳目病矣。是故我將慰勞於君，君有何暇，能勞於我也！【釋文】盈耆時志反。下注同。長丁丈反。好呼報反。下注、下章同。惡烏路反。下注、下章同。黜勅律反，退也。本又作「出」，音同。司馬本作「咄」。掔苦田反，又口閑反。爾雅云：固也。崔云：引去也。司馬云：牽也。我將勞君，君有何勞於我？」【疏】此重結前義。武侯超然不對。【注】不説其言。【疏】超，悵也。既不稱情，故悵然不答。【釋文】超然司馬云：猶悵然也。不説音悦。下文「大説」同。

少焉，徐无鬼曰：「嘗語君吾相狗也。【疏】既覺武侯悵然不悦，試語狗馬，庶愜其心。【釋文】語君魚據反。吾相息亮反。下皆同。下之質執飽而止，是狸德也；【疏】執守情志，唯貪飽食，此之形質，德比狐狸，下品之狗。【釋文】下之質一本無「質」字。執飽而止司馬以「執」字絶句，云：放下之能執禽也。是狸德也謂貪如狐狸也。○俞樾曰：廣雅釋獸：狸，猫也。猫之捕鼠，飽而止矣，故曰「是狸德也」。秋水篇曰「騏驥驊騮，一日而馳千里，捕鼠不如狸狌」，此本書以狸爲猫之證。御覽引尸子曰「使牛捕鼠，不如猫狌之捷」。莊子言「狸狌」，尸子言「猫狌」，一也。釋文曰：狸德，謂貪如狐狸也。未得其義。中之質若視日，【疏】意氣高遠，望如視日，體質如斯，中品狗也。【釋文】眎日音視。司馬本作「視」，云：視日，瞻遠也。上之質若亡其一。

【疏】一，身也。神氣定審，若喪其身，上品之狗也。【釋文】若亡其一一，身也。謂精神不動，若無其身也。吾相狗又不若吾相馬也。【疏】狗有三品，馬有數階，而相狗之能，不若相馬。武侯庸鄙，故以此逗機，冀其歡悅，庶幾歸正。吾相馬，直者中繩，【疏】謂馬前齒。【釋文】直者中繩丁仲反。下皆同。司馬云：直，謂馬齒。曲，謂背上。方，謂頭。圓，謂目。曲者中鉤，【疏】謂馬項也。方者中矩，【疏】謂馬頭也。圓者中規，【疏】謂馬眼也。是國馬也，【疏】合上之相，是謂諸侯之國上品馬也。而未若天下馬也。天下馬有成材，【疏】材德素成，不待於習，斯乃宇內上馬，天王所馭也。【釋文】成材字亦作「才」。言自然已足，不須教習也。若卹若失，若喪其一，【疏】眼自顧視，既似憂虞，蹄足緩疏，又如奔佚，觀其神彩，若忘己身，如此之材，天子馬也。【釋文】若卹音恤。○典案：「卹」字無義，疑「滅」之誤。列子說符篇作「若滅若没，若亡若失」，淮南子道應篇作「若滅若失，若亡其一」，文雖各異，竝作「若滅」。若失音逸。司馬本作「佚」。李云：卹、失，皆驚悚若飛也。○典案：御覽八百九十六引「失」作「泆」，與司馬本小異。若喪息浪反。下章注同。其一言喪其耦也。若是者，超軼絶塵，不知其所。」【疏】軼，過也。馳走迅速，超過羣馬，疾若迅風，塵埃遠隔。既非教習，故不知所由也。○典案：淮南子道應篇作「若此馬者，絶塵弭轍」，高注：絶塵，不及也。列子說符篇作「若此者，絶塵弭𨅹」。【釋文】超軼李音逸。徐徒列反。崔云：徹也。廣雅云：過也。武侯大悅而笑。【注】夫真人之言何遜哉？唯物所好之可也。【疏】語當其機，故笑而歡悦。

徐无鬼出，女商曰：「先生獨何以説吾君乎？【疏】議事已了，辭而出。女商怪君歡笑，是以咨問无鬼也。【釋文】以説如字，又始鋭反。下皆同。司馬作「悦」。吾所以説吾君者，横説之則以詩、書、禮、樂，從説之則以金板、六弢，【疏】詩、書、禮、樂，六經。金版、六弢，周書篇名也；或言：祕讖也。本有作「韜」字者，隨字讀之，云是太公兵法，謂文、武、虎、豹、龍、犬六弢也。横，遠也。縱，近也。武侯好武而惡文，故以兵法爲縱、六經爲横也。【釋文】從説子容反。金版本又作「板」，薄版反，又如字。六弢吐刀反。司馬、崔云：金版、六弢，皆周書篇名。或曰：祕讖也。本又作「六韜」，謂太公六韜，文、武、虎、豹、龍、犬也。奉事而大有功者不可爲數，而吾君未嘗啓齒。【注】是直樂鴳以鐘鼓耳，故愁。○郭慶藩曰：文選郭景純游仙詩注引司馬云：啓齒，笑也。釋文闕。【釋文】樂音洛。章末同。鴳一諫反。今先生何以説吾君，使吾君説若此乎？」【疏】奉事武侯，盡於忠節，或獻替可否，功績克彰，如此之徒，不可稱數，而我君未嘗開口而微笑。今子有何術，遂使吾君歡説如此耶？【釋文】吾君説音悦。

徐无鬼曰：「吾直告之吾相狗馬耳。」【疏】夫藥無貴賤，瘉疾則良，故直告犬馬，更無佗説。

女商曰：「若是乎？」【疏】直置如是，告狗馬乎？怪其術淺，故有斯問。曰：「子不聞夫越之流人乎？去國數日，見其所知而喜，【注】各思其本性之所好。【疏】去國迢遞，有被流放之人，或犯憲綱，或遭苛政，辭鄉甫爾，始經數日，忽逢知識，喜慰何疑。此起譬也。【釋文】越之流人越，遠也。司馬云：流人，有罪見流徙者也。數日所主反。去國旬月，見所嘗見於國中者喜；【疏】日月稍久，思鄉漸深，雖非相識，而國中曾見，故人見之而歡也。及期年也，見似人者而喜矣。不亦去人滋久，思人滋深乎？【注】各得其所好則無思，無思則忘其所以喜也。【疏】去國周年，所適漸遠，故見似鄉里人而歡喜矣。豈非離家漸遠，而思戀滋深乎？以況武侯性好犬馬，久不聞政事，等離鄉之人，忽聞談笑。【釋文】及期音基。夫逃虛空者，藜藋柱乎鼪鼬之逕，踉位其空，聞人足音跫然而喜矣，又況乎昆弟親戚之謦欬其側者乎！【注】得所至樂，則大悅也。【疏】柱，塞也。踉，良人也。跫，行聲也。夫時遭暴亂，運屬飢荒，逃避波流，於虛園宅，唯有藜藋野草，柱塞門庭，狙蝯鼪鼬，蹊徑斯在，若於堂宇人位，虛廣間然。當爾之際，思鄉滋甚，忽聞佗人行聲，猶自欣悅，況乎兄弟親眷謦欬言笑者乎？此重起譬也。【釋文】夫逃司馬本作「巡也」。虛空者司馬云：故壞冢處爲空虛也。藜力西反。藋徒弔反。本或作「櫂」，同。○碧虛子校引文如海、張君房本「藋」作「雚」，「乎」作「宇」。典案：疏「唯有藜藋野草，柱塞門庭」，是成本亦作「藋」。古書多言「藜藋」，罕言「藜雚」，文、張、成本較長。柱誅矩反。司馬云：塞也。乎鼪音生，又音姓。鼬由救反。之逕本亦作「徑」，司馬云：徑，道也。本又作「跡」。元嘉本作「迭」。徐音逸。崔云：迭，跡。○典案：「逕」當依司馬本作「徑」，古亦通用。良位其空司馬云：良，良人。謂巡虛者也。位其空，謂處虛空之間也。「良」或作「踉」，音同。跫然郭巨恭反。李曲恭反，又曲勇反，悚也。徐苦江反，又祛扃反。司馬云：喜貌。崔云：行人之聲。而喜矣李云：喻武侯之無人君之德，而處在防衛之間，雖臨朝矯厲，愈非其意，及得其所思，猶逃竄之聞人音，安能不跫然改貌，釋然而喜也？謦苦頂反，又音罄。欬苦愛反，一音器。李云：謦欬，喻言笑也。但呼聞所好猶大悅，況骨肉之情，歡之至也。久矣夫，莫以真人之言謦欬吾君之側乎！」【注】所以未嘗啓齒也。夫真人之言，所以得吾君性也。始得之而喜，久得之則忘。【疏】武侯思聞犬馬，其日固久，譬彼流人，方茲逃客，羈弊既淹，實懷鄉眷。今乃以真人六經之説、太公兵法之談謦欬其側，非所宜也。此合前諭也。【釋文】久矣夫音扶。後放此。

徐无鬼見武侯，武侯曰：「先生居山林，食芧栗，厭葱韭，以賓寡人，久矣夫！今老邪？其欲干酒肉之味邪？其寡人亦有社稷之福邪？」【疏】干，求也。久處山林，飡食蔬果，年事衰老，勞苦厭倦，豈不欲求於滋味，以養頹齡乎？庶稟德以謀固宗廟。○典案：御覽九百七十六引「老邪」作「老病」。【釋文】食芧音序，又食汝反。本亦作「芋栗」。○典案：御覽九百七十六引「芧」作「芋」。韭音久。或艹下作者〔一〕，非也。以賓必刃反。本或作「擯」，司馬云：擯，棄也。又必人反。李云：賓，客也。欲

〔一〕艹　原作「ヰ」，據釋文改。

干李云：干，求也。社稷之福邪李云：謂善言嘉謀，可以利社稷也。徐无鬼曰：「无鬼生於貧賤，未嘗敢飲食君之酒肉，將來勞君也。」【疏】生涯貧賤，安於山藪，豈欲貪於飲食以自養哉？蓋不然乎，將勞君也。君曰：「何哉，奚勞寡人？」【疏】奚，何也。問其所以也。曰：「勞君之神與形。」【疏】食欲無厭，形勞神倦，故慰之耳。武侯曰：「何謂邪？」【疏】問其所言有何意謂。徐无鬼曰：「天地之養也一，【注】不以爲君而恣之無極。【疏】夫天地兩儀，亭毒羣品，物於資養，周普無偏，不以爲君，恣其奢侈。此並是无鬼勞君之辭。登高不可以爲長，居下不可以爲短。君獨爲萬乘之主，以苦一國之民，以養耳目鼻口，【注】如此，違天地之平也。【疏】登高位爲君子，不可樂之以爲長；居卑下爲百姓，不可苦之以爲短。而獨誇萬乘之威，苦此一國黎庶，貪色聲香味，以恣耳目鼻口，既違天地之意，竊爲公不取焉。【釋文】萬乘繩證反。夫神者不自許也。【注】物與之耳。【疏】許，與也。夫聖主神人，物我平等，必不多貪滋味而自與焉。【釋文】不自許司馬云：許，與也。夫神者，好和而惡姦。【注】與物共者，和也。私自許者，姦也。【疏】夫神聖之人，好與物和同，而惡姦私者。夫姦，病也，故勞之。唯君所病之，何也？」【疏】夫姦者私通，於理爲病。君獨有斯病，其困如何？【釋文】夫姦病王云：姦者，以正從邪也。謂病也。所病之何也李云：服而無對也。或云：養違天地之平，獨恣其欲，自許不損於神，而以姦爲病，故不知所以。以此爲病，何爲乎？

武侯曰：「欲見先生久矣。吾欲愛民而爲義偃兵，其可乎？」【疏】欲行愛養之仁，而爲裁非之義，脩於文教，偃息兵戈，如斯治國，未知可不也？【釋文】偃兵偃，息也。徐无鬼曰：「不可。愛民，害民之始也。【注】愛民之迹，爲民所尚。尚之爲愛，愛已僞也。爲義偃兵，造兵之本也。【注】爲義則名彰，名彰則競興，競興則喪其真矣。父子君臣，懷情相欺，雖欲偃兵，其可得乎？【疏】夫偏愛之仁，裁非之義，偃武之功，脩文之事，迹既彰矣，物斯徇焉，害民造兵，自此始也。君自此爲之，則殆不成。【注】從無爲爲之乃成耳。【疏】自，從也。殆，近也。從此以爲，必殆隳敗無爲之本，故近不成也。凡成美，惡器也。【注】美成於前，則僞生於後，故成美者，乃惡器也。【疏】夫善善之事，成之於前，美迹既彰，物則趨競，故爲惡之器具也。君雖爲仁義，幾且僞哉！【注】民將以僞繼之耳，未肯爲真也。【疏】幾，近也。仁義迹顯，物皆喪真，故近僞本也。形固造形，【注】仁義有形，固僞形必作。【疏】仁義二塗，並有形迹，故前迹既依，後形必造。成固有伐，【注】成則顯也。【疏】夫功名成者，必招争競，故有征伐。變固外戰。【注】失其常然。【疏】夫造作刑法，而變更易常者，物必害之，故致外敵，事多争戰。【釋文】成固有伐變固外戰王云：成功在己，亦衆所不與，欲無有伐，其可得乎？夫僞生形造，又伐焉，非本所圖，勢之變也。既有僞伐，得無戰乎？**君亦必無盛鶴列於麗譙之間，**【注】鶴列，陳兵也。麗譙，高樓也。○典案：御覽三百一引「君」作「軍」，引注「鶴列，陳兵也」作「鶴列，陣名」。【釋文】鶴列李云：謂兵如鶴之列行。司馬云：鶴列，鍾鼓也。麗如字，又力智反、力支反。譙本亦作「嶕」，在逍反。司馬、郭、李皆云：麗譙，樓觀名也。案：謂華麗而嶕嶢。**無徒驥於錙壇之宮，**【注】步兵曰徒。但不當爲義愛民耳，亦無爲盛兵走馬。【疏】鶴列，陳兵也，言陳設兵馬，如鶴之行列也。麗譙，高樓也，言其華麗嶕嶢也。錙壇，宮名也。君但勿起心偃兵爲義，亦無勞盛陳兵卒於高樓之下，走驥馬宮苑之間〔一〕。【釋文】無徒司馬云：徒，步也。錙壇徐側其反。錙壇，壇名。**無藏逆於得，**【注】得中有逆，則失耳。【疏】莫包藏逆心而苟於得。【釋文】無藏一本作「臧」，司馬本同。逆於得司馬本作「德」。李云：凡非理而貪，貪得而居之，此藏逆於德内者也。孰有貪得而可以德不失哉？固宜無藏而捨之。又云：謂有貪則逆道也。**無以巧勝人，**【注】守其樸，而樸各有所能，則平。【疏】大巧若拙，各敦樸素，莫以機心，爭勝於人。**無以謀勝人，**【注】率其真知，而知各有所長，則均。【疏】忘心遺慮，率其真知，勿以謀謨，勝捷於物。**無以戰勝人。**

〔一〕走 原作「徒」，據注文改。

【注】以道應物，物服而無勝名。【疏】先爲清淡，以道服人，勿以兵戰，取勝於物。夫殺人之士民，兼人之土地，以養吾私與吾神者，其戰不知孰善，勝之惡乎在？【注】不知以何爲善，則雖克非己勝。【疏】夫應天順人，而或滅凶殄逆者，雖亡國戮人，而不失百姓之歡心也。若使誅殺人民，兼土併地，而意在貪取，私養其身及悦其心者，雖復戰克前敵，善勝於人，不知此勝於何處在，善且在誰邊也。【釋文】惡乎音烏。下同。君若勿已矣，脩胸中之誠，以應天地之情而勿攖。【注】若未能已，則莫若脩己之誠。【疏】誠，實也。攖，擾也。事不得止，應須治國，若脩心中之實，應二儀之生殺，無勞作法，攖擾黎民。【釋文】勿攖一營反，又一盈反。夫民死已脱矣，君將惡乎用夫偃兵哉！」【注】甲兵無所陳，非偃也。【疏】大順天地，施化無心，民以勝殘，免脱傷死，何勞措意，作法偃兵耶？【釋文】已脱音奪。

黄帝將見大隗乎具茨之山，【疏】黄帝，軒轅也。大隗，大道廣大而隗然空寂也。亦言：大隗，古之至人也。具茨，山名也，在（熒）〔滎〕陽密縣界，亦名泰隗山。黄帝聖人，久冥至理，方欲寄尋玄道，故託迹具茨。〇典案：類聚六、二十七、御覽七十九、四百九十、六百二十四引「乎」並作「于」。【釋文】大隗五罪反。司馬、崔本作「泰隗」。或云：大隗，神名也。一云：大道也。〇典案：治要引「大」作「太」。具茨一本作「次」，同。祀咨反，又音資。司馬本作「疚」。山名也。司馬云：在滎陽密縣東，今名泰隗山。方明爲御，昌寓驂乘，張若、謵朋前馬，昆閽、滑稽後車。【疏】方明、滑稽等，皆是人名。在右爲驂，在左爲御。前馬，馬前爲導也。後車，車後爲從也。○典案：「張若、謵朋」，治要引作「張苦、謵㕍」。【釋文】昌寓音禹。○典案：類聚六、二十七引「寓」作「宇」。驂乘繩證反。驂乘，車右也。○典案：類聚六、二十七引「驂」作「參」。謵音習。元嘉本作「謂」，崔同。○典案：御覽七十九引「謵朋」作「隰明」。㕍舒氏反。崔本作「庨」。本亦作「朋」，蒲登反。徐扶恒反。前馬司馬云：二人先馬，導也。○典案：御覽四百九十引注云「前馬，言二人先導馬」，即司馬注。昆閽音昏。滑音骨。○典案：御覽七十九引「滑」作「渭」，四百九十引作「骨」。稽音雞。後車司馬云：二人從車後。○典案：御覽四百九十引注云「言二人從後車也」，即司馬注。

至於襄城之野，七聖皆迷，無所問塗。【注】聖者，名也；名生而物迷矣，雖欲之乎大隗，其可得乎？【疏】塗，道也。今汝州有襄城縣，在泰隗山南，即黄帝訪道之所也。自黄帝已上至於滑稽，總有七聖也。注云：「聖者，名也；名生而物迷矣，雖欲之乎大隗，其可得乎？」此注得之，今不重釋也。【釋文】襄城之野李云：地名。七聖黄帝一，方明二，昌寓三，張若四，謵朋五，昆閽六，滑稽七也。

適遇牧馬童子，問塗焉，【疏】牧馬童子，得道人也。牧馬曰牧。適爾而值牧童，因問道之所在。○典案：御覽四百九十引作「適遇牧馬小童，而問塗焉」。曰：「若知具茨之山乎？」曰：「然。」【疏】若，汝也。然，猶是也。問山之所在，答云：我知。「若知大隗之所存乎？」曰：「然。」【疏】存，在也。又問道之所在，答云：知處。○典案：「若」上當有「曰」字，與上文「曰：『若知具茨之山乎』」一律。治要引有「曰」字，今本敓。

黄帝曰：「異哉小童！非徒知具茨之山，又知大隗之所存。請問爲天下。」

【疏】帝驚異牧童知道所在，因問緝理區宇，其法如何？ 小童曰：「夫爲天下者，亦若此而已矣，又奚事焉？ 【注】各自若，則無事矣，無事乃可以爲天下也。【疏】奚，何也。若，如也。夫欲脩爲天下，亦如治理其身，身既無爲，物有何事？ 故老經云：「我無爲而民自化。」予少而自遊於六合之内，予適有瞀病，有長者教予曰：『若乘日之車而遊於襄城之野。』【注】日出而遊，日入而息。【疏】六合之内，謂囂塵之裏也。瞀病，謂風眩冒亂也。言我少遊至道之境，棲心塵垢之外，而有眩病，未能體真。幸聖人教我脩道，晝作夜息，乘日遨遊，以此安居而逍遥處世。 本有作「專」字者，謂乘日新以變化。【釋文】予少詩召反。瞀莫豆反。郭音務。李云：風眩貌。司馬云：瞀，讀曰䁉，謂眩䁉也。 長者丁丈反。 乘日之車司馬云：以日爲車也。元嘉本「車」作「居」。 今予病少痊，予又且復遊於六合之外。 夫爲天下亦若此而已，予又奚事焉？」【注】夫爲天下，莫過自放任。自放任矣，物亦奚攖焉？ 故我無爲而民自化。 【疏】痊，除也。虚妄之病，久已痊除，任染而游，心物外，治身治國，豈有異乎？ 物我混同，故無事也。【釋文】少痊七全反。 李云：除也。○郭慶藩曰：文選潘安仁閑居賦注引司馬云：痊，除也。釋文闕。 且復扶又反。

黄帝曰：「夫爲天下者，則誠非吾子之事。【注】事由民作。 雖然，請問爲天下。」【注】令民自得，必有道也。【疏】夫牧養蒼生，實非聖人務，理雖如此，猶請示以要言。 小童辭。

【疏】無所説也。黄帝又問，【疏】殷勤請小童也。小童曰：「夫爲天下者，亦奚以異乎牧馬者哉？亦去其害馬者而已矣。」【注】馬以過分爲害。【疏】害馬者，謂分外之事也。夫治身莫先守分，故牧馬之術，可以養民。問既殷勤，聊爲此答。【釋文】去其起吕反。下注同。黄帝再拜稽首，稱天師而退。【注】師夫天然而去其過分，則大隗至也。【疏】頓悟聖言，故身心愛敬，退其分外，至乎大隗，合乎天然之道，其在吾師乎？

知士無思慮之變則不樂，【疏】世屬艱危，時逢禍變，知謀之士，思而慮之，如其不然，則不樂也。【釋文】知士音智。不樂音洛。下「不樂」及注同。辯士無談説之序則不樂，【疏】辯類縣河，辭同炙輠，無談説端叙，則不歡樂。察士無淩誶之事則不樂，【疏】機警之士，明察之人，若不容主客問訊，辭鋒淩轢，則不樂也。○典案：碧虚子校引文如海本、成玄英本、張君房本「淩誶之事」作「陵誶之辭」。【釋文】察士李云：察，識也。○俞樾曰：禮記鄉飲酒篇「愁以時察」，鄭注曰：察，猶察察，嚴殺之貌也。老子「俗人察察」，河上公注曰：察察，急且疾也。然則「察」有嚴急之意，故以「淩誶」爲樂。李云：察，識也。則與上文「知士」複矣。淩李云：謂相淩轢。誶音信。廣雅云：問也。又音祟，又音峻。一本作「説」。皆囿於物者也。【注】不能自得於内，而樂物於外，故可囿也。故各以所樂囿之，則萬物不召而自來，非强之也。【疏】此數人者，各有偏滯，未達大方，並囿域於物也。【釋文】皆囿音又。非强其丈反。招世之士興朝，【疏】推薦忠良，招致人物之士，可以興於朝廷也。【釋文】興朝直遥反。中民之士榮官，【疏】治理四民，甚能折中，斯人精幹局分，可以榮官。【釋文】中民李云：善治民也。筋力之士矜難，【疏】英髦壯士，有力如虎，時逢危難，務於濟世也。【釋文】矜難乃旦反。勇敢之士奮患，【疏】武勇之士，果決之人，奮發雄豪，滌除禍患。○典案：御覽二百九十九引「患」作「忠」。兵革之士樂戰，【疏】情好干戈，志存鋒刃，如此之士，樂於征戰。枯槁之士宿名，【疏】食寡衣褐，形容顦顇，留心寢宿，唯在聲名也。【釋文】枯槁苦老反。後章同。宿名宿，積久也。王云：枯槁一生以爲娱，其所寢宿，唯名而已。○俞樾曰：「宿」讀爲「縮」。國語楚語「縮於財用則匱」，戰國秦策「縮劍將自誅」，韋昭、高誘注竝曰：縮，取也。「枯槁之士縮名」，猶言取名也。釋文曰：宿，積久也。于義未安。又引王云：其所寢宿，唯名而已。更爲迂曲。由不知「宿」爲「縮」之叚字耳。法律之士廣治，【疏】刑法之士，留情格條，懲惡勸善，其治大也。【釋文】廣治直吏反。禮教之士敬容，【疏】節文之禮，矜敬容貌。仁義之士貴際。【注】士之不同若此，故當之者不可易其方。【疏】世有迍邅，時逢際會，則施行仁義，以著名勳。際，會也。【釋文】貴際謂盟會事。農夫無草萊之事則不比，商賈無市井之事則不比。【注】能同則事同，所以比。【疏】比，和樂。古者因井爲市，故謂之市井也。若乖本務，情必不和也。【釋文】不比毗志反。下同。○俞樾曰：「比」通作「庀」。周官遂師疏云：周禮之内云「比」者，先鄭皆爲「庀」。是也。國語魯語「子將庀季氏之政焉」，又曰「夜庀其家事」，韋注竝曰：庀，治也。農夫惟治草萊之事，故無草萊之事則不庀。商賈惟治市井之事，故無市井之事則不庀也。郭注曰「能同則事同，所以比」，是以本字讀之，非是。商賈音古。庶人有旦暮之業則勸，【注】業得其志，故勸。【疏】衆庶之人各有事，旦暮稱情，故自勉勵。百工有器械之巧則壯。【注】事非其巧，則惰。【疏】壯，盛也。百工功巧，各有器械，能順其情，事斯盛矣。【釋文】則壯李云：壯，猶疾也。則惰徒卧反。錢財不積則貪者憂，【注】物得所耆而樂也。【釋文】所耆時志反。而樂音洛。權勢不尤則夸者悲。【疏】尤，甚也。夫貪競之人，必聚財以適性；矜夸之士，假權勢以娱心。事苟乖情，則憂悲斯生矣。○郭慶藩曰：文選賈長沙鵩鳥賦注、阮嗣宗詠懷詩注並引司馬云：夸，虚名也。釋文闕。勢物之徒樂變，【注】權勢生於事變。【疏】夫禍起則權勢尤，故以勢陵物之徒樂禍變也。遭時有所用，不能無爲也。【注】凡此諸士，用各有時，時用則不能自已也。苟不遭時，則雖欲自用，其可得乎？故貴賤無常也。【疏】以前諸士遭遇時命，情隨事遷，故不能無爲也。此皆順比於歲，不物於易者也。【注】士之所能，各有其極，若四時之不可易耳。故當其時物，順其倫次，則各有用矣。是以順歲則時序，易性則不物，物而不物，非毁如何？【疏】此〔一〕，次第也。夫士之所行，

〔一〕此　依正文，以作「比」爲是。

能有長短，用捨隨時，成有次第〔一〕。方之歲序炎凉，不易於物。不物，猶不易於物者也。馳其形性，潛之萬物，終身不反，悲夫！【注】不守一家之能，而之夫萬方以要時利，故有匍匐而歸者，所以悲也。【疏】馳騖身心，潛伏前境，至乎没命，不知反歸，頑愚若此，深可悲歎也已矣！【釋文】以要一遥反。匍音扶，又音蒲。匐音服，又蒲北反。

莊子曰：「射者非前期而中，謂之善射，天下皆羿也，可乎？」【注】不期而中，謂誤中者也，非善射也。若謂謬中爲善射，是則天下皆可謂之羿。可乎？言不可也。【疏】期，謂準的也。夫射無期準，而誤中一物，即謂之善射者，若以此爲善射，可乎？【釋文】而中丁仲反。注同。

惠子曰：「可。」【疏】謂宇内皆羿也。莊子曰：「天下非有公是也，而各是其所是，天下皆堯也，可乎？」【注】若謂謬中者羿也，則私自是者亦可謂堯矣。莊子以此明妄中者非羿，而自是者非堯。【疏】各私其是，故無公是也。而唐堯聖人，對桀爲是。若各是其所是，則皆聖人。可乎？言不可。惠子曰：「可。」【疏】言各是其是，天下盡堯，有斯理，而惠施滯辨，有言無實。

〔一〕成　集釋中華本改作「咸」。

莊子曰：「然則儒、墨、楊、秉四，與夫子爲五，果孰是邪？【注】若皆堯也，則五子何爲復相非乎？【疏】儒，姓鄭，名緩。墨，名翟也。楊，名朱。秉者，公孫龍字也。此四子者，並聰名過物，蓋世雄辨，添惠施爲五，各相是非，未知決定用誰爲是。若天下皆堯，何爲五復相非乎？【釋文】復相扶又反。或者若魯遽者邪？其弟子曰：『我得夫子之道矣，吾能冬爨鼎而夏造冰矣。』【疏】姓魯，名遽，周初人。云冬取千年燥灰以擁火，須臾出火，可以爨鼎；盛夏以瓦瓶盛水，湯中煮之，縣瓶井中，須臾成冰也。而迷惑之俗，自是非他，與魯無異也。【釋文】魯遽音渠，又其據反。李云：魯遽，人姓名也。一云：周初時人。爨本亂反，又七端反。魯遽曰：『是直以陽召陽，以陰召陰，非吾所謂道也。【疏】千年灰，陽也；火又陽也，此是以陽召陽。井中，陰也；水又陰也，此是以陰召陰。魯遽此言，非其弟子也。吾示子乎吾道。』於是爲之調瑟，廢一於堂，廢一於室，鼓宮宮動，鼓角角動，音律同矣。【注】俱亦以陽召陽，而横自以爲是。【疏】廢，置也。置一瑟於堂中，置一瑟於室内，鼓堂中宮角，室内弦應而動，斯乃五音六律，聲同故也。猶是以陽召陽也。【釋文】爲之于僞反。廢一廢，置也。夫或改調一弦，於五音無當也，【注】隨調而改。【疏】堂中改調一弦，則室内音無復應動，當爲律不同故也。【釋文】改調徒弔反。注皆同。無當丁浪反，合也。鼓之，二十五弦皆動，【注】無聲則無以相動，有聲則非同不應。今改此一弦，而二十五弦皆改，其以急緩爲調也。【疏】應唯宮角而已密，二十五弦俱動，聲律同者，悉應動也。未始異於聲，而音之君已。【注】魯遽以此夸其弟子，然亦以同應同耳，未爲獨能其事也。【疏】聲律之外，曾更有異術，雖復應動不同，總以五音爲其君主而已。既無佗術，何足以自夸？且若是者邪？」【注】五子各私所見，而是其所是，然亦無異於魯遽之夸其弟子，未能相出也。【疏】惠子之言，各私其是，務夸陵物，不異魯遽，故云「若是」。

惠子曰：「今夫儒、墨、楊、秉，且方與我以辯，相拂以辭，相鎮以聲，而未始吾非也，則奚若矣？」【注】未始吾非者，各自是也。惠子便欲以此爲至。【釋文】相拂扶弗反。莊子曰：「齊人蹢子於宋者，其命閽也不以完，【注】投之異國，使門者守之，出便與子不保其全〔一〕。此齊人之不慈也，然亦自以爲是，故爲之。【疏】閽，守門人也。齊之人棄蹢其子於宋，仍命以此，不亦我是？【釋文】蹢呈亦反，投也。司馬云：齊人憎其子，蹢之於宋，使門者守之，令形不全，自以爲是。其求鈃鍾也以束縛，【注】乃反以愛鍾器爲是，束縛，恐其破傷。【釋文】鈃鍾音刑。徐户挺反。又字林云：鈃，似小鍾而長頸。又云：似壺而大。以束縛郭云：恐其破傷也。案：此言賤子貴鈃，自

〔一〕子　原作「手」，據世德堂本改。

以爲是也。**其求唐子也而未始出域，有遺類矣！**【注】唐，失也。失亡其子，而不能遠索，遺其氣類，而亦未始自非。人之自是，有斯謬矣。【疏】鈃，小鍾也。唐，亡失也。求覓亡子，不出境域；束縛鈃鍾，恐其損壞；賤子貴器爲不慈，遺其氣類，亦言我是。○俞樾曰：「有遺類矣」當連下「夫」字爲句。「有遺類矣夫」，與襄二十四年左傳「有令德也夫」、「有令名也夫」句法相似。「類」，謂種類也。詩裳裳者華序「棄賢者之類」，正義曰：類，謂種類。是也。「求亡子而不出域」，則其亡子不可得，必無遺類矣，故曰「有遺類矣夫」，反言以明之也。郭注失其讀，所説未得。【釋文】唐子謂失亡子也。遺類遺，亡也，亡其種類故也。惠施畔道而好辯，猶齊人遠子而愛鍾也。遠索所百反。**夫楚人寄而蹢閽者，**【注】俱寄止而不能自投於高地也。**夜半於無人之時而與舟人鬭，未始離於岑而足以造於怨也。」**【注】岑，岸也。夜半獨上人船，未離岸已共人鬭。言齊、楚二人所行若此，而未嘗自以爲非，今五子自是，豈異斯哉？【疏】楚郢之人，因子客寄，近於江濱之側，投蹢守門之家。夜半無人之時，輒入他人舟上，而船未離岑，已共舟人鬭打，不懷恩德，更造怨辭，愚猥如斯，亦云我是。惠子之徒，此之類也。岑，岸也。○俞樾曰：案「夫楚人寄而蹢閽者」句，「夫」字當屬上「有遺類矣」爲句〔一〕，「蹢」當讀「謫」。揚雄方言：謫，怒也。張揖廣雅釋詁：謫，責也。「楚人寄而謫閽者」，謂寄居人家，而怒責其閽者也。與下文「夜半於無人之時而與舟人鬭」，均此楚人之事，皆喻其自以爲是也。郭注曰「俱寄止而

〔一〕字　原誤作「子」。

不能自投於高地」，於義殊不可通。【釋文】而與舟人鬬司馬云：夜上人船，人必擠己於水也。擠，排也。未始離力智反。注同。於岑七金反。徐在林反，又語審反。謂崖岸也。獨上時掌反。

莊子送葬，過惠子之墓，顧謂從者曰：「郢人堊慢其鼻端，若蠅翼，使匠石斲之。匠石運斤成風，聽而斲之，【注】瞑目恣手。【疏】郢，楚都也。漢書揚雄傳作「獿」，乃回反。郢人，謂泥畫之人也。堊者，白善土也。漫，汙也。莊生送親知之葬，過惠子之墓，緬懷疇昔，仍起斯譬。瞑目恣手，聽聲而斲，運斤之妙，遂成風聲。若蠅翼者，言其神妙也。○典案：碧虛子校引江南李氏本以「瞑目恣手」四字爲正文。細繹文義，此四字不類郭注，「聽而斲之，瞑目恣手，盡堊而鼻不傷」，文正銜接，疑江南李氏本是也。【釋文】從者才用反。郢人以井反。楚都也。漢書音義作「獿人」，服虔云：獿人，古之善塗塈者。施廣領大袖，以仰塗，而領袖不汙。有小飛泥，誤著其鼻，因令匠石揮斤而斲之。「獿」，音鐃。韋昭乃回反。堊烏路反。○典案：御覽七百五十二引注云：堊，白土也。慢本亦作「漫」。郭莫干反。徐莫但反。李云：猶塗也。○典案：「慢」當爲「墁」，形近而誤也。初學記十八、御覽三百六十七、七百五十二、文選嵇叔夜贈秀才入軍詩注引「慢」竝作「墁」，是其證。御覽五百五十五引作「郢人有漫以堊汚其鼻端」，文選江文通雜體詩注、御覽七百六十四、七百六十七引「慢」竝作「漫」，當是別本。盡堊而鼻不傷，郢人立不失容。宋元君聞之，召匠石曰：『嘗試爲寡人爲之。』【疏】去堊慢而鼻無傷損，郢人立傍，容貌不失。元君聞其神妙，嘗試召而爲之。○典案：「盡堊」二字倒。御覽三百六十七、五百五十五引竝作「至盡」，當從之。又御覽七百六十四、七百六十七引「立」下竝有「而」字，疑是，今本敓之。【釋文】爲寡人于僞反。

匠石曰：『臣則嘗能斲之。雖然，臣之質死久矣。』自夫子之死也，吾無以爲質矣，吾無與言之矣。」【注】非夫不動之質、忘言之對，則雖至言妙斲，而無所用之。【疏】質，對也。匠石雖巧，必須不動之質；莊子雖賢，猶藉忘言之對。蓋知惠子之亡，莊子喪偶，故匠人輟成風之妙響，莊子息濠上之微言。○典案：御覽七百五十二引「嘗」作「常」。

管仲有病，桓公問之，曰：「仲父之病病矣，可不諱云，至於大病，則寡人惡乎屬國而可？」【疏】管仲，姓管，名仲，字夷吾，齊相也，是鮑叔牙之友人。桓公尊之，號曰仲父。桓公，即小白也，一匡天下，九合諸侯，而爲霸主者，管仲之力也。病病者，言是病極重也。大病者，至死也。既將屬纊，故臨問之：仲父死後，屬付國政，與誰爲可也？○典案：「仲父之病病矣」，「病病」連文，不詞，當作「疾病」。說文疒部：病，疾加也。論語子罕章「子疾病」，春秋桓五年傳正義引鄭注：病，謂疾益困。是其義也。呂氏春秋知接篇正作「仲父之疾病矣」，是其塙證。列子力命篇作「仲父之病疾矣」，蓋襲用此文而誤倒，然「病病」之誤愈明矣。又「諱」舊作「謂」，碧虛子校引江南李氏本作「諱」。奚侗曰：管子戒篇「謂」作「諱」，宜據正。典案：奚校是也。呂氏春秋貴公篇作「仲父之病矣，漬甚，國人弗諱」，高注：國人弗諱，言死生不可諱也。知接篇注：死生大事，不可諱也。列子力命篇襲用此文，字亦作「諱」。今依江南李氏本正。【釋文】大病謂死也。惡乎音烏。屬國音燭。

管仲曰：「公誰欲與？」公曰：「鮑叔牙。」【疏】問：國政欲與誰？答曰：與鮑叔也。【釋文】欲與如字，又音餘。曰：「不可。其爲人絜廉善士也，其於不己若者不比之。又一聞人之過，終身不忘。使之治國，上且鉤乎君，下且逆乎民，其得罪於君也，將弗久矣！」【疏】姓鮑，字叔牙，貞廉清絜，善人也。而庸猥之人，不如己者，不比數之，一聞人之過，至死不忘，率性廉直，不堪宰輔。上以忠直，鉤束於君；下以清明，逆忤百姓。不能和混，故君必罪之。管仲賢人，通鑑於物，恐危社稷，慮害叔牙，故不舉之也。【釋文】且鉤鉤，反也。亦作「拘」，音同，又音俱。公曰：「然則孰可？」對曰：「勿已，則隰朋可。其爲人也，上忘而下畔，【注】高而不亢。【疏】姓隰，名朋，齊賢人也。畔，猶望也。混高卑，一榮辱，故己爲卿輔，能遺富貴之尊，下撫黎元，須忘卑隸之賤。事不得止，用之可也。【釋文】上忘而下畔言在上不自高，於下無背者也。愧不若黄帝而哀不己若者。【注】故無棄人。【疏】不及己者，但懷哀悲，輔弼齊侯，期於淳樸，心之所愧，不逮軒轅也。以德分人謂之聖，以財分人謂之賢。【疏】聖人以道德拯物，賢人以財貨濟人也。以賢臨人，未有得人者也；以賢下人，未有不得人者也。其於國有不聞也，其於家有不見也。勿已，則隰朋可。」【注】若皆聞見，則事鍾於己，而羣下無所措手足，故遺之可也。未能盡遺，故僅可也。【疏】運智明察，臨於百姓，逆忤物情，叔牙。治國則不問物之小瑕，治家則不見人之過，勿已，則隰朋可。總結以前義。【釋文】下人遐嫁反。所措七故反。故僅其靳反。

吴王浮於江，登乎狙之山，衆狙見之，恂然棄而走，逃於深蓁。有一狙焉，委蛇攫㩎，見巧乎王。王射之敏給，【注】敏，疾也。給，續括也。【疏】狙，獮猴也。山多獮猴，故謂之狙山也。恂，怖懼也。蓁，棘叢也。委蛇，從容也。攫㩎，騰擲也。敏給，猶速也。吴王浮江，遨遊眺望，衆狙恂懼，走避深棘，獨一老狙，恃便敖王。王既怪怒，急速射之。〇典案：「見巧乎王」，御覽七百四十五引「乎」作「於」。【釋文】狙七徐反。恂然音舜。徐音荀，又思俊反。司馬云：遽也。深蓁徐仕巾反。一音側巾反〔一〕。〇王念孫曰：「蓁」與「榛」通。説文曰：榛，菆也。典案：御覽七百四十五引字正作「榛」。委於危反。蛇餘支反。〇典案：御覽九百十引作「地」。攫俱縛反。徐居碧反。三蒼云：搏也。郭又七段反。司馬本作「攫」。㩎本又作「搔」，素報反。徐本作「搮」，七活反。司馬本作「條」。〇典案：御覽九百十引作「搔」。見賢遍反。巧如字。或苦孝反。崔本作「攻」。王射食亦反。下同。搏捷矢，【注】捷，速也。矢往雖速，而狙猶搏之。【疏】搏，接也。捷，速也。矢，箭也。箭往雖速，狙皆接之，其敏捷也如此。〇典案：御覽七百四十五引注「往」作「性」，九百十引「而狙猶搏之」作「而狙猶能搏也」。【釋文】搏音博。〇俞樾曰：郭於「敏給」下出注曰：敏，疾也。給，續括也。是以「敏給」屬王言，殆非也。「敏」、「給」二字同義。後漢書酈炎傳「言論給捷」，李賢注曰：給，敏也。是其證也。故國語晉語曰「知羊舌職之聰

〔一〕一 原脱，據釋文補。

敏肅給也，使佐之」，荀子性惡篇曰「齊給便敏而無類」，並以「敏」、「給」對言。然則郭以「給」爲續括，非古義矣。「敏給」當以狙言，謂狙性敏給，能搏捷矢也。「捷」讀爲「接」。爾雅釋詁：接，捷也。是「捷」與「接」聲近義通。莊十二年左氏經文「宋萬弒其君捷」，僖三十二年「鄭伯捷卒」，文十六年「晉人納捷菑於邾」，公羊「捷」並作「接」。人間世篇「必將乘人而鬬其捷」〔一〕，釋文曰：「捷」，本作「接」。此「捷」、「接」通用見於本書者。「搏捷矢」，即「搏接矢」，謂以手搏而接其矢也。郭注曰：捷，速也。夫矢自無不速，又何必言「捷」乎？

王命相者趨射之，狙執死。【疏】命，召也。相，助也，謂王之左右也。王既自射不中，乃召左右亂趨射之，於是狙抱樹而死。【釋文】相者息亮反。司馬云：佐王獵者也。趨射音促，急也。執死司馬云：見執而死也。○典案：御覽九百十引無「執」字，七百四十五引「執」作「既」。

王顧謂其友顏不疑曰：「之狙也，伐其巧，恃其便，以敖予，以至此殛也！戒之哉！嗟乎，無以汝色驕人哉！」【疏】姓顏，字不疑，王之友也。殛，死也。予，我也。狙矜伐勁巧，恃賴方便，敖慢於王，遂遭死殛。嗟此狡獸，可以戒人，勿淫聲色，驕豪於世。○典案：御覽七百四十五引「殛」作「極」。疏「遂遭死殛」，是成本字作「殛」。【釋文】之狙也之，猶是也。本或作「是」。○典案：御覽七百四十五引「之狙也」作「是狙也」，與釋文或本合。其便婢面反。以敖司馬本作「悻」，云：很也。○典案：「敖」當爲「傲」。御覽七百四十五、九百十引竝作「傲」，是其證。疏「恃賴方便，傲慢於王」，是成本字亦作「傲」。

〔一〕篇　原誤作「編」。

顏不疑歸而師董梧，以助其色，去樂辭顯，三年而國人稱之。【注】稱其忘巧遺色而任夫素樸。【疏】姓董，名梧，吳之賢人也。鋤，除去也。既奉王教，於是退歸，悔過自新，師於有道，除其美色，去其聲樂，重素樸，辭榮華，脩德三年，國人稱其賢善。【釋文】董梧有道者也。師其德以鋤色。以助士居反。本亦作「鋤」。去樂起呂反。

南伯子綦隱几而坐，仰天而噓。【疏】猶是齊物中南郭子綦也。其隱几等義，並具解內篇。【釋文】隱於靳反。噓音虛。顏成子入見曰：「夫子，物之尤也。形固可使若槁骸，心固可使若死灰乎？」【疏】顏成，子綦門人也。尤，甚也。每仰歎先生忘物之甚，必固形同槁骸，心若死灰。慕德殷勤，有此嗟詠也。【釋文】入見賢遍反。夫物之尤也音符。一本作「夫子」，則如字。曰：「吾嘗居山穴之中矣，當是時也，田禾一覩我，而齊國之衆三賀之。【注】以得見子綦爲榮。【疏】山穴，齊南山也。田禾，齊王姓名。子綦隱居山穴，德音遐振，齊王暫覩，以見爲榮，所以一國之人，三度慶賀也。【釋文】山穴之中司馬本同。李云：齊南山穴也。一本作「之口」。田禾齊君也。尊德，故國人慶之。我必先之，彼故知之；我必賣之，彼故鬻之。【疏】我聲名在先，故使物知我；我便是賣於名聲，故田禾見而販之。【釋文】鬻之羊六反。若我而不有之，彼惡得而知之？若我而不賣之，彼惡得而鬻之？【疏】若我韜光晦迹，不有聲名，彼之世人，何得知我？我若名價不貴，彼何得見而販之？只爲不能滅迹匿端，故爲物之所賣鬻也。【釋文】彼惡音烏。下同。嗟乎！我悲人之自喪者，【疏】喪，猶亡失也。子綦悲歎世人捨己慕佗，喪失其道。【釋文】自喪息浪反。吾又悲夫悲人者，【疏】夫道無得喪，而物有悲樂，故悲人之自喪者，亦可悲也。吾又悲夫悲人之悲者，其後而日遠矣。」【注】子綦知夫爲之不足以救彼，而適足以傷我，故以不悲悲之，則其悲稍去，而泊然無心，枯槁其形，所以爲日遠矣。【疏】夫玄道冲虛，無喪無樂，是以悲人自喪及悲者，雖復前後悲深淺稱異，咸未偕道，故亦可悲。悲而又悲，遣之又遣，教既彰矣，玄玄之理斯著，與衆妙相符，故日加深遠矣。【釋文】而泊步各反。

仲尼之楚，楚王觴之，孫叔敖執爵而立，市南宜僚受酒而祭，曰：「古之人乎，於此言已。」【注】古之言者，必於會同。【疏】觴，酒器之總名，謂以酒燕之也。爵亦酒器，受一升。大人欲飲，必先祭，其宜僚瀝酒祭，故祝聖人，願與孔子於此言論也。【釋文】觴之音商。李云：酒器之總名也。孫叔敖執爵案左傳，孫叔敖是楚莊王相，孔子未生。哀公十六年仲尼卒，後白公爲亂。宜僚未嘗仕楚。又宣十二年傳，楚有熊相宜僚，則與叔敖同時，去孔子甚遠。蓋寄言也。曰：「丘也聞不言之言矣，未之嘗言，【注】聖人無言，其所言者，百姓之言耳，故曰不言之言。苟以言爲不言，則雖言出於口，故爲未之嘗言。於此乎言之。【注】今將於此，言於無言。【疏】夫理而教不言矣，教而理未之嘗言也。是以聖人妙體斯趣，故終日言而未嘗言也。孔子應宜僚之請，故於此亦言於無言矣。市南宜僚弄丸，而兩家之難解；孫叔敖甘寢秉羽，而郢人投兵。【注】此二子息訟以默，澹泊自若，而兵難自解。【疏】姓熊，字宜僚，楚之賢人，亦是勇士，沈没者也。居於市南，因號曰市南子焉。楚白公勝欲因作亂，將殺令尹子西，司馬子綦言熊宜勇士也，若得，敵五百人，遂遣使屈之。宜僚正上下弄丸而戲，不與使者言，使因以劍乘之，宜僚曾不驚懼，既不從命，亦不言佗。白公不得宜僚，反事不成，故曰「兩家難解」。姓孫，字叔敖，楚之令尹，甚有賢德者也。郢，楚都也。投，息也。叔敖蘊藉實知，高枕而逍遥，會理忘言，執羽扇而自得，遂使敵國不侵，折衝千里之外，楚人無事，脩文德，息其武略。彰二子有此功能，故可與仲尼晤言，贊揚玄道也。【釋文】兩家之難乃旦反。注同。解音蟹。注同。司馬云：宜僚，楚之勇士也。善弄丸。楚白公勝將作亂，殺令尹子西，子期、石乞曰：「市南有熊宜僚者，若得之，可以當五百人。」乃往告之，不許也，承之以劍，不動，弄丸如故，曰：「吾亦不泄子。」白公遂殺子西。子期歎息，兩家而已，宜僚不預其患。甘寢秉羽如字，又音翩。司馬本作「翯」，云：讀曰翩。或作「翅」，雩舞者之所執。崔本作「翼」。○典案：「甘」，借爲「酣」。郢人投兵司馬云：言叔敖願安寢恬卧，以養德於廟堂之上，折衝於千里之外，敵國不敢犯，郢人投兵，無所攻伐也。郢，楚都也。丘願有喙三尺。」【注】苟所言非己，則雖終身言，故爲未嘗言耳。是以有喙三尺，未足稱長，凡人閉口，未是不言。【疏】喙，口也。苟其言當，即此無言，假余喙長三尺，與閉口何異？故願有之也。【釋文】喙許穢反，又丁豆反。或昌鋭反。三尺三尺，言長也。司馬云：喙，息也。宜僚弄丸而弭難，叔敖除備以折衝，丘亦願有歎，息其三尺。三尺，匕首劍。

彼之謂不道之道，【注】彼，謂二子。【疏】彼，謂所詮之理。不道而道，言非道非不道也。此之謂不言之辯，【注】此，謂仲尼。【疏】此，謂能詮之教。不言而言，非言非不言也。子玄乃云「此謂仲尼」，斯注粗淺，失之遠矣。夫不道不言，斯乃探微索隱，窮理盡性，豈二子之所能耶？若以甘寢弄丸，而稱息訟以默者，此則默語懸隔，丘何得有喙三尺乎？故不可也。又：此一章盛談玄極，觀其文勢，不關孫、熊明矣。【釋文】彼之謂此之謂郭云：彼，謂二子；此，謂仲尼也。司馬云：彼，謂甘寢；此，謂弄丸。故德總乎道之所一。【注】道之所容者雖無方，然總其大歸，莫過於自得，故一也。【釋文】總音摠。而言休乎知之所不知，至矣。【注】言止其分，非至如何。【疏】夫至道之境，重玄之域，聖心所不能知，神口所不能辯。若以言知索真，失之遠矣。故德之所總，言之所默息者，在於至妙之一道也。道之所一者，德不能同也；【注】各自得耳，非相同也，而道一也。【疏】夫一道虛玄，曾無涯量，而德有上下，（誰）不能周備也。本有作「同」字者，言德有優劣，未能同道也。此解前「道之所一」也。【釋文】不能同一本作「相同」。知之所不能知者，辯不能舉也；【注】非其分，故不能舉。【疏】未知者玄道，所謂妙絕名言，故非辯說所能勝舉也。此解前「知之所不知」也。名若儒墨而凶矣。【注】夫儒墨欲同所不能同，舉所不能舉，故凶。【疏】夫執是競非，而名同儒墨者，凶禍斯及矣。**故海不辭東流，大之至也；**【注】明受之無所辭，所以成大。【疏】百川競注，東流不息，而巨海容納，曾不辭憚。此據東海爲言，亦宏博之至也已。**聖人并包天地，澤及天下，而不知其誰氏。**【注】汎然都任。【疏】前舉海爲喻，此下合譬也。聖人德合二儀，故并包天地；仁覃無外，故澤及天下；成而不處，故不知誰爲；推功於人，故莫識其氏族矣。**是故生無爵，【注】有而無之。死無謚，**【注】謚所以名功。功不在己，故雖謚而非己有。【疏】夫人處世，生有名位，死定謚號，所以表其實也。聖人生既以功推物，故死亦無可謚也。**實不聚，**【注】令萬物各知足。【疏】縱有財德，悉分散於人也。**名不立，**【注】功非己爲，故名歸於物。【疏】夫名以召實，實既不聚，故名將安寄也？**此之謂大人。**【注】若爲而有之，則小矣。【疏】總結以前。忘於名謚之士，可謂大德之人。**狗不以善吠爲良，人不以善言爲賢，**【注】賢出於性，非言所爲。【疏】善，喜好也。夫犬不必吠，賢人豈復多言？【釋文】善吠伐廢反。司馬云：不別客主而吠不止。善言司馬云：失本逐末，而言不止也。**而況爲大乎？**【注】夫大愈不可爲而得。【疏】夫好言爲賢，猶自不可，況惑心取捨於大乎？**夫爲大不足以爲大，而況爲德乎？**【注】唯自然，乃德耳。【疏】愛心宏博謂之大，冥符玄道謂之德。夫有心求大，於理尚乖，況有情爲德，固不可也。**夫大備矣，莫若天地；然奚求焉，而大備矣。**【注】天地大備，非求之也。【疏】備，具足也。夫二儀覆載，亭毒無心，四叙周行，生成庶品，蓋何術焉，而萬物必備。知大備者，無求、無失、無棄，不以物易己也。【注】知其自備者，不舍己而求物，故無求、無失、無棄也。【疏】夫體弘自然之理，而萬物素備者，故能於物我之際淡然忘懷，是以無取、無捨、無失、無喪、無證、無得，而不以物境易奪己心也。【釋文】不舍音捨。反己而不窮，【注】反守我理，我理自通。【疏】只爲弘備，故契於至理。既而反本還原，會己身之妙極，而無窮竟者也。循古而不摩，【注】順常性而自至耳，非摩拭。【疏】循，順也。順於物性，無心改作，豈復摩飾而矜之？【釋文】循古而不摩一本作「磨」。郭云：摩，拭也。王云：摩，消滅也。雖常通物，而不失及己，雖理於今，常循於古之道焉，自古及今，其名不摩滅也。摩拭音式。大人之誠。【注】不爲而自得，故曰誠。【疏】誠，實也。夫反本還原，因循萬物者，斯乃大聖之人，自實之德也。

子綦有八子，陳諸前，召九方歅曰：「爲我相吾子，孰爲祥？」【疏】子綦，楚司馬子綦也。陳，行列也。諸，於也。九方，姓也；歅，名也。孰，誰也。祥，善也。九方歅，善相者也。陳列諸子於庭前，命方歅令相之，八子之中，誰爲吉善？【釋文】九方歅音因。李烏雞反，又音煙。善相馬人。淮南子作「九方皋」。爲我于僞反。相吾子息亮反。九方歅曰：「梱也爲祥。」【疏】梱，子名也。言八子之中，梱最祥善也。【釋文】梱音困，又口本反。子綦子名。子綦瞿然喜曰：「奚若？」【疏】瞿然，驚喜貌。聞子吉祥，故容貌驚喜，問其祥善貌相如何？【釋文】瞿然紀具反。司馬云：喜貌。本亦作「矍」，吁縛反。字林云：大視貌。李云：驚視貌。曰：「梱也將與國君同食以終其身。」子綦索然出涕曰：「吾子何爲以至於是極也？」【疏】索然，涕出貌。方歅識見淺近，以食肉爲祥。子綦鑒深玄妙，知其非吉，故憫其凶極，悲而出涕。【釋文】索然悉各反，又色白反。司馬云：涕下貌。九方歅曰：「夫與國君同食，澤及三族，而況父母乎！今夫子聞之而泣，是禦福也。子則祥矣，父則不祥。」【疏】三族，謂父、母（族也）、妻族也。禦，拒扞也。夫共國君食，尊榮富貴，恩被三族，何但二親？子享吉祥，父翻涕泣，斯乃禦福德也。【釋文】禦福魚呂反，距也，逆也。

子綦曰：「歅，汝何足以識之，而梱祥邪？盡於酒肉，入於鼻口矣，而何足以知其所自來？【疏】自，從也。方歅小巫，識鑒不遠，相梱祥者，不過酒肉味入於鼻口。方歅道術，理盡於斯，詎知酒肉由來，從何而至。吾未嘗爲牧而牂生於奧，未嘗好田而鶉生於宎，若勿怪，何邪？【注】夫所以怪，出於不意故也。【疏】牂，羊也。奧，西南隅未地，羊位也。宎，東南隅辰地也。辰爲鶉位，故言鶉生也。夫羊須牧養，鶉因田獵，若祿藉功著，然後可致富貴。今梱而功行未聞，而與國君同食，何異乎無牧而忽有羊，不田而獲鶉也！非牧非田，怪如何也。【釋文】未嘗如字。本或作「曾」，才能反。而牂子郎反。爾雅云：牝羊也。於奧烏報反。西南隅未地也。一曰：豕牢也。好田呼報反。於宎字又作「窔」，烏弔反。徐烏了反。

司馬云：東北隅也。一云：東南隅鶉火地，生鶉也。一云：竄也。郭徒忽反，字則穴下犬。吾所與吾子遊者，遊於天地也。【注】不有所爲。○典案：「也」字舊敓，依碧虛子校引江南古藏本補。【釋文】遊於天地司馬本「地」作「汨」，云：亂也。崔本同。吾與之邀樂於天，吾與之邀食於地；【注】隨所遇於天地耳。邀，遇也。【疏】邀，遇也。天地，無心也。子綦體道，虛忘順物，自足於性分之內，放游乎天地之間，所造皆適，不待歡娛，所遇斯食，豈資厚味耶？【釋文】邀古堯反，遇也。樂音洛。吾不與之爲事，不與之爲謀，不與之爲怪；【注】怪，異也。循常任性，脱然自爾。【疏】忘物，故不爲事；忘智，故不爲謀；循常，故不爲怪。吾與之乘天地之誠，而不以物與之相攖；【注】斯不爲也。【疏】誠，實也。乘二儀之實道，順萬物以逍遥，故不與物更相攖擾。吾與之一委蛇，而不與之爲事所宜。【注】斯順耳，無擇也。【疏】委蛇，猶縱任也。心境不二，從容任物，事既非事，何宜便之可爲乎？今也然有世俗之償焉！【注】夫有功於物，物乃報之。吾不爲功而償之，何也？【疏】夫報功賞德者，世俗務也。苟體道任物，不立功名，何須功之償哉？【釋文】之償時亮反，又音賞。凡有怪徵者，必有怪行，殆乎非我與吾子之罪，幾天與之也！【注】今無怪行而有怪徵，故知其天命也。【疏】殆，危也。幾，近也。夫有怪異之行者，必怪異之徵祥也。今吾子未有怪行而有怪徵，必遭殆者，斯乃近是天降之災，非吾子之罪。

【釋文】怪行下孟反。注同。吾是以泣也。」【注】夫爲而然者，勿爲則已矣。不爲而自至，則不可奈何也，故泣之。【疏】罪若由人，庶其脩改，既關天命，是以泣也。

無幾何而使梱之於燕，盜得之於道，全而鬻之則難，不若刖之則易，【注】全恐其逃，故不如刖之易售也。【疏】無幾何，謂俄頃間也。楚使梱聘燕，途道之上，爲賊所得，略梱爲奴。而全形賣之，恐其逃竄，故難防禦，則刖足不慮其逃，故易售。【釋文】無幾居豈反。於燕音煙。全而鬻之音育。絶句。一本作「鬻之難」。刖音月，又五刮反。易以豉反。注同。售也受又反。於是乎刖而鬻之於齊，適當渠公之街，然身食肉而終。【疏】渠公，齊之富人，爲街正。梱之既遭刖足，賣與齊國富商之家，代主當街，終身肉食也。字又作「術」者，云：渠公，屠人也，賣梱在屠家，共主行宰殺之術，終身食肉也。【釋文】渠公或云：渠公，齊之富室，爲街正，買梱自代，終身食肉至死。一云：渠公，屠者。與梱君臣，同食肉也。之街音佳。一本作「術」。然身食肉終本或作「身肉食」者，誤。

齧缺遇許由，曰：「子將奚之？」【疏】齧缺逢遇許由，仍問欲何之適。曰：「將逃堯。」【疏】答曰：將欲逃避帝堯。曰：「奚謂邪？」【疏】問其何意。曰：「夫堯，畜畜然仁，吾恐其爲天下笑。後世其人與人相食與！【注】仁者争尚之原故也。【疏】畜畜，盛行貌也。盛行偏愛之仁，乖於淳和之德，恐宇內喪道之士猶甚澆季，將來逐迹，百姓飢荒，食廩既虛，民必相食，是以逃也。【釋文】畜畜許六反。郭他六反。李云：行仁貌。王云：卹愛勤勞之貌。其人與如字。人相食與音餘。言將馳走於仁義，不復營農，飢則相食。夫民，不難聚也，愛之則親，利之則至，譽之則勸，致其所惡則散。【疏】夫民，撫愛則親，利益則至，來譽贊則相勸勉，與所惡則衆離散，故黔首聚散，蓋不難也。【釋文】譽之音餘。所惡烏路反。愛利出乎仁義，捐仁義者寡，利仁義者衆。夫仁義之行，唯且無誠，【注】仁義既行，將僞以爲之。【疏】夫利益蒼生，愛育羣品，立功聚衆，莫先仁義。而履仁蹈義，捐率於中者少，託於聖迹以規名利者多，是故行仁義者，矯性僞情，無誠實者也。【釋文】之行下孟反。且假乎禽貪者器。【注】仁義可見，則夫貪者將假斯器以獲其志也。【疏】器，聖迹也。且貪於名利、險於禽獸者，必假夫仁義爲其器者也。【釋文】且假夫禽貪者器司馬云：禽之貪者，殺害無極；仁義貪者，傷害無窮。是以一人之斷制利天下，【注】若夫仁義各出其情，則其斷制不止乎一人矣。【疏】榮利之徒，負於仁義，恣其鴆毒，斷制天下。向無聖迹，豈得然乎？譬之猶一覕也。【注】覕，割也。萬物萬形，而以一劑割之，則有傷也。【疏】覕，割也。若以一人制服天下，譬猶一刀割於萬物，其於損傷，彼此多矣。【釋文】覕郭薄結反，云：割也。向芳舌反。司馬云：暫見貌。又甫莅反，又普結反，又初栗反。劑子隨反。夫堯知賢人之利天下也，而不知其賊天下也。夫唯外乎賢者知之矣。」【注】外賢，則賢不僞。【疏】夫賢聖之迹，爲利一時，萬代之後，必生賊害。唯能忘外賢聖者，其知之妙也〔一〕。

有暖姝者，有濡需者，有卷婁者。【疏】此略標，下解釋。【釋文】暖吁爰反，又吁晚反，柔貌。姝昌朱反，妖貌。濡音儒，又音如，安也。需音須。濡需，謂偷安須臾之頃。卷音權。婁音縷。卷婁，猶拘攣也。

所謂暖姝者，學一先生之言，則暖暖姝姝而私自說也，自以爲足矣，而未知未始有物也，【注】意盡形教，豈知我之獨化於玄冥之竟哉？【疏】暖姝，自許之貌也。小見之人，學問寡薄，自悅足，謂窮微極妙，豈知所學未有一物可稱也，是以謂暖姝者。此言結前也。【釋文】自說音悅。之竟音境。是以謂暖姝者也。濡需者，豕蝨是也，擇疏鬣長毛，自以爲廣宮大囿，奎蹏曲隈，乳間股脚，自以爲安室利處，不知屠者之一旦鼓臂布草操煙火，而己與豕俱焦也。【疏】濡需，矜誇之貌也。豕，猪也。言蝨寄猪體上，擇疏長之毛鬣，將爲廣大宮室苑囿。蹄脚奎隈之所，股脚乳旁之間，用爲温暖利便。豈知屠人忽操湯火，攘臂布草而殺之乎，即己與豕俱焦爛者也。喻流俗寡識之人，耽好情欲，與豕蝨濡需喜歡無異也。○「長毛」二字舊敓。碧虛子校引張君房本「疏鬣」下有「長毛」二字。典案：張本是也。

〔一〕其知之妙也　集釋本無「其」、「妙」二字。

疏「擇疏長之毛鬣」，是成所見本亦有「長毛」二字。此以「疏鬣長毛」、「廣宮大囿」、「奎蹏曲隈」、「安室利處」相對爲文，無「長毛」二字，則句法參差矣。今據張本補。又案：御覽九百五十一引「擇」下有「處」字。【釋文】蝨音瑟。奎苦圭反。本亦作「睽」。曲隈烏回反。向云：股間也。暖室奴緩反，又虛袁反。一本作「安室」。操七曹反。此以域進，此以域退，【疏】域，境界也。蝨則逐豕而有亡，人則隨境而榮樂，故謂之域進退也。此其所謂濡需者也。【注】非夫通變邈世之才，而偷安乎一時之利者，皆豕蝨者也。【疏】此結也。卷婁者，舜也。羊肉不慕蟻，蟻慕羊肉，羊肉羶也。舜有羶行，百姓悅之，【疏】卷婁者，謂背項俛曲，向前攣卷而傴僂也。夫羊肉羶腥，無心慕蟻，蟻聞而歸之。舜有仁行，不慕百姓，百姓悅之。故羊肉比舜，蟻況百姓。○典案：淮南子說林篇「羊肉不慕螘，螘慕於羊肉，羊肉羶也」，即襲用莊子此文。【釋文】羊肉不慕蟻魚綺反。李云：年長心勞，無憂樂之志，是猶羊肉不慕蟻也。羶也設然反。羶行下孟反。故三徙成都，至鄧之虛，而十有萬家。【疏】舜避丹朱，又不願衆聚，故三度逃走，移徙避之。百姓慕德，從者十萬，所居之處，自成都邑。至鄧虛，地名也。【釋文】至鄧向云：邑名。之虛音墟。本又作「墟」。堯聞舜之賢，舉之童土之地，曰：「冀得其來之澤。」【疏】地無草木曰童土。堯聞舜有賢聖之德，妻以娥皇、女英，舉以自代，讓其天下。居不毛土，歷試艱難，望鄰境承儀，蒼生蒙澤。【釋文】童土如字，又音杜。向云：童土，地無草木也。○典案：御覽八十一引注云：「童土，不生草之地，舜來施恩澤也。」舜舉乎童土之地，年齒長矣，聰明衰矣，而不得休歸，所謂卷婁者也。【注】聖人之形，不異凡人，故耳目之用衰也，至於精神，則始終常全耳。若少則未成，及長而衰，則聖人之聖曾不崇朝，可乎？【疏】既登九五，威跨萬乘，愍念蒼生，憂憐凡庶，於是年齒長老，耳目衰竭，無由休息，豈得歸寧？傴僂攣卷，形勞神倦，所謂卷婁者也。【釋文】齒長丁丈反。注同。○郭慶藩曰：華嚴經音義引司馬云：齒，數也。釋文闕。若少詩召反。是以神人惡衆至，【注】衆自至耳，非好而致之者也。【疏】三徙遠之，以惡也。【釋文】惡衆烏路反。非好呼報反。衆至則不比，不比則不利也。【注】明舜之所以有天下，蓋於不得已耳，豈比而利之哉？【疏】比，和也。夫衆聚則不和，不和則不利於我也。【釋文】不比毗志反。下注同。故無所甚親，無所甚疏，抱德煬和，以順天下，此謂真人。【疏】煬，温也。夫不測神人，親疏一觀，抱守温和，可謂真聖。【釋文】煬郭音羊。徐餘亮反。和李云：煬，炙也，爲和氣所炙。○典案：淮南子俶真篇「抱德煬和，而萬物雜累焉」，高注：煬，炙也。抱其志德，而炙於和氣，故萬物雜累。李注即本淮南高注。於蟻棄知，於魚得計，於羊棄意。【注】於民則蒙澤，於舜則形勞也。【疏】不慕羊肉之仁，故於蟻棄智也；不爲羶行教物，故於羊棄意也；既遺仁義，合乎至道，不傷濡沫，相忘於江湖，故於魚得計。此斥虞舜羶行，故及斯言也。【釋文】於蟻棄知音智。於魚得計於羊棄意司馬云：蟻得水則死，魚得水則生，羊得水則病。一説云：真人無羶，故不致蟻，是蟻棄知也；共處相忘之大道，無沾濡之德，是魚得計也；羊無羶行，而不致蟻，是羊棄意也。以目視目，以耳聽耳，以心復心。【注】此三者，未能無其耳目心意也。【疏】夫視目之所見，聽耳之所聞，復心之所知，不逐物於分外，而知止其分内者，其真人之道也。若然者，其平也繩，【注】未能去繩而自平也。【疏】繩無心而正物，聖忘懷而平等。【釋文】能去起名反。其變也循。【注】未能絶迹而玄會也。【疏】循，順也。處世和光，千變萬化，大順蒼生，曾不逆寡。

古之真人，以天待人，【注】居無事以待事，事斯得矣。【疏】如上所解，即是玄古真人，用自然之道，虚其心以待物。○「待人」舊作「待之」。碧虛子校引張君房本「待之」作「待人」。奚侗曰：「待之」當依張本作「待人」。典案：張本是也。此以「天」、「人」對言，作「待之」則非其指矣。今依張本正。不以人入天。【注】以有事求無事，事愈荒矣。【疏】不用人事取捨，亂於天然之智。古之真人，得之也生，失之也死；得之也死，失之也生。【注】死生得失，各隨其所居耳，於生爲得，於死或復爲失，未始有常也。【疏】夫處生而言，即以生爲得；若據死而語，便以生爲喪。死生既其無定，得失的在誰邊？噫，未可知也！是以混死生，一得喪，故謂之真人矣。【釋文】或復扶又反。藥也其實，堇也，桔梗也，雞廱也，豕零也，是時爲帝者也，何可勝言！【注】當其所須則無賤，非其時則無貴，貴賤有時，誰能常也？【疏】堇，烏頭也，治風痹。桔梗治心腹血。鷄壅，即雞頭草也，服延年。豕零，猪苓根也，似猪卵，治渴病。此並賤藥也。帝，君主也。夫藥無貴賤，瘉病則良，藥病相當，故便爲君主。乃至目視耳聽，手捉心知，用有行藏，時有興廢。故時之所賢者爲君，才不應世者爲臣，此事必然，故何可言盡也！【釋文】堇音謹。郭音覲。徐音靳。司馬云：烏頭也，治風冷痹。桔音結。本亦作「結」。梗古猛反。司馬云：桔梗治心腹血瘀瘕痺。雞廱徐於容反。本或作「壅」，音同。司馬云：即雞頭也。一名芡，與藕子合爲散，服之延年。豕零司馬本作「豕囊」，云：一名猪苓，根似猪卵，可以治渴。案：四者皆藥草名。○典案：御覽九百八十九引「零」作「橐」。又引司馬注云：「豕橐，一名猪零，根似猪矢，治渴。」今本「卵」爲「矢」誤。是時爲帝者也司馬云：藥草有時迭相爲帝，謂其王相休廢，各得所用也。勝言音升。

句踐也以甲楯三千，棲於會稽。【疏】句踐，越王也。會稽，山名也。越爲吳軍所殘，窘迫退走，棲息於會稽山上也。【釋文】句踐音鉤。甲楯純尹反。徐音尹。棲於音西。李云：登山曰棲。會古外反。稽音雞。唯種也能知亡之所以存，唯種也不知其身之所以愁。【疏】種，越大夫名。其時句踐大敗，兵唯三千，走上會稽山，亡滅非遠，而種密謀深智，亡時可在，當時矯與吳和，後二十二年而滅吳矣。夫狡兔死，良狗烹；敵國滅，忠臣亡，數其然也。平吳之後，范蠡去越而游乎江海，變名易姓，韜光晦迹，即陶朱公是也。大夫種不去，爲句踐所誅。但知國亡而可以存，不知愁身之必死也。字亦有作「穜」者，隨字讀之。【釋文】種章勇反。越大夫名也。

吳越春秋云：姓文，字少禽。所以存本又作「可以存」，言知越雖亡，可以存也。故曰：鴟目有所適，鶴脛有所節，解之也悲。【注】各適一時之用，不能靡所不可，則有時而失。有時而失，故有時而悲矣。解，去也。【疏】鴟目晝闇而夜開，則適夜不適晝；鶴脛稟分而長，則能長不能短。枝節如此，故解去則悲，亦猶種闇於謀身，長於存國也。【釋文】鴟尺夷反。脛刑定反。解之佳買反。司馬云：去也。一音懈。故曰：風之過河也有損焉，日之過河也有損焉。【注】有形者自然相與爲累。唯外乎形者，磨之而不磷。【疏】風日是氣，河有形質。凡有形氣者，未能無累也。而風吹日累，必有損傷，恃源而往，所以不覺。亦猶吳得越之後，謀臣必恃其功勳，以無後慮遭戮。是知物相利者，必相爲害也。【釋文】有損有形自然相累，世能累物，物能累人，故大夫種所以不免也。不磷鄰刃反。請只風與日相與守河，而河以爲未始其攖也，【注】實已損矣，而不自覺也。恃源而往者也。【注】所以不覺，非不損也，恃源往耳。【疏】恃，賴也。攖，損也。風之與日，相與守河，於河攖損而不知覺，恃其源流。【釋文】恃本亦作「持」。源而往者也水由源往，雖遇風日，不能損也；道成其性，雖在於世，不能移也。

故水之守土也審，影之守人也審，物之守物也審。【注】無意則止於分，所以爲審也。【疏】審，安定也。夫水非土則不安，影無人則不見，物無造物則不立，故三者相守而自以爲固。而新故不往，存亡不停，昨日之物，於今已化，山舟潛遁，昧者不知，斯之義也。**故目之於明也殆，耳之於聰也殆，心之於殉也殆。**【注】有意則無崖，故殆也。【疏】殉，逐也。夫視目所見，聽耳所聞，任心所逐，若目求離朱之明，耳索師曠之聰，心逐無崖之知，欲不危殆，其可得乎？**凡能其於府也殆，殆之成也不給改。**【注】所以貴夫無能，而任其天然也。【疏】夫運分别之智，出於藏府，而自伐能者，必致危亡也。故雖有成功，不還周給而改悔矣。**禍之長也兹萃，**【注】萃，聚也。**苟不能忘知，則禍之長也多端矣。**【釋文】之長丁丈反。注同。兹萃【疏】滋，多也。萃，聚也。役於藏府，自顯其能，故凶災禍患，增長而多聚之也。所巾反。郭云：聚也。李云：多也。本又作「萃」。**其反也緣功，**【注】反守其性，則其功不作而成矣。【疏】自伐己能而反招禍敗者，緣於功成不退故也。**其果也待久。**【注】欲速則不果也。【疏】夫誠意成功，決定矜伐。有待之心，其日固久。**而人以爲己寶，不亦悲乎！**【注】己寶，謂有其知能。【疏】流徒之人，心處愚暗，寶貴己能，成功而處，執滯如是，甚可悲傷。**故有亡國戮民無已，**【注】皆有其身之禍。【疏】貪土地爲己有大寶，取之無道，國破家亡，殘害黎元，無數無窮已也。**不知問是也。**【注】不知問禍之所由，由乎有心，而修心以救禍也。【疏】世有明人，是爲龜鏡。不知問禍敗所由，唯惡貧賤，愚之至也。**故足之於地也踐，雖踐，恃其所不蹍而後善博也；**【疏】踐、蹍，俱履蹈也。夫足之能行，必履於地，仍賴不踐之土而後得行。若無餘地，則無由安善而致博遠也。此舉譬也。【釋文】恃其所不蹍女展反。李云：一足常不往，故能行廣遠也。○俞樾曰：兩「踐」字並當作「淺」，或字之誤，或古通用也。足之於地，止取容足而已，故曰「足之於地也淺」。然容足之外，雖皆無用之地，而不可廢也，故曰「雖淺，恃其所不蹍而後善博也」。外物篇曰：「夫地非不廣且大也，人之所用容足耳。然則厠足而墊之致黄泉，人尚有用乎？」即此義也。下文曰「人之知也少，雖少，恃其所不知，而後知天之所謂也」，「少」與「淺」文義相近。若作「踐」，則不可通矣。人之於知也少，雖少，恃其所不知而後知天之所謂也。【注】夫忘天地，遺萬物，然後蜩翼可得而知也，況欲知天之所謂，而可以不無其心哉？【疏】知有明暗，能有少多，各止其分，則物逍遥。是以地藉不踐而得行，心賴不知而能照。所以處寂養恬，天然之理，故老經云：「有之以爲利，無之以爲用。」此合喻也。

知大一，知大陰，知大目，知大均，知大方，知大信，知大定，至矣。【疏】此略標能知七大之名，可謂造極。自此以下歷解義。大一通之，【注】道也。【疏】一是陽數。大一，天也。能通生萬物，故曰通。大陰解之，【注】用其分內，則萬事無滯也。【疏】大陰，地也。無心運載，而無分解，物形之也。【釋文】解之音蟹。下同，又佳買反。大目視之，【注】用萬物之自見，亦大目也。【疏】各視其所見謂大目。大均緣之，【注】因其本性，令各自得，則大均也。【疏】緣，順也。大順則物物各性足均平。【釋文】令各力呈反。下同。大方體之，【注】體之使各得其分，則萬方俱得，所以爲大方也。

【疏】萬物之形，各有方術，蜘蛛結綱之類，斯體達之。大信稽之，【注】命之所期，無令越逸，斯大信也。【疏】信，實也。稽，至也。循而任之，各至其實，斯大信也。大定持之。【注】真不撓則自定，故持之以大定，斯不持也。【疏】物各信空，持而用之，其理空矣。【釋文】不撓乃孝反。盡有天，【注】夫物未有無自然者也。【疏】上來七大，未有不由其自然者也。循有照，【注】循之則明，無所作也。【疏】循，順也。但順其天然，智自明照。冥有樞，【注】至理有極，但當冥之，則得其樞要也。【疏】窈冥之理，自有樞機，而用之無勞措意也。【釋文】樞尺朱反。始有彼。【注】始有之者，彼也，故我述而不作也。【疏】郭注云：「始有之者，彼也，故我述而不作也。」則其解之也，似不解之者；【注】夫解任彼，則彼自解；解之無功，故似不解耳。【疏】體從彼學而解也，戒小成性，故不似解。其知之也，似不知之也；【注】明彼知也。【疏】能忘其知，故似不知也。不知而後知之。【注】我不知則彼知自用，彼知自用則天下莫不皆知也。【疏】不知而知，知而不知，非知而知，故不知而後知，此是真知。其問之也，不可以有崖，【注】應物宜無方也。而不可以無崖。【注】各以其分。頡滑有實，【注】萬物雖頡滑不同，而物物各自有實也。【疏】頡滑，不同也。萬物紛擾，頡滑不同，統而治之，咸資實道。【釋文】頡徐下結反。滑乎八反。向云：頡滑，謂錯亂也。古今不代，【注】各自有，故不可相代也。

【疏】古自在古，不從古以來今；今自存今，亦不從今以生古。物各有性，新故不相代換也。而不可以虧，【注】宜各盡其分也。【疏】時不往來，法無遷貿，豈賴古以爲今耶？則可不謂有大揚搉乎！【注】搉而揚之，有大限也。【疏】如上所問，其道廣大，豈不謂顯揚妙理而搉實論之乎？【釋文】揚搉音角，又苦學反。三蒼云：搉，敵也。許慎云：揚搉，粗略法度。王云：搉略而揚顯之。○典案：淮南子俶真篇「物豈可謂無大揚攉乎」，高注：揚攉，無慮大數名也。釋文引許慎注，即此篇之注也。淮南子有高誘、許慎二家注本，今本俶真篇乃高注本，字作「攉」，許本字自作「搉」也。闔不亦問是已，奚惑然爲！【注】若問其大搉，則物有至分，故忘己任物之理，可得而知也，奚爲而惑若此也？【疏】闔，何不也。奚，何。無識之類若夜游，何不詢問聖人？及其弱喪，而迷惑困苦如是，何爲也？以不惑解惑，復於不惑，是尚大不惑也。【注】夫惑不可解，故尚大不惑，愚之至也，是以聖人從而任之，所以皇王殊迹，隨世爲名也。【疏】不惑聖智，惑於凡情也。以聖智之言辨於凡惑，忘得反本，復乎真根，而不能得意忘言，而執乎聖迹，貴重明言，以不惑爲大，此乃欽尚不惑，豈能除惑哉？斯又遺於不惑也。○典案：「也」字舊敚，今依唐寫本補。【釋文】惑解佳買反。注同。復於音服，又扶又反。

莊子補正卷八下

雜篇　則陽第二十五　【釋文】以人名篇〔一〕。

則陽游於楚，【疏】姓彭，名陽，字則陽，魯人。游事諸侯，後入楚，欲事楚文王。【釋文】則陽司馬云：名則陽，字彭陽也。一云：姓彭，名則陽，周初人也。夷節言之於王，王未之見，夷節歸。【疏】夷姓，名節，楚臣也。則陽欲事於楚，故因夷節稱言於王，王既貴重，故猶未之見也。夷節所進未遂，故罷朝而歸家。【釋文】夷節楚臣。彭陽見王果曰：「夫子何不譚我於王？」【疏】王果，楚之賢大夫也。譚，猶稱説也。本亦有作言談字者。前因夷節，未得見王，後説王果，冀其談薦也。【釋文】王果司馬云：楚賢人。譚音談。本亦作「談」。李云：説也。郭徒堪反。徐徒暗反。王果曰：「我不若公閲休。」【疏】若，如也。公閲休，隱者之號也。王

〔一〕釋文以人名篇　此六字原無，據釋文補。

果賢人，嫌彭陽貪榮情速，故盛稱隱者，以抑其進趨之心也。【釋文】公閱休隱士也。閱，音悅。彭陽曰：「公閱休奚爲者邪？」【疏】奚，何也。既稱公閱休，言己不如，故問何爲，庶聞所以。曰：「冬則擉鼈於江，夏則休乎山樊。有過而問者，曰：『此予宅也。』」【注】言此者，以抑彭陽之進趨。【疏】擉，刺也。樊，傍也，亦茂林也。隆冬刺鼈，於江渚以逍遥；盛夏歸休，偃茂林而取適。既無環廡，故指山傍而爲舍。此略陳閱休之事迹也。【釋文】擉初角反，又敕角反。司馬云：刺也。郭音觸。徐丁緑反。一音捉。樊音煩。李云：傍也。司馬云：陰也。廣雅云：邊也。予宅司馬云：以隱居山陰自顯也。

「夫夷節已不能，而況我乎！吾又不若夷節。夫夷節之爲人也，無德而有知，不自許，以之神其交固，顛冥乎富貴之地，【注】言己不若夷節之好富貴，能交結，意盡形名，任知以干上也。【疏】顛冥，猶迷没也。言夷節交游堅固，意在榮華；顛倒迷惑，情貪富貴。實無真德，而有俗知，不能虚淡以從神，而好任知以干上。數數如此，猶自不能，況我守愚，若爲堪薦？此是王果謙遜之辭也。【釋文】有知音智。注同。顛冥音眠。司馬云：顛冥，猶迷惑也。言其交結人主，情馳富貴。非相助以德，相助消也。【注】苟進，故德薄而名消。【疏】消，毁損也。言則陽憑我談己於王者，此適可敗壞名行，必不益於盛德也。夫凍者假衣於春，暍者反冬乎冷風。【注】言己順四時之施，不能赴彭陽之急。【疏】夫遭凍之人，得衣則煖；被暍之者，遇水便活。乃待陽和以解凍，須寒風以救暍，雖乖人事，實順天時。履道達人，體無近惠，不進彭陽，其義亦爾。○典案：文有敚誤。淮南子俶真篇作「是故凍者假兼衣於春，而暍者望冷風於秋」，疑當作「夫凍者假衣於春，暍者望冷風於冬」。【釋文】暍音謁。字林云：傷暑也。之施始豉反。下同。

「夫楚王之爲人也，形尊而嚴，其於罪也，無赦如虎；非夫佞人正德，其孰能橈焉？【疏】儀形有南面之尊，威嚴據千乘之貴，赫怒行毒，猶如暴虎，戮辱蒼生，必無赦宥。自非大佞之人，不堪任使。若履正懷德之士，誰能屈撓心志而事之乎？【釋文】能橈乃孝反，又呼毛反。王云：惟正德以至道服之，佞人以才辯奪之，故能泥橈之也。

故聖人，其窮也使家人忘其貧，【注】淡然無欲，樂足於所遇，不以侈靡爲貴，而以道德爲榮，故其家人不識貧之可苦。【疏】禦寇居鄭，老萊在楚，妻孥窮窶而樂在其內。賢士尚然，況乎真聖，斯忘貧也。【釋文】淡然徒暫反。

其達也使王公忘爵祿而化卑。【注】輕爵祿而重道德，超然坐忘，不覺榮之在身，故使王公失其所以爲高。【疏】韜光爲窮，顯迹爲達。哀公德友於尼父，軒轅膝步於廣成，斯皆道在則尊，不拘品命，故能使萬乘之王、五等之君，化其高貴之心，而爲卑下之行也。○典案：淮南子俶真篇「是故與至人居，使家忘貧，使王公簡其富貴而樂卑賤」，文義與此略同。【釋文】而化卑居高而以卑爲本也。本或作「而化卑於人也」。

其於物也，與之爲娛矣；【注】不以爲物自苦。【疏】同塵涉事，與物無私，所造皆適，故未嘗不樂也。

其於人也，樂物之通而保己焉。【注】通彼人，不喪我。【疏】混迹人間，而無滯塞；雖復通物，而不喪我；動不傷寂，而常守於其真。【釋文】不喪息浪反。

故或不言而飲人以和，【注】人各自得，斯飲和矣，豈待言哉！【疏】蔭芘羣生，冥同蒼昊，中和之道，各得其心，滿腹而歸，豈勞言教！【釋文】而飲於鴆反。與人並立而使人化。【注】望其風而靡之。【疏】和光同塵，斯並立也。各反其真，斯人化也。父子之宜，彼其乎歸居，【注】使彼父父子子，各歸其所。【疏】雖復混同貴賤，而倫叙無虧，故父子君臣，各居其位，無相參冒，不亦宜乎！而一閒其所施。【注】其所施同天地之德，故閒靜而不二。【疏】所有施惠，與四時合叙，未嘗不閒暇從容，動靜不二。【釋文】一閒音閑。其於人心者若是其遠也。【疏】聖人之用心，其如上説，是以知其清高深遠也。故曰待公閱休。」【注】欲其釋楚王而從閱休，將以靜泰之風鎮其動心也。【疏】此總結也。

聖人達綢繆，【注】所謂玄通。【疏】綢繆，結縛也。夫達道聖人，超然縣解，體知物境空幻，豈爲塵網所羈？閱休雖未極乎道，故但託而説之也。【釋文】綢直周反。繆亡侯反。綢繆，猶纏綿也。又云：深奥也。周盡一體矣，【注】無外内而皆同照。【疏】夫智周萬物，窮理盡性，物我不二，故混同一體也。【釋文】周盡一體所鑒綢繆，精麄洞盡，故言周盡一體。一體，天也。而不知其然，性也。【注】不知其然而自然者，非性如何？【疏】能所相應，境智冥合，不知所以，莫辨其然，故與真性符會。復命搖作而以天爲師，【注】搖者自搖，作者自作，莫不復命而歸其天然也。【疏】反乎真根，復於本命，雖復搖動，順物而作，動静無心，合於天地，故師於二儀也。【釋文】復命摇作摇，動也。萬物動作生長，各有天然，則是復其命也。人則從而命之也。【注】此非赴名而高其迹。師性而動〔一〕，其迹自高，故人不能下其名也。【疏】命，名也。合道聖人，本無名字，爲有清塵可慕，故人從後而名之。【釋文】命之也命，名也。憂乎知而所行恒無幾時，其有止也若之何？【注】任知其行，則憂患相繼。【疏】任知爲物，憂患斯生，心靈易奪，所行無幾，攀緣念慮，寧有住時？假令神禹，無奈之何。【釋文】憂乎知音智。而所行恒無幾居豈反。時其有止也若之何王云：憂乎智，謂有爲者以形智不至爲憂也。不知用智必喪，喪而更以不智爲憂，及其智之所行，有弊無濟，故其憂患相接，無須臾停息。故曰：恒無幾時。其有止也，不能遺智去憂，非可憂如何？

生而美者，人與之鑑，不告則不知其美於人也。【注】鑑，鏡也。鑑物無私，故人美之。今夫鑑者，豈知鑑而鑑耶？生而可鑑，則人謂之鑑耳。若人不相告，則莫知其美於人，譬之聖人，人與之名。【疏】鑑，鏡也。告，語也。夫生明照，照物無私，人愛慕之，故名爲鏡。若人不相告語，明鏡本亦無名。此起譬也。【釋文】則不知其美於人生便有見物之美而爲無心，人與作名言鏡耳，故人美之。若不相告，即莫知其美於人。若知之，若不知之，若聞之，若不聞之，其可喜也終無

〔一〕師　世德堂本作「帥」。

已，【注】夫鑑之可喜，由其無情，不問知與不知，聞與不聞，來即鑑之，故終無已。若鑑由聞知，則有時而廢也。【疏】已，止也。夫鏡之照物，義在無情，不問怨親，照恒平等。若不聞而不知，鏡亦不照，既有聞知，鏡能照之，斯則事涉間奪，有時休廢矣，焉能久照乎？只爲凝照無窮，故爲人之所喜好也。○王念孫曰：「終無已」者，終，竟也，竟無已時也。人之好之亦無已，性也。【注】若性所不好，豈能久照？【疏】鏡之有照，出自天然，人之喜好，率乎造物，既非矯性，所以無窮。【釋文】好之呼報反。注同。聖人之愛人也，人與之名，不告則不知其愛人也。【注】聖人無愛若鏡耳。然而事濟於物，故人與之名，若人不相告，則莫知其愛人也。【疏】聖人澤被蒼生，恩流萬代，物荷其德，人與之名，更相告語，嘉號斯起。不若然者，豈有聖名乎？若知之，若不知之，若聞之，若不聞之，其愛人也終無已，【注】蕩然以百姓爲芻狗，而道合於愛人，故能無已。若愛之由乎聞知，則有時而衰也。【疏】夫聖德遐曠，接物無私，亭毒羣生，芻狗百姓，豈待知聞而後愛之哉？只爲慈救無偏，故德無窮已。此合喻也。人之安之亦無已，性也。【注】性之所安，故能久。【疏】安，定也。夫静而與陰同德，動而與陽同波，故無心於動静也。故能疾雷破山而恒定，大風振海而不驚，斯率其真性者也。若矯性僞情，則有時而動矣。故王弼云：「不性其情，焉能久行其企？」

舊國舊都，望之暢然，【注】得舊猶暢然，況得性乎？【疏】國都，喻其真性也。夫少失本邦，流離他邑，歸望桑梓，暢然喜歡。況喪道日淹，逐末來久，今既還原反本，故曰暢然。【釋文】暢然喜悦貌。**雖使丘陵草木之緡，**【注】緡，合也。【釋文】之緡民忍反。徐音昬。郭云：合也。司馬云：盛也。**入之者十九，猶之暢然。況見見聞聞者也，**【注】見所嘗見，聞所嘗聞，而猶暢然，況體其體，用其性也！【疏】緡，合也。舊國舊都，荒廢日久，丘陵險陋，草木叢生。入中相訪，十人識九，見所曾見，聞所曾聞，懷生之情，暢然歡樂。況喪道日久，流没生死，忽然反本，會彼真原，歸其重玄之鄉，見其至道之境，其爲樂也豈易言乎？【釋文】十九謂見十識九也。見見聞聞見所見，聞所聞。○俞樾曰：「緡」字釋文引司馬云：盛也。郭注云：合也。於義俱通。「入之者十九」，釋文曰：謂見十識九也。此未得其義。「入」者，謂入於丘陵草木所掩蔽之中也，「入之者十九」，則其出於外而可望見者止十之一耳，而猶覺暢然喜悦，故繼之曰「況見見聞聞者也」。郭注曰「見所嘗見，聞所嘗聞，而猶暢然」，則於「況見見聞聞」句不復可通，遂增益之曰「況體其體，用其性也」，於莊子本義不合矣。**以十仞之臺縣衆閒者也！**【注】衆之所習，雖危猶閒，況聖人之無危！【疏】七尺曰仞。臺高七丈，可謂危縣，人衆數登，遂不怖懼。習以性成，尚自寬閑，而況得真，何往不安者也！【釋文】臺縣音玄。衆閒音閑。注同。元嘉本作「閑」。○俞樾曰：此承「見見聞聞」而言。以十仞之臺，而縣於衆人耳目之閒，此人所共見共聞者，非猶夫丘陵草木之緡，入之者十九也，其爲暢然可知矣。郭注曰「衆之所習，雖危猶閒」，此誤讀「閒」爲「閑」，於義殊不可通。蓋由不解上文，故於此亦失其旨。

冉相氏得其環中以隨成，【注】冉相氏，古之聖王也。居空以隨物，物自成。【疏】冉相氏，三皇以前無爲皇帝也。環中之空也。言古之聖王，得真空之道，體環中之妙，故道順羣生，混成庶品。【釋文】冉相息亮反。注同。郭云：冉相氏，古聖王。○俞樾曰：路史循蜚紀有冉相氏。與物無終無始，無幾無時。【注】忽然與之俱往。【疏】無始，無過去；無終，無未來也。無幾無時，無見在也。體化合變，與物俱往，故無三時也。日與物化者，一不化者也，【注】日與物化，故常無我，常無我，故常不化也。【疏】順於日新，與物俱化者，動而常寂，故凝寂一道，嶷然不化。闔嘗舍之？【注】言夫爲者，何不試舍其所爲之乎？【疏】闔，何也。言體空之人，冥於造物，千變萬化，而與化俱往，曷嘗暫相捨離也？【釋文】嘗舍音捨。注同。夫師天而不得師天，【注】唯無所師，乃得師天。【疏】師者，倣傚之名。天者，自然之謂。夫大塊造物，率性而動，若有心師學，則乖於自然，故不得也。與物皆殉，其以爲事也若之何？【注】雖師天，猶未免於殉，奚足事哉？師天猶不足稱事，況又不師耶？【疏】徇者，逐也，求也。夫有心倣傚造化，而與物俱往者，此不率其本性也，奚足以爲脩其事業乎？尚有所求，故是徇也。夫師猶有稱徇，況捨己逐物，其如之何？【釋文】皆殉辭俊反。夫聖人未始有天，未始有人，未始有始，未始有物，【疏】夫得中聖人，達於至理，故能人天雙遣，物我兩忘。既曰無終，何嘗有始！率性合道，不復師天。與世偕行而不替，所行之備而不洫，其合之也若之何？【注】都無，乃冥合。【疏】替，廢也，堙塞也。混同人事，與世並行，接物隨時，曾無廢闕。然人間否泰，備經之矣，而未嘗堙塞，所遇斯通，無心師學，自然合道，如何倣傚，方欲契真？固不可也。【釋文】所行之備而不洫音溢。郭許的反。李虚域反，濫也。王云：壞敗也。無心偕行，何往而不至？故曰皆殉也。所行行備而物我無傷，故無壞敗也。

湯得其司御門尹登恒，爲之傅之，【注】委之百官，而不與焉。【疏】姓門，名尹。且言：門尹，官號也，姓登，名恒。殷湯聖人，忘懷順物，故得良臣御事，既爲師傅，玄默端拱而不爲也。【釋文】門尹登恒向云：門尹，官名。登恒，人名。爲之于僞反。下同。傅之音付。下同。不與音預。從師而不囿；【注】任其自聚，非囿之也；縱其自散，非解之也。【疏】從，任也。囿，聚也。虚淡無爲，委任師傅，終不積聚，而爲己功。得其隨成，爲之司其名；【注】司御之屬，亦能隨物之自然也，而湯得之，所以名寄於物而功不在己。【疏】良臣受委，隨物而成，推功司御，名不在己。之名嬴法，得其兩見。【注】名法者，已過之迹耳，非適足也。故曰：嬴然無心者，寄治於羣司，則其名迹，並見於彼。【疏】嬴然，無心也。見，顯也。成物之名，聖迹之法，並是師傅，而不與焉。故名法二事，俱顯於彼，嬴然閒放，功成弗居也。【釋文】之名嬴音盈。法得其兩見賢遍反。注同。得其隨成之道以司其名，名賓法立，故得兩見，猶人鑑之相得也。寄治直吏反。仲尼之盡慮，爲之傅之。【注】仲尼曰：「天下何思何慮！」慮已盡矣。若有纖芥之慮，豈得寂然不動，應感無窮，以輔萬物之自然也？【疏】傅，輔也。盡，絕也。孔丘聖人，忘懷絕慮，故能開化羣品，輔稟自然。若蘊纖芥有心，豈能坐忘應感？容成氏曰：「除日無歲，【注】今所以有歲而存日者，爲有死生故也。若無死無生，則歲日之計除。【疏】容成，古之聖王也。歲日者，時叙之名耳。爲計於時日，故有生死，生死無矣，故歲日除焉。【釋文】容成老子師也。○俞樾曰：漢書藝文志陰陽家有容成子十四篇，房中家又有容成陰道二十六卷，此即老子之師也。列子湯問篇「黃帝與容成子居空峒之上，同齋三月」，當是別一人。淮南本經篇「昔容成氏之時，道路雁行列處，託嬰兒於巢上，置餘糧於畝首，虎豹可尾，虺蛇可蹍，而不知其所由然」，此則當爲上古之君，即莊子胠篋之容成氏，與大庭、伯皇、中央、栗陸諸氏並稱者也。而高誘注乃云「容成氏，黃帝時造曆日者」，則以爲黃帝之臣矣。此以說列子湯問篇與黃帝同居空峒之容成氏乃爲得之，非此容成也。合諸說觀之，容成氏有三：黃帝之君，一也；黃帝之臣，二也；老子之師，三也。然老子生年究不可考，其師或即黃帝之臣，未可知也。無內無外。」【注】無彼我，則無內外也。【疏】內，我也。外，物也。爲計死生，故有內外，歲日既遣，物我何施？

魏瑩與田侯牟約，田侯牟背之。魏瑩怒，將使人刺之。【疏】瑩，魏惠王名也。田侯，即齊威王也，名牟，桓公之子，田恒之後，故曰田侯。齊、魏二國，約誓立盟，不相征伐。盟後未幾，威王背之，故魏侯瞋怒，將使人刺而殺之。其盟在齊威二十六年，魏惠八年。【釋文】魏瑩郭本作「罃」，音瑩磨之瑩。今本多作「瑩」，乙耕反。司馬云：魏惠王也。與田侯一本作「田侯牟」。司馬云：田侯，齊威王也，名牟，桓公子。案史記威王名因，不名牟。○俞樾曰：史記威王名因齊。田齊諸君，無名牟者，惟桓公名午，與「牟」字相似，「牟」或「午」之譌。然齊桓公午與梁惠王又不相值也。背之音佩。刺之七賜反。犀首聞而耻之，曰：「君爲萬乘之君也，而以匹夫從讎。【疏】犀首，官號也，如今虎賁之類。公家之孫名衍爲此官也。諸侯之國，革車萬乘，故謂之君也。匹夫者，謂無官職，夫妻相匹偶也。從讎，猶報讎也。夫君人者，一怒則伏尸流血，今乃令匹夫行刺，單使報讎，非萬乘之事，故可羞。【釋文】犀首魏官名也。司馬云：若今虎牙將軍，公孫衍爲此官。元嘉本作「齒首」。萬乘繩證反。衍請受甲二十萬，爲君攻之，虜其人民，係其牛馬，【疏】將軍孫衍請專命受鉞，率領甲卒二十萬人，攻其齊城，必當獲勝。於是擄掠百姓，羈係牛馬，緒勳酬賞，分布軍人也。【釋文】爲君于僞反，下「請爲君」同。使其君內熱發於背，然後拔其國。忌也出走，然後抶其背，折其脊。」【疏】姓田，名忌，齊將也。抶、折，繫也。國破人亡，而懷恚怒，故熱氣蘊於心，癰疽發於背也。國既傾拔，獲其主將，於是擊抶其背，打折腰脊，旋師獻凱，不亦快乎！【釋文】忌也出走忌畏而走。或言圍之也。元嘉本「忌」作「亡」。抶敕一反。三蒼云：擊也。郭云：秩，又豬栗反。折其之舌反。

季子聞而耻之，曰：「築十仞之城，城者既十仞矣，則又壞之，此胥靡之所苦也。【疏】季，姓也；子者，德之稱；魏之賢臣也。胥靡，徒役人也。季子懷道，不用征伐，聞犀首請兵，羞而進諫。夫七丈之城，用功非少，城就成矣，無事壞之，此乃徒役之人濫遭辛苦。此起譬也。○典案：疏「子者，德之稱」，「德」上敚「有」字。下「華，姓；子，有德稱」，可證。【釋文】季子魏臣。○俞樾曰：下「十」字疑「七」字之誤。「城者既七仞」，則雖未十仞，而去十仞不遠矣，故壞之爲可惜。若既十仞，則直謂之已成可耳，不當言「既十仞」也。下文曰「今兵不起七年矣，此王之基也」，明是以七仞喻七年，其爲字誤無疑。又壞音怪。今兵不起七年矣，此王之基也。衍亂人，不可聽也。」【疏】干戈靜息，已經七年，偃武修文，王者洪基。犀首方爲禍亂，不可聽從。

華子聞而醜之，曰：「善言伐齊者，亂人也。善言勿伐者，亦亂人也。謂伐之與不伐亂人也者，又亂人也。」【疏】華，姓；子，有德稱。亦魏之賢臣也。善巧言伐齊者，謂興動干戈，故是禍亂之人，此公孫衍也；善言勿伐者，意在王之洪基，勝於敵國，有所解望，故是亂人，斯季子也。謂伐與不伐亂人者，未能忘言行道，猶以是非爲心，故亦未免爲亂人，此華子自道之辭也。【釋文】華子亦魏臣也。君曰：「然則若何？」【疏】華子遣蕩既深，王不測其所以，故問言旨，意趣如何。曰：「君求其道而已矣。」【疏】夫道清虛淡漠，物我兼忘，故勸求之，庶其寡欲，必能履道，爭奪自消。

惠子聞之，而見戴晉人。【疏】戴晉人，梁之賢者也，姓戴，字晉人。惠施聞華子之清言，猶恐魏王之未悟，故引戴晉，庶解所疑。【釋文】惠子惠施也。而見賢遍反。下同。戴晉人梁國賢人，惠施薦之於魏王。戴晉人曰：「有所謂蝸者，君知之乎？」曰：「然。」【注】蝸至微，而有兩角。【疏】蝸者，蟲名，有類小螺也，俗謂之黃犢，亦謂之蝸牛，有四角。君知之不？曰然，魏王答云：我識之矣。【釋文】蝸音瓜。郭音戈。李云：蝸，蟲，有兩角，俗謂之蝸牛。三蒼云：小牛螺也。一云：俗名黃犢。「有國於蝸之左角者，曰觸氏；有國於蝸之右角者，曰蠻氏。時相與争地而戰，伏尸數萬，逐北旬有五日而後反。」【注】誠知所争者若此之細也，則天下無争矣。○典案：御覽三百十三引此注以爲正文。【疏】蝸之兩角，二國存焉，蠻氏頻相戰争，殺傷既其不少，進退亦復淹時。此起譬也。【釋文】數萬色主反。逐北如字，又音佩。軍走曰北。君曰：「噫！其虛言與？」【疏】所言奇譎，不近人情，故發噫歎，疑其不實也。【釋文】曰噫於其反。言與音餘。曰：「臣請爲君實之。【疏】必謂虛言，請陳實録。君以意在四方上下有窮乎？」【疏】君以意測四方上下有極不？因斯理物，又質魏侯。君曰：「無窮。」【疏】魏侯答云：上下四方，竟無窮已。曰：「知遊心於無窮，而反在通達之國，【注】人迹所及爲通達，謂今四海之内也。若存若亡乎？」【疏】人迹所接爲通達也。存，有也。亡，無也。遊心無極之中，又比九州之内，語其大小，可謂如有如無也。君曰：「然。」【注】今自以四海爲大，然計在無窮之中，若有若無也。【疏】然，猶如此也。謂所陳之語不虛也。曰：「通達之中有魏，【注】謂魏國在四海之中。於魏中有梁，【疏】昔在河東，國號爲魏，魏爲强秦所逼，徙都於梁。梁從魏而有，故曰魏中有梁也。於梁中有王。王與蠻氏有辯乎？」【疏】辯，别也。王之一國，别於六合，欲論大小，如有如無，與彼蠻氏，有何差異？此合譬也。君曰：「無辯。」【注】王與蠻氏，俱有限之物耳。有限則不問大小，俱不得與無窮者計也，雖復天地共在無窮之中，皆蔑如也。況魏中之梁，梁中之王，而足爭哉？【疏】自悟己之所爭與蝸角無別也。【釋文】雖復扶又反。客出而君惝然若有亡也。【注】自悼所爭者細。【疏】惝然，悵恨貌也。晉人言畢，辭出而行。君覺己非，惝然悵恨，心之悼矣，恍然如失。【釋文】惝音敞。字林云：惘也。又吐蕩反。

客出，惠子見。君曰：「客，大人也，聖人不足以當之。」【疏】聖人，謂堯、舜也。晉人所談，其理宏博，堯、舜之行，不足以當。惠子曰：「夫吹筦也，猶有嗃也；吹劍首者，吷而已矣。堯、舜，人之所譽也；道堯、舜於戴晉人之前，譬猶一吷也。」【注】曾不足聞。【疏】嗃，大聲。吷，小聲也。夫吹竹管，聲猶嗃大，若吹劍環，聲則微小。唐堯俗中所譽，若於晉人之前盛談斯道者，亦何異乎吹劍吷聲，曾無足可聞也。【釋文】筦音管，本亦作「管」。嗃許交反，管聲也。玉篇呼洛反，又呼教反。廣雅云：鳴也。劍首司馬云：謂劍環頭小孔也。吷音血，又呼悅反。司馬云：吷然如風過。所譽音餘。

孔子之楚，舍於蟻丘之漿。【疏】螘丘，丘名也。漿，賣漿水之家也。仲尼適楚而爲聘使，路傍舍息於賣漿水之家，其家住在丘下，故以丘爲名也。【釋文】蟻丘魚綺反。李云：蟻丘，山名。之漿李云：賣漿家。司馬云：謂逆旅舍，以菰蔣草覆之也。○典案：司馬本作「蔣」是也。淮南子原道篇「上漏下溼，潤浸北房，雪霜滾灖，浸潭苽蔣」，亦正以「蔣」爲草舍。成不得其義，以賣漿水之家釋之，非是。藝文類聚八十二、御覽九百九十九引苙作「蔣」。

其鄰有夫妻臣妾登極者，子路曰：「是稯稯何爲者邪？」【疏】極，高也。總總，衆聚也。孔丘應聘，門徒甚多，車馬威儀，驚異常俗，故漿家鄰舍，男女羣聚，共登賣漿觀視仲尼。子路不識，是以怪問。【釋文】登極司馬云：極，屋棟也。升之以觀也。一云：極，平頭屋也。稯稯音總，字亦作「總」。李云：聚貌。本又作「稯」。一本作「稷」，初力反。**仲尼曰：「是聖人僕也。**【疏】古者淑人君子，均號聖人，故孔子名宜僚爲聖人也。言臣妾登極，聚衆多者，是市南宜僚之僕隸也。【釋文】聖人僕謂懷聖德而隱僕隸也。司馬本「僕」作「樸」，謂聖人壞樸也。

是自埋於民，【注】與民同。**自藏於畔。**【注】進不榮華，退不枯槁。【疏】混迹泥滓，同塵氓俗，不顯其德，故自埋於民也。進不榮華，退不枯槁，隱顯出處之際，故自藏於畔也。【釋文】藏於畔王云：脩田農之業，是隱藏於壠畔。**其聲銷，**【注】損其名也。【釋文】銷音消。司馬云：小也。捐其本亦作「損」。**其志無窮，**【注】規是生也。【疏】聲，名也。消，滅也。一榮辱，故毁滅其名；冥至道，故其心無極。**其口雖言，其心未嘗言，**【注】所言者皆世言。【疏】口應人間，心恒凝寂，故不言而言，言未嘗言。**方且與世違，而心不屑與之俱。**【注】心與世異。【疏】道與俗反，固違於世，虛心無累，不與物同，此心迹俱異也。【釋文】不屑屑，絜也，不絜世也。本或作「肯」。**是陸沈者也，**【注】人中隱者，譬無水而沈也。【疏】寂寥虛淡，譬無水而沈，謂陸沈也。【釋文】陸沈司馬云：當顯而反隱，如無水而沈也。○典案：論衡謝短篇：「夫知古不知今，謂之陸沈。」是其市南宜僚邪？」【疏】姓熊，字宜僚，居於市南，故謂之市南宜僚也。

子路請往召之，【疏】由聞宜僚陸沈賢士，請往就舍召之。孔子曰：「已矣！【疏】已，止也。彼必不來，幸止勿喚。彼知丘之著於己也，【注】著，明也。知丘之適楚也，以丘爲必使楚王之召己也，彼且以丘爲佞人也。【疏】彼，宜僚也。著，明也。知丘明識宜僚是陸沈賢士，又知適楚，必向楚王薦召之，如是則用丘爲諂佞之人也。夫若然者，其於佞人也羞聞其言，而況親見其身乎？【疏】陸沈之人，率性誠直，其於邪佞，恥聞其言，況自視其形，良非所願。而何以爲存？」【注】不如舍之，以從其志。【疏】而，汝也。存，在也。匿影銷聲，久當逃避，汝何爲請召，謂其猶在？子路往視之，其室虛矣。【注】果逃去也。【疏】仲由無鑑，不用師言，遂往其家，庶覿盛德，而辭聘情切，宜僚已逃，其屋虛矣。

長梧封人問子牢曰：「君爲政焉勿鹵莽，治民焉勿滅裂。【注】鹵莽滅裂，輕脫末略，不盡其分。【疏】長梧，地名，其地有長樹之梧，因以名焉。封人也，即此地守疆之人。子牢，孔子弟子，姓琴，宋卿也。爲政，行化也。治民，宰割也。鹵莽，不用心也。滅裂，輕薄也。夫民爲邦本，本固則邦寧，唯當用意養人，亦不可輕爾搔擾。封人有道，故戒子牢。【釋文】長梧封人長梧，地名。封人，守封疆之人。子牢司馬云：即琴牢，孔子弟子。鹵音魯。莽莫古反，又如字。滅裂猶短草也。李云：謂不熟也。郭云：鹵莽滅裂，輕脱末略，不盡其分也。司馬云：鹵莽，猶麤粗也，謂淺耕稀種也。滅裂，斷其草也。**昔予爲禾，耕而鹵莽之，則其實亦鹵莽而報予；芸而滅裂之，其實亦滅裂而報予。**【疏】爲禾，猶種禾也。芸，拔草也。耕地不深，鉏治不熟，至秋收時，嘉實不多，皆由疏略，故致斯報也。【釋文】芸音云，除草也。**予來年變齊，深其耕而熟耰之，〔産〕功盡其分，無爲之至。**【釋文】變齊才細反。司馬如字，云：變更也，謂變更所法也。齊，同也。耰音憂。司馬云：鋤也。廣雅云：推也。字林云：摩田器也。**其禾蘩以滋，予終年厭飧。」**【疏】變，改也。耕，治也。耰，芸也。去歲爲田，亟遭飢餒，今年藝植，故改法深耕。耕犁既深，鉏耰又熟，於是禾苗蘩茂，子實滋榮，寬歲足飧，故其宜矣。【釋文】厭飧音孫。本又作「飧」。

莊子聞之，曰：「今人之治其形，理其心，多有似封人之所謂，【疏】今世之人，澆浮輕薄，馳情欲境，倦而不休，至於治理心形，例如封人所謂。莊周聞此，因而論之。**遁其天，離其性，滅其情，亡其神，以衆爲。**【注】夫遁離滅亡，以衆爲之所致也。若各至其極，則何患也？【疏】逃自然之理，散淳和之性，滅真實之情，失養神之道者，皆以徇逐分外，多滯有爲故也。【釋文】離其力智反。下同。以衆爲如字。王云：凡事所可爲者也。遁離滅亡，皆由衆爲。衆爲，所謂鹵莽也。司馬本作「爲僞」。**故鹵莽**

其性者，欲惡之孽，爲性萑葦。【注】萑葦害黍稷，欲惡傷正性。【疏】萑葦，蘆也。夫欲惡之
心，多爲妖孽。萑葦害黍稷，欲惡傷真性，皆由鹵莽浮僞，故致其然也。【釋文】欲惡烏路反。注並同。之孽魚列反。
萑音丸，葦類。葦于鬼反，蘆也。蒹葭，始萌以扶吾形，【注】形扶疎則神氣傷。【疏】蒹葭，亦蘆也。
夫穢草初萌，尚易除翦，及扶疎盛茂，必害黍稷。亦猶欲心初萌，尚易止息，及其昏溺，戒之在微。故老子云：「其未兆易
謀也。」【釋文】蒹古恬反，薕也。葭音加，亦蘆也。○俞樾曰：「爲性萑葦蒹葭」六字爲句。郭於「萑葦」下出注云「萑葦
害黍稷，欲惡傷正性」，此失其讀也。「始萌以扶吾形，尋擢吾性」，與「始」相對爲義，「尋」之言寖尋也。漢書郊祀志「寖尋
於泰山矣」，晉灼曰：「尋，遂往之意也。」「始萌以扶吾形」，言其始若足以扶助吾形也；「尋擢吾性」，言寖尋既久，則拔擢吾
性也。郭解「扶吾形」曰「形扶疎則神氣傷」，亦爲失之。尋擢吾性；【注】以欲惡引性，不止於當。
【疏】尋，引也。擢，拔也。以欲惡之事誘引其心，遂使拔擢真性，不止於當也。並潰漏發，不擇所出，漂疽
疥癰，内熱溲膏是也。」【注】此鹵莽之報也。故治性者，安可以不齊其至分？【疏】潰漏，
人冷瘡也。漂疽，熱毒腫也。癰，亦疽之類也。溲膏，溺精也。耽滯物境，没溺聲色，故致精神昏亂，形氣虚羸，衆病發
動，不擇處所也。【釋文】並潰回内反。漏發李云：謂精氣散泄，上潰下漏，不擇所出也。漂本亦作「瘭」。徐敷妙
反，又匹招反。一音必招反。疽七餘反。瘭疽，謂瘡膿出也。疥音界。溲本或作「廋」，所求反。膏司馬云：謂虚勞
人尿上生肥白沫也。皆爲利欲感動，失其正氣，不如深耕熟耰之有實。不齊才細反，又如字。

柏矩學於老聃，曰：「請之天下遊。」【疏】柏，姓；矩，名。懷道之士，老子門人也。請遊行宇内，觀風化，察物情也。【釋文】柏矩有道之人。老聃曰：「已矣！天下猶是也。」【疏】老子止之，不許其往，言天下物情，與此處無别也。又請之。老聃曰：「汝將何始？」【疏】鄭重殷勤，所請不已，方問行李，欲先往何邦？曰：「始於齊。」【疏】柏矩魯人，與齊相近，齊人無道，欲先行也。

至齊，見辜人焉，推而强之，解朝服而幕之，【疏】游行至齊，以觀風化，忽見罪人，刑戮而死。於是推而强之，令其正卧，解取朝服，幕而覆之。【釋文】辜辜，罪也。李云：謂應死人也。元嘉本作「幸人」。○俞樾曰：釋文「辜，罪也。李云：謂應死人也」，此失其義。「辜」謂辜磔也。周官掌戮「殺王之親者辜之」，鄭注：辜之言枯也，謂磔之。是其義。漢景帝紀「改磔曰棄市」，顔注：磔，謂張其尸也。是古之辜磔人者，必張其尸於市，故柏矩推而强之，解朝服而幕之也。强之其良反。字亦作「殭」。朝服直遥反。幕音莫。司馬云：覆也。號天而哭之，曰：「子乎子乎！天下有大菑，子獨先離之，曰莫爲盜！莫爲殺人！【注】殺人大菑，謂自此以下事。大菑既有，則雖戒以莫爲，其可得已乎？【疏】離，罹也。菑，禍也。號叫上天，哀而大哭，愍其枉濫，故重曰「子乎」。爲盜殺人，世間大禍，子獨何罪，先此遭罹？大菑之條，具列於下。又解：所謂辜人，則朝士是也。言其强相推讓，以被朝服，重爲羅網，以羅黎元，故告天哭之，明菑由斯起。預張之網，列在下文。○俞樾曰：「子乎子乎」，乃歎辭也。詩綢繆「子兮子兮」，毛傳：子兮者，嗟茲也。管子小稱篇「嗟茲乎，聖人之言長乎哉」，說苑貴德篇曰「嗟茲乎，我窮必矣」，竝以嗟茲爲歎辭，說詳經義述聞。此云「子乎子乎」，正與「子兮子兮」同義，「子」當讀爲「嗞」。釋文「子」字不作音，蓋失其義久矣。【釋文】號天户刀反。大菑音哉。離之離，著也。榮辱立，然後覩所病；【注】各自得，則無榮辱。得失紛紜，故榮辱立；榮辱立，則夸其所謂辱，而跂其所謂榮矣。奔馳乎夸跂之間，非病如何？【疏】軒冕爲榮，戮恥爲辱，奔馳取舍，非病如何？貨財聚，然後覩所爭。【注】若以知足爲富，將何爭乎？【疏】珍寶彌積，馳競斯起。今立人之所病，聚人之所爭，窮困人之身，使無休時，欲無至此，得乎？【注】上有所好，則下不能安其本分。【疏】賞之以軒冕，玩之以珠璣，遂使羣品奔馳，困而不止。欲令各安本分，其可得乎？【釋文】所好呼報反。古之君人者，以得爲在民，以失爲在己；【注】君莫之失，則民自得矣。【疏】推功於物，故以得在民；受國不祥，故以失在己。以正爲在民，以枉爲在己；【注】君莫之枉，則民自正。【疏】無爲任物，正在民也；引過責躬，枉在己也。故一形有失其形者，退而自責。【注】夫物之形性，何爲而失哉？皆由人君撓之，以至斯患耳，故自責。【疏】夫人受氣不同，稟分斯異，令各任其能，則物皆自得。若有一物失所，虧其形性者，則引過歸己，退而責躬。昔殷湯自翦，千里來霖是也。今則不然。【疏】步驟殊時，澆淳異世，故今之馭物者，則不復如此也。匿爲物而愚不識，【注】反其性，匿也；用其性，顯也。故爲物所顯則皆識。【疏】所作憲章，皆反物性，藏匿罪名，愚妄不識，故罪名者衆也。○馬叙倫曰：吕氏春秋適威篇曰「煩爲教而過不識，數爲令而非不從，巨爲危而罪不敢，重爲任而罰不勝」，與此文義相似。「匿爲物而愚不識」，義不可通。「匿」疑借爲「縟」，「物」借爲「命」，「愚」當從一本作「遇」，「遇」爲「適」誤。典案：吕氏春秋適威篇之「過不識」、「非不從」、「罪不敢」、「罰不勝」，皆罪責之義。莊子此文曰「罪不敢」、「罰不勝」、「誅不至」，亦皆謂不如令則誅耳。「識」字與吕覽合，自非誤字，「匿爲物而愚不識」，義謂法令滋章而責不識者之愚，不必改字釋之。淮南子齊俗篇「亂世之法，高爲量而罪不及，重爲任而罰不勝，危爲禁而誅不敢」，文義亦與此相似，「匿爲物而愚不識」，與「高爲量而罪不及」之義相類。【釋文】匿女力反。爲物而愚一本作「遇」。○俞樾曰：下文「大爲難而罪不敢」，「重爲任而罰不勝」，「遠其塗而誅不至」，曰「罪」，曰「罰」，曰「誅」，皆謂加之以刑也，此曰「愚」，則與下文不一律矣。釋文曰：「愚」，一本作「遇」。「遇」疑「過」字之誤。廣雅釋詁曰：過，責也。因其不識而責之，是謂「過不識」。吕覽適威篇曰「煩爲教而過不識，數爲令而非不從，巨爲危而罪不敢，重爲任而罰不勝」，與此文義相似，而正作「過不識」，高誘注訓「過」爲責，可據以訂此文之誤。「過」誤爲「遇」，又臆改爲「愚」耳。不識反物性而强令識之。大爲難而罪不敢，【注】爲物所易則皆敢。【疏】法既難定，行之不易，故決定違者，斯罪之也。【釋文】大爲難而罪不敢王云：凡所施爲者，皆用物之所能，則莫不易而敢矣。而故大爲艱難，令出不能，物有不敢者，則因罪之。所易以豉反。

重爲任而罰不勝，【注】輕其所任則皆勝。【釋文】不勝音升。注同。遠其塗而誅不至。【注】適其足力則皆至。【疏】力微事重，而責其不勝，路遠期促，而罰其後至，皆不可也。民知力竭，則以僞繼之，【注】將以避誅罰也。【疏】智力竭盡，不免誅罰，懼罰情急，故繼之以僞。【釋文】民知音智。下同。日出多僞，士民安取不僞？【注】主日興僞，士民何以得其真乎？【疏】譎僞之風，日日而出，僞衆如草，於何待真？夫力不足則僞，知不足則欺，財不足則盜。盜竊之行，於誰責而可乎？【注】當責上也。【疏】夫知力窮竭，譎僞必生；賦斂益急，貪盜斯起。皆由主上無德，法令滋彰，未能忘愛釋私，不貴珍寶。當責在上，豈罪下民乎？

蘧伯玉行年六十而六十化，【注】亦能順世而不係於彼我故也。【疏】姓蘧，名瑗，字伯玉，衛之賢大夫也。盛德高明，照達空理，故能與日俱新，隨年變化。【釋文】蘧其居反。未嘗不始於是之而卒詘之以非也，【注】順物而暢物情之變然也。【疏】初履之年，謂之爲是，年既終謝，謂之爲非，一歲之中而是非常出，故始時之是終詘爲非也。【釋文】詘起勿反。廣雅云：曲也。郭音黜。未知今之所謂是之非五十九非也。【注】物情之變，未始有極。【疏】故變爲新，以新爲是；故已謝矣，以故爲非。然則去年之非，於今成是；今年之是，來歲爲非。是知執是執非，滯新執故者，倒置之流也。故容成氏曰「除日無歲」。蘧瑗達之，故隨物化也。萬物有乎生而莫見其根，有乎出而莫見其門。【注】無根無門，忽爾自然，故莫見也。唯無其生，亡其出者，爲能覩其門而測其根也。【疏】隨變而生，生無根原；任化而出，出無門户。既曰無根無門，故知無生無出。生出無門，理其如此，何年歲之可像乎？人皆尊其知之所知，而莫知恃其知之所不知而後知，可不謂大疑乎？【注】我所不知，物有知之者矣，故用物之知，則無所不知，獨任我知，知甚寡矣。今不恃物以知而自尊知，則物不告我，非大疑如何？【疏】所知者，俗知也。所不知者，真知也。流俗之人，皆尊重分别之知，鋭情取捨，而莫能賴其分别之知以照真原，可謂大疑惑之人也。已乎已乎！且無所逃。【注】不能用彼，則寄身無地。【疏】已，止也。夫鋭情取捨，不〔如〕〔知〕休止，必遭禍患，無處逃形。此所謂然與，然乎？【注】自謂然者，天下未之然也。【疏】各然其所然，各可其所可，彼我相對，孰是孰非乎？【釋文】然與音餘，又如字。然乎言未然。

仲尼問於大史大弢、伯常騫、狶韋，【疏】太史，官號也。下三人，皆史官之姓名也。所問之事，次列下文。【釋文】大史音太。大弢吐刀反。人名。伯常騫起虔反。人名。狶本亦作「俙」，同。虚豈反，又音希。郭音郗。李音熙。韋李云：狶韋者，太史官名。曰：「夫衛靈公飲酒湛樂，不聽國家之政，田獵畢弋，不應諸侯之際，其所以爲靈公者何邪？」【疏】畢，大網也。弋，繩繫箭而射也。庸猥之君，淫聲嗜酒，捕獵禽獸，不聽國政；會盟交際，不赴諸侯。汝等史官，應須定謚，無道如此，何爲謚靈？【釋文】

湛丁南反。樂之久也。李常淫反。樂音洛。不應應對之應。諸侯之際司馬云：盟會之事。大弢曰：「是因是也。」【注】「靈」即是無道之謚也。【疏】依周公謚法「亂而不損曰靈」，「靈」即無道之謚也。此是因其無道，謚之曰「靈」，故曰「是因是也」。伯常騫曰：「夫靈公有妻三人，同濫而浴。【注】男女同浴，此無禮也。【釋文】同濫徐胡暫反。或力暫反。浴器也。○碧虛子校引張君房本「濫」作「檻」。奚侗曰：「濫」借爲「鑑」，説文曰：鑑，大盆也。典案：奚説是也。呂氏春秋節喪篇「鍾鼎壺濫」，高注：以冰置水漿於其中爲濫，取其冷也。周禮「春始治鑑」。或込水，亦作「𦉥」、「𤮍」。左襄九年傳正義引周禮作「𦉥」。墨子節喪篇「又必多爲屋幕、鼎鼓、几梃、壺濫、戈劍、羽毛、齒革，寢而埋之」，「濫」亦言浴器也。史鰌奉御而進所，搏幣而扶翼。【注】以鰌爲賢，而奉御之勞，故搏幣而扶翼之，使其不得終禮，此其所以爲肅賢也。幣者，奉御之物。【疏】濫，浴器也。姓史，字魚，衛之賢大夫也。幣，帛也。又謚法「德之精明曰靈」，男女同浴，使賢人進御，公見史魚良臣，深懷愧悚，假遣人搏捉幣帛，令扶將羽翼，慰而送之，使不終其禮，敬賢如此，便是明君，故謚爲「靈」，「靈」則有道之謚。【釋文】史鰌音秋。司馬云：史魚也。所搏音博。幣郭作「幣帛也」。徐扶世反。司馬音蔽，云：引衣裳自蔽。而扶翼司馬云：謂公及浴女相扶翼自隱也。此殊郭義。其慢若彼之甚也，見賢人若此其肅也，是其所以爲靈公也。」【注】欲以肅賢，補其私慢，「靈」有二義，不可謂善，故仲尼問焉。【疏】男女同浴，嬌慢之甚；忽見賢人，頓懷肅敬。用爲有道，故謚「靈」也。狶韋曰：「夫靈公也，死卜葬於故墓，不吉；卜葬於沙丘而吉。掘之數仞，得石槨焉，洗而視之，有銘焉，曰：『不馮其子，靈公奪而里之。』夫靈公之爲靈也久矣，【注】子，謂蒯聵也。言不馮其子，靈公將奪女處也。夫物皆先有其命，故來事可知也。是以凡所爲者，不得不爲；凡所不爲者，不可得爲。而愚者以爲之在己，不亦妄乎？【釋文】故墓一本作「大墓」。沙丘地名。掘之其月反，又其勿反。數仞所主反。洗而西禮反。不馮音憑。○典案：御覽五十三引「馮」作「憑」。其子靈公郭讀絕句。司馬以「其子」字絕句，云：言子孫不足可憑，故使公得此處爲冢也。奪而里而，汝也。里，居處也。一本作「奪而埋之」。○典案：御覽五十三引作「奪而埋之」，與釋文一本合。文選幽通賦注引「里」作「理」，疑亦「埋」之誤。蒯起怪反。聵五怪反。蒯聵，衛莊公名。女處音汝。下昌慮反。之二人何足以識之！」【注】徒識已然之見事耳，未知已然之出於自然也。【疏】沙丘，地名也，在盟津河北。子，蒯聵也。欲明人之名諡，皆定於未兆，非關物情而有升降。故沙丘石槨，先有其銘，豈馮蒯聵方能奪葬？史與常騫詎能識邪？【釋文】之見賢遍反。

少知問於大公調，【疏】智照狹劣，謂之少知。太，大也。公，正也。道德廣大，公正無私，復能調順羣物，故謂之太公調。假設二人，以論道理。【釋文】大公音泰。下同。曰：「何謂丘里之言？」【疏】古者十家爲丘，二十家爲里。鄉閭丘里，風俗不同，故假問答，以辯之也。【釋文】丘里之言李云：四井爲邑，四邑爲丘，五家爲鄰，五鄰爲里。古者鄰里井邑，土風不同，猶今鄉曲各自有方俗，而物不齊同。大公調曰：「丘里者，合十姓百名而以爲風俗也。【疏】采其十姓，取其百名，合而論之，以爲風俗也。【釋文】十姓百名一姓爲十人，十姓爲百名，則有異有同，故合散以定之。合異以爲同，散同以爲異。今指馬之百體而不得馬，而馬係於前者，立其百體而謂之馬也。【疏】如采丘里之言以爲風俗，斯合異以爲同也。一人設教，隨方順物，斯散同以爲異也。亦猶指馬百體，頭尾腰脊，無復是馬，此散同以爲異也；而係於前見有馬，此合異以爲同也。是故丘山積卑而爲高，江河合水而爲大，大人合并而爲公。【注】無私於天下，則天下之風一也。【疏】積土石以成丘山，聚細流以成江海，亦猶聖人無心，隨物施教，故能并合八方，均一天下，華夷共履，遐邇無私。○典案：「河」當爲「海」，字之誤也。疏「聚細流以成江海」是其證。【釋文】積卑如字，又音婢。合水一本作「合流」。○俞樾曰：「水」乃「小」字之誤。卑、高，小、大，相對爲文。合并而爲公合羣小之稱以爲至公之一也。是以自外入者，有主而不執；【疏】自，從也。謂聖人之教，從外以入，從中而出，隨順物情，故居主竟無所執也。由中出者，有正而不距。【注】自外入者，大人之化也；由中出者，民物之性也。性各得正，故民無違心；化必至公，故主無所執。所以能合丘里而并天下，一萬物而夷羣異也。【疏】由，亦從也。謂萬物黔黎，各有正性，率心而出，稟受皇風，既合物情，故順而不距。四時殊氣，天不賜，故歲成；【注】殊氣自有，故能常有。若本無之，而由天賜，則有時而廢。【疏】賜，與也。夫春暄夏暑，秋凉冬寒，稟之自然，故歲叙成立。若由天與之，則有時而廢矣。【釋文】天不賜賜，與也。五官殊職，君不私，故國治；【注】殊職自有其才，故任之耳，非私而與之。【疏】五官，謂古者法五行置官也。春官秋官，各有司職，君王玄默，委任無私，故致宇内清夷，國家寧泰也。【釋文】國治直吏反。文武大人不賜，故德備；【注】文者自文，武者自武，非大人所賜也。若由賜而能，則有時而闕矣，豈唯文武，凡性皆然。【疏】文相武將，量才授職，各任其能，非聖與也。無私於物，故道德圓備。萬物殊理，道不私，故無名。【疏】夫羣物不同，率性差異，或巢居穴處，走地飛空，而亭之毒之，咸能自濟。物各得理，故無功也。無名故無爲，無爲而無不爲。【注】名止於實，故無爲；實各自爲，故無不爲。【疏】功歸於物，故爲無爲；不執此無〔一〕，而無不爲。時有終始，世有變化。【注】故無心者斯順。【疏】時，謂四叙，遞代循環。世，謂人事，遷貿不定。禍福淳淳，【注】流行反覆。【疏】淳淳，流行貌。夫天時寒暑，流謝不常，人情禍福，何能久定？故老經云「禍兮，福所倚；福兮，禍所伏」也。【釋文】淳淳

〔一〕無　集釋中華本作「爲」。

如字。王云：流動流貌。反覆芳服反。至有所拂者而有所宜；【注】於此爲戾，於彼或以爲宜。【疏】拂，戾也。夫物情向背，蓋無定準，故於此乖戾者，或於彼爲宜。是以達道之人，不執逆順也。【釋文】所拂扶弗反，戾也。又音弗，又音弼。自殉殊面，【注】各自信其所是，不能離也。【疏】殉，逐也。面，向也。夫彼此是非，紛然固執，故各逐己見，而所向不同也。【釋文】自殉殊面廣雅云：面，向也。謂心各不同而自殉焉。殊向自殉，是非天隔，故有所正者亦有所差。離也力智反。有所正者有所差。【注】正於此者或差於彼。【疏】於此爲正定者，或於彼差耶，此明物情顛倒，殊向而然也。比於太澤，百材皆度；【注】無棄材也。【疏】比，譬也。度，量也。夫廣大皋澤，林籟極多，隨材量用，必無棄擲。大人取物，其義亦然。【釋文】比于大澤本亦作「宅」。百材皆度度，居也。雖別區異所，大澤爲居；雖木石異端，同以大山爲壇。此可以當丘里之言也。觀於大山，木石同壇。【注】合異以爲同也。【疏】壇，基也。石有巨小，木有粗細，共聚大山，而爲基本，此合異以爲同也。此之謂丘里之言。」【注】言於丘里，則天下可知。【疏】總結前義也。

少知曰：「然則謂之道，足乎？」【疏】以道爲名，名道於理，謂不足乎？欲明至道無名，故發斯問。太公調曰：「不然。今計物之數，不止於萬，而期曰萬物者，以數之多者號而讀之也。【注】夫有數之物，猶不止於萬，況無數之數，謂道而足耶？【疏】期，限也。號，語也。夫有形之物，物乃無窮。今世人語之，限曰萬物者，此舉其大經爲言也。亦猶虛道妙理，本自無名，據其功用，强名爲道，名於理未足也。【釋文】而讀李云：讀，猶語也。是故天地者，形之大者也；陰陽者，氣之大者也；道者爲之公。【注】物得以通，通物無私，而强字之曰道。【疏】天覆地載，陰陽生育，故形氣之中最大者也。天道能通萬物，亭毒蒼生，施化無私，故謂之公也。〇典案：「形之大者也」、「氣之大者也」，兩「大」字於詞爲複。碧虛子校引劉得一本下「大」字作「廣」，疑是。【釋文】强字巨丈反。因其大以號而讀之則可也，【注】所謂道可道也。【疏】大通有物，生化羣品，語其始本，實曰無名，因其功號，讀亦可也。已有之矣，乃將得比哉！【注】名已有矣，故乃將無可得而比耶？【疏】因其功用，已有道名，不得將此有名比於無名之理，以斯比擬，去之遐遞。則若以斯辯，譬猶狗馬，其不及遠矣。」【注】今名之辯無，不及遠矣，故謂道猶未足也；必在乎無名無言之域而後至焉，雖有名，故莫之比也。【疏】夫獨以狗馬二獸語而相比者，非直大小有殊，亦乃貴賤斯別也。今以有名之道比無名之理者，非直粗妙不同，亦深淺斯異，故不及遠也。

少知曰：「四方之內，六合之裏，萬物之所生惡起？」【注】問此者，或謂道能生之。【疏】六合之內，天地之間，萬物動植，從何生起？少知發問，欲辯其原。【釋文】惡起音烏。太公調曰：「陰陽相照、相蓋、相治，四時相代、相生、相殺，【注】言此皆其自爾，非無所生。【疏】夫三光相照，二儀相蓋，風雨相治，炎涼相代，春夏相生，秋冬相殺，豈關情慮？物理自然也。〇俞樾曰：「蓋」當讀爲「害」。爾雅釋言：蓋，割裂也。釋文曰：「蓋」，舍人本作「害」。是「蓋」、「害」古字通。陰陽或相害，或相治，猶下句云「四時相代、相生、相殺」也。

欲惡去就，於是橋起；雌雄片合，於是庸有。【注】凡此事故云爲趍舍，近起於陰陽之相照，四時之相代也。【疏】橋，起貌也。庸，常也。順則就而欲，逆則惡而去。言物在陰陽造化之中，蘊斯情慮，開杜交合，以此爲常也。【釋文】欲惡烏路反。橋起居表反。下同。又音羔。王云：高勁，言所起之勁疾也。片合音判，又如字。

安危相易，禍福相生，緩急相摩，聚散以成。【疏】夫逢泰則安，遇否則危，危則爲禍，安則爲福，緩者爲壽，急者爲夭，散則爲死，聚則爲生，凡此數事，出乎造物相摩而成，其猶四敘，變易遷貿，豈關情慮哉？

此名實之可紀，精微之可志也。【注】過此已往，至於自然。自然之故，誰知所以也！【疏】誌，記也。夫陰陽之內，天地之間，爲實有名，故可綱可紀。假令精微猶可言記，至於重玄妙理，超絶形名，故不可以言像求也。

隨序之相理，橋運之相使，窮則反，終則始。此物之所有，【注】皆物之所有，自然而然耳，非無能有之也。【疏】夫四序循環，更相治理，五行運動，遞相驅役，物極則反，終而復始，物之所有，理盡於斯。【釋文】隨序謂變化相隨，有次序也。「序」或作「原」，一本作「享」。橋運之相使橋運，謂相橋代頓，至次序以相通理，橋運以相制使也。

言之所盡，知之所至，極物而已。【注】物表無所復有，故言知不過極物也。【疏】夫真理玄妙，絶於言知。若以言詮辯，運知思慮，適可極於有物而已，固未能造於玄玄之境。【釋文】所復扶又反。

覩道之人，不隨其所廢，

不原其所起，【注】廢起皆自爾，無所原隨也。此議之所止。」【注】極於自爾，故無所議。

【疏】覩，見也。隨，逐也。夫見道之人，玄悟之士，凝神物表，寂照環中，體萬境皆玄，四生非有，豈復留情物物，而推逐廢起之所由乎？所謂之言語道斷、議論休止者也。

少知曰：「季真之莫爲，接子之或使，二家之議，孰正於其情，孰偏於其理？」【注】季真曰：「道莫爲也。」接子曰：「道或使。」或使者，有使物之功也。【疏】季真、接子，並齊之賢人，俱遊稷下，故託二賢明於理。莫，無也。使，爲也。季真以無爲爲道，接子謂道有（爲）使物之功，各執一家，未爲通論。今少知問此，以定臧否：於素情妙理，誰正誰偏者也？【釋文】季真接子李云：二賢人。○俞樾曰：尚書微子篇「殷其勿或亂正四方」，多士篇「時予乃或言」，枚傳並曰：或，有也。禮記祭義篇「庶或饗之」，孟子公孫丑篇「夫既或治之」，鄭、趙注並曰：或，有也。此云「季真之莫爲，接子之或使」，「或」與「莫」爲對文，莫，無也；或，有也。周易益上九「莫益之，或擊之」，亦以「莫」、「或」相對。孰偏音遍。徐音篇。太公調曰：「雞鳴狗吠，是人之所知；雖有大知，不能以言讀其所自化，又不能以意其所將爲。【注】物有自然，非爲之所能也。由斯而觀，季真之言當也。【疏】夫目見耳聞，雞鳴狗吠，出乎造化，愚智同知。故雖大聖至知，不能用意測其所爲，不能用言道其所以，自然鳴吠，豈道使之然？是知接子之言，於理未當。【釋文】吠符廢反。大知音智。斯而析之，精至於無倫，大至於不可圍，【注】皆不爲而自爾。【疏】假令精微之物無有倫緒，粗大之物不可圍量，用此道理，推而析之，未有一法非自然獨化者也。或之使，莫之爲，未免於物而終以爲過。【注】物有相使，亦皆自爾。故莫之爲者，未爲非物也。凡物云云，皆由莫爲而過去。【疏】不合於道，故未免於物；各滯一邊，故卒爲過患也。或使則實，【注】實自使之。【疏】滯有爲也。莫爲則虛。【注】無使之也。【疏】溺無故也。有名有實，是物之居；【注】指名實之所在。無名無實，在物之虛。【注】物之所在，其實至虛。【疏】夫情苟滯於有，則所在皆物也；情苟尚無，則所在皆虛也。是知有無在心，不在乎境。可言可意，言而愈疏。【注】故求之於言意之表而後至焉。【疏】夫可以言詮、可以意察者，去道彌疏遠也。故當求之於言意之表而後至焉。未生不可忌，【注】突然自生，制不由我，我不能禁。已死不可阻。【注】忽然自死，吾不能違。【疏】忌，禁也。阻，礙也。突然而生，不可禁忌；忽然而死，有何礙阻？唯當隨變任化，所在而安。字亦有作「沮」者，怨也。處順而死，故不怨喪也。【釋文】不可徂一本作「阻」。○典案：疏「阻，礙也」，是成本字亦作「阻」，與釋文一本合。道藏注疏本、白文本竝作「阻」，今從道藏本。死生非遠也，理不可覩。【注】近在身中，猶莫見其自爾而欲憂之。【疏】勞息聚散，近在一身，其理窈冥，愚人不見。或之使，莫之爲，疑之所假。【注】此二者，世所至疑也。【疏】有無二執，非達者之心，疑惑之人情偏，乃爲議論之也。吾觀之本，其往無窮；吾求之末，其來無止。無窮無止，言之無也，與物同理；【注】物理無窮，故知言無窮然後與物同理也。【疏】本，過去也。末，未來也。過去已往，生化無窮，莫測根原，焉可意致？假令盛談無有，既其偏滯，未免於物，故與物同於一理也。或使莫爲，言之本也，與物終始。【注】恒不爲，而自使然也。【疏】本，猶始。各執一邊，以爲根本者，猶未免於本末也，故與有物同於始，斯離於物也。道不可有，有不可無。【注】道故不能使有，而有者常自然也。【疏】夫至道不絶，非有非無，故執有執無，二俱不可也。道之爲名，所假而行。【注】物所由而行，故假名之曰道。【疏】道大無名，强名曰道，假此名教，動而行之也。或使莫爲，在物一曲，夫胡爲於大方？【注】舉一隅便可知。【疏】胡，何也。方，道也。或使、莫爲，未階虚妙，斯乃俗中一物，偏曲之人，何足以造重玄，語乎大道？言而足，則終日言而盡道；【注】求道於言意之表則足。言而不足，則終日言而盡物。【注】不能忘言而存意則不足。【疏】足，圓徧也。不足，偏滯也。苟能忘言會理，故曰言未嘗言，盡合玄道也。如其執言，不能契理，既乖虚通之道，故盡是滯礙之物也。道物之極，言默不足以載；【注】夫道物之極，常莫爲而自爾，不在言與不言。【疏】道物極處，非道非物，故言默不能盡載之。非言非默，議有所極。」【注】極於自爾，非言默而議之也。【疏】默非默，議非議，唯當索之於四句之外，而後造於衆妙之門也。

莊子補正卷九上

雜篇　外物第二十六

【釋文】以義名篇。

外物不可必，【疏】域心執固，謂必然也。夫人間事物，參差萬緒，惟安大順，則所在虚通。若其逆物執情，必遭禍害。【釋文】外物王云：夫忘懷於我者，固無對於天下，然後外物無所用心焉。若乃有所執爲者，誠亦無時而妙矣。○郭慶藩曰：文選嵇叔夜養生論注引司馬云：物，事也。忠孝，内也，外事咸不信受也。釋文闕。故龍逢誅，比干戮，箕子狂，惡來死，桀、紂亡。【注】善惡之所致，俱不可必也。【疏】龍逢、比干，外篇已解。箕子，殷紂之庶叔也。忠諫不從，懼紂之害，所以徉狂，亦終不免殺戮。惡來，紂之佞臣。畢志從紂，所以俱亡。人主莫不欲其臣之忠，而忠未必信，故伍員流於江，萇弘死於蜀，藏其血三年而化爲碧。【注】精誠之至也。【疏】碧，玉也。子胥、萇弘，外篇已釋。而言流江者，忠諫夫差，夫差殺之，取馬皮作袋，爲鴟鳥之形，盛伍員屍，浮之江水，故云流於江。萇弘遭譖，被放歸蜀，自恨忠而遭譖，遂刳腸而死。蜀人感之，以匱盛其血，三年而化爲碧玉，乃精誠之至也。【釋文】而化爲碧呂氏春秋：「藏其血，三年化爲碧玉。」○郭慶藩曰：太平御覽八百九引司馬云：萇弘忠而流，故其血不朽，而化爲碧。釋文闕。

人親莫不欲其子之孝，而孝未必愛，故孝己憂而曾參悲。【注】是以至人無心而應物，唯變所適。【疏】孝己，殷高宗之子也。遭後母之難，憂苦而死。曾參至孝，而父母憎之，常遭父母打，鄰乎死地，故悲泣也。夫父子天性，君臣義重，而至忠至孝，尚有不愛不知，況乎世事萬塗而可必固者！唯當忘懷物我，適可全身遠害。【釋文】孝己李云：殷高宗之太子。曾參李云：曾參至孝，爲父所憎，嘗見絶糧而後蘇。

木與木相摩則然，金與火相守則流。【疏】夫木生火，火剋金，五行之氣，自然之理。故木摩木則火生，火守金則金爍。是以誠心執固，而必於外物者，爍滅之敗。○俞樾曰：「木與木」當爲「木與火」。典案：木與木相摩則生火，此物理之常也。若作「木與火」，則相摩二字作何解？俞說失之。

陰陽錯行則天地大絯，於是乎有雷有霆，水中有火，乃焚大槐。【注】所謂錯行也。【疏】水中有火，電也。乃焚大槐，霹靂也。陰陽錯亂，不順五行，故雷霆擊怒，驚駭萬物。人乖和氣，敗損亦然。【釋文】大絯音駭，又音該，又胡待反。○奚侗曰：「絯」借爲「駭」。典案：奚說是也。在宥篇「夫施及三王而天下大駭矣」，天運篇「是以天下大駭，儒墨皆起」，是其比也。御覽十三、八百六十九引此文亦並作「天下大駭」。水中有火乃焚大槐司馬云：水中有火，謂電也。焚，謂霹靂時燒大樹也。○典案：「水」疑當爲「木」。御覽八百六十九引作「木中有火」。

有甚憂兩陷而無

所逃，【注】苟不能忘形，則隨形所遭而陷於憂樂，左右無宜也。【疏】不能虚志而忘形，域心執固，是以馳情於榮辱二境，陷溺於憂樂二邊，無處逃形。【釋文】兩陷司馬云：兩，謂心與膽也。陷，破也。畏雷霆甚憂，心膽破陷也。憂樂音洛。螴蜳不得成，【注】矜之愈重，則所在爲難，莫知所守，故不得成。【疏】螴蜳，猶怵惕也。不能忘情，忘懷矜惜，故雖勞形怵慮，而卒無所成。【釋文】螴郭音陳，又楮允反。徐敕盡反。蜳郭音惇，又柱允反。徐敕轉反。李餘準反。司馬云：螴蜳，讀曰忡融，言怖畏之氣，忡融兩溢，不安定也。心若縣於天地之間，【注】所希跂者高而闊也。【疏】心徇有爲，高而且遠，馳情逐物，通乎宇宙。【釋文】若縣音玄。慰暋沈屯〔一〕，【注】非清夷平暢也。【疏】遂心則慰喜，乖意則昏悶，遇境則沈溺，觸物則屯邅。既非清夷，豈是平暢？【釋文】慰暋武巾反。李音昏，又音泯，慰鬱也。暋，悶也。沈屯張倫反。司馬云：沈，深也。屯，難也。利害相摩，生火甚多，【注】内熱故也。【疏】夫利者必有害，蟬鵲是也。纓纏於利害之間，内心恒熱，故生火多矣。衆人焚和，【注】衆人而遺利則和。若利害存懷，則其和焚也。【疏】焚，燒也。衆人，猶俗人也。不能守分無爲，而每馳心利害，内熱如火，故燒焰中和之性。月固不勝火，【注】大而闇則多

〔一〕暋　原作「睯」，據世德堂本改。下同。

累，小而明則知分。【疏】月雖大而光圓，火雖小而明照。喻志大而多貪，不如小心守分。於是乎有儨然而道盡。【注】唯儨然無矜，遺形自得，道乃盡也。【疏】儨然，放任不矜之貌。忘情利害，淡爾不矜，虛玄道理，乃盡於此也。【釋文】儨音頹，又呼懷反。郭云：順也。○馬叙倫曰：「儨」，當依藝文類聚三五引作「頹」。

莊周家貧，故往貸粟於監河侯。【疏】監河侯。魏文侯也。莊子高素，不事有爲，家業既貧，故來貸粟。【釋文】貸粟音特。或一音他得反。監河侯古銜反。説苑作「魏文侯」。監河侯曰：「諾。我將得邑金，將貸子三百金，可乎？」【疏】諾，許也。銅鐵之類，皆名爲金，此非黄金也。待我歲終，得百姓租賦封邑之物，乃貸子。【釋文】將貸他代反。

莊周忿然作色曰：「周昨來，有中道而呼者，周顧視車轍中，有鮒魚焉。周問之曰：『鮒魚來！子何爲者耶？』對曰：『我，東海之波臣也。君豈有斗升之水而活我哉？』【疏】波浪小臣，困於車轍，君頗有水，以相救乎？【釋文】而呼火故反。鮒音附。廣雅云：鰿也。鰿，音迹。波臣司馬云：謂波蕩之臣。○典案：類聚三十五、御覽六十引「臣」並作「神」。周曰：『諾。我且南遊吳、越之王，激西江之水而迎子，可乎？』【疏】西江，蜀江也。江水至多，北流者衆，惟蜀江從西來，故謂之西江是也。○典案：「南遊吳、越之王」不詞。碧虛子校引張君房本「遊」作「遊説」，當從之。御覽九百三十七引「西江」作「江西」。【釋文】激西古狄反。鮒魚忿然作色曰：『吾失我常與，我無所處。吾得斗升之水然活耳，君乃言此，曾不如早索我於枯魚之肆！』」【注】此言當理無小。苟其不當，雖大何益？【疏】索，求；肆，市。常行海水鮒魚，波浪失於常處，升斗之水可以全生。乃激西江，非所宜也。既其不救斯須，不如求我於乾魚之肆。此言事無大小，時有機宜，苟不逗機，雖大無益也。○典案：「然活耳」不詞。類聚三十五、御覽四百八十五引「然」並作「爲」，疑是。九百三十七引「然」作「可」，義亦可通。【釋文】早索所白反。枯魚李云：猶乾魚也。

任公子爲大鉤巨緇，五十犗以爲餌，【疏】任，國名。任國之公子。巨，大也。緇，黑繩也。犗，犍牛也。餌，鉤頭肉。既爲巨鉤，故用大繩，懸五十頭牛以爲餌。○典案：御覽八百三十四引「任公子」下有「好釣巨魚」四字。御覽引書多删節，少增益，疑今本敓。「大鉤巨緇」，文選謝靈運七里瀨詩注引作「大鉤巨綸」，御覽八百三十四引作「大綸巨鈎」，文選吴都賦注引「緇」作「矰」，「五十犗以爲餌」作「以犗牛爲餌」。馬叙倫曰：「緇」爲「綸」之誤字，文選注及御覽引並作「綸」，是其證。【釋文】任公子如字。下同。李云：任，國名。大鉤本亦作「釣」。巨緇司馬云：大黑綸也。犗郭古邁反，云：犍牛也。徐音界。説文云：騬牛也。司馬云：犧牛也。騬，音繩。犍，紀言反。爲餌音二。

蹲乎會稽，投竿東海，【疏】號爲巨鉤，朞年不得魚。蹲，踞也；踞，坐也，踞其山。【釋文】蹲音存。會古外反。稽古兮反。會稽，山名，今爲郡也。旦旦而釣，期年不得魚。已而大魚食之，牽巨鉤錎没而下，鶩揚而奮鬐，白波若山，海水震蕩，聲侔鬼神，憚赫千里。【疏】朞年之外，有大魚吞鉤，於是牽鉤陷没，馳鶩而下，揚其頭尾，奮其鱗鬐，遂使白浪如山，洪波際日。○典案：御覽八百三十四引「震」作「振」。【釋文】期年本亦作「朞」，同，音基。言必久其事，後乃能感也。　錎没音陷。字林：猶「陷」字也。○馬叙倫曰：「錎」當依文選謝靈運七里瀨詩注〔一〕、七啓注引作「陷」。　鶩揚徐音務。一本作「騖」。○馬叙倫曰：「騖」字義長。典案：文選吴都賦注、七啓注、謝靈運七里瀨詩注引「鶩」並作「騖」，與釋文一本合。　鬐徐（來）〔求〕夷反。李音須。　憚〔徒〕丹（未）反。　赫火百反。　千里言千里皆懼。　任公子得若魚，離而腊之，自制河以東，蒼梧已北，莫不厭若魚者。【疏】若魚，海神也。淛，浙江也。蒼梧，山名，在嶺南，舜葬之所。海神肉多，分爲脯腊，自五嶺已北、三湘已東，皆厭之。【釋文】若魚司馬云：大魚名若，海神也。或云：若魚，猶言此魚。　而腊音昔。　制河諸設反。依字應作「浙」。漢書音義音逝。河亦江也，北人名水皆曰河。浙江，今在餘杭郡，後漢以爲吴、會分界。司馬云：浙江今在會稽錢塘。○典案：御覽八百三十四引「制河」作「浙江」，九百三十五引作「浙河」。　已而後世輇才諷説之徒，皆驚而相告也。【疏】末代季葉，才智輕浮，諷誦詞説，不敦玄道，聞得大魚，驚而相語。「輕」字有作「輇」字者，輇，量也。【釋文】輇七全反，又視專反，又音權。李云：輇，量人也。本或作「軨」，軨，小也。本

〔一〕瀨　原作「灘」，形近而譌。

又或作「輕」。諷説方鳳反。夫揭竿累，趣灌瀆，守鯢鮒，其於得大魚難矣，【疏】累，細繩也。鯢鮒，小魚也。擔揭細小之竿繩，趨走溉灌之溝瀆，適得鯢鮒，難獲大魚也。【釋文】揭其列、其謁二反。竿累劣彼反，謂次足不得並足也。本亦作「纍」。司馬（云）力追反，云：綸也。趣本又作「趨」，同。七須反。灌瀆司馬云：溉灌之瀆。○典案：御覽九百三十七引「瀆」作「竇」。守鯢五兮反。鮒音附，又音蒲。本亦作「蒲」。李云：鯢、鮒，皆小魚也。飾小説以干縣令，其於大達亦遠矣，【疏】干，求也。縣，高也。夫修飾小行，矜持言説，以求高名令問者，必不能大通於至道。字作「縣」字，古「懸」字多不著「心」。是以未嘗聞任氏之風俗，其不可與經於世亦遠矣。【注】此言志趣不同，故經世之宜，小大各有所適也。【疏】人間世道，夷險不常，自非懷豁虛通，未可以治亂。若矜名飾行，去之遠矣。

儒以詩、禮發冢。大儒臚傳曰：「東方作矣，事之何若？」【疏】大儒，碩儒，謂大博士。從上傳語告下曰臚，臚，傳也。東方作，謂天曙日光起。儒弟子發冢爲盜，恐天時曙，故催告之，問其如何將事。【釋文】臚力於反。一音盧。蘇林注漢書云：上傳語告下曰臚，臚猶行也。傳治戀反，又丈專反。向云：從上語下曰臚傳。一音張戀反，遽也。東方作矣司馬云：謂日出也。小儒曰：「未解裙襦，口中有珠。【疏】小儒，弟子也。死人裙衣，猶未解脱，捫其口中，知其有寶珠。【釋文】襦而朱反。詩固有之曰：『青青之麥，生於陵陂。生不布施，死何含珠爲？』【疏】此是逸詩，久遭删削。凡貴人葬者，口多含珠，故誦青青之詩刺之。○典案：御覽八百三引「何」下有「用」字。文選潘安仁笙賦「歌曰：『棗下纂纂，朱實離離，宛其落矣，化爲枯枝。人生不能行樂，死何以虛謚爲』」，其命意、遣辭、用韻皆與此文相近，「死何用含珠爲」，正與「死何以虛謚爲」相合，則有「用」字爲是。【釋文】青青之麥司馬云：此逸詩，刺死人也。陵陂彼宜反。○典案：類聚八十四、御覽八百三引並作「生陵之陂」，八百三十六引「陂」作「坂」。布施始豉反。○典案：御覽八百三引「施」作「德」。**接其鬢，壓其顪，儒以金椎控其頤，徐別其頰，無傷口中珠。」**【注】詩、禮者，先王之陳迹也，苟非其人，道不虛行，故夫儒者，乃有用之爲姦，則迹不足恃也。【疏】接，撮也。壓，按也。顪，口也。控，打也。撮其鬢，按其口，鐵錐打，仍恐損珠，故安徐分別之。是以田恒資仁義以竊齊，儒生誦詩、禮以發冢。由是觀之，聖迹不足賴。○典案：「儒以金椎控其頤」與「徐別其頰」一例，「儒」當爲「徐」，涉上「大儒」、「小儒」而誤也。御覽七百六十三引正作「徐」，是其證也。【釋文】壓本亦作「擪」，同。乃協反。郭於琰反，又敕頰反。字林云：擪，一指按也。○典案：「壓」字義不可通。疏「擪，按也」，是成本作「擪」，與釋文一本合。道藏本、高山寺本字亦並作「擪」。其顪本亦作「噦」，許穢反。司馬云：頤下毛也。金椎直追反。○王念孫曰：「儒以金椎控其頤」，藝文類聚寶玉部引此「儒」作「而」，是也。「而」，汝也。自「未解裙襦」以下，皆小儒答大儒之詞，言汝以金椎控其頤，徐別其頰，無傷其口中之珠也。「而」、「儒」聲相近，上文又多「儒」字，故「而」誤作「儒」。控苦江反。徐別彼列反。

老萊子之弟子出薪，遇仲尼，反以告，【疏】老萊子，楚之賢人，隱者也。常隱蒙山，楚王知其賢，遣使召爲相。其妻采樵歸，見門前有車馬迹，妻問其故，老萊曰：楚王召我爲相。妻曰：受人有者，必爲人所制，而之不能爲人制也。妻遂捨而去。老萊隨之，夫負妻戴，逃於江南，莫知所之。出取薪者，采樵也。既見孔子，歸告其師。○碧虚子校引張君房本「薪」上有「拾」字。典案：「出薪」義自可通，張本作「拾薪」，非是，今不從。【釋文】老萊子楚人也。出薪出採薪也。曰：「有人於彼，脩上而趨下，【注】長上而促下也。【釋文】趨下音促。李云：下短也。○典案：御覽三百六十三引作「脩上而趣下」，「趨」、「趣」古亦通用。末僂而後耳，【注】耳卻近後而上僂。【釋文】末僂李云：末上，謂頭前也。又謂背膂也。後耳司馬：耳卻後。卻近附近之近。視若營四海，【注】視之傴然，似營他人事者。【釋文】視若營四海夫勞形役智，以應世務，失其自然者也。故堯有亢龍之喻，舜有卷僂之談，周公類之走狼，仲尼比之逸狗，豈不或信哉？傴律悲反。舊魚鬼反，又魚威反。不知其誰氏之子。」【疏】脩，長也。趨，短。末，肩背也。所見之士，下短上長，肩背傴僂，耳卻近後，瞻視高遠，所作恖恖，觀其儀容，似營天下，未知子之族姓是誰。怪其異常，故發斯問。老萊子曰：「是丘也。召而來。」【疏】魯人孔丘，汝宜喚取。

仲尼至。曰：「丘，去汝躬矜與汝容知，斯爲君子矣。」【注】謂仲尼能遺形去知，故以爲君子。【疏】躬，身也。孔丘既至，老萊未語〔一〕，宜遣汝身之躬飾，忘爾容貌心知，如此之時，可爲君

〔一〕未　集釋中華本改作「謂」，是。

子。【釋文】去起呂反。注同。而本又作「女」。躬矜躬矜，爲身矜脩善行。容知音智。容智，謂飾智爲容好。仲尼揖而退，【注】受其言也。【疏】敬受其言，揖讓而退。蹙然改容而問曰：「業可得進乎？」【注】設問之，令老萊明其不可進。【疏】蹙然，驚恐貌。謂仲尼所學聖迹業行，可得脩進，爲世用可不？【釋文】蹙然子六反。業可得進乎問可行仁義於世乎。令老力成反。

老萊子曰：「夫不忍一世之傷，而驁萬世之患，【注】一世爲之，則其迹萬世爲患，故不可輕也。【疏】夫聖智仁義，救一時之傷，後執爲姦，成萬世之禍。恃聖迹而驕謷，則陳恒之徒是也。亦有作「騖」音者，云使萬代驅騖不息，亦是奔馳之義也。【釋文】而驁本亦作「敖」，同。五報反。下同。下或作「騖」。抑固窶耶，【疏】固執聖迹，抑揚從己，失於本性，故窮窶。【釋文】窶其矩反。亡其略弗及耶？【注】直任之，則民性不窶而皆自有，略無弗及之事也。【疏】亡失本性，忽略生崖，故不及於真道。惠以歡爲驁，終身之醜，【注】惠之而歡者，無惠則醜矣。然惠不可長，故一惠終身醜也。【疏】夫以施惠爲歡者，惠不可偏，故謷慢者多矣。是以用惠取人，適爲怨府，故終身醜辱。中民之行進焉耳，【注】言其易進，則不可妄惠之。○碧虛子校引張君房本「行」上有「易」字。馬叙倫曰：郭注「言其易進」，疏「中庸之人，易爲進退」，是郭、成本「進」上皆有「易」字。「焉」讀爲「然」。典案：有「易」字義較長，張、成本是。【釋文】之行下孟反。其易以豉反。相引以名，相結以隱。【注】隱，括。進之謂也。【疏】夫上智下愚，其性難改，中庸之人，易爲進退。故聞堯之美，相引慕以利名，聞桀之惡，則結之以隱匿。【釋文】相結以隱郭云：隱，括也。李云：隱，病患也。雖相引以名聲，是相結以病患。○俞樾曰：李云：隱，病患也。然病患非所以相結。郭注曰：隱，括。進之謂也。然隱括所以正曲木，亦非所以相結也。「隱」當訓爲私，吕氏春秋圜道篇「分定則下不相隱」，高注曰：隱，私也。文選赭白馬賦「恩隱周渥」，李善引國語注曰：隱，私也。「相結以隱」，謂相結以恩私。舊説皆非。與其譽堯而非桀，不如兩忘而閉其所譽。【注】閉者，閉塞。【疏】贊譽堯之善道，非毁桀之惡迹，以此奔馳，失性多矣。故不如善惡兩忘，閉塞毁譽，則物性全矣。【釋文】譽堯音餘。而閉一本文、注並作「門」。反無非傷也，動無非邪也。【注】順之則全，静之則正。【疏】夫反於物性，無不傷損，擾動心靈，皆非正法。【釋文】反無非傷也反，逆於理。動無非邪也似嗟反。動矜於是也。聖人躊躇以興事，以每成功。【注】事不遠本，故其功每成。【疏】躊躇，從容。聖人無心，應機而動，興起事業，恒自從容，不逆物情，故其功每就。【釋文】聖人躊音疇。躇直居反。以興事以每成功每者，每有成功也。躊躇者，從容也。從容興事，雖有成功，聖人不存，猶致弊迹，流毒百世。況動矜善行，而載之不已哉？不遠于萬反。柰何哉，其載焉終矜爾！【注】矜不可載，故遺而弗有也。【疏】柰何，猶如何也。如何執仁義之迹，擾撓物心，運載矜莊，終身不替。此是老萊詆訶夫子之詞也。○典案：唐寫本無「終」字。

宋元君夜半而夢人被髮闚阿門，【疏】宋國君，謚曰元，即宋元君也。阿，曲也。謂阿旁曲室之門。○典案：唐寫本有注云：阿，倚也。類聚九十六引「夢」下有「有」字。文選江賦注、御覽三百九十九、九百三十一引「闚」並作「窺」。【釋文】宋元君李云：元公也。案：元公名佐，平公之子。阿門司馬云：阿，屋曲簷也。曰：「予自宰路之淵，予爲清江使河伯之所，漁者余且得予。」【疏】自，從也。宰路，江畔淵名。姓余，名且，捕魚之人也。○典案：文選江賦注引「宰路之淵」作「罕露之泉」。御覽九百三十一引「路」亦作「露」，三百九十九引無「路」字。【釋文】宰路李云：淵名，龜所居。予爲如字，又于僞反。○典案：下「予」字疑衍。文選江賦注引無。使河所吏反。漁者音魚。余音預。且子餘反。姓余，名且也。○俞樾曰：史記龜筴傳作「豫且」。○典案：文選江賦注、類聚七十九、九十六、御覽三百九十九、九百三十一引亦並作「豫且」。元君覺，使人占之，曰：「此神龜也。」君曰：「漁者有余且乎？」左右曰：「有。」君曰：「令余且會朝。」【疏】命，召也。召令赴朝，問其所得。○典案：「使人占之」，文選江賦注、類聚九十六、御覽三百九十九、九百三十一引並作「召占夢者占之」。三百九十九引「曰：『此神龜也』」作「占夢者曰：『此神龜也』」。【釋文】覺古孝反。令力成反。會朝直遥反。下同。

明日，余且朝。君曰：「漁何得？」對曰：「且之網得白龜焉，其圓五尺。」君曰：「獻若之龜。」龜至，君再欲殺之，再欲活之，心疑，卜之，曰：「殺龜以卜吉。」【疏】心疑猶預，殺活再三，乃殺吉，遂刳龜也卜之。乃刳龜，七十二鑽而無遺筴。【疏】算計前後鑽之，凡經七十二，算計吉凶，曾不失中。○典案：御覽九百三十一引「余且」作「漁者」，「漁何得」作「昔漁何得」。案：「昔」借爲「夕」，元君問余且前夕漁何所得也。疑今本「漁」上敓「昔」字。「且之網得白龜焉，其圓五尺」，唐寫本無「焉其」二字，「乃刳龜」下有「以卜」二字，今本敓。文選江賦注、類聚九十六、御覽九百三十一引並作「乃刳龜以卜」，是其證。淮南子說山篇高注云「元王剥以卜」，可爲旁證。又「七十二鑽」，唐寫本無「二」字，文選江賦注、御覽三百九十九引同。【釋文】刳口孤反。鑽左端反，又左亂反。○郭慶藩曰：文選郭景純江賦注引司馬云：鑽，命卜，以所卜事而灼之。遺筴初革反。

仲尼曰：「神龜能見夢於元君，而不能避余且之網；知能七十二鑽而無遺筴，不能避刳腸之患。如是，則知有所困，神有所不及也。【注】神知之不足恃也如是。夫唯靜然居其所而不營於外者爲全耳。【疏】夫神智不足恃也。是故至人之處世，忘形神智慮，與枯木同其不華，將死灰均其寂魄，任物冥於造化。是以孔丘大聖，因而議之。○奚侗曰：藝文類聚夢部引無「龜」字，是。「神」與「知」對文。典案：唐寫本亦無「龜」字。惟無「龜」字，則不知仲尼所言爲何物。淮南子說山篇「神龜能見夢元王，而不能自出漁者之籠」，即襲用此文，正作「神龜」，未可以唐寫本、藝文類聚引無「龜」字遽刪之也。【釋文】見夢賢遍反。知能音智。下及注同。知有所困一本作「知有所不同」。雖有至知，萬人謀之。【注】不用其知，而用衆謀。【釋文】至知音智。下、注皆同。魚不畏網而畏鵜鶘。【注】網無情，故得魚也。【疏】網無情而得魚，喻聖人無心，故天下歸之。【釋文】鵜徒兮反。鶘鵜鶘，水鳥也。一名淘河。○典案：唐寫本作「胡」。去小知而大知明，【注】小知自私，大知任物也。【疏】小知取捨於心，大知無分別。遣閒奪之情，故無分別，則大知光明也。○典案：唐寫本「知」並作「智」，無「而」字。【釋文】去小起呂反。下、注同。去善而自善矣。【注】去善則善無所慕。善無所慕，則善者不矯而自善也。【疏】遣矜尚之小心，合自然之大善，故前文云「離道以善，險德以行」。又老經云：「天下皆知善之爲善，斯不善已。」○典案：唐寫本作「去而善而善矣」。【釋文】不矯居表反。嬰兒生無石師而能言，與能言者處也。」【注】汎然無習而自能者，非跂而學彼者也。【疏】夫嬰兒之性，其不假師匠，年漸長大而自然能言者，非有心學之，與父母同處，率其本性，自然能言。是知世間萬物，非由運知學而成之也。【釋文】石師石者，匠名也。謂無人爲師匠教之者也。一本作「所師」，又作「碩師」。○典案：唐寫本「石」作「碩」，與釋文一本合。

惠子謂莊子曰：「子言無用。」【疏】莊子，通人也。空有並照，其言宏博，不契俗心，是以惠施譏爲無用。莊子曰：「知無用而始可與言用矣。【疏】夫有用則同於夭折，無用則全其崖，故知無用始可語其用。夫地非不廣且大也，人之所用容足耳。然則廁足而墊之致黃泉，人尚有用乎？」惠子曰：「無用。」【疏】墊，掘也。夫六合之內，廣大無最於地，人之所用，不過容足，若使側足之外，掘至黃泉，人則戰慄，不得行動。是知有用之物，假無用成功。○「夫」，各本作「天」，世德堂本作「夫」。馬叙倫曰：

「天」，世德堂本作「夫」，當從之。文選秋興賦注、後漢書方術傳注引並作「夫」。典案：馬校是也。高山寺古鈔本亦正作「夫」。今依世德堂本。【釋文】厠足音側，又音測。墊丁念反。司馬、崔云：下也。本又作「塹」，七念反，掘也。致黄泉致，至也。本亦作「至」。莊子曰：「然則無用之爲用也亦明矣。」【注】聖應其内，當事而發，已言其外，以暢事情。情暢則事通，外明則内用，相須之理然也。【疏】直置容足，不可得行，必借餘地，方能運用脚足，無用之理分明，故取老子云：「有之以爲利，無之以爲用。」

莊子曰：「人有能遊，且得不遊乎？人而不能遊，且得遊乎？【注】性之所能，不得不爲也；性所不能，不得强爲也。故聖人唯莫之制，則同焉皆得而不知所以得也。【疏】夫人稟性不同，所用各異，自有聞言如影響，自有智昏菽麥。故性之能者，不得不由；性之無者，不可强涉。各守其分，則物皆不喪。【釋文】得强其丈反。夫流遁之志，決絶之行，噫其非至知厚德之任與！【注】非至厚則莫能任其志行而信其殊能也。【疏】流蕩逐物，逃遯不反，果決絶滅，因而不移，此之志行，極愚極鄙，豈是至妙真知、深厚道德之所任用？莊子之意，謂其如此。○馬叙倫曰：「噫」本作「意」，借爲「啇」，與駢拇篇「意仁義其非仁人情乎」辭例同。典案：馬説是也。唐寫本字正作「意」，是其塙證。【釋文】之行下孟反。注同。任與音餘。

「覆墜而不反，火馳而不顧，【注】人之所好，不避是非，死生以之也。【疏】愚迷之類，執志慤然，雖復家被覆没，身遭顛墜，亦不知悔反，馳逐物情，急如煙火，而不知回顧，流遁決絶，遂至於斯耳。【釋文】覆墜直類反。所好呼報反。雖相與爲君臣，時也，易世而無以相賤。【注】所以爲大齊同也。【疏】夫時所賢者爲君，才不應世者爲臣，如舜、禹應時相代爲君臣也。故世遭革易，不可以爲臣爲君而相賤輕。流遁之徒，不知此事。○典案：唐寫本無「與」字。故曰至人不留行焉。【注】唯所遇而因之，故能與化俱也。【疏】夫世有興廢，隨而行之，是故達人曾無留滯。○典案：唐寫本無「曰」字。夫尊古而卑今，學者之流也。【注】古無所尊，今無所卑，而學者尊古而卑今，失其原矣。【疏】夫步驟殊時，澆淳異世，古今情事，變化不同。而乃貴古賤今，深乖遠鑒，適滋爲學小見，豈曰清通！且以狶韋氏之流觀今之世，夫孰能不波？【注】隨時因物，乃平泯也。【疏】狶韋，三皇已前帝號也。以玄古之風御於今代，澆淳既章，誰能不波蕩而不失其性乎？斯由尊古卑今之弊也。○典案：唐寫本無「氏」字。【釋文】狶虚豈反。不波波，高下貌。唯至人乃能遊於世而不僻，【注】當時應務，所在爲正。○典案：唐寫本無「乃」字。【釋文】不僻匹亦反。順人而不失己。【注】本無我，我何失焉？彼教不學，【注】教因彼性，故非學也。承意不彼。【注】彼意自然，故承而用之，則夫萬物各全其我也。【疏】獨有至德之人，順時而化，彼非學心，而本性具足，不由學致也。承意不彼者，稟承教意以導性，而真道素圓，不彼教也。目徹爲明，耳徹爲聰，鼻徹爲顫，口徹爲甘，心徹爲知，知徹爲德。【疏】徹，通也。顫者，辛臭之事也。夫六根無壅，故徹；聰明不蕩於外，故爲德也。【釋文】顫舒延反。

「凡道不欲壅，壅則哽，哽而不止則跈，【注】當通而塞，則理有不泄而相騰踐也。【釋文】哽庚猛反，塞也。跈女展反。郭云：踐也。廣雅云：履也，止也。本或作「蹍」，同。○王念孫曰：郭注「當通而塞，則理有不泄而相騰踐也」。釋文：跈，女展反。廣雅云：履也，止也。本或作「蹍」，同。案：踐履與壅塞二義不相比附，郭云「理有不泄而相騰踐」，所謂曲説者也。本或作「蹍」，亦非也。今案：「跈」讀爲「抮」，抮，戾也，言哽塞而不止則相乖戾，相乖戾則衆害生也。廣雅曰：抮，盭也。方言曰：軫，戾也。郭璞曰：相了戾也。孟子告子篇「紾兄之臂而奪之食」，趙岐曰：紾，戾也。此云「哽而不止則跈」，義並與「抮」同。跈則衆害生。【注】生，起也。○典案：唐寫本無「害」字。物之有知者恃息，【注】凡根生者無知，亦不恃息也。【疏】天生六根，廢一不可。耳聞眼見，鼻臭心知，爲於分內，雖用無咎。若乃目滯桑中之色，耳淫濮上之聲，鼻滋蘭麝之香，心用無窮之境，則天理滅矣，豈謂徹哉？故六根窮徹，則氣息通而生理全。其不殷，非天之罪。【注】殷，當也。夫息不由知，由知然後失當，失當而後不通，故知恃意，息不恃知也。然知欲之用，制之由人，非不得已之符也。【疏】殷，當也。或縱恣六根，馳逐前境，或竅穴哽塞，以害生崖，通蹍二徒，皆不當理。斯並人情之罪也，非天然之辜。【釋文】不殷如字。一音於靳反。天之穿之，日夜無降，【注】通理有常運也。【疏】降，止也。自然之理，穿通萬物，自晝及夜，未嘗止息。○俞樾曰：「降」當作「痵」，即「癃」之籀文。素問宣明五氣篇「膀胱不利爲癃」，又五常政大論篇「其病癃閟」。「日夜無痵」，謂不癃閟也。○典案：唐寫本「穿」之下有「也」字。**人則顧塞其竇。**【注】無情任天，竇乃開耳。【疏】竇，孔也。流俗之人，反於天理，壅塞根竅，滯溺不通。【釋文】其竇音豆。**胞有重閬，**【注】閬，空曠也。【疏】閬，空也。言人腹內空虛，故容藏胃；藏胃空虛，故通氣液。【釋文】胞普交反，腹中胎。有重直龍反。閬音浪。郭云：空曠也。**心有天遊。**【注】遊，不係也。【疏】虛空，故自然之道遊其中。**室無空虛，則婦姑勃谿；**【注】争處也。【疏】勃谿，争鬭也。屋室不空，則不容受，故婦姑争處，無復尊卑。○典案：唐寫本無「虛」字。【釋文】勃谿音奚。勃，争也。谿，空也。司馬云：勃谿，反戾也。無虛空以容其私，則反戾共鬬争也。**心無天遊，則六鑿相攘。**【注】攘，逆。【疏】鑿，孔也。攘則逆也。自然之道，不遊其心，則六根逆，不順於理。【釋文】六鑿在報反。相攘如羊反。郭云：逆也。司馬云：謂六情攘奪。**大林丘山之善於人也，亦神者不勝也。**【注】自然之理，有寄物而通也。【疏】自然之理，有寄物而通者也。○典案：碧虛子校引張君房本、文如海本無「丘山」二字。「勝」下「也」字舊敓，今依唐寫本補。

「德溢乎名，【注】夫名高則利深，故脩德者過其當也。【疏】溢，深也。仁義五德，所以行之過多者，爲尚名好勝故也。**名溢乎暴，**【注】夫禁暴則名美於德矣。【疏】暴，殘害也。夫名者争之器，名既過者，必更相賊害。內篇云：「名者，相軋者也。」謀稽乎誸，【注】誸，急也，急而後考其謀也。【疏】稽，考也。誸，急也。急難之事，然後校謀計。【釋文】誸音賢。郭音玄，急也。向本作「弦」，云：堅正也。知出乎爭，【注】平往則無用知矣。【疏】夫運心知以出境，則爭鬬斯至。柴生乎守，【注】柴，塞也。【疏】柴，塞也。守，執也。域情執固，而所造不通。【釋文】柴柴積也。郭云：塞也。官事果乎衆宜。【注】衆之所宜者不一，故官事立也。【疏】夫置官府，設事條者，須順於衆人之宜便。若求逆之，則禍亂生。○俞樾曰：論語子路篇「行必果」，皇侃義疏曰：果，成也。衆有所宜，而後官事以成，故曰「官事果乎衆宜」。春雨日時，草木怒生，銚鎒於是乎始脩，【注】夫事物之生皆有由也。【疏】銚，耜之類也。鎒，鋤也。于春時節，時雨之日，凡百草木萌動而生，於是農具方始脩理。此明順時而動，不逆物情也。【釋文】銚七遥反，削也，能有所穿削也。又他堯反。鎒乃豆反。似鋤，田具也。草木之到植者過半，而不知其然。【注】夫事由理發，故不覺也。【疏】植，生也。銚鎒既脩，芸除萑葦，幸逢春日，鋤罷到生，良由時節使然，不可以人情均度。是知制法立教，必須順時。○典案：唐寫本「然」下有「也」字。【釋文】到植時力反，又音值。立也。本亦作「置」，司馬云：鋤拔反之更生者曰到植。靜然可以補病，【注】非不病者也。【疏】適有煩躁之病者，簡靜可以療之。○奚侗曰：「然」係「默」字之誤。文選江文通雜體詩注引「然」作「默」。典案：奚說是。眥𡟰可以休老，【注】非不老也。

【疏】翦齊髮鬢，娍狀貌也。衰老之容，以此而沐浴。○典案：碧虛子校引張君房本「休」作「沐」。唐寫本作「揃搣可以已沐老」，注作「非不沐者也」。疏「衰老之容，以此而沐浴」，是成本「休」亦作「沐」。【釋文】眥子斯反。徐子智反。亦作「揃」，子淺反。三蒼云：揃，猶翦也。玉篇云：滅也。○郭慶藩曰：蕭該漢書音義引司馬云：眥，視也。釋文闕。娍本亦作「搣」，音滅，又武齊反。字林云：批也。批，音千米反。**寧可以止遽。**【注】非不遽者也。【疏】遽，疾速也。夫心性悤迫者，安靜可以止之。**雖然，若是，勞者之務也，非佚者之所未嘗過而問焉。**【注】若是猶有勞，故佚者超然不顧。【疏】夫止遽以寧，療躁以靜者，以對治之術，斯乃小學之人，勞役神智之事務也，豈是體道之士，閒逸之人，不勞不病之心乎？風采清高，故未嘗暫過而顧問焉。○典案：唐寫本「若是」下有「者」字。馬叙倫曰：「非」字涉上文郭象注「非不病也」、「非不老也」誤羨。案：馬説是也。此言勞者之務，逸者未嘗過問，有「非」字則非其指，且與下四句不一律矣。【釋文】非佚音逸。**聖人之所以駴天下，神人未嘗過而問焉；**【注】神人，即聖人也，聖言其外，神言其內。【疏】駭，驚也。神者，不測之號。聖者，顯迹之名，爲其垂教動人，故不過問。【釋文】以駴户楷反。王云：謂改百姓之視聽也。徐音戒，謂上不問下也。**賢人所以駴世，聖人未嘗過而問焉；**【疏】證空爲賢，並照爲聖。從深望淺，故不問之。**君子所以駴國，賢人未嘗過而問焉；**【疏】何以人物君子故駭動諸侯之國。賢人捨有，故不問。**小人所以合時，君子未嘗過而問焉。**【注】趨步各有分，高下各有等。【疏】夫趨世小人，苟合一時，如田恒之徒，無足可貴，故淑人君子，鄙而不顧也。

「演門有親死者，以善毁爵爲官師，其黨人毁而死者半。【注】慕賞而孝，去真遠矣，斯尚賢之過也。【疏】東門也。亦有作「寅」者，隨字讀之。東門之孝，出自内心，形容外毁，惟宋君嘉其至孝，遂加爵而命爲卿。鄉黨之人，聞其因孝而貴，於是强哭詐毁，矯性僞情，因而死者，其數半矣。【釋文】演門以善反。宋城門名。堯與許由天下，許由逃之；湯與務光，務光怒之，【疏】堯知由賢，禪以九五，洒耳辭退，逃避箕山。湯與務光，務光不受，訶罵瞋怒，遠之林籟。斯皆率其本性，腥臊榮禄，非關矯僞以慕聲名。紀他聞之，帥弟子而踆於窾水，諸侯弔之，三年，申徒狄因以踣河。【注】其波蕩傷性，遂至於此。【疏】姓申徒，名狄；姓紀，名佗，並隱者。聞湯讓務光，恐其及己，與弟子蹲踞水旁。諸侯聞之，重其廉素，時往弔慰，恐其沈没。狄聞斯事，慕其高名，遂赴長河，自溺而死。波蕩失性，遂至於斯矣。【釋文】紀他徒何反。而踆音存。字林云：古「蹲」字。徐七旬反，又音尊。窾水音款，又音科。司馬云：水名。弔之司馬云：恐其自沈，故弔之。踣徐芳附反，普豆反。字林云：僵也。李云：頓也。郭薄杯反。

「荃者所以在魚，得魚而忘荃；蹄者所以在兔，得兔而忘蹄；【疏】筌，魚笱也。以竹爲之，故字從竹；亦有從草者，蓀荃也，香草也，可以餌魚。置香於柴木蘆葦之中以取魚也。蹄，兔罥也，亦兔（彊）〔弶〕也。以繫係兔脚，故謂之蹄。此二事，譬也。○典案：文選吴都賦注、嵇叔夜贈秀才入軍詩、盧子諒贈劉琨詩注引作「筌者所以得魚也，得魚而忘筌」。高山寺古鈔本亦正作「筌者所以在魚也」。「蹄者所以在兔」，御覽九百七引作「蹄者所以獲兔也」。疑「在魚」、「在兔」下並有「也」字，而今本敚之。【釋文】荃七全反。崔音孫，香草也，可以餌魚。或云：積柴水中，使魚依而食焉。一云：魚笱也。○典案：疏「筌，魚笱也」，是成本字亦作「筌」。文選吳都賦注云：筌，捕魚器，今之斗回也。又云：筌，罩籗也，編竹籠魚者也。蹄大兮反，兔罥也。又云：兔弶也，繫其脚，故曰蹄也。罥音古縣反。弶音巨亮反。○典案：御覽九百七引注云：蹄者，取兔綱。言者所以在意，得意而忘言。【疏】此合喻也。意，妙理也。夫得魚兔，本因筌蹄，而筌蹄實異魚兔，亦由玄理假於言說，言說實非玄理。魚兔得而筌蹄忘，玄理明而名言絕。○典案：文選嵇叔夜贈秀才入軍詩、盧子諒贈劉琨詩注、御覽三百九十引「在意」下並有「也」字，高山寺古鈔本同。吾安得夫忘言之人而與之言哉！」【注】至於兩聖無意，乃都無所言也。【疏】夫忘言得理，目擊道存，其人實稀，故有斯難也。【釋文】得夫音符。

雜篇　寓言第二十七【釋文】以義名篇。

寓言十九，【注】寄之他人，則十言而九見信也。【疏】寓，寄也。世人愚迷，妄爲猜忌，聞道己説，則起嫌疑，寄之他人，則十言而信九矣。故鴻蒙、雲將、肩吾、連叔之類，皆寓言耳。【釋文】寓言十九寓，寄也。以人不信己，故託之他人，十言而九見信也。老人之言，猶十信其七也。重言十七，【注】世之所重，則十言而七見信也。【疏】重言，長老鄉閭尊重者也。【釋文】重言謂爲人所重者之言也。卮言日出，和以天倪。【注】夫卮，滿則傾，空則仰，非持故也。況之於言，因物隨變，唯彼之從，故曰日出。日出，謂日新也，日新則盡其自然之分，自然之分盡則和也。【疏】卮，酒器也。日出，猶日新也。天倪，自然之分也。和，合也。夫卮滿則傾，卮空則仰，空滿任物，傾仰隨人。無心之言，即卮言也，是以不言，言而無係傾仰，乃合於自然之分也。又解：卮，支也，支離其言，言無的當，故謂之卮言耳。【釋文】卮言字又作「巵」，音支。字略云：卮，圓酒器也。李起宜反。王云：夫卮器，滿即傾，空則仰，隨物而變，非執一守故者也。施之於言，而隨人從變，己無常主者也。司馬云：謂支離無首尾言也。天倪音宜。徐音詣。

寓言十九，藉外論之。【注】言出於己，俗多不受，故借外耳。肩吾、連叔之類，皆所借者也。【疏】藉，假也。所以寄之他人十言九信者，爲假託外人論説之也。○典案：疏「他」字舊作「也」，「所以寄之也」不詞。上文注「寄之他人，則十言而九見信也」，疏「寄之他人，則十言而信九矣」，釋文「故託之他人，十言而九見信也」，並言「他人」，此「也」字必爲「他」字之壞。古書固有以「也」爲「他」者，成疏則未見其例，今據上注、疏改。余校此書之例，無本可依者不改字，故特詳辯之。【釋文】藉郭云：藉，借也。李云：因也。親父不爲其子媒。親父譽之，不若非其父者也；【注】父之譽子，誠多不信，然時有信者，輒以常嫌見疑，故借外論也。【疏】媒，媾合也。父談其子，人多不信，別人譽之，信者多矣。【釋文】譽之音餘。注同。非吾罪也，人之罪也。【注】己雖信，而懷常疑者猶不受，寄之彼人則信之，人之聽有斯累也。【疏】吾，父也。非父談子不實，而聽者妄起嫌疑，致不信之過也。與己同則應，不與己同則反；【注】互相非也。【疏】夫俗人顛倒，妄爲臧否，與己同見，則應而爲是，與己不同，則反而非之。同於己爲是之，異於己爲非之。【注】三異同處，而二異訟其所取，是必於不訟者俱異耳，而獨信其所是，非借外如何？【疏】夫迷執同異，妄見是非。同異既空，是非滅矣。

重言十七，所以已言也，是爲耆艾。【注】以其耆艾，故俗共重之，雖使言不借外，猶十信其七也。【疏】耆艾，壽考者之稱也。已自言之，不藉於外，爲是長老，故重而信之，流俗之人，有斯迷妄也。【釋文】耆艾五蓋反。年先矣，而無經緯本末以期年耆者，是非先也。【注】年在物先耳，其餘本末，無以待人，則非所以先也。期，待也。【疏】期，待也。上下爲經，傍通曰緯。言此人直置以年老居先，亦無本末之智，故待以耆宿之禮，非關道德可先也。○典案：高山寺古鈔本「年耆」作「來者」。楊守敬曰：按注「無以待人」，則作「來者」是。人而無以先人，無人道也；人而無人道，是之謂陳人。【注】直是陳久之人耳，而俗便共信之，此俗之所以爲安故而習常也。【疏】無禮義以先人，無人倫之道也，直是陳久之人，故重之耳。世俗無識，一至於斯。

卮言日出，和以天倪，因以曼衍，所以窮年。【注】夫自然有分而是非無主，無主則曼衍矣，誰能定之哉？故曠然無懷，因而任之，所以各終其天年。【疏】曼衍，無心也。隨日新之變轉，合天然之倪分，故能因循萬有，接物無心，所以窮造化之天年，極生涯之遐壽也。【釋文】曼衍以戰反。不言則齊，【疏】夫理處無言，言則乖當，故直置不言，而物自均等也。齊與言不齊，【疏】齊，不言也。不言與言，既其不一，故不齊也。言與齊不齊也，【注】付之於物而就用其言，則彼此是非，居然自齊。若不能因彼而立言以齊之，則我與萬物復不齊耳。【釋文】復不扶又反。下同。故曰無言。【注】言彼所言，故雖有言而我竟不言也。【疏】夫以言遣言，言則無盡，縱加百非，亦未偕妙。唯當凝照聖人，智冥動寂，出處默語，其致一焉，故能無言則言，言則無言也，豈有言與不言之別，齊與不齊之異乎？故曰「言無言」也。○典案：「無言」上當更有「言」字。注「故雖有言而我竟不言也」，正釋「言無言」之誼。疏「故曰『言無言』也」，是成所見本「無言」上亦有「言」字。高山寺古鈔本正作「故曰言無言」。**言無言，終身言，未嘗言；**【注】雖出吾口，皆彼言耳。○典案：各本「未嘗」下有「不」字，蓋涉下「終身不言，未嘗不言」而衍。此以「終身言，未嘗言」與下「終身不言，未嘗不言」相對成義，若作「未嘗不言」，則非其指，且與下文重複矣。注「雖出吾口，皆彼言耳」，正釋「未嘗言」之義，是郭所見本作「未嘗言」。道藏白文本、注疏本、高山寺古鈔本並無「不」字，今據刪。**終身不言，未嘗不言。**【注】據出我口。【疏】此復解前「言無言」義。**有自也而可，有自也而不可；有自也而然，有自也而不然。**【疏】夫各執自見，故有可有然，自他既空，然可斯泯。**惡乎然？然於然。惡乎不然？不然於不然。惡乎可？可於可。惡乎不可？不可於不可。**【注】自，由也。由彼我之情偏，故有可不可。【疏】惡乎，猶於何也。自他並空，物我俱幻，於何處而有可不可？於何處而有然不然？以此推窮，然可自息。斯復解前有自而然可義也。【釋文】惡乎音烏。下同。**物固有所然，物固有所可，**【注】各自然，各自可。**無物不然，無物不可。**【注】統而言之，則無可無不可。無可無不可而至也。【疏】夫俗中之物，倒置之徒，於無然而固然，於不可而執可也。**非卮言日出，和以天倪，孰得其久？**【注】夫唯言隨物制，而任其天然之分者，能無夭落。【疏】自非隨日新之變，達天然之理者，誰能證長生久視之道乎？言得之者之至也。

萬物皆種也，以不同形相禪，【注】雖變化相代，原其氣則一。【疏】禪，代也。夫物云云，稟之造化，受氣一種，而形質不同，運運遷流，而更相代謝。【釋文】皆種章勇反。始卒若環，【注】於今爲始者，於昨已復爲卒也。【疏】物之遷貿，譬彼循環，死去生來，終而復始。此出禪代之狀也。莫得其倫，【注】理自爾，故莫得。○典案：淮南子精神篇「淪於不測，入於無間，以不同形相嬗也，終始若環，莫得其倫」，即襲用莊子此文，高注：嬗，轉也。萬物之形不同道以相轉生也。最得其誼。【疏】倫，理也。尋索變化之道，竟無理之可致也。是謂天均。天均者，天倪也。【注】夫均齊者豈妄哉？皆天然之分。【疏】均，齊也。此總結以前一章之（是）〔義〕，謂天然齊等之道，即（以）〔此〕齊均之道，亦名自然之分也。

莊子謂惠子曰：「孔子行年六十而六十化，【注】與時俱化也。○典案：注「俱」下「化」字舊敓，今據趙諫議本、高山寺古鈔本補。【疏】夫運運不停，新新流謝，是以行年六十而與年俱變者也。然莊、惠相逢，好談玄道，故遠稱尼父，以顯變化之方。始時所是，卒而非之，【注】時變則俗情亦變。乘物以遊心者，豈異於俗哉？未知今之所謂是之非五十九非也。」【注】變者不停，是不可常。【疏】夫人之壽命，依年而數，年既不定，數豈有耶？是以去年之是，於今非矣。故知今年之是，還是去歲之非；今歲之非，即是來年之是。故容成氏曰「除日無歲」也。

惠子曰：「孔子勤志服知也。」【注】謂孔子勤志服膺而後知，非能任其自化也。此明惠子不及聖人之韻遠矣。【疏】服，用也。惠施未達，抑度孔子，謂其勵志勤行，用心學道，故至斯智，非自然任化者也。莊子曰：「孔子謝之矣，而其未之嘗言。【注】謝變化之自爾，非知力之所爲，故隨時任物而不造言也。【疏】謝，代也。而，汝也。未，無也。言尼父於勤服之心久已代謝，汝宜復靈，無復浪言也。孔子云：『夫受才乎大本，復靈以生。』【注】若役其才知而不復其本靈，則生亡矣。【疏】夫人稟受才智於大道妙本，復於靈命，以盡生涯，豈得勤志役心，乖於造物？此是莊子述孔丘之語訶抵惠施也。【釋文】才知音智。鳴而當律，言而當法，【注】鳴者，律之所生；言者，法之所出。而法律者，衆之所爲，聖人就用之耳，故無不當，而未之嘗言，未之嘗爲也。【疏】鳴，聲也。當，中也。尼父聖人，與陰陽合德，故風韻中於鍾律，言教考於模範也哉。利義陳乎前，而好惡是非直服人之口而已矣。【注】服，用也。我無言也，我之所言，直用人之口耳，好惡是非，利義之陳，未始出吾口也。【疏】仁義利害，好惡是非，逗彼前機，應時陳說，雖復言出於口而隨前人，即是用衆人之口矣。【釋文】而好呼報反。注同。惡烏路反。注同。使人乃以心服而不敢蘁立，定天下之定。【注】口所以宣心，既用衆人之口，則衆人之心用矣，我順衆心，則衆心信矣，誰敢逆立哉？吾因天下之自定而定之，又何爲乎？【疏】隨衆所宜，用其心智，教既隨物，物以順之，如草從風，不敢逆立。

因其本静，隨性定之，故定天下之定也。【釋文】蘁音悟，又五各反，逆也。○馬叙倫曰：「蘁」借爲「牾」。文選雪賦注引作「忤」。說文無「噩」字，「噩」字說文作「咢」；「鄂」，說文作「鄂」；「遌」，說文作「遻」，則「噩」與「咢」同，「遻」可通「牾」，「咢」亦可通「鋙」矣。「鋙」當爲「啎」，說文曰：逆也。典案：馬說是也。悟、牾、鋙、啎並從吾得聲，古字通叚。已乎已乎！吾且不得及彼乎！」【注】因而乘之，故無不及。【疏】已，止也。彼，孔子也。重勗惠子，止而勿言，吾徒庸淺，不能逮及。此是莊子歎美宣尼之言。

曾子再仕而心再化，【疏】姓曾，名參，孔子弟子。再仕之義，列在下文。曰：「吾及親仕，三釜而心樂；後仕，三千鍾而不洎，吾心悲。」【注】洎，及也。【疏】六斗四升曰釜，六斛四斗曰鍾。洎，及也。曾參至孝，求禄養親，故前仕親在，禄雖少而歡樂；後仕親没，禄雖多而悲悼。所謂再化，以悲樂易心，爲不及養親故也。○典案：此承上「吾及親仕，三釜而心樂」言，「洎」下當有「親」字，御覽七百五十七引「洎」下有「親」字，是其證。【釋文】三釜小爾雅云：六斗四升曰釜。心樂音洛。下注同。不洎其器反。弟子問於仲尼曰：「若參者，可謂無所縣其罪乎？」【注】縣，係也。謂參仕以爲親，無係禄之罪也。【疏】縣，係也。門人之中，無的姓諱，當是四科十哲之流也。曾參仁孝，爲親求禄，雖復悲樂，應無係罪，門人疑此，咨問仲尼也。【釋文】參所金反。無所縣音玄。下同。其罪乎縣，係也。心再化於禄，所存者親也，雖係禄而無係於罪也。以爲于僞反。曰：「既已縣矣。【注】係於禄以養也。【釋文】以養羊尚反。下同。夫無所縣者，可以有哀乎？【注】夫養親以適，不問其具。若能無係，則不以貴賤經懷，而平和怡暢，盡色養之宜矣。【疏】夫孝子事親，務在於適，無論禄之厚薄，盡於色養而已。故有庸賃而稱孝子，三仕猶爲不孝。參既心存哀樂，得無係禄之罪乎？夫唯無係者，故當無哀樂也。彼視三釜三千鍾，如觀雀蚊虻相過乎前也。」【注】彼，謂無係也。夫無係者，視榮禄若蚊虻鳥雀之在前而過去耳，豈有哀樂於其間哉？【疏】彼，謂無係之人也。鳥雀大，以喻千鍾；蚊虻小，以比三釜。達道之人，無心係禄，千鍾三釜，不覺少多，猶如鳥雀蚊虻，相與飛過於前矣，決然而已，豈係之哉？【釋文】如鸛本亦作「觀」，同。古亂反。蚊音文。虻孟庚反。司馬云：觀雀飛疾，與蚊相過，忽然不覺也。王云：鸛蚊取大小相縣，以喻三釜三千鍾之多少。元嘉本作「如鸛蚊」，無「虻」字。○俞樾曰：「雀」字衍文也。釋文云：元嘉本作「如鸛蚊」，無「虻」字。則陸氏所據本尚未衍「雀」字，故元嘉本作「鸛蚊」，陸氏但言其無「虻」字，不言其無「雀」字也。惟「鸛」與「蚊虻」，一鳥一蟲，取喻不倫。王云：謂取大小相縣，以喻三釜三千鍾之多少。此不然也。夫至人之視物，一吷而已，豈屑屑於三釜三千鍾之多寡，而必分別其爲鸛爲蚊乎？今案：釋文云：「鸛」，本作「觀」。疑是古本如此，其文蓋曰「彼視三釜三千鍾，如觀蚊虻相過乎前也」。淮南子俶真篇「毀譽之於己，猶蚊虻之一過也」，義與此同。因「觀」誤作「鸛」，則「鸛蚊虻」三字不倫，乃有删一「虻」字，使「蚊」與「鸛」兩文相稱者，元嘉本是也。又有增一「雀」字，使「鸛雀」與「蚊虻」兩文相稱者，今本是也。皆非莊子之舊矣。○馬叙倫曰：當去「虻」字。○典案：碧虛子校引張君房本「雀」上有「鳥」字。注「視榮禄若蚊虻鳥雀之在前而過去耳」，疏「鳥雀大，以喻千鍾；蚊虻小，以比三釜」，是郭、成所見本皆作「鳥雀蚊虻」，與張本正合。此疑「觀」譌爲「鸛」，後人遂删「鳥」字耳。本書每以「蚊虻」二字連文，不得去「虻」字。

顏成子游謂東郭子綦曰：「自吾聞子之言，一年而野，【注】外權利也。【疏】居在郭東，號曰東郭，猶是齊物篇中南郭子綦也。子游，子綦弟子也。野，質樸也。聞道一年，學心未熟，稍能樸素，去浮華耳。【釋文】子綦音其。二年而從，【注】不自專也。【疏】順於俗也。三年而通，【注】通彼我也。【疏】不滯境也。四年而物，【注】與物同也。【疏】與物同也。五年而來，【注】自得也。【疏】爲衆歸也。六年而鬼入，【注】外形骸也。【疏】神會理物。七年而天成，【注】無所復爲也。【疏】合自然成。【釋文】所復扶又反。八年而不知死、不知生，【注】所遇皆適而安也。【疏】智冥造物，神合自然，故不覺死生聚散之異也。九年而大妙。【注】妙，善也。善惡同，故無往而不冥。此言久聞道，知天籟之自然，將忽然自忘，則穢累日去，以至於盡也。【疏】妙，精微也。聞道日久，學心漸著，故能超四句，絶百非，義極重玄，理窮衆妙，知照宏博，故稱大也。【釋文】天籟力帶反。

「生有爲，死也。【注】生而有爲，則喪其生。【疏】處生人道，沈溺有爲，適歸死滅也。【釋文】則喪息浪反。勸公，以其私死也，有自也；【注】自，由也。由有爲，故死；由私其生，故有爲。今所以勸公者，以其死之由私也。【疏】公，平也。自，由也。所以人生也動之死地者，猶私愛其生，不能公正，故勸導也。○「私」字舊敚。碧虛子校引張君房本「其」下有「私」字。奚侗曰：當據張君房本「以其」下補「私」

字。郭注曰「由私其生，故有爲」，是郭本亦有「私」字。典案：奚説是也，今據張本補。**而生陽也，無自也。**【注】夫生之陽遂，以其絶迹無爲，而忽然獨爾，非有由也。【疏】感於陽氣，而有此生，既無所由從，故不足私也。**而果然乎？**【疏】果，決定也。陽氣生物，決定如此。**惡乎其所適？惡乎其所不適？**【注】然而果然，故無適無不適而後皆適，皆適而至也。【疏】夫氣聚爲生，生不足樂；氣散爲死，死不足哀。生死既齊，哀樂斯泯，故於何處而可適，於何處而不可適乎？所在皆適耳。【釋文】惡乎音烏。下同。

天有曆數，地有人據，吾惡乎求之？【注】皆已自足。【疏】夫星曆度數，玄象麗天，九州四極，人物依據，造化之中，悉皆具足，吾於何處分外求之也？【釋文】天有曆一本作「天有曆數」。**莫知其所終，若之何其無命也？**【注】理必自終，不由於知，非命如何？【疏】夫天地晝夜，人物死生，尋其根由，莫知終始，時來運去，非命如何？「其無命」者，言有命也。**莫知其所始，若之何其有命也？**【注】不知其所以然而然，謂之命。似若有意也，故又遣命之名，以明其自爾，而後命理全也。【疏】夫死去生來，猶春秋冬夏，既無終始，豈其命乎？「其有命」者，言無命也。此又遣其命也。**有以相應也，若之何其無鬼邪？**【注】理必有應，若有神靈以致之也。【疏】鬼，神識也。夫耳眼應於聲色，心智應於物境，義同影響，豈無靈乎？「其無鬼」者，言其有之也。**無以相應也，若之何其有鬼**

邪？」【注】理自相應，相應不由於故也，則雖相應而無靈也。【疏】夫人睡中則不知外物，雖有眼耳，則不應色聲，若其有靈，如何不應？「其有鬼」者，言其無也。此又遣其有也。

衆罔兩問於景曰：「若向也俯而今也仰，向也括撮而今也被髮，向也坐而今也起，向也行而今也止，何也？」【疏】罔兩，影外微陰也。斯寓言者也。若，汝也。俯，低頭也。撮，束髮也。汝坐起行止，唯形是從，以此測量，必因形乃有。言不待，厥理未詳。設此問答，以彰獨化耳。○典案：「衆」字無義，當爲衍文。文選謝靈運遊南亭詩注引無「衆」字。齊物論篇「罔兩問景曰：『曩子行，今子止；曩子坐，今子起』」，與此文義正同，「罔」上亦無「衆」字，是其證也。又「撮」字舊敓，碧虚子校引張君房本「括」下有「撮」字。案：張本是也。疏「撮，束髮也」，是成本亦有「撮」字。此以「括撮」與「被髮」相對爲文，無「撮」字則句法不一律矣，今據張本補。【釋文】景音影，又如字。本或作「影」。○典案：文選謝靈運遊南亭詩注引「景」作「影」，與釋文一本合。也括古活反。司馬云：謂括髮也。被髮皮寄反。

景曰：「搜搜也，奚稍問也？【注】運動自爾，無所稍問。【疏】叟叟，無心運動之貌也。奚，何也。景答云：我運動無心，蕭條自得，無所可待，獨化而生。汝無所知，何勞見問也？【釋文】搜搜本又作「叟」，同。索口反，又素刀反，又音蕭。向云：動貌。予有而不知其所以。【注】自爾，故不知所以。【疏】予，我也。我所有行止，率乎造物，皆不知所以，悉莫辯其然爾，豈有待哉？予，蜩甲也，蛇蜕也，似之而非也。【注】影似形而非形。【疏】蜩甲，蟬殼也。蛇蛻，皮也。夫蠐螬變化而爲蟬，蛇從皮内而蛻出者，皆不自覺知也。而蠐螬滅於前，蟬自生於後，非因蠐螬而有蟬，蟬亦不待蠐螬而生也。蛇皮之義，亦復如之。是知一切萬有，無相因待，悉皆獨化，僉曰自然，故影云：我之因待，是蛇蛻蜩甲，似形有而實非待形者也。【釋文】蜩甲音條。司馬云：蜩甲，蟬蛻皮也。蛇蛻音帨，又吐卧反，又始鋭反。火與日，吾屯也；陰與夜，吾代也。【疏】屯，聚也。代，謝也。有火有日，影即屯聚；逢夜逢陰，影便代謝。若其（同）〔因〕形有影，故當不待火日。陰夜有形而無影，將知影必不待形，而獨化之理彰也。【釋文】吾屯徒門反，聚也。○郭慶藩曰：文選謝靈運遊南亭詩注引司馬云：屯，聚也。火日明而影見，故曰吾聚也。陰闇則影不見，故曰吾代也。夜代，謂使得休息也。釋文闕。彼吾所以有待耶？【疏】吾所以有待者，火日也。必其不形，火日亦不能生影也，故影亦不待於火日也。而況乎以無有待者乎？【注】推而極之，則今之所謂有待者，率至於無待，而獨化之理彰矣。【疏】況乎有待者形也，必無火日，形亦不能生影，不待形也。夫形之生也，不用火日，影之生也，豈待形乎？故以火日況之，則知影不待形明矣。形影尚不相待，而況他物乎？是知一切萬法，悉皆獨化也。○「無」字舊敓。碧虛子校引張君房本有「無」字。典案：張本是也。此謂無待勝有待也，若無「無」字，則下句爲無義矣。注「率至於無待，而獨化之理彰矣」，是郭所見本有「無」字。此疑本作「而況乎以無待者乎」，始涉上衍「有」字，後人不解莊子無待勝有待之義，遂以意删「無」字耳。彼來則我與之來，彼往則我與之往，彼强陽則我與之强陽。强陽者又何以有問乎？」【注】直自强陽運動，相隨往來耳，無意不可問也。【疏】彼者，形也。强陽，運動之貌也。夫往來運動，形影共時，既無因待，咸資獨化。獨化之理，妙絶名言，名言問答，其具之矣。

陽子居南之沛，老聃西遊於秦，邀於郊，至於梁而遇老子。【疏】姓楊，名朱，字子居。之，往也。沛，彭城，今徐州是也。邀，遇也。梁國，今汴州也。楊朱南邁，老子西遊，邂逅逢於梁、宋之地，適於郊野，而與之言。【釋文】陽子居姓楊，名朱，字子居。○典案：列子黄帝篇「陽子居」作「楊朱」，下同。御覽百八十六引「南」下有「郭」字，「邀」下有「還」字。之沛音貝。邀古堯反，要也，遇也。玉篇云：求也，抄也，遮也。老子中道仰天而歎曰：「始以汝爲可教，今不可也。」【疏】昔逢楊子，謂有道心；今見矜夸，知其難教。嫌其異俗，是以傷嗟也。

陽子居不答。【疏】自覺己非，默然悚愧。至舍，進盥漱巾櫛，脱屨户外，膝行而前，【疏】盥，洒也。櫛，梳也。届逆旅之舍，至止息之所，於是進水漱洒，執持巾櫛，肘行膝步，盡禮虔恭，殷勤請益，庶蒙鍼艾也。【釋文】盥音管。小爾雅云：澡也，洒也。漱所又反。巾櫛莊乙反。曰：「向者弟子欲請夫子，夫子行不閒，是以不敢。今閒矣，請問其過。」【疏】向被抵訶，欲請其過，正逢行李，未有閒庸。今至主人，清閒無事，庶聞責旨，以助將來也。○典案：「向者弟子欲請夫子」，「請」下當有「問」字。御覽三百九十五引正作「請問」，是其證。百八十六引「不敢」下有「問」字，「請問其過」，「問」作「聞」。高山寺古鈔本「其過」作「某過」。【釋文】不閒音閑。下同。一音如字。

老子曰：「而睢睢盱盱，而誰與居？【注】睢睢盱盱，跋扈之貌。人將畏難而疏遠。【疏】睢盱，躁急威權之貌也。而，汝也。跋扈威勢，矜莊耀物，物皆哀悼，誰將汝居處乎？○典案：「睢睢」與「盱盱」當分言之，「盱盱」上當有「而」字。列子黃帝篇正作「而睢睢，而盱盱」，是其證。【釋文】睢睢郭呼維反。徐許圭反。盱盱香于反，又許吴反，又音虛。廣雅云：睢睢盱盱，元氣也。而，汝也。言汝與元氣合德，去其矜驕，誰復能同此心？解異郭義。跋步末反。畏難乃旦反。疏遠于萬反。『大白若辱，盛德若不足。』」【疏】夫人廉潔貞清者，猶如汙辱也；盛德圓滿者，猶如不足也。此是老子引道德經以戒子居也。

陽子居蹴然變容，曰：「敬聞命矣！」【疏】蹙然，慚悚也。既承教旨，驚懼更深，稽首虔恭，敬奉尊命也。【釋文】蹵子六反。

其往也，舍者迎將，其家公執席，妻執巾櫛，舍者避席，煬者避竈。【注】尊形自異，故憚而避之也。【疏】將，送也。家公，主人公也。煬，然火也。楊朱往沛，正事威容，舍息逆旅，主人迎送，夫執氈席，妻捉梳巾，先坐之人，避席而走，然火之者，不敢當竈，威勢動物，一至於斯矣。【釋文】家公李云：主人公也。一讀「舍者迎將其家」爲句。煬羊尚反，又音羊向反，炊也。

其反也，舍者與之争席矣。【注】去其夸矜故也。【疏】從沛反歸，已蒙教戒，除其容飾，遣其矜夸，混迹同塵，和光順俗，於是舍息之人與争席而坐矣。【釋文】去其起呂反。

莊子補正卷九下

雜篇　讓王第二十八

【釋文】以事名篇。○典案：碧虚子南華真經章句音義本「讓」作「禪」，篇列説劍、漁父後。

堯以天下讓許由，許由不受。又讓於子州支父，子州支父曰：「以我爲天子，猶之可也。雖然，我適有幽憂之病，方且治之，未暇治天下也。」【疏】堯、許事迹，具載内篇。姓子，名州，字支父，懷道之人，隱者也。堯知其賢，讓以帝位。以我爲帝，亦當能以爲事，故言「猶之可也」。幽，深也。憂，勞也。言我滯竟幽深，固心憂勞，且欲脩身，庶令合道，未有閒暇緝理萬機也。【釋文】子州支父音甫。李云：支父，字也。即支伯也。幽憂之病王云：謂其病深固也。夫天下至重也，而不以害其生，又況他物乎？【疏】夫位登九五，威跨萬乘，人倫尊重，莫甚於此，尚不以斯榮貴損害生涯，況乎他外事物，何能介意也！唯無以天下爲者，可以託天下也。【疏】夫忘天下者，無以天下爲也。唯此之人，可以委託於天下也。○典案：呂氏春秋貴生篇作「惟不以天下害其生者也，可以託天下」。

舜讓天下於子州支伯，子州支伯曰：「予適有幽憂之病，方且治之，未暇治天下也。」【疏】舜之事迹，具在内篇。支伯，猶支父也。○俞樾曰：漢書古今人表有子州支父，無支伯，則支父、支伯是一人也。故天下大器也，而不以易生，此有道者之所以異乎俗者也。【疏】夫帝王之位，重大之器也，而不以此貴易奪其生。自非有道，孰能如是？故異於流俗之行也。

舜以天下讓善卷，善卷曰：「余立於宇宙之中，冬日衣皮毛，夏日衣葛絺，春耕種，形足以勞動，秋收斂，身足以休食，日出而作，日入而息，逍遥於天地之間，而心意自得。吾何以天下爲哉？【疏】姓善，名卷，隱者也。處於六合，順於四時，自得天地之間，逍遥塵垢之外，道在其中，故不用天下。○典案：御覽十九引「春耕種」作「春耕夏種」，「秋收斂」作「秋收冬斂」，二十四、八十一引與今本同。【釋文】善卷卷勉反，居阮反，又音眷。李云：姓善，名卷。○俞樾曰：呂覽下賢篇作「善綣」。衣皮於既反。下同。悲夫，子之不知余也！」遂不受。於是去而入深山，莫知其處。【疏】古人淳樸，喚帝爲子，恨舜不識野情，所以悲歎。【釋文】其處昌慮反。

舜以天下讓其友石户之農，石户之農曰：「捲捲乎后之爲人，葆力之士也。」【疏】「户」字亦有作「后」者，隨字讀之。石户，地名也。農，人也。今江南喚人作農。此則舜之友人也。葆，牢固也。言舜心志堅固，力勤苦，腰背捲捲，不得歸休，以此勤勞，翻來見讓，故不受也。【釋文】石戶本亦作「后」。之農李云：石戶，地名。農，農人也。捲捲音權。郭音眷，用力貌。葆力音保。字亦作「保」。以舜之德爲未至也，於是夫負妻戴，攜子以入於海，終身不反也。【疏】古人荷物，多用頭戴，如今高麗猶有此風。以舜德化未爲至極，故携妻子，不踐其土，入於大海州島之中，往而不返也。【釋文】以入於海司馬云：凡言入者，皆居其洲島之上，與其曲隈中也。

大王亶父居邠，狄人攻之。【疏】亶父，王季之父，文王之祖也。邠，地名。狄人，獫狁也。國鄰戎虜，故爲狄人攻伐。○典案：御覽四百十九引「大王」作「古公」。下同。【釋文】大王音太。下同。亶丁但反。父音甫。下同。邠筆貧反。徐甫巾反。事之以皮帛而不受，事之以犬馬而不受，事之以珠玉而不受。狄人之所求者，土地也。大王亶父曰：「與人之兄居而殺其弟，與人之父居而殺其子，吾不忍也。子皆勉居矣！爲吾臣與爲狄人臣奚以異？【疏】事，奉也。勉，勵也。奚，何。狄人貪殘，意在土地，我不忍傷殺，汝勉力居之。○典案：「與人之兄居」、「與人之父居」，兩「居」字於詞爲複。呂氏春秋審爲篇、淮南子道應篇下「居」字並作「處」。且吾聞之，不以所用養害所養。」因杖筴而去之。民相連而從之，遂成國於岐山之下。【疏】用養，土地也。所養，百姓也。本用地以養人，今殺人以存地，故不可也。因拄杖而去，民相連續，遂有國於岐陽。【釋文】不以所用養害所養地所以養人也。今爭以殺人，是以地害人也。人爲地養，故不以地故害人也。因杖直亮反。筴初革反。○馬叙倫曰：「筴」，當依御覽四百十九引作「策」。呂氏審爲篇亦作「策」。典案：馬説是也。淮南子道應篇亦作「策」。相連力展反。司馬云：連，讀曰輦。岐山其宜反。或祁支反。夫大王亶父可謂能尊生矣。能尊生者，雖貴富不以養傷身，雖貧賤不以利累形。今世之人居高官尊爵者，皆重失之，見利輕亡其身，豈不惑哉！【疏】夫亂世澆僞，人心浮淺，徇於軒冕，以喪其身，逐於財利，以殞其命，不知輕重，深成迷惑也。【釋文】不以養傷身不以利累形王云：富貴有養，而不以昧養傷身；貧賤無利，而不以求利累形也。

越人三世弑其君，王子搜患之，逃乎丹穴。而越國無君，求王子搜不得，從之丹穴。王子搜不肯出，越人薰之以艾，乘以王輿。【疏】搜，王子名也。丹穴，南山洞也。玉輿，君之車輦也。亦有作「王」字者，隨字讀之，所謂玉輅也。越國之人，頻弑君主，王子怖懼，逃之洞穴，呼召不出，以艾薰之。既請爲君，故乘以玉輅。○馬叙倫曰：史記越世家索隱引無「世」字。書鈔一五八引「弑」作「煞」，御覽五四引作「殺」。典案：呂氏春秋貴生篇亦作「殺」。【釋文】弑其音試。王子搜素羔反，又悉遘反，又邀遘反。李云：王子名。淮南子作「翳」。○俞樾曰：釋文云：「搜」，淮南子作「翳」。然翳之前無三世弑君之事。史記越世家索隱以搜爲翳之子無顓。據竹書紀年，翳爲其子所弑，越人殺其子，立無余，又見弑而立無顓，是無顓以前三君皆不善終，則王子搜是無顒之異名無疑矣。淮南子蓋傳聞之誤，當據索隱訂正。丹穴爾雅云：南戴日爲丹穴。以艾五蓋反。王輿一本作「玉輿」。○典案：御覽五十四引作「承以玉輿」，與釋文合。疏「玉輿，君之車輦也」，又曰「所謂玉輅也」，是成本亦作「玉輿」。王子搜援綏登車，仰天而呼曰：「君乎君乎！獨不可以舍我乎！」王子搜非惡爲君也，惡爲君之患也。若王子搜者，可謂不以國傷生矣，此固越人之所欲得爲君也。【疏】援，引也。綏，車上繩也。辭不獲免，長歎登車，非惡爲君，恐爲禍患。以其重生輕位，故可屈而爲君也。【釋文】援音爰。而呼火故反。本或作「歎」。以舍音捨。非惡烏路反。下及下章「真惡」同。

韓、魏相與争侵地。子華子見昭僖侯，昭僖侯有憂色。【疏】僖侯，韓國之君也。華子，魏之賢人也。韓、魏相鄰，争侵境土，干戈既動，勝負未知，怵惕居懷，故有憂色。【釋文】子華子司馬云：魏人也。○俞樾曰：呂覽貴生篇引子華子曰「全生爲上，虧生次之，死次之，迫生爲下」，又誣徒篇引子華子曰「王者樂其所以王，亡者樂其所以亡」，高注竝云：子華子，古體道人。知度、審爲兩篇注同。昭僖侯司馬云：韓侯。○俞樾曰：韓有昭侯，有僖王，無昭僖侯。○馬叙倫曰：「僖」，呂氏春秋審爲篇作「釐」，聲同之類。詩蟋蟀序「刺僖公也」，史記作「釐侯」，是其例證。又呂氏春秋任數篇曰「韓昭釐侯視所以祠廟之牲，其豕小，申不害聞之」，高誘曰：申不害，昭釐侯之相也。史記韓世家「申不害爲韓昭侯相」，則昭僖侯即韓昭侯矣。子華子曰：「今使天下書銘於君之前，書之言曰：『左手攫之，則右手廢；右手攫之，則左手廢。然而攫之者必有天下。』君能攫之乎？」【疏】銘，書記也。攫，捉取也。廢，斬去之也。假且書一銘記，投之於前，左手取銘，則斬去右手，右手取銘，則斬去左手，然取銘者必得天下。君取之不？以取譬喻，借問韓侯也。○典案：高山寺古鈔本「攫」上無「能」字。【釋文】攫俱碧、俱縛二反。又史虢反。李云：取也。○典案：御覽三百六十九引「攫」作「擾」。廢李云：棄也。司馬云：病也。一云：攫者，援書銘；廢者，斬右手。昭僖侯曰：「寡人不攫也。」【疏】答云：不能斬兩臂而取六合也。子華子曰：「甚善！【疏】歎君之言甚當於理。自是觀之，兩臂重於天下也，身亦重於兩臂。韓之輕於天下亦遠矣，【疏】自，從也。於此言而觀察之，則一身重於兩臂，兩臂重於天下，天下又重於韓。韓之與天下，輕重之遠矣。○典案：「身亦重於兩臂」，「亦」當爲「又」，字之誤也。呂氏春秋審爲篇、御覽三百六十九引此文，字竝作「又」，是其證也。今之所爭者，其輕於韓又遠。君固愁身傷生以憂戚不得也！」【疏】所爭者疆畔之間，故於韓輕重遠矣，而必固憂愁，傷形損性，恐其不得，豈不惑哉？【釋文】其輕於韓又遠絶句。僖侯曰：「善哉！教寡人者衆矣，未嘗得聞此言也。」子華子可謂知輕重矣。【疏】頓悟其言，歎之奇妙也。

魯君聞顏闔得道之人也，使人以幣先焉。【疏】魯侯，魯哀公。或云魯定公也。姓顏，名闔，魯人，隱者也。幣，帛也。聞顏闔得清廉之道，欲召之爲相，故遣使人，賫持幣帛，先通其意。【釋文】魯君一本作「魯侯」。李云：哀公也。

顏闔守陋閭，苴布之衣，而自飯牛。【疏】苴布，子麻布也。飯，飼也。居疏陋之閭巷，著粗惡之布衣，身自飯牛，足明貧儉。○典案：呂氏春秋貴生篇、御覽八百二十引竝無「陋」字。高山寺古鈔本同。「閭」，御覽八百二十引作「門」，八百九十九引作「廬」。【釋文】苴音麤。徐七餘反。李云：有子麻也。本或作「麤」，非也。○典案：呂氏春秋貴生篇「苴」作「鹿」，洪頤煊云：「鹿」即「麤」字之省。書鈔百二十九引作「麄」，御覽八百二十引作「粗」，八百九十九引作「麤」。飯牛符晚反。

魯君之使者至，顏闔自對之。使者曰：「此顏闔之家與？」顏闔對曰：「此闔之家也。」使者致幣，顏闔對曰：「恐聽者謬而遺使者罪，不若審之。」【疏】遺，與也。不欲授幣〔一〕，致此矯詞，以欺使者。○俞樾曰：上「者」字衍文。「恐聽謬而遺使者罪」，恐其以誤聽得罪也。聽即使者聽之，非聽者一人、使者一人也。呂氏春秋貴生篇正作「恐聽繆而遺使者罪」。○典案：俞謂上「者」字爲衍文，是也。碧虛子校引張君房本、高山寺古鈔本竝作「恐聽謬而遺使者罪」，文選北山移文注引同，是其塙證。【釋文】之使所吏反。下及下章同。家與音餘。而遺唯季反。下皆同。

使者還，反審之，復來求之，則不得已。○典案：御覽八百九十九引「已」作「也」。故若顏闔

〔一〕授　集釋中華本作「受」。

者，真惡富貴也。○典案：此句下有敓文。「真」當爲「非」，作「真」者，後人改之也。呂氏春秋貴生篇作「故若顔闔者，非惡富貴也，以重生，惡之也」，與上文「王子搜非惡爲君也，惡爲君之患也」一例。莊子此文既敓下一句，後人以「故若顔闔者，非惡富貴也」義意不合，乃改「非」爲「真」以就之耳。

故曰：道之真以治身，其緒餘以爲國家，其土苴以治天下。由此觀之，帝王之功，聖人之餘事也，非所以完身養生也。【疏】緒，殘也。土，糞也。苴，草也。夫用真道以持身者，必以國家爲殘餘之事，將天下同於草土者也。【釋文】復來音服。或音扶又反。下章皆同。緒餘並如字。徐上音奢，下以嗟反。司馬、李云：緒者，殘也，謂殘餘也。土敕雅反，又片賈、行賈二反，又音如字。苴側雅反，又知雅反。司馬云：土苴，如糞草也。李云：土苴，糟魄也，皆不真物也。一云：土苴，無心之貌。今世俗之君子，多危身棄生以殉物，豈不悲哉！凡聖人之動作也，必察其所以之與其所以爲。【疏】殉，逐也。察世人之所適往，觀黎庶之所云爲，然後動作而應之也。【釋文】必察其所以之王云：聖人真以持身，餘以爲國，故其動作，必察之焉。「所以之」者，謂德所加之方也。「所〔以〕爲」者，謂所以待物也。動作如此，不必察也。今且有人於此，○典案：高山寺古鈔本無「且」字，呂氏春秋貴生篇同。以隨侯之珠彈千仞之雀，世必笑之。是何也？則其所用者重而所要者輕也。○典案：御覽七百五十五引「要」作「取」。夫生者，豈特隨侯之重哉？【疏】隨國近濮水，濮水出寶珠，即是靈蛇所銜以報恩，隨侯所得者，故謂之隨侯之珠也。夫雀高千仞，以珠彈之，所求者輕，所用者重。傷生殉物，其義亦然也。【釋文】所要一遥反。○俞樾曰：「隨侯」下當有「珠」字。若無「珠」字，文義不足。呂氏春秋貴生篇作「夫生豈特隨侯珠之重也哉」，當據補。○典案：俞説是也。意林引「隨侯」下有「珠」字，是其證也。

子列子窮，容貌有飢色。客有言之於鄭子陽者，曰：「列禦寇蓋有道之士也，居君之國而窮，君無乃爲不好士乎？」【疏】子陽，鄭相也。禦寇，鄭人也，有道而窮。子陽不好賢士，遠游之客譏刺子陽。【釋文】子陽鄭相。不好呼報反。鄭子陽即令官遺之粟。子列子見使者，再拜而辭。【疏】命召主倉之官，令與之粟。禦寇清高，辭謝不受也。【釋文】即令力呈反。使者去，子列子入，其妻望之而拊心曰：「妾聞爲有道者之妻子，皆得佚樂，今有飢色，君過而遺先生食，先生不受，豈不命邪？」【疏】與粟不受，天命貧窮，嗟惋拊心，責夫罪過。故知禦寇之妻，不及老萊之婦遠矣。○典案：「豈不命邪」不詞，「不」當爲「非」字之誤也。呂氏春秋觀世篇作「豈非命也哉」，是其證。列子説符篇作「豈不命也哉」，蓋襲用莊子已誤之文也。高山寺古鈔本「邪」亦作「也哉」。【釋文】拊心徐音撫。得佚音逸。樂音洛。君過古卧反。本亦作「遇」。子列子笑謂之曰：「君非自知我也。以人之言而遺我粟，至其罪我也，又且以人之言，此吾所以不受也。」其卒，民果作難而殺子陽。【疏】子陽嚴酷，人多怒之。左右有誤折子陽弓者，恐必得罪，因國人逐猘狗，遂殺子陽也。

【釋文】作難乃旦反。下章同。殺子陽子陽嚴酷，罪者無赦。舍人折弓，畏子陽怒責，因國人逐猘狗而殺子陽。○俞樾曰：子陽事見呂覽適威篇、淮南氾論訓。至史記鄭世家則云繻公二十五年，鄭公殺其相子陽。二十七年，子陽之黨共弑繻公駘，又與諸書不同。

楚昭王失國，屠羊説走而從於昭王。【疏】昭王名軫，平王之子也。伍奢、伍尚遭平王誅戮，子胥奔吴而耕於野，後至吴王闔閭之世，請兵伐楚，遂破楚入郢，以雪父之讎。其時昭王窘急，棄走奔隨，又奔於鄭。有屠羊賤人名説，從王奔走，奔走之由，置在下文。○典案：「走而從於昭王」，高山寺古鈔本無「昭」字。【釋文】楚昭王名軫，平王子。屠羊説音悦。或如字。昭王反國，將賞從者，及屠羊説。屠羊説曰：「大王失國，説失屠羊；大王反國，説亦反屠羊。臣之爵禄已復矣，又何賞之有！」○典案：高山寺古鈔本「有」下有「哉」字。王曰：「强之。」屠羊説曰：「大王失國，非臣之罪，故不敢伏其誅；大王反國，非臣之功，故不敢當其賞。」王曰：「見之。」屠羊説曰：「楚國之法，必有重賞大功而後得見。今臣之知不足以存國，而勇不足以死寇，吴軍入郢，説畏難而避寇，非故隨大王也。今大王欲廢法毁約而見説，此非臣之所以聞於天下也。」

王謂司馬子綦曰：「屠羊説居處卑賤，而陳義甚高，子綦爲我延之以三旌之位。」【疏】三旌，三公也。亦有作「珪」字者，謂三卿皆執珪，故謂三卿爲珪也。○俞樾曰：「子綦爲我延之以三旌之位」句，此昭王自與司馬子綦言，當稱「子」，不當稱「子綦」，「綦」字衍文。○典案：御覽八百二十八引無「綦」字，可證俞說。道藏本作「子其爲我延之以三旌之位」，義亦可通。各本之「綦」或即爲「其」字，涉上「王謂司馬子綦」而誤也。【釋文】從者才用反。强之其丈反。見之賢遍反。下同。之知音智。入郢以井反。毁約如字。徐於妙反。而見如字。亦賢遍反。爲我于僞反。三旌三公位也。司馬本作「三珪」，云：謂諸侯之三卿皆執珪也。○孫詒讓曰：司馬本是也。楚爵以執珪爲最貴。楚辭大招曰「三圭重侯」，戰國策楚策昭陽說楚貴爵爲上執珪，然則執珪有上中下之異歟？典案：類聚八十三、御覽八百六引「旌」竝作「圭」，御覽二百九十八、八百二十八引作「珪」，三百四十引作「旌」，與今本合。屠羊說曰：「夫三旌之位，吾知其貴於屠羊之肆也；萬鍾之祿，吾知其富於屠羊之利也。然豈可以貪爵祿而使吾君有妄施之名乎？說不敢當，願復反吾屠羊之肆。」遂不受也。

原憲居魯，環堵之室，○典案：御覽百七十四引「環」作「圜」。茨以生草，蓬户不完，桑以爲樞，而甕牖二室，褐以爲塞，上漏下溼，匡坐而弦歌。【疏】原憲，孔子弟子，姓原，名思，字憲也。周環各一堵，謂之環堵，猶方丈之室也。以草蓋屋，謂之茨也。褐，粗衣也。匡，正也。原憲家貧，室唯環堵，仍以草覆舍，桑條爲樞，蓬作門扉，破甕爲牖，夫妻二人，各居一室，逢雨溼而弦歌自娱，知命安貧，所以然也。○「歌」

字舊敚。碧虛子校引張君房本「弦」下有「歌」字。奚侗曰：新序、韓詩外傳「弦」下有「歌」字。御覽及張君房本亦有「歌」字，當依補。典案：奚校是也。史記游俠列傳正義、藝文類聚人部十九、御覽百七十四、三百九十三、四百八十五引「弦」下竝有「歌」字。下文「顏色甚憊，而弦歌於室」，「弦歌鼓琴，未嘗絕音」，「孔子削然反琴而弦歌」，亦竝以「弦歌」連文，此不得獨言「弦」，今依張本補「歌」字。【釋文】妄施如字，又始豉反。茨徐疾私反。李云：蓋屋也。蓬户織蓬爲户。

桑以爲樞尺朱反。司馬云：屈桑條爲户樞也。甕牖音酉。司馬云：破甕爲牖。二室司馬云：夫妻各一室。○典案：「桑以爲樞，而甕牖二室」，義既難通，句法又與上下文不一律。淮南子原道篇「環堵之室，茨之以生茅，蓬户甕牖，揉桑爲樞，上漏下溼，潤浸北房」，文義與此正同。新序節士篇、韓詩外傳一竝作「蓬户甕牖」，無「二室」二字。類聚三十五引此文同。御覽百七十四引作「瓮以爲牖」，與上「桑以爲樞」、下「褐以爲塞」句法一律。司馬注：夫妻各一室。蓋就誤衍之文曲爲之說，不可從也。褐下葛反。郭音葛。字或作「褐」。爲塞悉代反。司馬云：以褐衣塞牖也。匡坐而弦司馬云：匡，正也。案：弦，謂弦歌。子貢乘大馬，中紺而表素，軒車不容巷，往見原憲。【疏】子貢，孔子弟子，名賜，能言語，好榮華。其軒蓋是白素，裏爲紺色，車馬高大，故巷道不容也。【釋文】中紺古暗反。李云：紺爲中衣，加素爲表。原憲華冠縰履，杖藜而應門。【疏】縰，躧也。以華皮爲冠，用藜藿爲杖，貧無僕使，故自應門也。【釋文】華冠胡化反。以華木皮爲冠。○馬叙倫曰：「華冠」，韓詩外傳作「楮冠」，新序作「桑葉冠」。「楮」、「華」聲同魚類，「桑」則篆形近「華」而譌。「華」借得「樗」。典案：御覽九百九十八引作「草冠屣履」。「華」疑「草」字之誤。縰履所倚反。或所買反。本或作「縰」，并下「曳縰」同。三蒼解詁作「躧」，云：躧也。聲類或作

「屣」。韋昭蘇寄反。通俗文云：履不著跟曰屣。司馬本作「躧」。李云：縰履，謂履無跟也。王云：體之能躡舉而曳之也。「履」或作「屨」。杖藜以藜爲杖也。司馬本作「扶杖也」。應門自對門也。子貢曰：「嘻！先生何病？」原憲應之曰：「憲聞之，無財謂之貧，〇典案：意林、類聚三十五、御覽四百八十五引「謂之」作「之謂」。高山寺古鈔本同。學而不能行謂之病。〇典案：「學」下當有「道」字。御覽四百八十五引正作「學道不能行之謂病」。史記仲尼弟子列傳作「學道而不能行者，謂之病」，是其證也。今憲貧也，非病也。」子貢逡巡而有愧色。【疏】嘻，笑聲也。逡巡，卻退貌也。以儉繫奢，故懷慙愧之色。〇典案：「而」下當有「退」字。藝文類聚三十五、意林及御覽四百八十五引竝作「逡巡而退」，是其證。【釋文】嘻許其反。逡巡七旬反。

原憲笑曰：「夫希世而行，比周而友，學以爲人，教以爲己，仁義之慝，輿馬之飾，憲不忍爲也。」【疏】慝，姦惡也。飾，莊嚴也。夫趨世候時，希望富貴，周旋親比，以結朋黨，自求名譽，學以爲人，多覓束脩，教以爲己，託仁義以爲姦慝，飾車馬以衒矜夸，君子恥之，不忍爲之也。【釋文】希世而行司馬云：希，望也。所行常顧世譽而動，故曰希世而行。比周毗志反。爲人于僞反。下「爲己」同。教以爲己學當爲己，教當爲人，今反不然也。仁義之慝吐得反，惡也。司馬云：謂依託仁義爲姦惡。

曾子居衛，緼袍無表，〇典案：新序立節篇作「子思居於衛，緼袍無表」。御覽六百八十六引作「原子」。顔色腫噲，手足胼胝，【疏】以麻緼袍絮，復無表裏也。腫噲，猶剥錯也。每自力作，故生胼胝。【釋文】緼袍紆紛反。司馬云：謂麻緼爲絮，論語云「衣敝緼袍」是也。種本亦作「腫」，章勇反。噲古外反。徐古活反。司馬云：種噲，剥錯也。王云：盈虛不常之貌。胼薄田反。胝竹尼反。○典案：御覽三百七十引作「瓳」。三日不舉火，十年不製衣，正冠而纓絶，捉衿而肘見，○典案：類聚六十七引「捉衿」作「斂襟」，御覽八百八十六引「捉」亦作「斂」，又引注云：言貧也。三百六十九引「捉」作「正」。納屨而踵決，【疏】守分清虛，家業窮窶，三日不營熟食，十年不製新衣。繩爛，正冠而纓斷；袖破，捉衿而肘見；履敗，納之而根後決也。○典案：御覽三百八十八、五百七十一引「屨」作「履」。【釋文】肘竹久反。見賢遍反。曳縰而歌商頌，○馬叙倫曰：書鈔百六引「縰」作「屐」，御覽三八八引作「屣」，五七一引作「履」。案：「縰」當從御覽作「屣」。聲滿天地，若出金石。天子不得臣，諸侯不得友。【疏】歌商頌響，韻叶宮商，察其詞理，雅符天地，聲氣清虛，又諧金石，風調高素，超絶人倫，故不與天子爲臣，不與諸侯爲友也。故養志者忘形，養形者忘利，致道者忘心矣。【疏】夫君子賢人，不以形挫志；攝衛之士，不以利傷生；得道之人，忘心知之術也。

孔子謂顔回曰：「回，來！家貧居卑，胡不仕乎？」顔回對曰：「不願仕。回有郭外之田五十畝，足以給飦粥；郭内之田十畝，足以爲絲麻；○典案：御覽百九十三引「絲」作「桑」。鼓琴足以自娛，所學夫子之道者足以自樂也。○典案：高山寺古鈔本作「所學夫子者」，御覽四百八十五引作「所學於夫子者」，並無「之道」二字。回不願仕。」○典案：御覽百九十三引作「回故不仕矣」。孔子愀然變容，○典案：類聚三十五、御覽四百八十五引「容」作「色」。曰：「善哉，回之意！○馬叙倫曰：類聚三十五、御覽四百八十五引「善」作「美」。典案：作「美」義較長。山木篇「孔子曰：『善哉』」，與此文有別。丘聞之，知足者不以利自累也；○碧虛子校引江南李氏本「利」作「羨」。典案：作「利」義較長。江南李氏本非。審自得者，失之而不懼；行修於内者，無位而不怍。丘誦之久矣，今於回而後見之，是丘之得也。」【疏】飦，糜也。怍，羞也。夫自得之士，不以得喪駭心；内修之人，豈復羞慙無位！孔子誦之，其來已久，今勸回仕，豈非失言？因回反照，故言丘得之矣。【釋文】飦之然反。字或作「饘」。廣雅云：糜也。一云：紀言反。家語云：厚粥。一音干，謂干餅。○馬叙倫曰：類聚三十五引「飦粥」作「餰鬻」。御覽一九三、四六八、四八五、八五九引「飦」作「饘」。説文「飦」爲「鬻」之重文，亦作「餰」，作「鍵」。禮記檀弓篇釋文引説文曰：宋、衛謂之餰。則字當依藝文類聚作「餰」，鬻也。「饘」、「飦」一字，故或作「饘」。「粥」爲「鬻」省。粥之六反，又音育。自樂音洛。愀七小反。徐在九反，又七了、子了二反，又資西反。李音秋，又七遥反。一本作「欣」。行修下孟反。不怍在洛反。爾雅云：慙也。又音昨。

中山公子牟謂瞻子曰：「身在江海之上，心居乎魏闕之下，奈何？」【疏】瞻子，魏之賢人也。魏公子名牟，封中山，故曰中山公子牟也。公子有嘉遁之情，而無高蹈之德，故身在江海上而隱遁，心思魏闕下之榮華，既見賢人，借問其術也。○典案：「柰何」上當有「爲之」二字。淮南子道應篇「身處江海之上，心在魏闕之下，爲之柰何」。語亦見吕氏春秋審爲篇、文子下德篇。【釋文】公子牟司馬云：魏之公子，封中山，名牟。瞻子賢人也。淮南作「詹」。○馬叙倫曰：吕氏春秋審爲篇、淮南子道應訓有此文，「瞻」皆作「詹」。吕氏春秋執一篇「楚王問爲國於詹子」，淮南詮言訓「詹何曰：『未嘗聞身治而國亂者也』」，韓非解老篇「詹何坐，弟子侍」，淮南子説山訓「詹公之釣，千歲之鯉不能避」，覽冥訓「故蒲且子之連鳥於百仞之上，而詹何之騖魚於大淵之中，此皆得清淨之道、太浩之和也」，原道訓「加之以詹何、娟嬛之數，猶不能與罔罟争得也」，吕氏春秋重言篇「故聖人聽於無聲，視於無形，詹何、田子方、老耽是也」。詳諸文紀詹何事，蓋道家之流，與此文義合。瞻子即詹何也。魏闕淮南作「騩」，司馬本同，云：騩，讀曰魏。象魏觀闕，人君門也。言心存榮貴。許慎云：天子兩觀也。

瞻子曰：「重生。重生則利輕。」【疏】重於生道，則輕於榮利。榮利既輕，則不思魏闕。○馬叙倫曰：「利輕」，吕氏春秋審爲篇、淮南道應訓並作「輕利」，當從之。疏曰「重於生道，則輕於榮利」，是成本亦作「輕利」。【釋文】重生李云：重存生之道者，則名利輕，輕則易絶矣。此人身居江海，心貪榮利，故以此戒之。

中山公子牟曰：「雖知之，未能自勝也。」【疏】雖知重於生道，未能勝於情欲。【釋文】能勝音升。下同。

瞻子曰：「不能自勝則從，神無惡乎？【疏】若不勝於情欲，則宜從順心神，亦不勞妄生嫌惡也。○碧虚子校引張君房本「乎」作「也」。馬叙倫曰：此是公子牟辭。「乎」絶句。【釋文】不能自勝則從絶句。一讀至「神」字絶句。○俞樾曰：釋文曰：「不能自勝則從」絶句。此讀是也。又曰：一讀至「神」字絶句，則失之。呂氏春秋審爲篇亦載此事，作「不能自勝則縱之，神無惡乎」。文子下德篇、淮南子道應篇並疊「從之」二字，作「從之從之」，則「從神」之不當連讀明矣。又案：「從」，呂氏春秋作「縱」，則當讀子用反，而釋文無音，亦失之。無惡如字，又烏路反。乎絶句。一讀連下「不能自勝」爲句。不能自勝，而强不從者，此之謂重傷。重傷之人，無壽類矣。」【疏】情既不勝，强生抑挫，情欲已損，抑又乖心，故名重傷也。如此之人，自然夭折，故不得與壽考者爲儕類也。【釋文】重傷直用反。下同。○俞樾曰：「重傷」，猶再傷也。不能自勝，則已傷矣，又强制之而不使縱，是再傷也，故曰「此之謂重傷」。呂氏春秋審爲篇高誘注曰：重，讀復重之重。是也。釋文音直用反，非是。

魏牟，萬乘之公子也，其隱巖穴也，難爲於布衣之士。雖未至乎道，可謂有其意矣。【疏】夫大國王孫，生而榮貴，遂能巖棲谷隱，身履艱辛，雖未階乎玄道，而有清高之志，足以激貪勵俗也。【釋文】萬乘繩證反。

孔子窮於陳、蔡之間，七日不火食，藜羹不糝，顔色甚憊，而弦歌於室。【疏】陳、蔡之事，外篇已解。既遭飢餒，營無火食，藜菜之羹，不加米糝，顔色衰憊，而歌樂自娱，達道聖人，不以爲事也。○典案：御覽五百七十一引「室」下有「不輟」二字。御覽引書多删削而少增益，疑今本敓「不輟」二字。【釋文】不火食元嘉本無「火」字。不糝素感反。甚憊皮拜反。顔回擇菜，○奚侗曰：呂氏春秋慎人篇「擇菜」下有「於外」

二字，當據補。馬叙倫曰：風俗通義窮通篇載此事，「擇菜」下有「於户外」三字。典案：御覽四百八十六引「擇」作「釋」。

子路、子貢相與言曰：「夫子再逐於魯，削迹於衛，伐樹於宋，窮於商、周，圍於陳、蔡，○典案：御覽四百八十六引「再」作「載」。山木篇「孔子問子桑雽曰：『吾再逐於魯，伐樹於宋，削迹於衛，窮於商、周，圍於陳、蔡之間」，盜跖篇「子自謂才士聖人耶？則再逐於魯，削迹於衛，窮於齊，圍於陳、蔡」，漁父篇「丘再逐於魯，削迹於衛，伐樹於宋，圍於陳、蔡」，文義並與此同。高山寺古鈔本「逐」上無「再」字，無「窮於商、周」句，「圍」作「窮」。狩野直喜云：鈔本與吕氏春秋慎人篇合。漁父篇亦無「窮於商、周」四字。殺夫子者無罪，藉夫子者無禁。弦歌鼓琴，未嘗絶音，君子之無耻也若此乎？」【疏】仕於魯而被放，游於衛而削迹，講於宋樹下，而司馬桓魋欲殺夫子，憎其坐處，遂伐其樹。故欲殺夫子，當無罪咎，凌藉之者，應無禁忌。由、賜未達，故發斯言。【釋文】伐樹於宋孔子之宋，與弟子習禮大樹下。宋司馬桓魋欲殺孔子，伐其樹，孔子遂行。藉藉，毁也。又云：陵藉也。一云：鑿也。或云：係也。

顔回無以應，入告孔子。孔子推琴，喟然而歎曰：「由與賜，細人也。召而來，吾語之。」子路、子貢入。子路曰：「如此者可謂窮矣！」【疏】喟然，嗟歎貌。由與賜，細碎之人也。命召將來，告之善道。如斯困苦，豈不窮乎？【釋文】喟去愧反，又苦怪反。語之魚據反。

孔子曰：「是何言也？君子通於道之謂通，窮於道之謂窮。今丘抱仁義之道，以遭亂世之患，〇馬叙倫曰：御覽四八六引「患」作「暴」。其何窮之爲！〇奚侗曰：爲，猶有也。呂覽慎人篇「爲」正作「有」。馬叙倫曰：意林引「爲」作「有」。典案：御覽四百八十六引「爲」下有「也」字。故内省而不窮於道，臨難而不失其德，天寒既至，霜雪既降，吾是以知松柏之茂也。桓公得之莒，齊子糾之亂，小白出奔莒。文公得之曹，曹人觀晉公子駢脅。越王得之會稽〔一〕，越爲吴敗，句踐以敗卒保於會稽山。〇典案：「桓公得之莒」三句及注舊敓。碧虚子校引江南古藏本有。案：呂氏春秋慎人篇、風俗通義窮通篇載此事，皆有此三句。荀子宥坐篇「孔子南適楚，戹於陳、蔡之間，七日不火食，藜羹不糂。子路進問之，孔子曰：『由，居，吾語女。昔晉公子重耳霸心生於曹，越王勾踐霸心生於會稽，齊桓公小白霸心生於莒』」，文雖異，亦以公子重耳、越王勾踐、齊桓公爲比。家語在厄篇亦云：「是以晉重耳之有霸心，生於曹、衛；越王勾踐之有霸心，生於會稽」，可爲旁證。今依江南古藏本補。注「子糾」，江南古藏本作「紂」，今以意改。陳、蔡之隘，於丘其幸乎！」【疏】夫歲寒別木，處窮知士，因難顯德，可謂幸矣。【釋文】臨難乃旦反。〇俞樾曰：「天」乃「大」字之誤。國語魯語「大寒降」，韋昭注曰：謂季冬建丑之月，大寒之後也。若作「天寒既至」，失其義矣。呂氏春秋慎人篇亦載此事，正作「大寒」。〇馬叙倫曰：風俗通窮通篇亦作「大寒既至」。典案：俞、馬校是也。淮南子俶真篇「夫大寒至，霜雪

〔一〕「桓公得之莒」、「文公得之曹」、「越王得之會稽」三句及句下小字，爲碧虚子校引江南古藏本所增，無「注」「釋」標識。

降，然後知松柏之茂也」，即襲用莊子此文。呂氏春秋功名篇「大寒既至」，與此文義亦正同，是其塙證矣。之隘音厄，又於懈反。

孔子削然反琴而弦歌，子路扢然執干而舞。【疏】削然，取琴聲也。扢然，奮勇貌也。既師資領悟，彼此歡娛也。【釋文】削然如字。李云：反琴聲。亦作「梢」，音消。扢許訖反，又巨乙反、魚乙反。李云：奮舞貌。司馬云：喜貌。○馬叙倫曰：書鈔百二十一、御覽三百五十一引作「仡」。王念孫曰：「扢」與「仡」通。説文曰：仡，勇壯也。執干干，楯也。子貢曰：「吾不知天之高也，地之下也。」

古之得道者，窮亦樂，通亦樂。所樂非窮通也，道德於此，則窮通爲寒暑風雨之序矣。【疏】夫陰陽天地有四序寒温，人處其中，何能無窮通否泰耶？故得道之人，處窮通而常樂，譬之風雨，何足介懷乎！【釋文】亦樂音洛。下同。○俞樾曰：「德」當作「得」。呂覽慎人篇作「道得於此，則窮達一也，爲寒暑風雨之序矣」。疑此文「窮通」下亦當有「一也」二字，而今奪之。○典案：俞先生謂「德」當作「得」，是也。高山寺古鈔本正作「得」。故許由娛於潁陽，而共伯得乎共首。【疏】共伯，名和，周王之孫也。懷道抱德，食封於共。厲王之難，天子曠絶，諸侯知共伯賢，請立爲王，共伯不聽，辭不獲免，遂即王位。一十四年，天下大旱，舍屋生火，卜曰：厲王爲祟。遂廢共伯而立宣王。共伯退歸，還食本邑，立之不喜，廢之不怨，逍遥於丘首之山。丘首山今在河内。潁陽，地名，在襄陽，未爲定地名也。故許由娛樂於潁水，共伯得志於首山也。○碧虚子校引江南古藏本「得」下有「志」字。馬叙倫曰：困學紀聞十引「得」下有「之」字，「乎」作「於」。典案：呂氏春秋慎人篇「共伯得乎共首」，高誘注：不知出何書也。誘注吕氏春秋必己篇云：莊子名周，宋之蒙人也。輕天下，細萬物，其術尚虚無，著書五十二篇，名之曰莊子。與漢書藝文志正合。而於此獨云「不知出何書」，疑其所見五十二篇本莊子無今本讓王篇也。【釋文】虞於潁陽廣雅云：虞，安也。安於潁陽。一本作「娱」，娱，樂也。○典案：高山寺古鈔本作「虞」，狩野直喜云：宋本以下「虞」作「娱」，釋文出「虞於潁陽」，注云：一本作「娱」。鈔本作「虞」，與釋文所據本合。碧虚子校引江南古藏本字亦作「虞」。「虞」、「娱」古通用。共伯音恭。下同。得乎共首司馬云：共伯，名和，脩其行，好賢人，諸侯皆以爲賢。周厲王之難，天子曠絶，諸侯皆請以爲天子，共伯不聽，即于王位。十四年，大旱屋焚，卜于太陽，兆曰：厲王爲祟。召公乃立宣王，共伯復歸於宗，逍遥得意共山之首。共丘山，今在河内共縣西。魯連子云：共伯後歸於國，得意共山之首。紀年云：共伯和即于王位。孟康注漢書古今人表以爲入爲三公。本或作「丘首」。○典案：高山寺古鈔本、世德堂本、吕氏春秋慎人篇並作「共首」。宋本、道藏注疏本並作「丘首」，與釋文或本合。

舜以天下讓其友北人無擇，北人無擇曰：「異哉，后之爲人也！居於畎畝之中，而遊堯之門。不若是而已，又欲以其辱行漫我。○典案：文選桓元子薦譙元彦表注引「漫」作「慢」。嵇叔夜與山巨源絶交書注引作「帝欲以辱行漫我」。御覽七十引「漫」上有「污」字，四百二十四引「漫」上有「汙」字，八十一引「漫」上有「汙」字。吾羞見之。」因自投清泠之淵。【注】孔子曰：士志於仁者，有殺身以成仁，無求生以害仁。夫志尚清遐，高風邈世，與夫貪利没命者，故有天地之降也。○典案：高山寺古鈔本注「士志於仁者」作「志士仁人」。【疏】北方之人，名曰無擇，舜之友人也。后，君也。壟上曰畝，下曰畎。清泠淵，在南陽西崿縣界。舜耕於歷山，長於壟畝，游堯門闕，受堯禪讓，其事迹豈不如是乎？又欲將恥辱之行汙漫於我。以此羞慙，遂投清泠也。○俞樾曰：廣韻二十五德「北」字注：古有北人無擇。則北人是複姓。漢書古今人表作北人亡擇。○典案：「投」下當有「於」字。御覽七十、四百二十四引並作「自投於」，與呂氏春秋離俗覽合，是其證也。【釋文】畎古犬反。畝司馬云：壟上曰畝，壟中曰畎。辱行下孟反。下章同。漫我武諫反。徐武畔反。下章同。清泠音零。之淵山海經云：在江南。一云：在南陽郡西崿山下。

湯將伐桀，因卞隨而謀，卞隨曰：「非吾事也。」湯曰：「孰可？」曰：「吾不知也。」湯又因瞀光而謀，瞀光曰：「非吾事也。」湯曰：「孰可？」曰：「吾不知也。」湯曰：「伊尹何如？」曰：「强力忍垢，吾不知其他也。」【疏】姓卞名隨，姓務名光，並懷道之人，隱者也。湯知其賢，因之謀議。既非隱者之務，故答以不知。姓伊，名尹，字贄，佐世之賢人也。忍，耐也。垢，恥辱也。既欲阻兵，應須强力之士；方將弒主，亦藉耐羞之人。他外之能，吾不知也。【釋文】瞀光音務，又莫豆反。本或作「務」。○典案：宋本、道藏注疏本、白文本、御覽四百二十四引「瞀」並作「務」，與釋文一本合。强力李云：阻兵須力。忍垢司馬云：垢，辱也。李云：弒君須忍垢也。○朱駿聲曰：「垢」借爲「詬」，恥也。典案：御覽四百二十四引正作「詬」。

湯遂與伊尹謀伐桀，剋之，以讓卞隨。卞隨辭曰：「后之伐桀也謀乎我，○

典案：御覽四百二十四引「后」作「君」。必以我爲賊也；勝桀而讓我，必以我爲貪也。○典案：「我爲貪也」上「以」字舊敚。御覽四百二十四引作「勝桀而讓乎我，必以我爲貪也」，與上文句法一律，吕氏春秋離俗覽同，世德堂本有「以」字，今據補。吾生乎亂世，而無道之人再來漫我以其辱行，吾不忍數聞也。」乃自投稠水而死。【疏】漫，汙也。稠水，在潁川郡界，字又作「桐」。○典案：高山寺古鈔本「投」下有「於」字，與吕氏春秋離俗覽合。【釋文】數聞音朔。稠水直留反。本又作「桐水」。徐音同，又徒董反，又音封。本又作「稠」，司馬本作「洞」，云：洞水，在潁川。一云：在范陽郡界。○典案：御覽四百二十四引「稠」作「桐」，與釋文一本合。朱謀㙔曰：吕氏春秋離俗篇作「潁水」，高士傳作「洞水」。「潁」、「洞」古字通用，故禮記「潁衣」一作「絅衣」，是其例也。「稠」、「桐」二字皆誤耳。

湯又讓瞀光，曰：「知者謀之，武者遂之，仁者居之，古之道也。吾子胡不立乎？」瞀光辭曰：「廢上，非義也；殺民，非仁也。人犯其難，我享其利，非廉也。【疏】享，受也。廢上，謂放桀也。殺民，謂征戰也。犯其難，謂遭誅戮也。我享其利，謂受禄也。○典案：御覽四百二十四引「民」作「人」，「人」作「子」。【釋文】知者音智。其難乃旦反。吾聞之曰：非其義者，不受其禄；無道之世，不踐其土。况尊我乎！吾不忍久見也。」乃負石而自沈於廬水。【注】舊説曰：如卞隨、務光者，其視天下也若六合之外，人所不能察也。斯則謬矣。夫輕天下者，不得有所重也，苟無所重，則無死地矣。以天下爲六合之外，故當付之堯、舜、湯、武耳。淡然無係，故汎然從衆，得失無概於懷，何自投之爲哉？若二子者，可以爲殉名慕高矣，未可謂外天下也。【疏】廬水，在遼西北平郡界也。〇典案：御覽四百二十四引「沈」作「投」。又引注云：廬水，在遼東也。吕氏春秋離俗覽作「募水」，高注：募，水名也。音千伯之伯。【釋文】廬水音閭。司馬本作「盧水」，在遼東西界。一云：在北平郡界。〇典案：御覽四百二十四引「廬」作「盧」，與釋文一本合。淡然徒暫反。無概古代反。

昔周之興，有士二人，處於孤竹，曰伯夷、叔齊。二人相謂曰：「吾聞西方有人，似有道者，試往觀焉。」【疏】孤竹，國名，在遼西。伯夷、叔齊兄弟讓位，聞文王有道，故往觀之。夷、齊事迹，外篇已解矣。【釋文】孤竹司馬云：孤竹國在遼東令支縣界。伯夷、叔齊，其君之二子也。令，音郎定反。支，音巨移反。至於岐陽，武王聞之，使叔旦往見之，與盟曰：「加富二等，就官一列。」血牲而埋之。【疏】岐陽是岐山之陽，文王所都之地，今扶風是也。周公名旦，是武王之弟，故曰叔旦也。其時文王已崩，武王登極，將欲伐紂，招慰賢良，故令周公與其盟誓，加祿二級，授官一列，仍牲血釁其盟書，埋之壇下也。【釋文】血牲一本作「殺牲」。司馬本作「血之以牲」。二人相視而笑曰：「嘻，異哉！此非吾所謂道也。昔者神農之有天下也，時祀盡敬而不祈喜。其於人也，忠信盡治而無求焉。【疏】祈，求也。喜，福也。神農之世，淳樸未殘，四時祭祀，盡於恭敬，其百姓忠誠信實，緝理而已，無所求焉。【釋文】嘻許其反。一音於其反。祈喜如字。徐許記反。○俞樾曰：「喜」當作「禧」。爾雅釋詁：禧，福也。「不祈禧」者，不祈福也。呂氏春秋誠廉篇作「時祀盡敬而不祈福也」，與此字異義同。○典案：高山寺古鈔本「喜」作「熹」，可證俞說。盡治直吏反。樂與政爲政，樂與治爲治，不以人之壞自成也，不以人之卑自高也，不以遭時自利也。【疏】爲政順事，百姓緝理，從於物情，終不幸人之災以爲己福，願人之險以爲己利也。今周見殷之亂而遽爲政，上謀而下行貨，阻兵而保威，割牲而盟以爲信，揚行以説衆，殺伐以要利，是推亂以易暴也。【疏】遽，速也。速爲治政，彰紂之虐，謀謨行貨，以保兵威，顯物行説，以化黎庶，可謂推周之亂以易殷之暴也。○王念孫曰：「上謀而下行貨」，「下」字後人所加也。「上」與「尚」同，「上謀而行貨，阻兵而保威」，句法正相對。後人誤讀「上」爲上下之上，故加「下」字耳。呂氏春秋誠廉篇正作「上謀而行貨，阻兵而保威」。○典案：王校是也。高山寺古鈔本正無「下」字。【釋文】揚行下孟反。下「吾行」、「戾行」同。以説音悦。以要一遥反。吾聞古之士，遭治世不避其任，遇亂世不爲苟存。今天下闇，周德衰，○碧虛子校引江南古藏本「周」作「殷」。典案：江南古藏本是也。伯夷、叔齊試往觀周之時，不當言「周德衰」。其並乎周以塗吾身也，不如避之，以絜吾行。」二子北至於首陽之山，遂餓而死焉。若伯夷、叔齊者，其於富貴也，苟可得已，則必不賴高節戾行，獨樂其志，不事於世，此二士之節也。【注】論語曰：伯夷、叔齊餓于首陽之下，不言其死也。而此云死焉，亦欲明其守餓以終，未必餓死也。此篇大意，以起高讓遠退之風。故被其風者，雖貪冒之人，乘天衢，入紫庭，猶時慨然，中路而歎，況其凡乎？故夷、許之徒，足以當稷、契，對伊、呂矣。夫居山谷而弘天下者，雖不俱爲聖佐，不猶高於蒙埃塵者乎？其事雖難爲，然其風少弊，故可遺也。○典案：高山寺古鈔本注「遺」作「貴」，於義爲長。曰：夷、許之弊安在？曰：許由之弊，使人飾讓以求進，遂至乎之、噲也。伯夷之風，使暴虐之君得肆其毒而莫之敢亢也。伊、呂之弊，使天下貪冒之雄敢行篡逆。唯聖人無迹，故無弊也。若以伊、呂爲聖人之迹，則伯夷、叔齊亦聖人之迹也；若以伯夷、叔齊非聖人之迹邪，則伊、呂之事亦非聖迹矣。○典案：注「非聖」下「迹」字舊敓，今據高山寺古鈔本補。夫聖人因物之自行，故無迹。然則所謂聖者，我本無迹，故物得其迹，迹得而强名聖，則聖者乃無迹之名也。【疏】塗，汙也。若與周並存，恐汙吾行，不如逃避，餓死於首山。首山在蒲州城南近河是也。【釋文】故被皮義反。貪冒亡北反。或亡報反。下同。稷契息列反。之噲音快。篡初患反。唐云：或曰：讓王之篇，其章多重生，而務光二三子自投於水，何也？答曰：莊書之興，存乎反本，反本之由，先於去榮。是以明讓王之一篇，標傲世之逸志，旨在不降以厲俗，無厚身以全生。所以時有重生之辭者，亦歸棄榮之意耳，深於塵務之爲弊也。其次者，雖復被褐啜粥，保身而已。其全道尚高而超俗自逸，寧投身於清泠，終不屈於世累也。此舊集音有，聊復録之，於義無當也。

雜篇　盜跖第二十九【釋文】以人名篇。

孔子與柳下季爲友。柳下季之弟名曰盜跖。盜跖從卒九千人，横行天下，侵暴諸侯，穴室樞户，驅人牛馬，取人婦女，貪得忘親，不顧父母兄弟，不祭先祖。所過之邑，大國守城，小國入保，萬民苦之。【疏】姓展，名禽，字季，食采柳下，故謂之柳下季。亦言居柳樹之下，故以爲號。展禽是魯莊公時，孔子相去百餘歲，而言友者，蓋寓言也。跖者，禽之弟名也，常爲巨盜，故名盜跖。穿穴屋室，解脱門樞，而取人牛馬也。亦有作「空」字「驅」字者。保，小城也。爲害既巨，故百姓困之。【釋文】孔子與柳下季爲友柳下惠，姓展，名獲，字季禽。一云：字子禽，居柳下而施德惠。一云：惠，謚也。一云：柳下，邑名。案左傳云，展禽是魯僖公時人，至孔子生八十餘年，若至子路之死百五六十歲，不得爲友，是寄言也。盜跖之石反。李奇注漢書云：跖，秦之大盜也。○俞樾曰：史記伯夷傳正義又云：蹠者，黄帝時大盜之名。是跖之爲何時人，竟無定説。孔子與柳下惠不同時，柳下惠與盜跖亦不同時，讀者勿以寓言爲實也。從才用反。卒尊忽反。下同。樞户尺朱反。徐若溝反。司馬云：破人户樞而取物也。○孫詒讓曰：依徐音，則「樞」當爲「摳」。殷敬順列子釋文云：摳，探也。「樞」、「摳」聲類同，形亦相近。典案：孫説是也。碧虚子校引劉得一本正作「摳」。入保鄭注禮記曰：小城曰保。

孔子謂柳下季曰：「夫爲人父者，必能詔其子；爲人兄者，必能教其弟。若父不能詔其子，兄不能教其弟，則無貴公子兄弟之親矣。今先生，世之才士也，弟爲盜跖，爲天下害，而弗能教也，丘竊爲先生羞之。丘請爲先生往説之。」

柳下季曰：「先生言爲人父者必能詔其子，爲人兄者必能教其弟，若子不聽父之詔，弟不受兄之教，雖今先生之辯，將柰之何哉？且跖之爲人也，心如涌泉，意如飄風，强足以距敵〔一〕，辯足以飾非，順其心則喜，逆其心則怒，易辱人以言。先生必無往。」

孔子不聽，顔回爲馭，子貢爲右，往見盜跖。盜跖乃方休卒徒大山之陽，○碧虛子校引江南古藏本「徒」下有「於」字，「大」作「太」。典案：御覽三百、三百七十六引「大」並作「太」。膾人肝而餔之。【疏】餔，食也。子貢驂乘，在車之右也。【釋文】能詔如字，教也。竊爲于僞反。下「請爲」、「爲我」、「竊

〔一〕距　世德堂本作「拒」，是。

爲」、「使爲」皆同。說之始鋭反。飄風婢遥反。徐扶遥反。易辱以豉反。大山音太。膾古外反。餔布吴反。徐甫吴反。字林云：日申時食也。○典案：御覽三百七十六引「餔」作「食」。孔子下車而前，見謁者曰：「魯人孔丘，聞將軍高義，敬再拜謁者。」謁者入通，盜跖聞之大怒，○典案：御覽四百八十三引「大」作「忿」。目如明星，髮上指冠，曰：「此夫魯國之巧僞人孔丘非邪？爲我告之：爾作言造語，妄稱文、武，【疏】言孔子憲章文、武，祖述堯、舜，刊定禮、樂，遺迹將來也。○典案：御覽六百八十四引「作」作「詐」。【釋文】髮上時掌反。此夫音符，又如字。冠枝木之冠，帶死牛之脅，【疏】脅，肋也。言尼父所戴冕浮華雕飾，華葉繁茂，有類樹枝。又將牛皮用爲革帶，既闊且堅，又如牛肋也。【釋文】冠古亂反。枝木之冠如字。司馬云：冠多華飾，如木之枝繁。○典案：御覽六百八十四引「枝」作「拔」。帶死牛之脅許劫反。司馬云：取牛皮爲大革帶。多辭繆說，不耕而食，不織而衣，摇脣鼓舌，擅生是非，以迷天下之主，使天下學士不反其本，妄作孝弟，而儌倖於封侯富貴者也。【疏】儌倖，冀望也。夫作孝悌，序人倫，意在乎富貴封侯者也。故歷聘不已，接輿有「鳳兮」之譏；棄本滯迹，師金致「芻狗」之誚也。【釋文】繆說音謬。孝弟音悌。本亦作「悌」。而儌古堯反。子之罪大極重，疾走歸！不然，我將以子肝益晝餔之膳。」

孔子復通曰：「丘得幸於季，願望履幕下。」【疏】言丘幸其得與賢兄朋友，不敢正覩儀容，願履帳幕之下。亦有作「綦」字者，綦，履迹也。願履綦迹，猶看足下。○俞樾曰：「極」當作「殛」。爾雅釋言：殛，誅也。言罪大而誅重也。「極」、「殛」古字通，書洪範篇「鯀則殛死」，多士篇「大罰殛之」，僖二十八年左傳「明神殛之」，昭七年傳「昔堯殛鯀於羽山」，釋文並曰：「殛」，本作「極」。【釋文】復通扶又反。下同。願望履幕下司馬本「幕」作「綦」，云：言視不敢望跖面，望履結而還也。謁者復通，盜跖曰：「使來前！」孔子趨而進，避席反走，再拜盜跖。盜跖大怒，兩展其足，案劍瞋目，聲如乳虎，曰：「丘，來前！若所言順吾意則生，逆吾心則死。」【疏】趨，疾行也。反走，卻退。兩展其足，伸兩脚也。【釋文】反走小卻行也。○郭慶藩曰：文選謝靈運從斤竹澗越嶺溪行注引司馬云：展，申也。釋文闕。瞋赤真反。徐赤夷反。廣雅云：張也。如乳如樹反。

孔子曰：「丘聞之，凡天下有三德：○碧虛子校引張君房本「天下」下有「人」字。馬叙倫曰：當依張本補「人」字。生而長大，美好無雙，少長貴賤見而皆說之，此上德也；知維天地，能辯諸物，此中德也；勇悍果敢，聚衆率兵，此下德也。凡人有此一德者，足以南面稱孤矣。今將軍兼此三者，身長八尺二寸，面目有光，脣如激丹，齒如齊貝，音中黃鐘，而名曰盜跖，丘竊爲將軍恥不取焉。【疏】激，明也。貝，珠也。黃鐘，六律聲也。【釋文】少長詩召反。下丁丈反。皆説音悦。下同。知維音智。勇悍户旦反。激丹古歷反。司馬云：明也。齊貝一本作「含貝」。○典案：御覽三百六十五引作「含貝」，與釋文一本合。音中丁仲反。將軍有意聽臣，臣請南使吴、越，北使齊、魯，東使宋、衛，西使晉、楚，使爲將軍造大城數百里，立數十萬户之邑，尊將軍爲諸侯，○典案：御覽三百二十七引「尊」上有「使」字。與天下更始，罷兵休卒，收養昆弟，共祭先祖。此聖人才士之行，而天下之願也。」

盜跖大怒，曰：「丘，來前！夫可規以利而可諫以言者，皆愚陋恒民之謂耳。今長大美好，人見而悦之者，此吾父母之遺德也。丘雖不吾譽，吾獨不自知邪？且吾聞之，好面譽人者，亦好背而毁之。今丘告我以大城衆民，是欲規我以利而恒民畜我也，安可久長也？【疏】言大城衆民，不可長久也。【釋文】南使所吏反。三字同。數百所主反。下同。罷兵如字。徐扶彼反。共祭音恭。之行下孟反。下同。恒民一本作「順民」，後亦爾。吾譽音餘。下同。好面呼報反。下同。背音佩。下同。城之大者，莫大乎天下矣。○典案：御覽百九十二引「矣」作「也」。堯、舜有天下，子孫無置錐之地；【疏】堯讓舜，不授丹朱，舜讓禹，而商均不嗣，故無置錐之地也。湯、武立爲天子，而後世絶滅，非以其利大故耶？【疏】殷湯、周武，總統萬機，後世子孫，咸遭篡弒，豈非四海利重，所以致之？

「且吾聞之，古者禽獸多而人少，○典案：御覽七十六引「古者」作「古之」，九百二十八、九百六十四引「人少」作「人民少」。類聚八十七引「人」作「民」。古書多言「人民」，韓非子五蠹篇「人民少而禽獸衆」，文義正同，亦作「人民」。於是民皆巢居以避之，晝拾橡栗，暮栖木上，故命之曰有巢氏之民。古者民不知衣服，夏多積薪，○典案：御覽七十六引「夏」下有「則」字，二十四引與今本同。冬則煬之，故命之曰知生之民。神農之世，卧則居居，起則于于，【疏】居居，安静之容。于于，自得之貌。【釋文】橡音象。煬羊亮反。民知其母，不知其父，與麋鹿共處，耕而食，織而衣，無有相害之心，此至德之隆也。然而黄帝不能致德，與蚩尤戰於涿鹿之野，流血百里。【疏】至，致也。蚩尤，諸侯也。涿鹿，地名，今幽州涿郡是也。蚩尤造五兵，與黄帝戰，故流血百里也。【釋文】蚩尤神農時諸侯，始造兵者也。神農之後第八帝曰榆罔，世蚩尤氏强，與榆罔争王，逐榆罔，榆罔與黄帝合謀，擊殺蚩尤。漢書音義云：蚩尤，古之天子。一曰：庶人貪者。涿鹿音卓。本又作「濁」。司馬云：涿鹿，地名，故城今在上谷郡西南八十里。堯、舜作，立羣臣，【疏】置百官也。湯放其主，【疏】放桀於南巢也。武王殺紂。【疏】朝歌之戰。【釋文】武王殺音試。下同。自是之後，以强陵弱，以衆暴寡，湯、武以來，皆亂人之徒也。【疏】征伐簒弒，湯、武最甚。今子脩文、武之道，掌天下之辯，以教後世，【疏】孔子憲章文、武，辯説仁義，爲後世之教也。縫衣淺帶，矯言僞行，以迷惑天下之主，而欲求富貴焉，盜莫大於子。天下何故不謂子爲盜丘，而乃謂我爲盜跖？【疏】制縫掖之衣，淺薄之帶，矯飾言行，誑惑諸侯，其爲賊害，甚於盜跖。【釋文】摓衣本又作「縫」，扶恭反。徐扶公反，又音馮。淺帶縫帶使淺狹。矯言紀表反。子以甘辭説子路而使從之，使子路去其危冠，解其長劍，而受教於子，天下皆曰孔丘能止暴禁非。【疏】高危之冠，長大之劍，勇者之服也。既伏膺孔氏，故解去之。【釋文】説子路始鋭反，又如字。去其起吕反。危冠李云：危，高也。子路好勇，冠似雄雞形，背負豭斗〔一〕，用表己强也。其卒之也，子路欲殺衛君而事不成，身菹於衛東門之上，是子教之不至也。【疏】仲由疾惡情深，殺衛君蒯聵，事既不逮，身遭菹醢，盜跖故以此相譏也。【釋文】其卒子恤反。身菹莊居反。「子自謂才士聖人耶？則再逐於魯，削迹於衛，窮於齊，圍於陳、蔡，不容

〔一〕斗　原作「牛」，據世德堂本改。

身於天下。子教子路菹此患，上無以爲身，下無以爲人，子之道豈足貴耶？世之所高，莫若黃帝，黃帝尚不能全德，而戰涿鹿之野，流血百里。堯不慈，【疏】謂不與丹朱天下。○馬叙倫曰：下文曰「堯殺長子」，韓非子説疑篇曰：「記曰：『堯誅丹朱。』」【釋文】以爲于僞反。下同。堯不慈不授子也。舜不孝，【疏】爲父所疾也。○馬叙倫曰：韓非忠孝篇曰：「瞽叟爲舜父，而舜放之。」禹偏枯，【疏】治水勤勞，風櫛雨沐，致偏枯之疾，半身不遂也。湯放其主，武王伐紂，文王拘羑里。【疏】羑里，殷獄名。文王遭紂之難，戹於囹圄，凡經七年，方得免脱。【釋文】文王拘羑里紂之二十年囚文王。此七子者，○「七」舊作「六」。碧虚子校引江南古藏本「六」作「七」。典案：黃帝、堯、舜、禹、湯、武王、文王，合爲七人，江南古藏本是，今據正。世之所高也，孰論之，皆以利惑其真，而強反其情性，其行乃甚可羞也。【疏】七子者〔一〕，謂黃帝、堯、舜、禹、湯、文王也。皆以利於萬乘，是以迷於真道，而不反於自然，故可恥也。【釋文】而强其丈反。可羞如字。本又作「惡」，烏路反。

「世之所謂賢士，伯夷、叔齊。伯夷、叔齊辭孤竹之君，而餓死於首陽之

〔一〕七　當作「六」。

山，骨肉不葬。飽焦飾行非世，抱木而死。【疏】二人窮死首山，復無子胤收葬也。姓鮑，名焦，周時隱者也。飾行非世，廉潔自守，荷擔採樵，拾橡充食，故無子胤，不臣天子，不友諸侯。子貢遇之，謂之曰：「吾聞非其政者不履其地，汙其君者不受其利。今子履其地，食其利，其可乎？」鮑焦曰：「吾聞廉士重進而輕退，賢人易愧而輕死。」遂抱木立枯焉。○典案：成疏「姓鮑，名焦，周時隱者也」，以下全用史記魯仲連傳正義引韓詩外傳文。申徒狄諫而不聽，負石自投於河，爲魚鼈所食。【疏】申徒自沈，前篇已釋。諫而不聽，未詳所據。崔嘉雖解，無的諫辭。【釋文】負石自投於河申徒狄將投於河，崔嘉止之曰：「吾聞聖人仁士民父母，若濡足故，不救溺人，可乎？」申徒狄曰：「不然。昔桀殺龍逢，紂殺比干，而亡天下；吳殺子胥，陳殺泄治，而滅其國。非聖人不仁，不用故也。」遂沈河而死。○馬叙倫曰：陸所校蓋韓詩外傳文。介子推至忠也，自割其股，以食文公，文公後背之，子推怒而去，抱木而燔死。【疏】晉文公，重耳也。遭驪姬之難，出奔他國，在路困乏，推割股肉以飴之。公後還，三日，封於從者，遂忘子推。子推作龍蛇之歌，書其營門，怒而逃。公後慙謝，追子推於介山，子推隱避，公因放火燒山，庶其走出。火至，子推遂抱樹而焚死焉。【釋文】以食音嗣。燔死音煩，燒也。尾生與女子期於梁下，女子不來，水至不去，抱梁柱而死。此六子者，無異於磔犬流豕操瓢而乞者，皆離名輕死，不念本養壽命者也。【疏】六子者，謂伯夷、叔齊、鮑焦、申徒、介推、尾生。言此六人，不合玄道，矯情飾行，苟異俗中，用此聲名，傳之後世。亦何異乎張磔死狗，流在水中，貧病之人，操瓢乞告？此間人物，不許見聞，六子之行，事同於此，皆爲重名輕死，不念歸本養生，壽盡天命者也。「豕」字有作「死」字者，「乞」字有作「走」字者，隨字讀之。豕，猪也。○典案：「此六子者」，世德堂本「六」作「四」。釋文「李云：言上四人不得其死」，是所見本亦作「四」。碧虛子校引江南古藏本、道藏注疏本、白文本竝作「六」。疏「六子者，謂伯夷、叔齊、鮑焦、申徒、介推、尾生」，是成本字亦作「六」。今依道藏本。【釋文】尾生一本作「微生」。戰國策作「尾生高」，高誘以爲魯人。磔竹客反。廣雅云：張也。操七曹反。瓢婢遥反。而乞者李云：言上四人，不得其死，猶猪狗乞兒，流轉溝中者也。「乞」或作「走」。離名力智反。念本本或作「卒」。

「世之所謂忠臣者，莫若王子比干、伍子胥。子胥沈江，比干剖心，此二子者，世謂忠臣也，然卒爲天下笑。【疏】爲達道者之所嗤也。【釋文】剖心普口反。自上觀之，至于子胥、比干，皆不足貴也。丘之所以説我者，若告我以鬼事，則我不能知也；若告我以人事者，不過此矣，皆吾所聞知也。今吾告子以人之情，目欲視色，耳欲聽聲，口欲察味，志氣欲盈。【疏】夫目視耳聽，口察志盈，率性而動，稟之造物，豈矯情而爲之哉？分内爲之，道在其中矣。【釋文】以説如字，又始鋭反。人上壽百歲，中壽八十，下壽六十，除病瘦、死喪、憂患，其中開口而笑者，一月之中不過四五日而已矣。天與地無窮，人死者有時，操有時之具，而託於無窮之間，忽然無異騏驥之馳過隙也。

【疏】夫天長地久，窮境稍賒。人之死生，時限迫促。以有限之身，寄無窮之境，何異乎騏驥馳走過隙穴也？【釋文】上壽音受，又如字。下同。瘦色又反。○王念孫曰：釋文「瘦，色又反」。案「瘦」當爲「瘐」，字之誤也。瘐，亦病也，病瘐爲一類，死喪爲一類，憂患爲一類。「瘐」字本作「瘉」，爾雅曰：瘉，病也。小雅正月篇「胡俾我瘉」，毛傳與爾雅同。漢書宣帝紀「今繫者或以掠辜若饑寒瘐死獄中」，蘇林曰：瘐，病也。囚徒病，律名爲瘐。師古曰：瘐，音庾，字或作「瘉」。王子侯表曰：「富侯龍下獄（庾）〔瘐〕死。」典案：王說是也。意林引正作「瘐」，是其證。不能說其志意、養其壽命者，皆非通道者也。丘之所言，皆吾之所棄也，亟去走歸，無復言之！子之道狂狂汲汲，詐巧虛僞事也，非可以全真也，奚足論哉？」【疏】亟，急也。狂狂，失性也。伋伋，不足也。夫聖迹之道，仁義之行，譬彼蘧廬，方茲芻狗，執而不遺，惟增其弊。狂狂失真，伋伋不足，虛僞之事，何足論哉？【釋文】能說音悅。亟去紀力反，急也。本或作「極」。無復扶又反。狂狂如字，又九況反。汲汲本亦作「伋」，音急，又音及。詐巧苦孝反，又如字。

孔子再拜趨走，出門上車，執轡三失，目芒然無見，色若死灰，據軾低頭，不能出氣。【疏】軾，車前橫木，憑之而坐者也。盜跖英雄，盛談物理，孔子慴懼，遂至於斯。【釋文】上車時掌反。三失息暫反，又如字。芒然莫剛反。歸到魯東門外，適遇柳下季。柳下季曰：「今者闕然數日不見，車馬有行色，得微往見跖耶？」孔子仰天而歎，曰：「然。」【疏】

微，無也。然，如此也。【釋文】有行如字。柳下季曰：「跖得無逆汝意若前乎？」孔子曰：「然。」【疏】若前乎者，則是篇首柳下云「逆其心則怒」。無乃逆汝意如我前言乎？孔子答云：實如所言也。丘所謂無病而自灸也，疾走料虎頭，編虎須，幾不免虎口哉！」【注】此篇寄明因衆之所欲亡而亡之，雖王紂可去也；不因衆而獨用己，雖盜跖不可御也。【疏】幾，近也。夫料觸虎頭而編虎須者，近遭於虎食之也。今仲尼往説盜跖，履其危險，不異於斯也。而言此章大意，排擯聖迹，嗤鄙名利，是以排聖迹則訶責堯、舜，鄙名利則輕忽夷、齊，故寄孔、跖以摸之意也。即郭注意，失之遠矣。【釋文】自灸久又反。疾走料音聊。扁虎音鞭，又蒲顯反。徐扶顯反。本或作「編」，音同。頚一本作「料頭編虎須」。幾不音祈。可去起吕反。

子張問於滿苟得曰：「盍不爲行？【疏】子張，孔子弟子也，姓顓孫，名師，字子張，行聖迹之人也。姓滿，名苟得，假託爲姓名，曰苟且貪得，以滿其心，求利之人也。盍，何不也。何不爲仁義之行乎？勸其捨求名利也。【釋文】滿苟得人姓名。盍胡臘反。爲行下孟反。下注同。盍，何不也。勸何不爲德行。無行則不信，不信則不任，不任則不利。故觀之名，計之利，而義真是也。【疏】若不行仁義之行，則不被信用；不被信用，則無職任；無職任，則無利祿。故有行則有名，有名則有利，觀察計當，仁義真是好事，宜行之也。若棄名利，反之於心，則夫士之爲行，不可一日不爲乎！」【疏】反，乖逆也。若棄名利，則乖逆我心，故士之立身，不可一日不行仁義。

滿苟得曰：「無恥者富，多信者顯。夫名利之大者，幾在無恥而信。故觀之名，計之利，而信真是也。【疏】多信，猶多言也。夫識廉知讓則貧，無恥貪殘則富，謙柔静退則沈，多言夸伐則顯。故觀名計利，而莫先於多言，多言則是名利之本也。若棄名利，反之於心，則夫士之爲行，抱其天乎！」【疏】抱，守也。天，自然也。夫脩道之士，立身爲行，棄擲名利，乃乖俗心，抱守天真，翻合虛玄之道也。

子張曰：「昔者桀、紂貴爲天子，富有天下，今謂臧聚曰，汝行如桀、紂，則有怍色，有不服之心者，○碧虚子校引張君房本「則有怍色」，「有」字作□，「怍」作「作」。典案：「作色」與「有不服之心」義正相應，張本較長。「有」字疑衍。小人所賤也。仲尼、墨翟，窮爲匹夫，今謂宰相曰，子行如仲尼、墨翟，則變容易色，稱不足者，士誠貴也。【疏】桀、紂、孔、墨，並釋於前。臧，謂臧獲也。聚，謂擧竊，即盜賊小人也。以臧獲比(夫)〔天〕子，則慚怍而不服；以宰相比匹夫，則變容而歡慰，故知所貴在行，不在乎位。【釋文】臧聚司馬云：謂臧獲盜濫竊聚之人。○孫詒讓曰：司馬彪、成玄英説並迂繆難通。以聲類考之，「聚」當讀爲「騶」，説文馬部云：騶，厩御也。周禮「趣馬」鄭注云：趣，養馬者也。國語楚語説齊有騶馬繻，月令「命七騶咸駕」，鄭注亦謂即「趣馬」。「趣」、「聚」同從「取」得聲，古字通用。「聚」與「臧」皆僕隸賤役，故並舉之。有怍音昨。宰相息亮反。下「相而」同。故勢爲天子，未必貴也；窮爲匹夫，未必賤也。貴賤之分，在行之美惡。」【疏】此復釋前義也。

滿苟得曰：「小盜者拘，大盜者爲諸侯，諸侯之門，義士存焉。○劉先生曰：「義士」當依胠篋篇作「仁義」。淮南齊俗訓「故仕鄙在時不在行」，論衡命禄篇引作「仁鄙」，猶此文誤「仁」爲「士」也。校者以「士」義不可通，因乙之。典謹案：劉先生校是也。史記游俠傳作「竊鉤者誅，竊國者侯，侯之門，仁義存」，文雖小異，亦正作「仁義」。昔者桓公小白殺兄入嫂而管仲爲臣，田成子常殺君竊國而孔子受幣。論則賤之，行則下之，則是言行之情悖戰於胸中也，不亦拂乎？【疏】悖，逆也。拂，戾也。齊桓公名小白，殺其兄子糾，納其嫂焉，管仲賢人，臣而輔之，卒能九合諸侯，一匡天下。田成子常殺齊簡公，孔子沐浴而朝，受其幣帛。夫殺兄入嫂，弑君竊國，人倫之惡，莫甚於斯，而夷吾爲臣，尼父受幣。言議則以爲鄙賤，情行則下而事之，豈非戰争於心胸，言行相反戾耶？【釋文】入嫂先早反。司馬云：以嫂爲室家。爲臣「臣」或作「相」。殺君申志反。論則力頓反。悖戰布内反。亦拂扶弗反。故書曰：『孰惡孰美？成者爲首，不成者爲尾。』」【疏】成者爲首，君而事之；不成者爲尾，非而毁之。以此而言，只論成與不成，豈關行（以）〔與〕無行？故不知美惡的在誰也。所引之書，並遭燒滅，今並無本也。

子張曰：「子不爲行，即將疏戚無倫，貴賤無義，長幼無序。五紀六位，將何以爲別乎？」【疏】戚，親也。倫，理也。五紀，祖、父（也）、身、子、孫也，亦言金、木、水、火、土五行也，仁、義、禮、智、信五德也。六位，君、臣、父、子、夫、婦也，亦言父、母、兄、弟、夫、妻。子張云：若不行仁義之行，則親疏無理，貴賤無義，長幼無次叙，五紀六位無可分别也。【釋文】長幼丁丈反。五紀司馬云：歲、日、月、星辰、曆數。六位君、臣、父、子、夫、婦。○俞樾曰：「五紀」，司馬云：歲、日、月、星辰、曆數。然與「疏戚」、「貴賤」、「長幼」之義不相應，殆非也。今案「五紀」即「五倫」也，「六位」即「六紀」也。白虎通三綱六紀篇曰：「六紀者，謂諸父、兄弟、族人、諸舅、師長、朋友也。」此皆所以爲疏戚、貴賤、長幼之别。不曰「五倫」而曰「五紀」，不曰「六紀」而曰「六位」，古人之語異耳。家語入官篇「羣僕之倫也」，王肅注曰：倫，紀也。然則倫、紀得通稱矣。爲别彼列反。下同。

滿苟得曰：「堯殺長子，舜流母弟，疏戚有倫乎？【疏】堯廢長子丹朱，不與天位，（又）〔故〕言殺也。舜封同母弟象於有庳之國，令天下吏治其國，收納貢稅，故言流放也。廢子流弟，何有親疏之理乎？【釋文】堯殺長子崔云：堯殺長子考監明。舜流母弟，謂象也。流，放也。孟子云：「舜封象於有庳，不得有爲於其國，天子使吏治其國，而封納貢稅焉。」故謂之放也。湯放桀，武王殺紂，貴賤有義乎？【疏】殷湯放夏桀於南巢，周武殺殷紂於汲郡，君臣貴賤，其義安在？王季爲適，周公殺兄，長幼有序乎？【疏】王季，周大王之庶子季歷，即文王之父也。太伯、仲雍讓位不立，故以小兒季歷爲適。管、蔡，周公之兄，泣而誅之，故云殺之。廢適立庶，弟殺其兄，尊卑長幼，有次序乎？【釋文】爲適丁歷反。儒者僞辭，墨者兼愛，五紀六位將有别乎？【疏】夫儒者多言，强爲名位，墨者兼愛，周普無私，五紀六位，有何分别？且子正爲名，我正爲利。名利之實，不順於理，不監於道。【疏】監，明也，見也。子張心之所爲，正在於名；苟得心之所爲，正在於利。且名利二途，皆非真實，既乖至理，豈明見於玄道！【釋文】且子正爲名假設之辭也。爲，音于僞反。下「爲利」同。不監本亦作「鑑」，同。吾日與子訟於無約曰：○碧虚子校引張君房本「日」作「昔」。典案：作「昔」義亦可通。小人殉財，君子殉名。其所以變其情、易其性，則異矣；乃至於棄其所爲，而殉其所不爲，則一也。【疏】訟，謂論説也。約，謂契誓也。棄其所爲，捨己；殉其所不爲，逐物也。夫殉利謂之小人，殉名謂之君子，名利不同，所殉一也。子張、苟得，皆共談玄言於無爲之理，敦於莫逆之契也。【釋文】吾日人實反。無約如字。徐於妙反。故曰：無爲小人，反殉而天；無爲君子，從天之理。【疏】而，爾也。既不逐利，又不殉名，故能率性歸根，合於自然之道也。若枉若直，相而天極；面觀四方，與時消息。【疏】相，助也。無問枉直，順自然之道，觀照四方，隨四時而消息。若是若非，執而圓機；獨成而意，與道徘徊。【疏】徘徊，猶轉變意也。圓機，猶環中也。執於環中之道以應是非，用於獨化之心以成其意，故能冥其虚通之理，轉變無窮者也。無轉而行，無成而義，將失而所爲。【疏】所爲，真性也。無轉汝志，爲聖迹之行；無成爾心，學仁義之道；捨己效他，將喪爾真性也。○王念孫曰：「無轉而行」，「轉」讀爲「專」。山木篇云「一龍一蛇，與時俱化，而無肯專爲」，即此所謂「無專而行」也。此承上文「與時消息」、「與道徘徊」而言，言當隨時順道，而不可專行仁義；若專而行，成而義，則將失其所爲矣。故下文云「正其言，必其行，故服其殃，離其患也」。「必其行」，即此所謂「專而行」也。秋水篇「無一而行，與道參差」，「一」亦「專」也，「無專而行」，猶言「無一而行」也。「專」與「轉」古字通。又通作「摶」。史記吴王濞傳「燕王摶胡衆入蕭關」，索隱曰：摶，音專，謂專統領胡兵也。漢書「摶」作「轉」。無赴而富，無殉而成，將棄而天。【疏】莫奔赴於富貴，無殉逐於成功。心赴必殉，則背於天然之性也。比干剖心，子胥抉眼，忠之禍也；【疏】比干忠諫於紂，紂云：「聞聖人之心有九竅。」遂剖其心而視之。子胥忠諫夫差，夫差殺之，子胥曰：「吾死後，抉眼縣於吴門東，以觀越之滅吴也。」斯皆至忠而遭其禍也。【釋文】抉眼烏穴反。直躬證父，尾生溺死，信之患也；【疏】躬父盜羊，而子證之。尾生以女子爲期，抱梁而死。此皆守信而致其患也。鮑子立乾，申子不自理，廉之害也；【疏】鮑焦廉貞，遭子貢譏之，抱樹立乾而死。申子，晉獻公太子申生也，遭麗姬之難，枉被讒謗，不自申理，自縊而死矣。【釋文】鮑子立乾司馬云：鮑子，名焦，周末人。汙時君不仕，採蔬而食。子貢見之，謂曰：「何爲不仕食禄？」答曰：「無可仕者。」子貢曰：「汙時君不食其禄，惡其政不踐其土。今子惡其君，處其土，食其蔬，何志行之相違乎？」鮑焦遂棄其蔬而餓死。韓詩外傳同。又云：槁洛水之上也。勝子自理一本「理」作「俚」。本又作「申子自理」。或云：謂申徒狄抱甕之河也。一本作「申子不自理」，謂申生也。孔子不見母，匡子不見父，義之失也。【疏】孔子滯耽聖迹，歷國應聘，其母臨終，孔子不見。姓匡，名章，齊人也，諫諍其父，其父不從，被父憎嫌，遂游他邑，亦耽仁義，學讀忘歸，其父臨終，而章不見。此皆滯溺仁義，有斯過矣。【釋文】孔子不見母李云：未聞。匡子不見父司馬云：匡子，名章，齊人，諫其父，爲父所逐，終身不見父。案此事見孟子。盧文弨曰：疑「父」、「母」二字當互易。

此上世之所傳，下世之所語，以爲士者正其言，必其行，故服其殃，離其患也。」【注】此章言尚行則行矯，貴士則士僞，故蔑行賤士，以全其内，然後行高而士貴耳。【疏】自比干已下，匡子已上，皆爲忠信廉貞而遭其禍，斯皆古昔相傳，下世語之也。是以忠誠之士、廉信之人，正其言以諫君，必其行以事主，莫不遭罹其患、服從其殃，爲道之人，深宜戒慎也。○典案：「離」借爲「罹」。【釋文】所傳丈專反。

无足問於知和曰：「人卒未有不興名就利者。彼富則人歸之，歸則下之，下則貴之。夫見下貴者，所以長生安體樂意之道也。今子獨無意焉，知不足耶，意知而力不能行耶，故推正不忘耶？」【疏】无足，謂貪婪之人，不止足者也。知和，謂體知中和之道，守分清廉之人也。假設二人，以明貪廉之禍福也。无足云：世人卒竟未有不興起名譽而從就利禄者。若財富則人歸湊之，歸湊則謙下而尊貴之。夫得人謙下尊貴者，則説其情，適其性，體質安而長壽矣。子獨無貪富貴之意乎？爲運知不足求邪？爲心意能知，力不能行，故推於正理，志念不忘，以遣貪求之心而不取耶？【釋文】无足一本作「無知」。則下遐嫁反。下同。樂意音洛。下同。知不音智。下「知謀」同。故推正不忘邪「忘」或作「妄」。言君臣但推尋正道不忘，故不用富貴耶？爲智力不足，故不用耶？

知和曰：「今夫此人以爲與己同時而生、同鄉而處者，以爲夫絶俗過世之士焉。是專無主正，所以覽古今之時，是非之分也，與俗化。【疏】此人，謂富貴之人也。俗人，謂無知，貪利情切，與貴人同時而生，共富人同鄉而住者，猶將己爲超絶流俗，過越世人，況己之自享於富貴乎？斯乃專愚之人，内心無主，不履正道，不覺古今之時代，不察是非之涯分，而與塵俗紛競，隨末而遷化者也，豈能識禍福之歸趣者哉！【釋文】過世之士焉言人心易動，但人與賢人俱生，便自謂過於世人，況親自爲富貴者乎？世去至重，棄至尊，以爲其所爲也。此其所以論長生安體樂意之道，不亦遠乎？【疏】至重，生也。至尊，道也。流俗之人，捐生背道，其所爲每事如斯，其於長生之道去之遠矣！慘怛之疾，恬愉之安，不監於體；怵惕之恐，欣懽之喜，不監於心。【疏】慘怛，悲也。恬愉，樂也。夫悲樂喜懼者，並身外之事也，故不能監明於聖質，照入於心靈，而愚者妄爲之也。【釋文】慘七感反。怛丹曷反。之恐丘勇反。知爲爲而不知所以爲，是以貴爲天子，富有天下，而不免於患矣。」【疏】爲爲者，有爲也。所以爲者，無爲也。但知爲於有爲，不知爲之所以出自無爲也。如斯之人，雖貴總萬機，富贍四海，而不免於怵惕等患也。

无足曰：「夫富之於人，無所不利，窮美究埶，至人之所不得逮，賢人之所不能及，【疏】窮，盡也。夫能窮天下善美、盡人間威勢者，其惟富貴乎！故至德之人，賢哲之士，亦不能遠及也。

【釋文】窮美窮，猶盡也。究執音勢。本亦作「勢」。一音藝。究，竟也。俠人之勇力而以爲威强，秉人之知謀以爲明察，因人之德以爲賢良，非享國而嚴若君父。【疏】夫富貴之人，人多依附，故勇者爲之捍，智者爲之謀，德者爲之助。雖不臨享邦國，而威嚴有同君父焉，斯皆財利致其然矣。【釋文】俠人音協。且夫聲色、滋味、權勢之於人，心不待學而樂之，體不待象而安之。【疏】夫耳悦於聲，眼愛於色，口嗛於味，威權形勢以適其情者，不待教學而心悦樂，豈服法象而身安乎？蓋性之然耳。夫欲惡避就，固不待師，此人之性也。天下雖非，我孰能辭之？」【疏】夫欲之則就，惡之則避，斯乃人物之常情，不待師教而後爲之哉。故天下雖非无足，誰獨辯辭於此事者也。【釋文】欲惡烏路反。

知和曰：「知者之爲，故動以百姓，不違其度，是以足而不争，無以爲故不求。【疏】夫知慧之人，虚懷應物，故能施爲舉動，以百姓心爲心，百姓順之，亦不違其法度也。內心至之，所以不争，無用無爲，故不求不覺也。不足故求之，争四處而不自以爲貪；有餘故辭之，棄天下而不自以爲廉。【疏】四處，猶四方也。夫凡聖區分，貪廉斯隔。是以争貪四方，馳騁八極，不自覺其貪婪；棄捨萬乘，辭於九五，而不自覺其廉儉。廉貪之實，非以迫外也，反監之度。【疏】監，照也。夫廉貪實性，非過迫於外物也，而反照於内心，各稟度量不同也。勢爲天子，而不以貴驕人；富有天下，而不以財戲人。計其患，慮其反，以爲害於性，故辭而不受也，非以要名譽也。【疏】夫不以高貴爲驕矜，不以錢財爲娛玩者，計其災患，憂慮傷害於真性故也。是以辭大寶而不受，非謂要求名譽者也。【釋文】要名一遥反。堯、舜爲帝而雍，非仁天下也，不以美害生也；善卷、許由得帝而不受，非虚辭讓也，不以事害己。此皆就其利，辭其害，而天下稱賢焉，則可以有之，彼非以興名譽也。」【疏】雍，和也。夫唐、虞之化，宇内和平者，非有情於仁惠，不以美麗害生也。善卷、許由，被禪而不受，非是矯情於辭讓，不以世事害己也。斯皆就其長生之利，辭其篡弒之害，故天下稱其賢能，則可謂有此避害之心，實無彼興名之意。

无足曰：「必持其名，苦體絶甘，約養以持生，則亦久病長阨而不死者也。」【疏】必固將欲修進名譽，苦其形體，絶其甘美，窮約攝養，矜持其生者，亦何異乎久病固疾，長阨不死？雖生之日，猶死之年。此無足之辭，以難知和也。○碧虚子校引江南古藏本「亦」下有「猶」字，「久」作「夕」。典案：此以「久病」與「長阨」並言，作「夕」則非其指矣。江南古藏本非。【釋文】長阨音厄，又烏賣反。

知和曰：「平爲福，有餘爲害者，物莫不然，而財其甚者也。【疏】夫平等被其福善，有餘招其禍害者，天理自然也。物皆如是，而財最甚也。今富人，耳營鐘鼓筦籥之聲，口嗛於芻豢醪醴之味，以感其意，遺忘其業，可謂亂矣；【疏】嗛，稱適也。管籥，簫笛之流也。夫富室之人，恣情淫勃，口爽醪醴，耳聒宮商，取捨滑心，觸類感動，性之昏爽，事業忘焉，無所覺知，豈非亂也？【釋文】筦音管。本亦作「管」。 籥音藥。 一本「筦籥」作「壎篪」。 口嗛苦簟反。 醪力刀反。 侅溺於馮氣，若負重行而上坂也，可謂苦矣；【疏】馮氣，猶憤懣也。夫貪欲既多，勞役因弊，心中侅塞，沈溺憤懣，猶如負重上阪而行，此之委頓，豈非苦困也哉！○「坂」字舊敚，碧虛子校引張君房本「上」下有「坂」字。馬叙倫曰：疏曰「猶如負重上坂而行」，是成本「上」字下有「坂」字，當依補。典案：馬校是也，今依張本補。【釋文】侅溺徐音凝，五代反，又户該反。飲食至咽爲侅。一云：徧也。 於馮氣馮，音憤，憤滿也。下同。 言憤畜不通之氣也。○王念孫曰：釋文曰：「馮氣，馮，音憤，憤滿也。言憤畜不通之氣也。」案「馮氣」，盛氣也。昭五年左傳「今君奮焉，震電馮怒」，杜注曰：馮，盛也。楚詞離騷「馮不厭乎求索」，王注曰：馮，滿也。楚人名滿曰馮。是「馮」爲盛滿之義，無煩改讀爲憤也。 而上時掌反。 貪財而取慰，○碧虛子校引張君房本「慰」作「辱」。典案：「貪財而取辱」，與下文「貪權而取竭」義正相對，張本作「辱」較長。貪權而取竭，靜居則溺，體澤則馮，可謂疾矣；【疏】貪取財寶，以慰其心，誘諂威權，以竭情慮，安靜閒居，則其體沈溺，體氣悅澤，則憤懣斯生，動靜困苦，豈非疾也？【釋文】取慰「慰」亦作「畏」。 爲欲富就利，故滿若堵耳而不知避，且馮而不舍，可謂辱矣；【疏】堵，牆也。夫欲富就利，情同壑壁，譬彼堵牆，版築滿盈，心中憤懣，貪婪不舍，不知避害，豈非耻辱耶？【釋文】不舍音捨。下同。 財積而無用，服膺而不舍，滿心戚醮，求益而不止，可謂憂矣；【疏】戚醮，煩惱也。夫積而不散，馮而不舍，貪求無足，煩惱盈懷，慤而論之，豈非憂患？【釋文】〔一〕戚醮在遥反。李云：顦顇也。又音子妙反。**內則疑刦請之賊，外則畏寇盜之害，內周樓疏，外不敢獨行，可謂畏矣。**【疏】疑，恐也。請，求也。匹夫無罪，懷璧其罪，故在家則恐求財盜賊之災，外行則畏寇盜濫竊之害。是以舍院周回，起疏窗樓，敞出內外，來往怖懼，不敢獨行，如此艱辛，豈非畏哉？【釋文】疑刦許業反，又曲業反。內周樓疏李云：重樓內市，疏軒外通，謂設備守具。**此六者，天下之至害也，皆遺忘而不知察，及其患至，求盡性竭財單，以反一日之無故而不可得也。**【疏】六者，謂亂、苦、疾、辱、憂、畏也。殫，盡也。天下至害，遺忘不察，及其巨盜忽至，性命惙然，平生貪求，一朝頓盡，所有財寶，當時並罄，欲反一日貧素，其可得之乎？【釋文】財單音丹。本或作「蕲」，音祁。○典案：「單」借爲「殫」。疏「殫，盡也」，是成本字正作「殫」。**故觀之名則不見，求之利則不得，繚意體而爭此，不亦惑乎？**〔一〕【注】此章言知足者常足。【疏】繚，纏繞也。巨盜既至，身非己有，當爾之際，豈見有名利耶？而流俗之夫，倒置之甚，情纏繞於名利，心決絶於爭求，以此而言，豈非大惑之甚也！【釋文】繚音了，又魚弔反。理也。

〔一〕【釋文】原脱，據體例當有。

莊子補正卷十上

雜篇　說劍第三十　【釋文】以事名篇。

昔趙文王喜劍，劍士夾門而客三千餘人，日夜相擊於前，死傷者歲百餘人，好之不厭。如是三年，國衰，諸侯謀之。【疏】趙惠王，名何，趙武靈王之子也。好擊劍之士，養客三千，好無厭足。其國衰敝，故諸侯知其無道，共相謀議，欲將伐之也。【釋文】趙文王司馬云：惠文王也，名何，武靈王子，後莊子三百五十年。洞紀云：周赧王十七年，趙惠文王之元年。一云：案長歷推惠文王與莊子相值，恐彪之言誤。○典案：文選魏都賦張載注、御覽六百八十六引作「趙惠文王」，御覽四百六十四引皇甫謐高士傳同。今本皇甫氏高士傳文與秋水篇略同，無以劍說趙惠文王事。喜劍許紀反。下同。夾門郭、李音協，又古洽反。○典案：御覽三百四十四引作「俠」。好之呼報反。下同。無厭於鹽反，又於豔反。太子悝患之，募左右曰：「孰能說王之意，止劍士者，賜之千金。」○典案：御覽三百四十四引「賜之」作「奉」。左右曰：「莊子當能。」【疏】悝，趙太子名也。厭患其父喜好干戈，故欲千金以募説士。莊子大賢，當能止劍也。【釋文】悝苦回反。太子名。○俞樾曰：惠文王之後爲孝成王丹，則此太子蓋不立。募音慕，又音務。説王如字，解也。又音悦。

太子乃使人以千金奉莊子，莊子弗受，與使者俱往見太子，○典案：御覽三百四十四引「俱」作「皆」。曰：「太子何以教周，賜周千金？」太子曰：「聞夫子明聖，謹奉千金，以幣從者。夫子弗受，悝尚何敢言！」【疏】欲教我何事，乃賜千金？既見金多，故問。太子曰：聞莊子賢哲聖明，故所以贈千金，以充從車之幣帛也。○典案：「以幣從者」，高山寺古鈔本「者」作「車」。疏「以充從車之幣帛也」，是成本字亦作「車」。「悝尚何敢言」，碧虛子校引張君房本「尚」作「當」。【釋文】與使所吏反。以幣從才用反。一本作「以幣從者」。

莊子曰：「聞太子所欲用周者，欲絶王之喜好也。使臣上説大王而逆王意，下不當太子，則身刑而死，周尚安所事金乎？使臣上説大王，下當太子，趙國何求而不得也？」太子曰：「然吾王所見，唯劍士也。」○典案：御覽三百四十四引「所見」下有「者」字，今本敚。莊子曰：「諾，周善爲劍。」太子曰：「然吾王所見劍士，○典案：「見」當爲「好」，作「見」者，涉上「吾王所見，唯劍士也」而誤也。文選張景陽雜詩注、御覽三百四十四引竝作「吾王所好劍士」，是其證。皆蓬頭、突鬢、垂冠，曼胡之纓，○典案：「曼」當爲「縵」。文選左太冲魏都賦「三屬之甲，縵胡之纓」，張景陽雜詩「舍我衡門依，更被縵胡纓」，皆用莊子此文。張載魏都賦注、文選張景陽雜詩李善注、御覽三百四十四引「曼」竝作「縵」，是其證。**短後之衣，瞋目而語難，王乃說之。**○典案：文選左太冲魏都賦張載注引「語難」下有「者」字，「說」作「悅」。**今夫子必儒服而見王，事必大逆。」**【疏】髮亂如蓬，鬢毛突出，鐵爲冠，垂下露面。曼胡之纓，謂屯項抹額也。短後之衣，便於武事。瞋目怒眼，勇者之容，憤然寘胸，故語聲難澁。斯劍士之形服也。【釋文】上說如字，又始銳反。下同。　蓬步公反。本或作「縫」，同。　頭蓬頭，謂著兜鉾也。有毛，故如蓬。　突鬢必刃反。司馬本作「賓」，云：賓，讀爲鬢。　垂冠將欲鬭，故冠低傾也。　曼胡莫干反。司馬云：曼胡之纓，謂麤纓無文理也。　短後之衣爲便於事也。　瞋目赤夷、赤真二反。　語難如字。艱難也。勇士憤氣積於心胸，言不流利也。又乃旦反，既怒而語，爲人所畏難。司馬云：說相擊也。　乃說音悅。下「大說」同。

莊子曰：「請治劍服。」○典案：御覽六百八十六引「治」作「爲」。

治劍服三日，乃見太子。太子乃與見王，王脫白刃待之。莊子入殿門不趨，見王不拜。【疏】夫自得者內無懼心，故不趨走也。【釋文】與見賢遍反。下「劍見」同。又如字。　王脫一本作「說」，同。　土活反。　**王曰：「子欲何以教寡人，使太子先？」**【疏】汝欲用何術以教諫於我，而使太子先言於我乎？○典案：御覽三百四十四引「先」下有「焉」字。　**曰：「臣聞大王喜劍，故以劍見**

王。」王曰：「子之劍何能禁制？」曰：「臣之劍，十步一人，千里不留行。」王大悦之，曰：「天下無敵矣！」【疏】其劍十步殺一人，一去千里，行不留住，鋭快如是，寧有敵乎？【釋文】千里不留行司馬云：十步與一人相擊，輒殺之，故千里不留於行也。○俞樾曰：十步之内，輒殺一人，則歷千里之遠，所殺多矣，而劍鋒不缺，所當無撓者，是謂「十步一人，千里不留行」，極言其劍之利也。行以劍言，非以人言，下文所謂「行以秋冬」是也。司馬云：十步與一人相擊，輒殺之，故千里不留於行也。未得其義。莊子曰：「夫爲劍者，示之以虚，開之以利，後之以發，先之以至。願得試之。」【疏】夫爲劍者，道也。是以忘己虚心，開通利物，感而後應，機照物先，莊子之用劍也。王曰：「夫子休就舍，待命令設戲請夫子。」【疏】詞旨清遠，感動王心，故令休息，屈就館舍，待設劍戲，然後邀延也。○典案：「令」疑涉上「命」字而衍。御覽三百四十四引無「令」字，高山寺古鈔本同。王乃校劍士七日，○典案：御覽三百四十四引「七日」下有「七夜」二字。死傷者六十餘人，得五六人，使奉劍於殿下，○典案：御覽三百四十四引「奉」作「捧」。乃召莊子。王曰：「今日試使士敦劍。」【疏】敦，斷也。試陳劍士，使考校敦斷，以定勝劣。○典案：御覽三百四十四引無「試」字。【釋文】乃校司馬云：考校取其勝者也。「校」本或作「教」。士敦如字。司馬云：敦，斷也。試使用劍相擊斷截也。一音丁回反。○典案：御覽三百四十四引「敦」作「交」。莊子曰：「望之久矣。」【疏】企望日久，請早試之。○典案：御覽三百四十四引「久」上有「以」字，「以」、「已」古通用。

王曰：「夫子所御杖，長短何如？」曰：「臣之所奉皆可。」【疏】御，用也。謂莊實可擊劍，故問之。【釋文】御杖直亮反。○馬叙倫曰：玉篇引「杖」作「仗」。典案：玉篇引作「仗」是也。此與劍士以劍試鬬，非以杖代劍也。今本作「杖」，蓋形近而誤。所奉司馬本作「所奏」。然臣有三劍，唯王所用，請先言而後試。」王曰：「願聞三劍。」曰：「有天子劍，有諸侯劍，有庶人劍。」○典案：下文云「天子之劍」、「諸侯之劍」、「庶人之劍」，此「天子」、「諸侯」、「庶人」下皆當有「之」字。御覽四百六十四引皇甫謐高士傳、三百四十四引莊子此文竝作「天子之劍」、「諸侯之劍」、「庶人之劍」，是其證。高山寺古鈔本正作「有天子之劍，有諸侯之劍，有庶人之劍」。

王曰：「天子之劍何如？」曰：「天子之劍，以燕谿、石城爲鋒，齊岱爲鍔，【疏】鋒，劍端也。鍔，刃也。燕谿在燕國。石城，塞外山。此地居北，以爲劍鋒。齊國岱岳在東，爲劍刃也。【釋文】燕音烟。谿燕谿，地名，在燕國。石城在塞外。鍔五各反。司馬云：劍刃也。一云：劍稜也。晉、衛爲脊，周、宋爲鐔，【疏】鐔，環也。晉、魏二國，近乎趙地，故以爲脊也。周、宋二國近南，故以爲環也。○典案：「衛」各本作「魏」。下既言「韓魏」，此不得言「晉魏」，韓、趙、魏分晉，尤不當「晉魏」竝稱。成疏「晉、魏二國，近乎趙地」，蓋就誤本曲爲之說。碧虛子南華真經章句音義校本、高山寺古鈔本竝作「晉、衛」，書鈔百二十二、類聚軍器部、御覽三百四十四引同。今據音義本正。【釋文】鐔音淫。三蒼云：徒感反，劍口也。徐徒南反，又徒各反，謂劍鐶也。司馬云：劍珥也。韓、魏爲夾，【疏】鋏，把也。韓、魏二國，在趙之西，故以爲把也。【釋文】爲夾古協反。司馬云：把也。一本作「鋏」，同。一云：鐔，從稜向背；鋏，從稜向刃也。○典案：御覽三百四十四引「夾」竝作「鋏」，與釋文一本合。疏「鋏，把也」，是成本字亦作「鋏」。包以四夷，裹以四時，【疏】懷四夷以道德，順四時以生化。【釋文】裹以音果。繞以渤海，○馬叙倫曰：類聚六十、御覽三百四十四引「繞」作「統」。典案：劍可言繞，不可言統。類聚、御覽引文蓋形近而誤。帶以常山，【疏】渤海，滄洲也。常山，北岳也。造化之中，以山海鎮其地也。制以五行，論以刑德，【疏】五行，金、木、水、火、土。刑，刑罰。德，德化也。以此五行匡制區宇，論其刑德以御羣生。開以陰陽，持以春夏，行以秋冬。【疏】夫陰陽開闔，春夏維持，秋冬肅殺，自然之道也。【釋文】行以秋冬隨天道以行止也。此劍直之無前，舉之無上，案之無下，運之無旁，上決浮雲，下絶地紀，此劍一用，匡諸侯，天下服矣。【疏】夫以道爲劍，則無所不包，故上下旁通，莫能礙者，浮雲地紀，豈足言哉？既以造化爲功，故無不服也。此天子之劍也。」

文王芒然自失，【疏】夫才小聞大，不相承領，故芒然若涉海，失其所謂，類魏惠王之聞韶樂也。【釋文】芒然莫剛反。曰：「諸侯之劍何如？」曰：「諸侯之劍，以知勇士爲鋒，以清廉士爲鍔，以賢良士爲脊，以忠聖士爲鐔，以豪桀士爲夾。此劍直之亦無前，舉之亦無上，案之亦無下，運之亦無旁，上法圓天，以順三光，下法方地，以順四時，中和民意，以安四鄉。【疏】四鄉，猶四方也。夫能法象天地，而知萬物之情，謂諸侯所以爲異也，但能依用此劍，而御于邦國，亦宇内無敵。此劍一用，如雷霆之震也，○典案：書鈔百二十二、御覽三百四十四引「霆」作「電」。四封之内，無不賓服而聽從君命者矣。此諸侯之劍也。」【疏】易以震卦爲諸侯，故雷霆爲諸侯之劍也。

王曰：「庶人之劍何如？」曰：「庶人之劍，蓬頭，突鬢，垂冠，曼胡之纓，短後之衣，瞋目而語難。相擊於前，上斬頸領，下決肝肺。○典案：御覽四百六十四引皇甫謐高士傳作「上絶頸領，下鋭肺肝」。御覽三百四十四引「領」作「頷」。此庶人之劍，無異於鬭雞，一旦命已絶矣，無所用於國事。今大王有天下之位，而好庶人之劍，臣竊爲大王薄之。」【疏】莊子雄辯，冠絶古今，故能説化趙王，去其所好，而結會旨歸，在於此矣。【釋文】肝肺芳廢反。竊爲于僞反。

王乃牽而上殿，宰人上食，王三環之。【疏】環，繞也。王覺己非，深懷慙惡，命莊子上殿，以展愧情，繞食三周，不能安坐，氣急心懣，豈復能飡乎？【釋文】而上時掌反。下同。三環如字，又音患。繞也。閩義而愧，繞饌三周，不能坐食。莊子曰：「大王安坐定氣，劍事已畢奏矣。」於是文王不出宫三月，劍士皆伏斃其處也。【疏】不復受賞，故恨而致死也。【釋文】服斃婢世反。司馬云：忿不見禮，皆自殺也。〇「伏」舊作「服」。典案：「服」與「斃」義不相稱。吕惠卿注本、日本高山寺本、御覽四百六十四引皇甫謐高士傳、三百四十四、四百六十二引莊子此文竝作「伏」，今據正。

雜篇　漁父第三十一

【釋文】以人名篇。

孔子遊乎緇帷之林，休坐乎杏壇之上。○典案：御覽五百七十七引「乎」作「於」，六百十六引作「于」。弟子讀書，孔子絃歌鼓琴，奏曲未半，【疏】緇，黑也。尼父游行天下，讀講詩、書，時於江濱，休息林籟。其林鬱茂，蔽日陰沈，布葉垂條，又如帷幕，故謂之緇帷之林也。壇，澤中之高處也。其處多杏，謂之杏壇也。琴者，和也，可以和心養性，故奏之。○典案：類聚六十四、御覽百八十五引「半」並作「終」。【釋文】緇帷司馬云：黑林名也。本或作「惟」。杏壇司馬云：澤中高處也。李云：壇名。有漁父者，○典案：御覽五百七十七引「漁父」作「父老」。下船而來，須眉交白，被髮揄袂，行原以上，距陸而止，左手據膝，右手持頤○典案：御覽百八十五引「持」作「柱」，三百六十八引作「持」，蓋是別本。以聽。曲終，【疏】漁父，越相范蠡也。輔佐越王句踐，平吳事訖，乃乘扁舟，游三江五湖，變易姓名，號曰漁父，即屈原所逢者也。既而汎海至齊，號曰鴟夷子；至魯，號曰白珪先生；至陶，號曰朱公。晦迹韜光，隨時變化，仍遺大夫種書云。揄，揮也。袂，袖也。原，高平也。距，至也。鬢眉交白，壽者之容；散髮無冠，野人之貌。於是遥望平原，以手揮袂，至於高陸，維舟而止，（拓）〔托〕頤抱膝，以聽琴歌也。【釋文】有漁父者音甫。取魚父也。一云：是范蠡。元嘉本作「有漁者」，父則如字。須眉本亦作「鬢眉」。○典案：道藏注疏本、白文本、章句音義本、高山寺古鈔本「須」並作「鬢」。交白如字。李云：俱也。一本作「皎」。○典案：碧虛子校引張君房本「交」作「皎」，與釋文一本合。揄音遥，又音俞，又褚由反，謂垂手衣內而行也。李音投，投，揮也。又士由反。袂面世反。李音芮。以上時掌反。距陸李云：距，至也。而招子貢、子路，二人俱對。

客指孔子曰：「彼何爲者也？」【疏】詢問仲尼是何爵命之人。子路對曰：「魯之君子也。」【疏】答云：是魯國賢人君子也。客問其族，子路對曰：「族孔氏。」【疏】問其氏族，答云姓孔。客曰：「孔氏者何治也？」【疏】又問：孔氏以何法術脩理其身？○典案：高山寺古鈔本「治」下有「者」字。子路未應，子貢對曰：「孔氏者，性服忠信，身行仁義，飾禮樂，選人倫，上以忠於世主，下以化於齊民，將以利天下。此孔氏之所治也。」【疏】率性廉和，服行聖迹，修飾禮樂，簡選人倫，忠誠事君，化物齊等，將欲利羣品，此孔氏之心乎。【釋文】飾禮如字。本又作「飭」，音敕。下以化齊民李云：齊，等也。許慎云：齊等之民也。如淳云：齊民，猶平民。元嘉本作「化於齊民」。後句如無「於」字。又問曰：「有土之君與？」子貢曰：「非也。」「侯王之佐與？」子貢曰：「非也。」【疏】爲是有茅土五等之君？爲是王侯輔佐卿相乎？皆答云：非也。【釋文】君與音餘。下同。客乃笑而還，行言曰：○典案：高山寺古鈔本無「客」字。「仁則仁矣，恐不免其身。苦心勞形，以危其真。嗚呼遠哉，其分於道也！」【疏】夫勞苦心形，危忘真性，偏行仁愛者，去本迢遰，而分離於玄道也。是以嗤笑徘徊，嗚呼歎之也。【釋文】以危「危」，或作「僞」。其分如字。本又作「介」，音界。司馬云：離也。

子貢還報孔子，孔子推琴而起，曰：「其聖人與！」乃下求之，至於澤畔，方將杖拏而引其船，○典案：御覽七百六十八引「澤」作「津」，「方」作「有」。顧見孔子，還鄉而立。孔子反走，再拜而進。【疏】拏，橈也。反走前進，是虔敬之容也。【釋文】杖直亮反。拏女居反。司馬云：橈也。音餘。○典案：御覽七十一引注云：拏，船櫂也。鄉而香亮反。或作「嚮」，同。客曰：「子將何求？」孔子曰：「曩者先生有緒言而去，丘不肖，未知所謂，竊待於下風，幸聞咳唾之音，以卒相丘也。」【疏】曩，向也。緒言，餘論也。卒，終也。相，助也。向者先生有清言餘論，丘不敏，未識所由之故。竊聽下風，庶承謦欬，卒用此言，助丘不逮。【釋文】緒言猶先言也。○俞樾曰：楚詞九章「款秋冬之緒風」，王注曰：緒，餘也。讓王篇曰「其緒餘以爲國家」，是「緒」與「餘」同義。緒言者，餘言也。先生之言未畢而去，是有不盡之言，故曰緒言。釋文曰「猶先言也」，非是。竊待「待」或作「侍」。○典案：碧虛子校引張君房本「待」作「侍」，與釋文一本合。咳苦代反。唾吐卧反。相丘息亮反。客曰：「嘻，甚矣，子之好學也！」孔子再拜而起曰：「丘少而脩學，以至於今，六十九歲矣，無所得聞至教，敢不虛心？」【疏】嘻，笑聲也。丘少年已來，脩學仁義，逮乎耆艾，未聞至道，所以恭謹虔恪虛心矣。【釋文】曰嘻香其反。之好呼報反。下同。丘少詩召反。下同。

客曰：「同類相從，同聲相應，固天之理也。吾請釋吾之所有，而經子之所以。【疏】夫虎嘯風馳，龍興雲布，自然之理也，固其然乎！是以漁父大賢，宣尼至聖，賢聖相感，斯同聲相應也。故釋吾之所有，方外之道，經營子之所以，方內之業也。【釋文】而經子之所以經，經營也。司馬云：經，理也。子之所以者，人事也。天子、諸侯、大夫、庶人，此四者自正，治之美也；四者離位，而亂莫大焉。官治其職，人憂其事，乃無所陵。【疏】陵，亦亂也。夫人倫之事，抑乃多端，切要而言，無過此四者。若四者守位，乃教治盛美；若上下相冒，則亂莫大焉。是以百官各司其職，庶人自憂其務，不相陵亂，斯不易之道者也。〇典案：高山寺古鈔本「憂」作「處」。【釋文】正治直吏反。下「官事不治」同。故田荒室露，衣食不足，徵賦不屬，妻妾不和，長少無序，庶人之憂也；【疏】田畝荒蕪，屋室漏露，追徵賦稅，不相係屬，妻妾既失尊卑，長幼曾無次序，庶人之憂患也。〇典案：高山寺古鈔本「少」作「幼」。疏「長幼曾無次序」，是成本字亦作「幼」。不屬音燭。長少丁丈反。後「遇長」同。能不勝任，官事不治，行不清白，羣下荒怠，功美不有，爵祿不持，大夫之憂也；【疏】職任不勝，物務不理，百姓荒亂，四民不勤，大夫之憂也。〇典案：高山寺古鈔本「不有」作「無有」，「不持」作「不治」。【釋文】不勝音升。行不下孟反。廷無忠臣，〇典案：高山寺古鈔本「廷」作「朝」。國家昏亂，工技不巧，貢職不美，春秋後倫，不順天子，諸侯之憂也；【疏】陪臣不忠，苞茅不貢，春秋盟會，落朋倫之後，五等之憂也。【釋文】工技其綺反。〇盧文弨曰：今書作「國技」。貢職「職」或作「賦」。春秋後倫朝覲不及等比也。陰陽不和，寒暑不時，以傷庶物，諸侯暴亂，擅相攘伐，以殘民人，〇典案：世德堂本「殘」作「賤」，道藏注疏本作「殘」。孫詒讓云：「賤」當爲「賊」。成本作「殘」，亦通。禮樂不節，財用窮匱，人倫不飭，百姓淫亂，天子有司之憂也。【疏】攘，除也。陰陽不調，日時愆度，兵戈薦起，萬物夭傷，三公九卿之憂也。【釋文】不飭音敕。今子既上無君侯有司之勢，而下無大臣職事之官，而擅飾禮樂，選人倫，以化齊民，不泰多事乎？【疏】上非天子諸侯，下非宰輔卿相，而擅修飾禮樂，選擇人倫，教化蒼生，正齊羣物，乃是多事之人。〇典案：高山寺古鈔本「不」下有「亦」字。【釋文】不泰本又作「大」，音同。徐敕佐反。後同。

「且人有八疵，事有四患，不可不察也。非其事而事之，謂之摠；【疏】摠，濫也。非是己事而强知之，謂之叨濫也。【釋文】八疵祀知反。之摠李云：謂監也。莫之顧而進之，謂之佞；【疏】强進忠言，人不采顧，謂之佞也。希意道言，謂之諂；【疏】希望前人意氣而導達其言，斯諂也。【釋文】道言音導。不擇是非而言，謂之諛；【疏】苟且順物，不簡是非，謂之諛也。好言人之惡，謂之讒；【疏】聞人之過，好揚敗之。析交離親，謂之賊；【疏】人有親情交故，輒欲離而析之，斯賊害也。稱譽詐僞以敗惡人，謂之慝；【疏】與己親者，雖惡而舉；與己疏者，雖善而毁；以斯詐僞，好敗傷人，可謂姦慝之人也。○碧虚子校引張君房本「惡」作「德」。典案：「德」，古本作「悳」，形與「惡」近，故「惡」譌爲「德」。「以敗德人」義不可通，張本非。又案：疏「與己親者，雖惡而舉」，「舉」當爲「譽」，字形上半相同而誤也。此釋「稱譽詐僞」之義，不當言「舉」，且「雖惡而譽」與「雖善而毁」相對成義，作「舉」則義不相對矣。【釋文】稱譽音餘。以敗補邁反。惡人烏路反。下同。之慝他得反。不擇善否，兩容頰適，偷拔其所欲，謂之險；【疏】否，惡也。善惡二邊，兩皆容納，和顔悦色，偷拔其意之所欲，隨而佞之，斯險詖之人也。【釋文】善否悲美反，惡也。又方九反。兩容頰適善惡皆容，顔貌調適也。「頰」或作「顔」。○典案：宋本、道藏注疏本、高山寺古鈔本「頰」並作「顔」，與釋文或本合。此八疵者，外以亂人，内以傷身，君子不友，明君不臣。【疏】外則惑亂於百姓，内則傷敗於一身，是以君子不與爲友朋，明君不將爲臣佐也。所謂四患者：好經大事，變更易常，以挂功名，謂之叨；【疏】伺候安危，經營大事，變改之際，建立功名，謂叨濫之人也。【釋文】以挂音卦，別也。又音圭。之叨吐刀反。專知擅事，侵人自用，謂之貪；【疏】事己獨擅，自用陵人，謂之貪也。見過不更，聞諫愈甚，謂之很；【疏】有過不改，聞諫彌增，很戾之人。【釋文】很胡懇反。人同於己則可，不同於己，雖善不善，謂之矜。【疏】物同乎己，雖惡而善，物異乎己，雖善而惡，謂之矜夸之人。

○典案：高山寺古鈔本「雖」上有「則」字。此四患也。能去八疵，無行四患，而始可教已。」

孔子愀然而歎，再拜而起，曰：「丘再逐於魯，削迹於衛，伐樹於宋，圍於陳、蔡。丘不知所失，而離此四謗者何也？」【疏】愀然，慙竦貌也。罹，遭也。丘無罪失，而遭罹四謗，未悟前旨，故發此疑。【釋文】能去起呂反。愀然在九反，又七小反。

客悽然變容曰：「甚矣，子之難悟也！人有畏影惡迹而去之走者，舉足愈數而迹愈多，走愈疾而影不離身，自以爲尚遲，疾走不休，絶力而死。不知處陰以休影，處静以息迹，愚亦甚矣！○典案：漢書枚乘傳上吴王濞書「人性有畏其景而惡其迹者，卻背而走，迹愈多，景愈疾。不知就陰而止，景滅迹絶」，即用莊子此文。文選李善注引「愈」亦作「逾」，「處静」作「静處」。高山寺古鈔本無「身」字。子審仁義之間，察同異之際，觀動静之變，適受與之度，理好惡之情，和喜怒之節，而幾於不免矣。【疏】留停仁義之間以招門徒，伺察同異之際以候機宜，觀動静之變，睎其僥倖，適受與之度，望著功名，理好惡之情，而是非堅執，和喜怒之節，用爲達道，以己誨人，矜矯天性，近於不免也。【釋文】難語魚據反。下同。本或作「悟」。○典案：高山寺本作「語」，與釋文合。愈數音朔。不離力智反。謹脩而身，慎守其真，還以物與人，則無所累矣。謹慎形體，修守其性，所有功名，還歸人物，則物我俱全，故無患累也。今不脩之身而求之人，不亦外乎？」【疏】不能脩其身，而求之他人者，豈非疏外乎？○典案：「今不脩之身而求之人」，高山寺古鈔本作「不脩身而求之於人」。

孔子愀然，【疏】自竦也。曰：「請問何謂真？」客曰：「真者，精誠之至也。○典案：文選嵇叔夜幽憤詩「託好老、莊，賤物貴身，志在守樸，養素全真」四句注兩引此文，「至」竝作「志」。嵇叔夜詩云「志在守樸」，李善引此文釋之，則其所見本字必作「志」，不作「至」也。不精不誠，不能動人。【疏】夫真者不僞，精者不雜，誠者不矯也。故矯情僞性者，不能動於人也。故强哭者雖悲不哀，强怒者雖嚴不威，强親者雖笑不和。真悲無聲而哀，真怒未發而威，真親未笑而和。○典案：高山寺古鈔本「未發」作「不嚴」，「未笑」作「不笑」。真在内者，神動於外，是所以貴真也。其用於人理也，事親則慈孝，事君則忠貞，飲酒則觀樂，處喪則悲哀。【疏】夫道無不在，所在皆通，故施於人倫，有此四事之義，以列下文。【釋文】故强其丈反。下同。歡樂音洛。下同。忠貞以功爲主，飲酒以樂爲主，處喪以哀爲主，事親以適爲主，功成之美，無一其迹矣。【疏】貞者，事之幹也，故以功績爲主。飲酒陶蕩性情，故以樂爲主。是以功在其美，故不可一其事迹也。事親以適，不論所以矣；○典案：高山寺古鈔本「論」下有「其」字。飲酒以樂，不選其具矣；處喪以哀，無問其禮矣。【疏】此覆釋前四義者也。禮者，世俗之所爲也；真者，所以受於天也，自然不可易也。【疏】節文之禮，世俗爲之。真實之性，稟乎大素，自然而然，故不可改易也。故聖人法天貴真，不拘於俗。【疏】法效自然，寶貴真道，故不拘束於俗禮也。愚者反此，不能法天而恤於人，不知貴真，禄禄而受變於俗，故不足。【疏】恤，憂也。禄禄，貴貌也。愚迷之人，反於聖行，不能法自然而造適，貴道德而逍遥，翻復溺人事而憂慮，滯囂塵而遷貿，徇物無厭，故心恒不足也。【釋文】禄禄如字，又音録，謂形見爲禮也。司馬云：録，領録也。惜哉，子之蚤湛於人僞而晚聞大道也！」【疏】惜孔子之雄才，久迷情於聖迹，耽人間之浮僞，不早聞於玄道。【釋文】蚤音早，字亦作「早」。湛丁南反。下同。

孔子又再拜而起，曰：「今者丘得遇也，若天幸然。先生不羞而比之服役而身教之。○典案：高山寺古鈔本「不」下有「爲」字。敢問舍所在，請因受業而卒學大道。」【疏】尼父喜歡，自嗟慶幸，得逢漁父，欣若登天。必其不耻訓誨，尋當服勤驅役，庶爲門人，身稟教授，問舍所在，終學大道。【釋文】丘得過也謂得過失也。「過」或作「遇」。○典案：高山寺古鈔本作「過」，與釋文合。而比如字，謂親見比數也。又毗志反。

客曰：「吾聞之，可與往者，與之至於妙道；不可與往者，不知其道，慎勿與之，身乃無咎。【疏】從迷適悟爲往也。妙道，真本也。知，分別也。若逢上智之士，可與言於妙本；若遇下根之人，不可語其玄極。觀機吐照，方乃無疵。子勉之，吾去子矣，吾去子矣。」乃刺船而去，延緣葦間。【疏】戒約孔子，令其勉勵。延緣止蘆葦之間。重言去子，殷勤訓勗也。【釋文】乃刺七亦反。

顏淵還車，子路授綏，孔子不顧，待水波定，不聞拏音，而後敢乘。【疏】仲尼既見異人，告以至道，故仰之彌甚，喜懼交懷。門人授綏，猶不顧盼，船遠波定，不聞橈響，方敢乘車。【釋文】波定李云：謂戢如波也。案：謂船行故水波，去遠則波定。子路旁車而問曰：「由得爲役久矣，未嘗見夫子遇人如此其威也。萬乘之主、千乘之君，見夫子未嘗不分庭伉禮，夫子猶有倨敖之容。今漁父杖拏逆立，而夫子曲要磬折，言拜而應，得無太甚乎？門人皆怪夫子矣，漁人何以得此乎？」【疏】天子萬乘，諸侯千乘。伉，對也，分處庭中，相對設禮，位望相似，無階降也。仲尼遇天子、諸侯，尚懷倨傲，一逢漁父，盡禮曲腰，并受言詞，必拜而應，漁父威嚴，遂至於此。孔丘重方外之道，子路是方内之人，故致驚疑，旁車而問也。○典案：「伉」，文選顔延年應詔讌曲水作詩注引作「抗」。【釋文】旁車步浪反。萬乘繩證反。下同。倨時據。敖五報反。曲要一遥反。磬折之設反。

孔子伏軾而歎，○典案：文選顔延年拜陵廟詩「伏軫出東垌」，李注引作「宣尼伏軫而歎」，則所見本「軾」作「軫」。曰：「甚矣，由之難化也！湛於禮義有間矣，而樸鄙之心至今未去。【疏】湛著禮義，時間固久，嗟其鄙拙，故憑軾歎之也。【釋文】湛於「湛」或作「其」。進，吾語汝！夫遇長不敬，失禮也；見賢不尊，不仁也。彼非至人，不能下人，下人不精，不得其真，故長傷身。惜哉，不仁之於人也，禍莫大焉，而由獨擅之。【疏】召由令前，示其進趨。夫遇長老不敬，則失於禮儀；見可貴不尊，則心無仁愛。若非至德之人，則不能使人謙下；謙下或不精誠，則不造於玄極。不仁不愛，乃禍敗之基。惜哉仲由，專擅於此也！○典案：「見賢不尊，不仁也」，高山寺古鈔本「賢」作「貴」。疏「見可貴不尊，則心無仁愛」，是成本字亦作「貴」。【釋文】下人遐嫁反。下及注同。且道者，萬物之所由也，庶物失之者死，得之者生，爲事逆之則敗，順之則成。故道之所在，聖人尊之。今漁父之於道，可謂有矣，吾敢不敬乎？」【注】此篇言無江海而閒者能下江海之士也。夫孔子之所放任，豈直漁父而已哉？將周流六虚，旁通無外，蠉動之類，咸得盡其所懷，而窮理致命，因所以爲至人之道也〔一〕。【疏】由，從也。庶，衆也。夫道生萬物，則謂之道，故知衆庶從道而生。是以順而得者則生而成，逆而失者則死而敗。物無貴賤，道在則尊。漁父既其懷道，孔子何能不敬耶？【釋文】而閒音閑。蟆如兖反。

〔一〕因　世德堂本作「固」。

雜篇　列禦寇第三十二

【釋文】以人名篇。或無「列」字。

列禦寇之齊，中道而反，遇伯昏瞀人。【疏】伯昏，楚之賢士，號曰伯昏瞀人，隱者之徒也。禦寇既師壺子，又事伯昏，方欲適齊，行於化道，自驚行淺，中路而還，適逢瞀人，問其所以。【釋文】瞀人音茂，又音務。伯昏瞀人曰：「奚方而反？」【疏】方，道也。奚，何也。汝行何道？欲往何方？問其所由中塗反意也。【釋文】奚方李云：方，道也。曰：「吾驚焉。」【疏】自覺己非，驚懼而反。此略答前問意。【釋文】吾驚焉李云：見人感己，即遠驚也。曰：「惡乎驚？」【疏】重問禦寇，於何事迹而起驚心？【釋文】惡乎音烏。曰：「吾嘗食於十饗，【注】賣漿之家。【釋文】十饗子祥反。本亦作「漿」。司馬云：「饗」讀曰「漿」。十家並賣漿也。而五饗先饋。」【注】言其敬己。【疏】饋，遺也。十漿，謂有十家賣漿飲也。列子因行渴，於逆旅十家賣飲，而五家先遺，覩其容觀，競起驚心〔一〕。未能冥混，是以驚懼也。【釋文】五饗先饋饋，遺也，謂十家中五家先見遺。王云：皆先饋進於己。伯昏瞀人曰：「若是，則汝何爲驚已？」【疏】更問驚由，庶陳

〔一〕驚　集釋中華本作「敬」，是。

己失。曰：「夫内誠不解，【注】外自矜飾。【疏】自覺内心實智，未能懸解，爲物所敬，是以驚而歸。【釋文】不解音蟹。司馬音懈。形諜成光，【注】舉動便辟而成光儀也。○孫詒讓曰：「諜」疑借爲「渫」。「内誠不解」，謂積誠於中；「形渫成光」，謂形宣渫於外爲光儀也。典案：文有譌敚。孫增「宣」字、「儀」字釋之，亦未得其誼。【釋文】形諜徒協反。郭云：便辟也。説文云：間也。成光司馬云：形諜於衷，成光華也。便辟婢亦反。以外鎮人心，【注】其内實不足以服物。【疏】諜，便辟貌也。鎮，服也。儀容便辟，動成光華，用此外形，鎮服人物。使人輕乎貴老，【注】若鎮物由乎内實，則使人貴老之情篤也。【釋文】貴老謂重禦寇過於老人。而𩐁其所患。【注】言以美形動物，則所患亂生也。【疏】𩐁，亂也。未能混俗同塵，而爲物標杓，使人敬貴於己，而輕老人，良恐禍患方亂生矣。【釋文】而𩐁子兮反，亂也。夫饗人特爲食羹之貨，無多餘之贏，其爲利也薄，其爲權也輕，而猶若是，【注】權輕利薄，可無求於人。【釋文】爲食音嗣。贏音盈。而況於萬乘之主乎？【疏】特，獨也。贏，利也。夫賣漿之人，獨有羹食爲貨，所盈之物，蓋亦不多。爲利既薄，權亦非重，尚能敬己，競走獻漿，況在君王，權高利厚，奔馳尊貴，不亦宜乎？○「無」字舊敚。碧虛子校引江南李氏本、張君房本「多」上有「無」字。奚侗曰：「多餘」上敚「無」字。列子黄帝篇有「無」字，江南李氏本、張君房本竝作「無多餘之贏」。典案：下云「其爲利也薄」，正承「無多餘之贏」而言，當以有「無」字爲是。疏「所盈之物，蓋亦不多」，是成本亦有「無」字。今據江南李氏本、張君房本補。【釋文】萬乘繩證反。身勞於國而知盡於事，彼將任我以事而效我以功，吾是以驚。」【疏】夫君人者，位總萬機，威跨四海，故躬疲倦於邦國，心盡慮於世事，則思賢若渴，以代己勞，必將任我以物務，而驗我以功績。徇外喪内，逐僞忘真。驚之所由，具陳如是也。【釋文】而效如字。本又作「校」，古孝反。

伯昏瞀人曰：「善哉觀乎！【疏】汝能觀察己身，審知得喪，嘉其自覺，故歎善哉。女處已，人將保女矣。」【注】苟不遺形，則所在見保。保者，聚守之謂也。【疏】保，守也。汝安處己身，不能忘我，猶顯形德，爲物所歸，門人請益，聚守之矣。○典案：「女處已」，碧虚子校云：江南李氏本作「己」，音紀，舊作「已」，非。案：疏「汝安處己身」，是成本字亦作「己」。此當以「女處已」絶句，列子黄帝篇襲用此文，亦作「汝處已」。江南李氏本非，今不從。【釋文】保女司馬云：保，附也。

無幾何而往，則户外之屨滿矣。【疏】無幾何，謂無多時也。俄頃之間，伯昏往禦寇之所，適見脱屨户外，跣足升堂，請益者多矣。【釋文】无幾居豈反。

伯昏瞀人北面而立，敦杖蹙之乎頤，立有間，不言而出。【疏】敦，豎也。以杖柱頤，聽其言説，倚立間久，忘言而歸也。【釋文】敦杖音頓。司馬云：豎也。蹙之子六反。賓者以告列子，列子提屨跣而走，暨乎門，曰：「先生既來，曾不發藥乎？」【疏】賓者，謂通賓客人也。禦寇聞師久立，不言而歸，於是竦息慚惕，不暇納屨，跣足馳走，至門而（反）〔及〕。高人既來，庶蒙鍼艾，不嘗開發藥石，遺棄而還？誠心欽渴，有此固請也。○典案：列子黄帝篇「跣」上有「徒」

字，「曰」上有「問」字，疑莊子敓。【釋文】賓者本亦作「儐」，同。必刃反。謂通客之人。跣而先典反。暨乎其器反。發藥如字。司馬本作「廢」，云：置也。○典案：列子黃帝篇「發」作「廢」，與司馬本同。張注：廢，置也。即用司馬注。

曰：「已矣，吾固告汝曰人將保汝，果保汝矣。【疏】已，止也。我已於先固告汝，汝不能韜光晦迹，必爲物所歸依，今果見汝門人滿室。吾昔語汝，諒非虛言。宜止所請，無勞辭費。非汝能使人保汝，而汝不能使人無保汝也，【注】任平而化，則無感無求；無感無求，乃不相保。【疏】顯迹於外，故爲人保之；未能忘德，故不能無守也。而焉用之感豫出異也？【注】先物施惠，惠不因彼，豫出則異也。【疏】而，汝也。焉，何也。夫物我兩忘，亦何須物來感己？必有機來，感而後應，不勞預出異端，先物施惠。○奚侗曰：列子黃帝篇作「而焉用之感也？感豫出異也」，此捝「也感」二字。「而」讀爲「汝」。之，是也。典案：奚説是也。【釋文】而焉於虔反。必且有感，搖而本才，又無謂也。【注】必將有感，則與本性動也。【疏】搖，動也。必固有感，迫而後起，率其本性，搖而應之，滅迹匿端，有何稱謂也？○奚侗曰：郭注曰「必將有感，則與本性動也」，則郭本「才」亦作「性」。典案：「本才」無義。列子黃帝篇「才」作「身」。【釋文】搖而本才一本「才」作「性」。○典案：道藏注疏本、白文本竝作「性」，與釋文一本合。又無謂也動搖本才，以致求者，又非道德之謂也。與汝遊者，又莫汝告也，彼所小言，盡人毒也。【注】細巧入人爲小言。【疏】共汝同遊，行解相類，唯事浮辯細巧之言佞媚於人，盡爲鴆毒，詎能用道以告汝也！【釋文】小言言不入道，故曰小言。人毒以其多患，故曰人毒。莫覺莫悟，何相孰也？【疏】孰，誰也。彼此迷塗，無能覺悟，何誰獨曉，以相告乎？【釋文】莫覺莫悟何相孰也彼不敢告汝，汝又不自覺，何期相孰哉？王云：小言爲毒，曾無告語也。孰，誰也。謂誰相親愛者。既無告語，此不相親愛之至也。巧者勞而知者憂，無能者無所求，飽食而敖遊，汎若不繫之舟，虛而敖遊者也。」【注】夫無其能者，唯聖人耳。過此以下，至於昆蟲，未有自忘其能而任衆人者也。【疏】夫物未嘗爲無用憂勞，而必以智巧困弊。唯聖人汎然無係，泊爾忘心，譬彼虛舟，任運逍遥。【釋文】而知音智。食而一本作「飽食而」。敖遊本又作「遨」，五刀反。下同。○典案：書鈔百三十七、百四十二、類聚二十七、御覽七百六十八引「敖」竝作「遨」，與釋文一本合。汎若芳劍反。

鄭人緩也呻吟裘氏之地。【注】呻吟，吟詠之謂。【釋文】緩也司馬云：緩，名也。呻音申，謂吟詠學問之聲也。崔云：呻，誦也。本或作「呻吟」。裘氏地名。崔云：裘，儒服也。之地崔本作「之地蛇」，云：地蛇者，山田茶種也。祇三年而緩爲儒，【注】祇，適也。【疏】呻吟，詠讀也。裘氏，地名也。祇，適也。鄭人名緩，於裘地學問，適經三年，而成儒道。【釋文】祇音支。郭、李云：適也。言適三年而成也。司馬云：巨移反，謂神祇祐之也。河潤九里，澤及三族，使其弟墨。【疏】三族，謂父、母、妻族也。能使弟成於墨教也。

【釋文】河潤九里河從乾位來。乾，陽數九也。使其弟墨謂使緩弟翟成墨也。儒墨相與辯，其父助翟，【注】翟，緩弟名。【疏】翟，緩弟名也。儒則憲章文、武，祖述堯、舜，甚固吝，好多言。墨乃遵於禹道，勤儉好施。儒墨塗別，志尚不同，各執是非，互相爭辯。父黨小兒，遂助於翟矣。○奚侗曰：「翟」當作「墨」。典案：奚說是也。十年而緩自殺。其父夢之曰：「使而子爲墨者，予也。闔胡嘗視其良，既爲秋柏之實矣。」【注】緩怨其父之助弟，故感激自殺，死而見夢，謂己既能自化爲儒，又化弟令墨。弟由己化，而不能順己，己以良師而使怨死，精誠之至，故爲秋柏之實。【疏】闔，何不也。秋柏，勁木也。父既助翟，而緩恨之，經由十年，感激自殺，仍見夢於父，以申怨言，云：使汝子爲墨者，我之功力也。何不看視我爲賢良之師，而更朋助弟？我怨恨之甚，化爲異物秋柏子實，生於墓上。亦有作「垠」字者。垠，冢也。云：汝何不看我冢上，已化爲秋柏之木而生實也。○碧虛子校引文如海、成玄英、江南李氏本「胡」作□。馬叙倫曰：無者是。蓋有一本作「胡」者，讀者旁注「闔」下，傳寫誤入正文也。典案：馬說近塙。【釋文】闔胡嘗視其良闔，語助也。胡，何也。良者，良人，斥緩也。言何不試視緩墓上，已化爲秋柏之實。「良」或作「埌」，音浪，冢也。○俞樾曰：釋文曰「良者，良人，謂緩也」，此與下句之義不屬。又云：「『良』或作『埌』，冢也」，此說近之。「埌」猶「壙」也，「壙」、「埌」本疊韻字，應帝王篇「以處壙埌之野」是也，故「壙」亦得謂之「埌」。管子度地篇「郭外爲之土閬」〔一〕，「閬」與「埌」同。外物篇「胞

〔一〕土　原誤作「士」，據釋文改。

有重閬」，郭注曰：閬，空曠也。其義亦相近。而見賢遍反。令墨力呈反。

夫造物者之報人也，不報其人，而報其人之天。【注】自此以下，莊子辭也。夫積習之功爲報，報其性，不報其爲也。然則學習之功，成性而已，豈爲之哉？【疏】造物者，自然之洪鑪也，而造物者無物也，能造化萬物，故謂之造物也。夫物之智能，稟乎造化，非由從師而學成也。故假於學習，輔道自然，報其天性，不報人功也。是知翟有墨性，不從緩得，緩言我教，不亦繆乎？彼故使彼。【注】彼有彼性，故使習彼。【疏】彼翟（先）者（先）有墨性，故成墨，若率性素無，學終不成也，豈唯墨翟，庶物皆然。夫人以己爲有以異於人以賤其親，【注】言緩自美其儒，謂己能有積學之功，不知其性之自然也。夫有功以賤物者，不避其親也；無其身以平往者，貴賤不失其倫也。【疏】言緩自恃於己有學植之功，異於常人，故輕賤其親，而汝於父也。人之迷滯，而至於斯乎！齊人之井飲者相捽也，故曰今之世皆緩也。【注】夫穿井所以通泉，吟詠所以通性。無泉則無所穿，無性則無所詠，而世皆忘其泉性之自然，徒識穿詠之末功，因欲矜而有之，不亦妄乎？【疏】夫土下有泉，人各有性，天也；穿之成井，學以成術者，人也。嗟乎！世人迷妄之甚，徒知穿學之末事，不悟泉性之自然，而矜之以爲己功者，故世皆緩之流也。齊人穿鑿得井，行李汲而飲之，井主護水，捽頭而休，莊生聞之，故引爲喻。【釋文】相捽才骨反。言穿井之人，爲已有造泉之功而捽飲者，不知泉之天然也。喻緩不知翟天然之墨而忿之。捽，一音子晦反。自是，有德者以不知也，而況有道者乎？【注】觀緩之謬，以爲學父，故能任其自爾，而知故無爲其間也。【疏】觀緩之迷，以爲己誠有德之人，從是之後，忘知任物，不復自矜，況體道之人，豈視其功耶？【釋文】不知音智。注同。○俞樾曰：「自是」二字絶句。若緩之自美其儒，是自是也。有德者已不知有此，有道者更無論矣，故曰「有德者以不知也，而況有道者乎」！「以」讀爲「已」，郭注所説，殊未明了。學父本或作「久」。古者謂之遁天之刑。【注】仍自然之能，以爲己功者，逃天者也，故刑戮及之。【疏】不知物性自爾，矜爲己功者，逃遁天然之理也。既乖造化，故刑戮及之。【釋文】仍自而證反。本又作「認」，同。

聖人安其所安，不安其所不安；【注】夫聖人無安無不安，順百姓之心也。【疏】安，任也。任羣生之性，不引物從己，性之無者，不强安之，故所以爲聖人也。衆人安其所不安，不安其所安。【注】所安相與異，故所以爲衆人也。【疏】學己所不能，安其所不安也。不安其素分，不安其所安也。

莊子曰：「知道易，勿言難。【疏】玄道窅冥，言像斯絶，運知則易，忘言實難。【釋文】道易以豉反。知而不言，所以之天也；知而言之，所以之人也。【疏】妙悟玄道，無法可言，故詣於自然之境。雖知至極，而猶存言辯，斯未離於人倫矣。古之人，天而不人。」【注】知雖落天地，未嘗開言以引物也，應其至分而已。【疏】復古真人，知道之士，天然淳素，無復人情。○碧虚子校引張君房本「古之」下有

「至」字。典案：張本是也。莊子每言「古之至人」，下文「彼至人者，歸精神乎無始」，亦言「至人」。【釋文】知雖音智。

應其如字。當也。

朱泙漫學屠龍於支離益，單千金之家，三年技成，而無所用其巧。【注】事在於適，無貴於遠功。【疏】姓朱，名泙漫。姓支離，名益。殫，盡也。罄千金之産，學殺龍之術，伏膺三歲，其道方成，技雖巧妙，卒爲無用。屠龍之事，於世稍稀，欲明處涉人間，貴在適中，苟不當機，雖大無益也。○典案：類聚九十八、白帖九十五、文選七命注、御覽八百二十八、九百二十九引「單」竝作「殫」，古字通用。【釋文】朱泙李音平。郭敷音反。徐敷耕反。○郭慶藩曰：文選張景陽七命注引司馬云：泙，普彭反。釋文闕。漫末旦反，又末干反。司馬云：朱泙漫、支離益，皆人姓名。○俞樾曰：支離，複姓，説在人間世篇。朱泙，亦複姓。廣韻十虞「朱」字注：「莊子有朱泙漫，郭注：朱泙，姓也。」今象注無此文。屠音徒。單音丹，盡也。千金之家如字。本亦作「賈」，又作「價」，皆音嫁。三絶句。崔云：用千金者三也。一本作「三年」，則上句至「家」絶。技成其綺反。

聖人以必不必，故无兵；【注】理雖必然，猶不必之，斯至順矣，兵其安有？【疏】達道之士，隨逐物情，理雖必然，猶不固執，故無交争也。衆人以不必必之，故多兵。【注】理雖未必，抑而必之，各必其所見，則乖逆生也。【疏】庸庶之類，妄爲封執，理不必爾，而固必之，既忤物情，則多乖矣。順於兵，故行有求。【注】物各順性則足，足則無求。【疏】心有貪求，故任於執固之情也。【釋文】慎於兵「慎」或作「順」。兵，恃之則亡。【注】不得已而用之，以恬惔爲上者，未之亡也。【疏】不能大順羣命，而好乖逆物情者，則幾亡吾寶矣。【釋文】恬徒謙反。惔徒暫反。本亦作「淡」。小夫之知，不離苞苴、竿牘，【注】苞苴以遺，竿牘以問，遺問之具，小知所殉。【疏】小夫，猶匹夫也。苞苴，香草也。竿牘，竹簡也。夫搴芳草以相贈，折簡牘以相問者，斯蓋俗中細務，固非丈夫之所忍爲。【釋文】之知音智。注及下「爲知」同。不離力智反。苞苴子餘反。司馬云：苞苴，有苞裹也。竿音干。牘音獨。司馬云：謂竹簡爲書，以相問遺，脩意氣也。以遺唯季反。下同。敝精神乎蹇淺，【注】昏於小務，所得者淺。【疏】好爲遺問，徇於小務，可謂勞精神於跛蹇淺薄之事，不能遊虛涉遠矣。【釋文】敝精神郭婢世反。一音必世反。而欲兼濟道物，太一形虛。若是者，迷惑於宇宙，形累不知太初。【注】小夫之知而欲兼濟導物，經虛涉遠，志大神敝，形爲之累，則迷惑而失致也。【疏】以蹇淺之知，而欲兼濟羣物，導達羣生，望得虛空其形，合太一之玄道者，終不可也。此人迷於古今，形累於六合，何能照知太初之妙理耶？【釋文】道物音導。注同。彼至人者，歸精神乎無始，而甘冥乎無何有之鄉。【疏】無始，妙本也。無何有之鄉，道境也。至德之人，動而常寂，雖復兼濟道物，而神凝無始，故能和光混俗，而恒寢道鄉也。【釋文】甘冥如字。本亦作「瞑」。又音眠。○俞樾曰：釋文「冥，如字」。又云「本亦作『瞑』，又音眠」，當從之。「瞑」、「眠」古今字。文選養生論「達旦不瞑」，李善注曰：瞑，古眠字，是也。「甘瞑」即「甘眠」，徐无鬼篇「孫叔敖甘寢秉羽，而郢人投兵」，司馬云：言叔敖願安寢恬臥，以養德於廟堂之上，折衝於千里之外。此云「甘暝」，彼云「甘寢」，其義一也，並謂安寢恬卧也。釋文讀「冥」如字，失之。淮南子俶真篇曰「甘暝於溷澖之域」，即本之此。○典案：「甘冥」即「酣眠」。淮南子精神篇「甘暝太宵之宅」。逍遥遊篇「何不樹之於無何有之鄉，廣莫之野，彷徨乎無爲其側，逍遥乎寢卧其下」，「寢卧」亦即「酣眠」也。**水流乎無形，發泄乎太清。**【注】泊然無爲，而任其天行也。【疏】無以順物，如水流行，隨時適變，不守形迹，迹不離本，故雖應動，恒發泄於大清之極也。【釋文】發泄息列反。徐以世反。泊然步各反。**悲哉乎，汝爲知在毫毛，**【注】爲知所得者細。【釋文】悲哉乎一本作「悲哉悲哉」。爲于僞反。**而不知大寧！**【注】任性大寧而至。【疏】苞苴，竿牘，何異毫毛？如斯運智，深可悲歎。精神淺薄，詎知乎至寂之道耶！

宋人有曹商者，爲宋王使秦。其往也，得車數乘；王説之，益車百乘。【疏】姓曹，名商，宋人也。爲宋偃王使秦，應對得所，秦王愛之，遂賜車百乘。乘，駟馬也。【釋文】宋王司馬云：偃王也。使秦所吏反。數所主反。乘繩證反。下同。王説音悦。**反於宋，見莊子，曰：「夫處窮閭阨巷，困窘織屨，槁項黄馘者，商之所短也；一悟萬乘之主而從車百乘者，商之所長也。」**【疏】窘，急也。言貧窮困急，織屨以自供，頸項枯槁而顦顇，頭面黄瘦而馘厲，當爾之際，是商之所短也。一使强秦，遂使秦王驚悟，遺車百乘者，是商之智數長也。以此自多，矜夸莊子也。【釋文】阨於懈反。窘與隕反，又巨韻反。槁苦老反，又袪矯反。本亦作「矯」，居表反。項李云：槁項，羸瘦貌。司馬云：項槁立也。黄馘古獲反。徐況璧反。爾雅云：獲也。司馬云：謂面黃熟也。○俞樾曰：馘者，俘馘也，非所施於此。「馘」疑「𤸃」之叚字。說文疒部：𤸃，頭痛也。「黃𤸃」，謂頭痛而色黃。

莊子曰：「秦王有病召醫，○典案：古書多言「有疾」，罕言「有病」。類聚七十一、御覽七百七十三引「病」並作「疾」，疑今本誤。破癰潰痤者，得車一乘；舐痔者，得車五乘；所治愈下，得車愈多。○典案：御覽七百四十三引「得車愈多」作「得乘愈多」。子豈治其痔邪，何得車之多也？子行矣！」【注】夫事下然後功高，功高然後禄重，故高遠恬淡者遺榮也。【疏】癰，癢熱毒腫也。痔，下漏病也。莊生風神俊悟，志尚清遠，既而縱此奇辯，以挫曹商，故郭注云「夫事下然後功高，功高然後禄重，高遠恬淡者遺榮也」。○典案：文選廣絶交論注引「治」作「療」。後漢書趙壹傳注引作「舐」。【釋文】秦王司馬云：惠王也。痤徂禾反。舐字又作「䑛」，食紙反。痔治紀反。愈下本亦作「俞」，同。

魯哀公問乎顔闔曰：「吾以仲尼爲貞幹，國其有瘳乎？」【疏】言仲尼有忠貞幹濟之德，欲命爲卿相，魯邦亂病，庶瘳差矣。【釋文】瘳敕由反。曰：「殆哉圾乎仲尼！【注】圾，危也。夫至人以民靜爲安。今一爲貞幹，則遺高迹於萬世，令飾競於仁義，而彫畫其毛彩，百姓既危，至人亦無以爲安也。【疏】殆，近也。圾，危也。以貞幹迹率物，物既失性，仲尼何以安也？【釋文】汲魚及反，又五臘反。危也。令飾力呈反。下同。方且飾羽而畫，【注】凡言方且，皆謂後世將然，飾晝，非任真也。【疏】方將貞幹，輔相魯廷，萬代奔逐，修飾羽儀，喪其真性也。從事華辭，以支爲旨，【注】將令後世之從事者無實而意趣橫出也。【疏】聖迹既彰，令從政任事，情僞辭華，析派分流，爲意旨也。忍性以視民，而不知不信，【注】後世人君，將慕仲尼之遐軌，而遂忍性自矯僞以臨民，上下相習，遂不自知也。【疏】後代人君，慕仲尼遐軌，安忍情性，用之臨人，上下相習，矯僞黔黎，而不知已無信實也。以華僞之迹教示蒼生，禀承心靈，宰割真性，用此居人之上，何足稱哉？【釋文】以視音示。下同。受乎心，宰乎神，夫何足以上民？【注】今以上民，則後世百姓非直外形從之而已，乃以心神受而用之，不能復自得於心中也。【疏】後代百姓，非直外形從之，乃以心神受而用之，不能復自得之性，以此居民上，何足可安哉？【釋文】能復扶又反。彼宜女與？【注】彼，百姓也。女，哀公也。彼與女各自有所宜，相效則失真，此即今之見驗。【疏】彼，百姓也。汝，哀公也。百姓與汝各有所宜，若將汝所宜與百姓，不可也。【釋文】女與音餘，又如字。下「頤與」同。之見賢遍反。予頤與？【注】效彼非所以養己也。【疏】予，我也。頤，養也。我與百姓怡養不同，譬如魚鳥，升沈各異。若以汝所養衛物，物我俱失也。誤而可矣。【注】正不可也。【疏】以貞幹之迹錯誤行之，正不可也。今使民離實學僞，非所以視民也，爲後世慮，不若休之。【注】明不謂當時也。【疏】離實性，學僞法，不可教示黎民，慮後世荒亂，不如休止也。○典案：「視」、「示」古字通用。疏「不可教示黎民」，以「視」爲「示」，正得其誼。【釋文】離實力智反。難治也。」【注】治之則僞，故聖人不治也。【疏】捨己效物，聖人不治也。

施于人而不忘，非天布也，【注】布而識之，非芻狗萬物也。【疏】二儀布生萬物，豈責恩也〔一〕？【釋文】施於始豉反。下注同。而識如字，又申志反。商賈不齒，【注】況士君子乎？【疏】夫能施求報，商客尚不齒理，況君子士人乎？【釋文】商賈音古。雖以事齒之，神者費齒。【注】要能施惠，故於事不得不齒，以其不忘，故心神忽之，此百姓之大情也。【疏】施而不忘，未合天道。能施恩惠於物，事不得不齒，爲責求報，心神輕忽不録，百姓之情也。事之者，性情也。爲外刑者，金與木也；【注】金，謂刀鋸斧鉞。木，謂捶楚桎梏。【釋文】鋸音據。戉音越。捶之蘂反。桎之實反。梏古毒反。爲内刑者，動與過也。【注】静而當，則外内無刑。宵人之離外刑者，金木訊之；【注】不由明坦之塗者，謂之宵人。【疏】宵，闇夜也。離，罹也。訊，問也。闇惑之人，罹於憲綱，身遭枷杻斧鉞之刑也。【釋文】宵人王云：非明正之徒，謂之宵夜之人也。○俞樾曰：郭注曰「不由明坦之塗者，謂之宵人」，釋文引王注云「非明正之徒，謂之宵夜之人也」，皆望文生義，未爲塙詁。「宵人」，猶小人也。禮記學記篇「宵雅肄三」，鄭注

〔一〕責　集釋中華本作「貴」。

曰：「宵」之言「小」也。習小雅之三，謂鹿鳴、四牡、皇皇者華也。然則「宵人」爲「小人」，猶「宵雅」爲「小雅」矣。字亦作「肖」，方言曰：肖，小也。史記太史公自序「申呂肖矣」，徐廣曰：肖，音痟。痟猶衰微，義亦相近。文選江文通雜體詩「宵人重恩光」，李善注引春秋演孔圖曰：宵人之世多飢寒。宋均曰：宵，猶小也。此説得之。訙之本又作「訊」，音信，問也。

離内刑者，陰陽食之。【注】動而過分，則性氣傷於内，金木訊於外也。【疏】若不止分，則内結寒暑，陰陽殘食之也。

夫免乎外内之刑者，唯真人能之。【注】自非真人，未有能止其分者，故必外内受刑，但不問大小耳。【疏】心若死灰，内不滑靈府，形同槁木，外不挂桎梏，唯真人哉！

孔子曰：「凡人心險於山川，難於知天。天猶有春秋冬夏，旦暮之期，人者厚貌深情。【疏】人心難知，甚於山川，過於蒼昊。厚深之狀，列在下文。○馬叙倫曰：「難於知天」，當依御覽三百七十六引作「難知於天」。典案：馬校是也。文選廣絶交論注引作「凡人之心，險於山川，難知於天」，與御覽引文正合。疏「人心難知，甚於山川」，以「難知」二字連文，是成所見本亦作「難知於天」也。

故有貌愿而益，有長若不肖，【疏】愿，慤真也。不肖，不似也。人有形如慤真，而心益虚浮也；有心實長者，形如不肖也。【釋文】愿音願。廣雅云：謹慤也。○俞樾曰：「益」當作「溢」，「溢」之言驕溢也，荀子不苟篇「以驕溢人」是也。謹愿與驕溢，義正相反。有長丁丈反。若不肖外如長者，内不似也。

有順懁而達，【疏】懁，急也。形順躁急而心達理也。【釋文】有順王作「慎」。○碧虚子校引江南古藏本「順」作「慎」。馬叙倫曰：「順」當依王本作「慎」。典案：馬説是。古書「順」、

「慎」多互譌，唐人寫經「慎」皆作「順」。懁音環，又許沿反。徐音絹。三蒼云：急腹也。王云：研辨也。外慎研辨，常務質訥。**有堅而縵，有緩而釬。**【注】言人情貌之反有如此者。【疏】縵，緩也。釬，急也。自有形如堅固而實散縵，亦有外形寬緩心內躁急也。【釋文】縵武半反，又武諫反。李云：內實堅，外如縵也。釬胡旦反，又音干。急也。一云：情貌相反。○俞樾曰：「縵」者，「慢」之叚字。「釬」者，「悍」之叚字。堅强而又惰慢，紓緩而又桀悍，故爲情貌相反也。**故其就義若渴者，其去義若熱。**【注】但爲難知耳，未爲殊無迹。【疏】人有就仁義如渴思水，捨仁義若熱逃火，雖復難知，未爲無迹。〔徵〕驗具列下文也。**故君子遠使之而觀其忠，近使之而觀其敬，**【疏】遠使忠佞斯彰，咫步敬慢立明者也。**煩使之而觀其能，**【疏】煩極任使，察其〔彼〕〔技〕能。**卒然問焉而觀其知，**【疏】卒問近對，觀其愿智。【釋文】卒然寸忽反。其知音智。**急與之期而觀其信，**【疏】忽卒與期，觀信契也。**委之以財而觀其仁，**【疏】仁者不貪。**告之以危而觀其節，**【疏】告危亡，驗節操。**醉之以酒而觀其側，雜之以處而觀其色。**【疏】至人酒不能昏法則，男女參居，貞操不易。【釋文】其側側，不正也。一云：謂醉者喜傾側冠也。王云：側，謂凡爲不正也。「側」或作「則」。○俞樾曰：釋文曰「側，不正也。一云：謂醉者喜傾側冠也。王云：側，謂凡爲不正也」。然上文「觀其忠」、「觀其敬」云云，所觀者皆舉美德言之，此獨觀其不正，則不倫矣。諸説皆非也。其云「側」或作「則」，當從之。則者，法則也。國語周語曰「威儀有則」，既醉之後，威儀反反，威儀佖佖，是無則矣。故曰「醉之以酒，而觀其則」。周書官人篇作「醉之酒以觀其恭」，與此意語意相近。大戴禮文王官人篇作「醉之以觀其不失也」，「不失」即謂不失法則也。○典案：道藏南華真經章句音義本、注疏本、白文本字竝作「則」，與釋文或本合。**九徵至，不肖人得矣。」**【注】君子易觀，不肖難明。然視其所以，觀其所由，察其所安，搜之有塗，亦可知也。【疏】九事徵驗，小人君子，厚貌深情，必無所避。【釋文】易觀以豉反。搜之所求反。

正考父一命而傴，再命而僂，三命而俯，循牆而走，孰敢不軌？【注】言人不敢以不軌之事侮之。【疏】考，成也。父，大也。有考成大德而履正道，故號正考父，則孔子十代祖，宋大夫也。士一命，大夫二命，卿三命也。傴曲循牆，並敬容極恭，卑退若此，誰敢將不軌之事而侮之也？○馬叙倫曰：左傳載正考父鼎銘曰：「一命而僂，再命而傴，三命而俯，循牆而走，莫余敢侮。」史記孔子世家載「莫余敢侮」作「亦莫敢余侮」，下更有「饘於是，粥於是，以糊余口」三句。典案：孔子家語觀周篇作「一命而僂，再命而傴，三命而俯，循牆而走，亦莫余敢侮」。注「言人不敢以不軌之事侮之」，是郭所見本亦有「莫余敢侮」句。【釋文】正考父音甫。宋湣公之玄孫，弗父何之曾孫。而傴紆矩反。而僂力矩反。三命公士一命，大夫再命，卿三命。**如而夫者，一命而呂鉅，再命而於車上儛，三命而名諸父，孰協唐、許？**【注】而夫，謂凡夫也。唐，謂堯也。許，謂許由也。言而夫與考父者，誰同於唐、許之事也？【疏】而夫，鄙夫也。諸父，伯叔也。凡夫篤競軒冕，一命則呂鉅夸華，再命則援綏作舞，三命善識自高，下呼伯叔之名。然考父謙夸各異，格量勝劣，誰同唐堯、許由無爲禪讓之風哉？【釋文】而夫郭云：凡夫也。呂鉅矯貌。孰協唐許協，同也。唐，唐堯；許，許由，皆崇讓者也。言考父與而夫，誰同於唐、許也？賊莫大乎德有心，【注】有心於爲德，非真德也。夫真德者，忽然自得，而不知所以（德）〔得〕也〔一〕。【疏】役智勞慮，有心爲德，此賊害之甚也。而心有睫，【注】率心爲德，猶之可耳，役心於眉睫之間，則僞已甚矣。【釋文】睫音接。○典案：「睫」，道藏注疏本、白文本竝作「眼」。郭注「役心於眉睫之間，則僞已甚矣」，是所見本字正作「睫」。道藏本作「眼」者形近而誤，或淺人妄改之耳。及其有睫也而內視，內視而敗矣。【注】乃欲探射幽隱，以深爲事，則心與事俱敗矣。【疏】率心爲役，用心神於眼睫，緣慮逐境，不知休止，致危敗甚矣。【釋文】探射食亦反。

凶德有五，中德爲首。【疏】謂心、耳、眼、舌、鼻也。曰此五根，禍因此（德）〔得〕，謂凶德也。五根禍主，中德爲（無）心也。何謂中德？中德也者，有以自好也而吡其所不爲者也。【注】吡，訾也。夫自是而非彼，則攻之者非一，故爲凶首也。若中無自好之情，則恣萬物之所是，所是各不自失，則天下皆思奉之矣。【疏】吡，訾也。用心中所好者自以爲是，不同己爲者訾而非之，以心中自是爲得，故曰中德。【釋文】自好呼報反。注同。吡匹爾反，又芳爾反。郭云：訾也。○王念孫曰：「吡」與

〔一〕德　道藏本作「得」，是。

「諄」同。玉篇：諄，訾也。訾也子爾反。皆思奉之矣本或作「皆畢事也」。窮有八極，達有三必，形有六府。【疏】八極三必窮達，猶人身有六府也。列下文矣。○奚侗曰：「形」爲「刑」誤。典案：「形」、「刑」古亦通用。美、髯、長、大、壯、麗、勇、敢，八者俱過人也，因以是窮。【注】窮於受役也。然天下未曾窮於所短，而恒以所長自困。【疏】美，恣媚也。髯，髭鬢也。長，高也。大，粗大也。壯，多力。麗，妍華。勇，猛。敢，果決也。蘊此八事，超過常人，受役既多，因以窮困也。【釋文】美髯人鹽反。未曾才能反。緣循、偃佒、困畏不若人，三者俱通達。【注】緣循，杖物而行者也。偃佒，不能俯執者也。困畏，怯弱者也。此三者既不以事見任，乃將接佐之，故必達也。【疏】循，順也。緣物順他，不能自立也。偃佒，仰首不參俛執也。困畏，困苦懼也。有此三事，不如恒人，所在通達也。【釋文】偃佒於丈反。本亦作「央」，同。偃佒，守分歸一也。杖物直亮反。知慧外通，【注】通外則以無崖傷其內也。【疏】自持智慧照物，外通塵境也。【釋文】知慧音智。勇動多怨，【注】怯而靜，乃厚其身耳。【疏】雄健躁擾，必招讎隙。【釋文】乃厚其身耳元嘉本「厚」作「後」。一本作「乃後恒無怨也」。仁義多責，六者所以相刑也。【注】天下皆望其愛，然愛之則有不周矣，故多責。【疏】仁義則不周，必有多責也。○「六者所以相刑也」七字舊敚。碧虛子校引劉得一本有。奚侗曰：「仁義多責」下當據劉得一本補「六者所以相刑也」一句。今本奪去，則上文「刑有六府」一句無結語矣。典案：奚校是。今據劉得一本補。達生之情者傀，【注】傀然，大恬解之貌也。【釋文】傀郭、徐呼懷反。字林公回反，云：偉也。恬解音蟹。達於知者肖，【注】肖，釋散也。【疏】注云：肖，釋散也。傀，恬解也。達悟之崖，真性虛照，傀然縣解，無係戀也。【釋文】於知音智。者肖音消。郭云：釋散也。○王念孫曰：郭象曰「傀然，大恬解之貌；肖，釋散也」。案郭以「傀」爲「大」是也，以「肖」爲「釋散」則非。方言曰：肖，小也。廣雅同。「肖」與「傀」正相反，言任天則大，任智則小也。「肖」猶「宵」也。學記「宵雅肄三」，鄭注曰：「宵」之言「小」也。「宵」、「肖」古同聲，故漢書刑法志「肖」字通作「宵」，史記太史公自序「申呂肖矣」，徐廣曰：肖，音痟。痟，猶衰微，義亦相近也。○郭慶藩曰：「肖」，司馬作「胥」。文選謝靈運初(發)[去]郡詩注引司馬云：傀，讀曰瑰。瑰，大也。情在，故曰大也。胥，多智也。謝靈運齋中讀書詩注、江文通雜體詩注並引云：傀，大也。情在無，故曰大。釋文闕。達大命者隨，【注】泯然與化俱也。【疏】大命，大年。假如彭祖壽考，隨而順之，亦不厭其長久，以爲勞苦也。達小命者遭。【注】每在節上住乃悟也。【疏】小命，小年也。遭，遇也。如殤子促齡，所遇斯適，曾不介懷耳。

人有見宋王者，錫車十乘，以其十乘驕穉莊子。【疏】錫，與也。穉，後也。宋襄王時，有庸瑣之人游宋，妄說宋王，錫車十乘，用此驕炫，排莊周於己後，自矜物先也。【釋文】十乘繩證反。下同。驕穉直吏反，又池夷反。李云：自驕而穉莊子也。莊子曰：「河上有家貧，恃緯蕭而食者，○典案：類聚八

十四、御覽四百八十五、七百、八百三引「貧」下竝有「窮」字。其子沒於淵，得千金之珠。○典案：御覽九百二十九引「珠」下有「歸與其父」四字。其父謂其子曰：『取石來鍛之！○典案：御覽九百二十九引「鍛之」作「鍛破也」。夫千金之珠，必在九重之淵，而驪龍頷下，子能得珠者，○典案：御覽四百八十五引「子能得珠者」作「汝得之」。必遭其睡也。使驪龍而寤，子尚奚微之有哉？』

【疏】葦，蘆也。蕭，蒿也。家貧，織蘆蒿爲薄，賣以供食。鍛，椎也。驪，黑龍也，頷下有千金之珠也。譬譏得車之人也。○典案：御覽九百二十九引「使」上有「如」字，「寤」作「悟」。馬敘倫曰：「微」當依御覽九百二十九引作「徼」。說文曰：徼，幸也。案：馬說是也。【釋文】緯蕭如字。緯，織也。蕭，荻蒿也。織蕭以爲畚而賣之。本或作「葦」，音同。○郭慶藩曰：文選顏延年陶徵士誄注引司馬云：蕭，蒿也。織蒿爲薄。北堂書鈔簾部、太平御覽七百並引云：蕭，蒿也。織緝蒿爲薄簾也。御覽九百九十七又引云：蕭，蒿也。緯，織也。織蒿爲箔。釋文闕。鍛之丁亂反。謂椎破之。九重直龍反。驪龍力馳反。驪龍，黑龍也。頷下戶感反。

今宋國之深，非直九重之淵也；宋王之猛，非直驪龍也；子能得車者，必遭其睡也。使宋王而寤，子爲虀粉夫！」【注】夫取富貴，必順乎民望也，若挾奇說，乘天衢，以嬰人主之心者，明主之所不受也。故如有所譽，必有所試，於斯民不違，僉曰舉之，以合萬夫之望者，此三代所以直道而行之也。【疏】懷忠貞以感人主者，必非常之賞。而用左道，使其說佞媚君王，僥倖於富貴者，故有驕穉之容。亦何異遭驪龍睡得珠耶？

餘詳注意。【釋文】鼇子兮反。粉夫音符。若挾户牃反。僉曰七潛反。

或聘於莊子，【疏】寓言，不明聘人姓氏族，故言「或」也。莊子應其使曰：「子見夫犧牛乎？【疏】犧，養也。君王預前三月養牛祭宗廟，曰犧也。○典案：「見」上當有「不」字。御覽八百十五引有「不」字，史記本傳同。【釋文】其使所吏反。衣以文繡，食以芻叔，及其牽而入於大廟，雖欲爲孤犢，其可得乎？」【注】樂生者畏犧而辭聘，髑髏聞生而矉蹙，此死生之情異，而各自當也。

【疏】芻，草也。菽，豆也。犧養豐贍，臨祭日求爲孤犢，不可得也。況禄食之人，例多夭折，嘉遁之士，方足全生。莊子清高，笑彼名利。○典案：史記本傳「犢」作「豚」。【釋文】衣以於既反。食以音嗣。芻叔初俱反。芻，草也。叔，大豆也。○典案：文選幽通賦注引作「芻菽」。大廟音太。髑音獨。髏音樓。矉毗人反。蹙子六反。

莊子將死，弟子欲厚葬之。莊子曰：「吾以天地爲棺槨，以日月爲連璧，星辰爲珠璣，萬物爲齎送，吾葬具豈不備邪？何以加此！」【疏】莊子妙達玄道，逆旅形骸，故棺槨天地，鑪冶兩儀，珠璣星辰，變化三景，資送備矣。門人厚葬，深乖造物也。【釋文】珠璣音祈，又音機。一音其既反。齎音資。本或作「濟」，子詣反。○典案：御覽五百五十五引作「齊」。弟子曰：「吾恐烏鳶之食夫子也。」莊子曰：「在上爲烏鳶食，在下爲螻蟻食，奪彼與此，何其偏也！」

【疏】蔦，鴟也。門人荷師主深恩也，將欲厚葬，避其烏蔦，豈知厚葬還遭螻蟻。情好所奪，偏私之也。【釋文】鳶以全反。○典案：御覽五百五十五引作「鳶」。螻音樓。蟻魚綺反。

以不平平，其平也不平；【注】以一家之平平萬物，未若任萬物之自平也。【疏】無情與奪，委任均平，此真平也。若運情慮，均平萬物，若欲起心，已不平矣。以不徵徵，其徵也不徵。【注】徵，應也。不因萬物之自應，而欲以其所見應之，則必有不合矣。【疏】聖人無心，有感則應，此真應也。若有心應物，不能應也。徵，應也。明者唯爲之使，【注】夫執其所見，受使多矣，安能使物哉？【疏】自炫其明，情應於務，爲物驅使，何能役人也？神者徵之。【注】唯任神然後能至順，故無往不應也。【疏】神者無心，寂然不動，能無不應也。夫明之不勝神也久矣，【注】明之所及，不過於形骸也。至順則無遠近幽深，皆各自得。【疏】明則有心應務，爲物驅役；神乃無心，應感無方。有心不及無心，存應不及忘應，格量可知也。而愚者恃其所見入於人，其功外也，不亦悲乎！【注】夫至順則用發於彼，而以藏於物。若恃其所見，執其自是，雖欲入人，其功外矣。【疏】夫忘懷應物者，爲而不恃，功成不居。愚惑之徒，自執其用，叨人功績，歸入己身，雖欲矜伐，其功外矣。迷忘如此，深可悲哉！

莊子補正卷十下

雜篇　天下第三十三【釋文】以義名篇。

天下之治方術者多矣，皆以其有爲不可加矣。【注】爲以其有爲，則真爲也，爲其真爲，則無爲矣，又何加焉！【疏】方，道也。自軒、頊已下，迄于堯、舜，治道藝術，方法甚多，皆隨有物之情，順其所爲之性，任羣品之動植，曾不加之於分表。是以雖教不教，雖爲不爲矣。○典案：注「爲以其有爲」，舊作「爲其所有爲」。今據宋本、趙諫議本、道藏注疏本改。高山寺古鈔本作「爲以其有」，雖敚下「爲」字，句法尚未誤。古之所謂道術者，果惡乎在？【疏】上古三皇，所行道術，隨物任化，淳樸無爲，此之方法，定在何處？假設疑問，發明深理也。【釋文】惡乎音烏。曰：无乎不在。【疏】答曰：無爲玄道，所在有之，自古及今，無處不徧。曰：神何由降？明何由出？【注】神明由乎事感而後降出。【疏】神者，妙物之名。明者，智周爲義。若使虛通聖道，今古有之，亦何勞彼神人，顯兹明智，制禮作樂，以導物乎？聖有所生，王有所成，

【疏】夫虛凝玄道，物感所以誕生，聖帝明王，功成所以降迹，豈徒然哉！皆原於一。【注】使物各復其根，抱一而已，無飾於外，斯聖王所以生成也。【疏】原，本也。一，道。雖復降靈接物，混迹和光，應物不離真常，抱一而歸本者也。

不離於宗，謂之天人；不離於精，謂之神人；不離於真，謂之至人；以天爲宗，以德爲本，以道爲門，兆於變化，謂之聖人；【注】凡此四名，一人耳，所自言之異也。【疏】冥宗契本，謂之自然。淳粹不雜，謂之神妙。嶷然不假，謂之至極。以自然爲宗，上德爲本，玄道爲門，覩於機兆，隨物變化者，謂之聖人。已上四人，只是一耳，隨其功用，故有四名也。【釋文】不離力智反。下注「不離」、「離性」、下章「離於」同。兆於本或作「逃」。

以仁爲恩，以義爲理，以禮爲行，以樂爲和，薰然慈仁，謂之君子；【注】此謂四者之粗迹，而賢人君子之所服膺也。【疏】布仁惠爲恩澤，施義理以裁非，運節文爲行首，動樂音以和性，慈照光乎九有，仁風扇乎八方，譬蘭蕙芳馨，香氣薰於遐邇，可謂賢矣。【釋文】爲行下孟反。章內同。薰然許云反，温和貌。崔云：以慈仁爲馨聞也。之粗七奴反。卷內皆同。

以法爲分，以名爲表，以參爲驗，以稽爲決，其數一二三四是也，【疏】稽，考也。操，執也。法定其分，名表其實，操驗其行，考決其能，一二三四，即名法等是也。【釋文】以參本又作「操」，同。七曹反。宜也。以稽音雞，考也。百官以此相齒，以事爲常，【疏】自堯、舜已下，置立百官，用此四法，更相齒次，君臣物務，遂以爲常，所謂彝倫也。以衣食爲主，蕃息畜藏，【疏】夫事之不可廢者，耕織也；聖人之不可廢者，衣食也。故國以民爲本，民以食爲天。是以蕃滋生息，畜積藏儲者，皆養民之法。【釋文】蕃息音煩。畜敕六反，又許六反。藏如字，又才浪反。老弱孤寡爲意，皆有以養，民之理也。【注】民理既然，故聖賢不逆也。

古之人其備乎！【注】古之人，即向之四名也。【疏】養老哀弱，矜孤恤寡，五帝已下，備有之焉。配視明，醇天地，育萬物，和天下，【疏】配，合也。夫聖帝無心，因循品物，故能合神明之妙理，同天地之精醇，育宇内之黎元，和域中之羣有。【釋文】醇順倫反。澤及百姓，明於本數，係於末度，【注】本數明，故末度不離。【疏】本數，仁義也。末度，名法也。夫聖心慈育，恩覃黎庶，故能明仁義以崇本，係法名以救末。〇典案：高山寺古鈔本「度」下有「也」字。六通四辟，小大精粗，其運无乎不在。【注】所以爲備也。【疏】闢，法也。大則兩儀，小則羣物，精則神智，粗則形像，通六合以遨遊，法四時而變化，隨機運動，無所不在也。【釋文】四辟婢亦反。本又作「闢」。其明而在數度者，舊法世傳之史尚多有之。【注】其在數度而可明者，雖多有之，已疏外也。【疏】史者，春秋、尚書，皆古史也。數度者，仁、義、法、名等也。古舊相傳，顯明在世者，史傳書籍，尚多有之。其在於詩、書、禮、樂者，鄒魯之士，搢紳先生，多能明之。【注】能明其迹耳，豈所以迹哉？【疏】鄒，邑名也。魯，國號也。搢，笏也，亦插也。紳，大帶也。先生，儒士也。言仁義名法，布在六經者，鄒、魯之地，儒服之人，能明之也。【釋文】鄒莊由反。孔子父所封邑。詩以道志，○典案：御覽六百八引「道」作「導」，下同。書以道事，禮以道行，樂以道和，易以道陰陽，春秋以道名分。【疏】道，達也，通也。夫詩道情志，書道世事，禮道心行，樂道和適，易明卦兆，通達陰陽，春秋褒貶，定其名分。【釋文】道志音導。下「以道」皆同。名分扶問反。其數散於天下而設於中國者，百家之學時或稱而道之。【注】皆道古人之陳迹耳，尚復不能常稱。【疏】六經之迹，散在區中，風教所覃，不過華壤。百家諸子，依稀五德，時復稱説，不能大同也。○典案：御覽六百八引注「尚復不能常稱」作「後豈能常稱哉」。【釋文】尚復扶又反。下章「不復」同。天下大亂，【注】用其迹而無統故也。○典案：高山寺古鈔本注「統」作「終」。【疏】執守陳迹，故不升平。賢聖不明，【注】能明其迹，又未易也。【疏】韜光晦迹。【釋文】未易以豉反。道德不一，【注】百家穿鑿。○典案：高山寺古鈔本注「穿鑿」作「乖舛」，於義爲長。【疏】法教多端。天下多得一，【注】各信其偏見，而不能都舉也。【疏】宇内學人，各滯所執，偏得一術，豈能弘通！【釋文】得一偏得一術。察焉以自好。【注】夫聖人統百姓之大情，而因爲之制，故百姓寄情於所統，而自忘其好惡，故與一世而得淡漠焉。亂

則反之，人恣其近好，家用典法，故國異政，家殊俗也。【疏】不能恬淡虛忘，而每運心思察，隨其情好而爲教方。○典案：高山寺古鈔本注「淡」作「恬」。疏「不能恬淡虛忘，而每運心思察」，是成所見注字亦作「恬」。又「典」作「曲」，「近好」、「曲法」相對爲文，作「曲」義較長。【釋文】自好呼報反。注及下同。○王念孫曰：郭象斷「天下多得一」爲句，釋文曰：得一，偏得一術。案「天下多得一察焉以自好」當作一句讀，下文云「天下之人各爲其所欲焉以自爲方」，句法正與此同。「一察」，謂察其一端而不知其全體，下文云「譬如耳目鼻口，皆有所明，不能相通」，即所謂「一察」也。若以「一」字上屬爲句，「察」字下屬爲句，則文不成義矣。○俞樾曰：王氏念孫謂「天下多得一察焉以自好」當作一句讀，「一察」謂察其一端而不知其全體。今案：郭讀文不成義，當從王讀，惟以「一察」爲察其一端，義亦未安。「察」當讀爲「際」，「一際」，猶一邊也。廣雅釋詁「際」、「邊」並訓方，是「際」與「邊」同義。「得其一際」，即得其一邊，正不知全體之謂。「察」、「際」並從「祭」聲，古音相同，故得通用耳。下文云「不該不徧，一曲之士也」，「一際」與「一曲」，其義相近。好惡烏路反。淡本又作「澹」，徒暫反。漠音莫。**譬如耳目鼻口，皆有所明，不能相通，**【疏】夫目能視色，不能聽聲；鼻能聞香，不能辨味。各有所主，故不能相通也。○典案：荀子天論篇「耳目鼻口，形能各有接而不相能也」，義與此同。**猶百家衆技也，皆有所長，時有所用。**【注】所長不同，不得常用也。○典案：高山寺古鈔本注「同」作「周」。【疏】夫六經五德，百家諸書，其於救世，各有所長，既未中道，故時有所廢，猶如鼻口，有所不通也。○典案：「皆有所長，時有所用」，高山寺古鈔本「用」上有「不」字。疏「故時有所廢」，是成所見本亦作「時有所不用」也。文選陸士衡演連珠注引「百家」作「百官」。【釋文】衆技其綺反。**雖然，不該不徧，一**

曲之士也。【注】故未足備任也。【疏】雖復各有所長，而未能該通周徧，斯乃偏僻之士，滯一之人，非圓通合變者也。【釋文】不徧音遍。判天地之美，析萬物之理，【注】各用其一曲，故析判。【疏】一曲之人，各執偏僻，雖著方術，不能會道，故分散兩儀淳和之美，離析萬物虚通之理也。察古人之全，寡能備於天地之美，稱神明之容。【注】況一曲者乎？【疏】觀察古昔全德之人，猶能備兩儀之亭毒，稱神明之容貌，況一曲之人乎？【釋文】稱神尺證反。下章同。是故内聖外王之道，闇而不明，鬱而不發，【注】全人難遇故也。【疏】玄聖素王，内也。飛龍九五，外也。既而百家競起，各私所見，是非殽亂，彼我紛紜，遂使出處之道闇塞而不明、鬱閉而不泄也。天下之人，各爲其所欲焉以自爲方。悲夫，百家往而不反，必不合矣！【疏】心之所欲，執而爲之，即此欲心，而爲方術，一往逐物，曾不反本，欲求合理，其可得也？既乖物情，深可悲歎。後世之學者，不幸不見天地之純，古人之大體，【注】大體各歸根抱一，則天地之純也。【疏】幸，遇也。天地之純，無爲也。古人大體，樸素也。言後世之人，屬斯澆季，不見無爲之道，不遇淳樸之世。道術將爲天下裂。【注】裂，分離也。道術流弊，遂各奮其方，或以主物，則物離性以從其上，而性命喪矣。【疏】裂，分離也。儒、墨、名、法百家馳騖，各私所見，咸率己情，道術紛紜，更相倍譎，遂使蒼生措心無所，分離物性，實此之由也。【釋文】哀矣如字。本或作「喪」，息浪反。

不侈於後世，不靡於萬物，不暉於數度，【注】勤儉則瘁，故不暉也。【疏】侈，奢也。靡，麗也。暉，明也。教於後世，不許奢華，物我窮儉，未常綺麗，既乖物性，教法不行，故於先王典禮，不得顯明於世也。【釋文】不侈尺紙反，又尺氏反。不暉如字。崔本作「渾」。則瘁在醉反。

以繩墨自矯，【注】矯，厲也。【疏】矯，厲也。用仁義爲繩墨，以勉厲其志行也。【釋文】自矯居表反。

而備世之急，【注】勤而儉，則財有餘，故急有備。【疏】世急者，謂陽九百六水火之災也。勤儉節用，儲積財物，以備世之凶災急難也。

古之道術有在於是者，墨翟、禽滑釐聞其風而説之。爲之大過，已之大循。【注】不復度衆所能也。【疏】循，順也。古之道術，禹治洪水，勤儉枯槁，其迹尚在，故言有在於是者。姓禽，字滑釐，墨翟弟子也。墨翟、滑釐，性好勤儉，聞禹風教，深悦愛之，務爲此道，勤苦過甚，適周己身自順，未堪教被於人矣。【釋文】墨翟宋大夫，尚儉素。禽滑音骨，又户八反。釐力之反，又音熙。禽滑釐，墨翟弟子也。不順五帝、三王之樂，嫌其奢。而説音悦。下注同。後「聞風而説」皆同。大過音太。舊敕佐反。後「大過」、「大多」、「大少」倣此。大順「順」或作「循」。度衆徒各反。

作爲非樂，命之曰節用，生不歌，死無服。【疏】非樂、節用是墨子二篇書名也。生不歌，故非樂；死無服，故節用。謂無衣衾棺槨等資葬之服，言其窮儉惜費也。【釋文】非樂節用墨子二篇名。

墨子氾愛兼利而非鬭，【注】夫物不足，則以鬭爲是。今墨子令百姓皆勤儉，各有餘，故以鬭爲非也。【疏】普氾兼愛，利益羣生，使各自足，故無鬭争，以鬭争爲非也。【釋文】氾芳劍反。愛兼利化同己儉爲氾愛兼利。令百力呈反。下同。其道不怒，【注】但自刻也。【疏】克己勤儉，故不怨怒於物也。又好學而博不異，【注】既自以爲是，則欲令萬物皆同乎己也。【疏】墨子又好學，博通墳典，己既勤儉，欲物同之也。不與先王同，【注】先王則恣其羣異然後同焉，皆得而不知所以得也。毀古之禮樂。【注】嫌其侈靡。【疏】禮則節文隆殺，樂則鐘鼓羽毛，嫌其侈靡奢華，所以毀棄不用。黄帝有咸池，堯有大章，舜有大韶，禹有大夏，湯有大濩，文王有辟雍之樂，武王、周公作武。【疏】已上是五帝、三王樂名也。【釋文】有夏户雅反。有濩音護。有辟音壁。作武武，樂名。古之喪禮，貴賤有儀，上下有等，天子棺槨七重，諸侯五重，大夫三重，士再重。【疏】自天王已下，至于士庶，皆有儀法，悉有等級，斯古之禮也。【釋文】七重直龍反。下同。今墨子獨生不歌，死不服，桐棺三寸而無槨，以爲法式，以此教人，恐不愛人，以此自行，固不愛己。【注】物皆以任力稱情爲愛。今以勤儉爲法，而爲之大過，雖欲饒天下，更非所以爲愛也。【疏】師於禹迹，勤儉過分，上則乖於君王，下則逆於萬民。故生死勤窮，不能養於外物；形容枯槁，未可愛於己身也。未敗墨子道，【注】但非道德。【疏】未，無也。翟性尹、老之意也。○典案：高山寺古鈔本「道」上有「之」字。【釋文】未敗「敗」或作「毀」。墨子是一家之正，故不可以爲敗也。崔云：未壞其道。雖然，歌而非歌，哭而非哭，樂而非樂，是果類乎？【注】雖獨成墨，而不類萬物之情也。【疏】夫生歌死哭，人倫之常理；凶哀吉樂，世物之大情。今乃反此，故非徒類矣。【釋文】非歌生應歌，而墨以歌爲非也。樂而音洛。下及注同。其生也勤，其死也薄，其道大觳，【注】觳，無潤也。【疏】觳，無潤也。生則勤苦身心，死則資葬儉薄，其爲道乾觳無潤也。【釋文】觳郭苦解反。徐户角反。郭、李皆云：無潤也。使人憂，使人悲，其行難爲也。恐其不可以爲聖人之道，【注】夫聖人之道，悦以使民，民得其性之所樂則悦，悦則天下無難矣。【疏】夫聖人之道，得百姓之歡心。今乃使物憂悲，行之難久，又無潤澤，故不可以教世也。【釋文】其行下孟反。下注「以成其行」同。反天下之心，天下不堪。墨子雖獨能任，柰天下何？離於天下，其去王也遠矣。【注】王者必合天下之懽心，而與物俱往也。【疏】夫王天下者，必須虚心忘己，大順羣生。今乃毁皇王之法，反黔首之性，其於主物，不亦遠乎？【釋文】能任音壬。

墨子稱道曰：「昔禹之湮洪水，決江河，而通四夷九州也，名山三百，支川三千，小者無數。【疏】湮，塞也。昔堯遭洪水，命禹治水，寘塞隄防，通決川瀆，救百六之災，以播種九穀也。○俞樾云：「名山」當作「名川」，字之誤也。「名川」、「支川」，猶言大水、小水。下文曰「禹親自操橐耜，而九雜天下之川」，可見此文專以「川」言，不當言「山」也。若但言「支川」而不言「名川」，則是舉流而遺其原，於文爲不備矣。襄十一年左傳曰「名山名川」，是山川並得言「名」。學者多見「名山」，尠見「名川」，故誤改之耳。呂氏春秋始覽篇、淮南子墬形篇並曰「名川六百」。○典案：俞校是也。御覽六十八引此文正作「名川」，高山寺古鈔本同。【釋文】湮洪水音因，又音煙，塞也，没也。掘地而注之海，使水由地下也。引禹之儉，同己之道也。○典案：「湮」，御覽六十八、八十二引竝作「堙」，高山寺本同。支川本或作「支流」。**禹親自操橐耜，而九雜天下之川，**【疏】橐，盛土器也。耜，掘土具也。禹捉耜掘地，操橐負土，躬自辛苦，以導川原，於是舟檝往來，九州雜易。又解：古者字少，以「滌」爲「盪」，「川」爲「原」，凡經九度，言「九雜」也。又本作「鳩」者，言鳩雜川谷，以導江河也。○碧虚子校引江南李氏本「雜」作「滌」。典案：御覽八十二引作「滌」，與江南李氏本合，宋本同。【釋文】自操七曹反。橐舊古考反。崔、郭音託，字則應作「橐」。崔云：囊也。司馬云：盛土器也。耜音似。釋名：耜，似也，似齒斷物。三蒼云：耒頭鐵也。崔云：梩也。司馬云：盛水器也。而九音鳩。本亦作「鳩」，聚也。雜本或作「朵」，音同。崔云：所治非一，故曰雜也。**腓無胈，脛無毛，沐甚雨，櫛疾風，置萬國。禹大聖也，而形勞天下也如此。」**【注】墨子徒見禹之形勞耳，未覩其性之適也。【疏】通導百川，安置萬國，聞啓之泣，無暇暫看，三過其門，不得看子，賴驟雨而洒髮，假疾風而梳頭，勤苦執勞，形容毁悴，遂使腓股無肉，膝脛無毛。禹之大聖，尚自艱辛，況我凡庸，而不勤苦？【釋文】腓音肥，又符畏反。○典案：御覽八十二引「腓」作「股」，韓非子五蠹篇、史記李斯傳同。無胈步葛反，又甫物反，又符蓋反。脛刑定反。甚雨如字。崔本「甚」作「湛」，音淫。櫛側筆反。**使後世之墨者，多以裘褐**

爲衣，以跂蹻爲服，日夜不休，以自苦爲極，【注】謂自苦爲盡理之法也。【疏】裘褐，粗衣也。木曰跂，草曰蹻也。後世墨者，翟之弟子也。裘褐跂蹻，儉也。日夜不休，力也。用此自苦，爲理之妙極也。【釋文】裘褐户葛反。跂其逆反。蹻紀略反。李云：麻曰屩，木曰屐。「屐」與「跂」同，「屩」與「蹻」同。一云：鞋類也。一音居玉反，以藉鞋下也。曰：「不能如此，非禹之道也，不足謂墨。」【注】非其時而守其道，所以爲墨也。【疏】墨者，禹之陳迹也。故不能勤苦，乖於禹道者，不可謂之墨也。相里勤之弟子五侯之徒，南方之墨者苦獲、已齒、鄧陵子之屬，俱誦墨經，而倍譎不同，相謂別墨；【注】必其各守所見，則所在無通，故於墨之中又相與別也。○典案：高山寺古鈔本注「其」下有「行志」二字。【疏】姓相里，名勤，南方之墨師也。苦獲、五侯之屬，並是學墨人也。譎，異也。俱誦墨經，而更相倍異，相呼爲別墨。【釋文】相息亮反。里勤司馬云：墨師也。姓相里，名勤。○俞樾曰：韓非子顯學篇「有相里氏之墨，有相夫氏之墨，有鄧陵氏之墨」。苦獲已齒李云：二人姓字也。而倍郭音佩，又裴罪反。譎古穴反。崔云：決也。以堅白同異之辯相訾，以觭偶不仵之辭相應，以巨子爲聖人，【注】巨子最能辨其所是以成其行。【疏】訾，毀也。巨，大也。獨唱曰觭，音奇；對辯曰偶。仵，倫次也。言鄧陵之徒，然蹈墨術，堅執堅白，各炫己能，合異爲同，析同爲異；或獨唱而寡和，或賓主而往來，以有無是非之辯相毀，用無倫次之辭相應，勤儉甚者，號爲聖人。【釋文】相訾音紫。以觭紀宜反，又音寄。不仵音誤。徐音五。仵，同也。巨子向、崔本作「鉅」。

向云：墨家號其道理成者爲鉅子，若儒家之碩儒也。○典案：吕氏春秋上德篇、去私篇竝作「鉅子」。「巨」、「鉅」古亦通用。**皆願爲之尸，**【注】尸者，主也。**冀得爲其後世，至今不決。**【注】爲欲係巨子之業也。【疏】咸願爲師主，庶傳業將來，對爭勝負，不能決定也。○典案：注「爲」疑當作「爭」，上半形近而誤也。疏「對爭勝負」，是成所見注字亦作「爭」，高山寺古鈔本正作「爭」。**墨翟、禽滑釐之意則是，**【注】意在不侈靡而備世之急，斯所以爲是。**其行則非也。**【注】爲之太過故也。【疏】意在救物，所以是也；勤儉太過，所以非也。**將使後世之墨者必自苦，以腓无胈、脛无毛相進而已矣，**【疏】進，過也。後世學徒，執墨陳迹，精苦自勵，意在過人也。**亂之上也，**【注】亂莫大於逆物而傷性也。**治之下也。**【注】任衆適性爲上。今墨反之，故爲下。【疏】墨子之道，逆物傷性，故是治化之下術，荒亂之上首也。【釋文】治之直吏反。**雖然，墨子真天下之好也，**【注】爲其真好重聖賢不逆也，但不可以教人。【釋文】之好呼報反。注同。○俞樾曰：「真天下之好」，謂其真好天下也，即所謂墨子兼愛也。下文曰「將求之不得也，雖枯槁不舍也」，此「求」字即心誠求之之求。求之不得，雖枯槁不舍，即所謂摩頂放踵利天下爲之也。郭注未得。○典案：高山寺古鈔本「好」下有「者」字。**爲**其于僞反。**將求之不得也，**【注】無輩也。**雖枯槁不舍也，**【注】所以爲真好也。【疏】宇内好儉，一人而已，求其輩類，竟不能得。顦顇如此，終不休廢，率性真好，非矯爲也。【釋文】枯槁苦老反。**不舍也**音捨。下章同。**才士也夫！**【注】非有德也。【疏】夫，歎也。逆物傷性，誠非聖賢，亦勤儉救世，才能之士耳。

不累於俗，不飾於物，不苟於人，不忮於衆，【注】忮，逆也。【疏】於俗無患累，於物無矯飾，於人無苟且，於衆無逆忮，立於名行以養蒼生也。【釋文】忮之豉反，逆也。司馬、崔云：害也。字書云：很也。又音支。韋昭音洎。願天下之安寧，以活民命，人我之養，畢足而止，【注】不敢望有餘也。以此白心，古之道術有在於是者，【疏】每願宇内清夷，濟活黔首，物我儉素，止分知足，以此教迹，清白其心，古術有在，相傳不替矣。【釋文】白心崔云：明白其心也。「白」或作「任」。宋鈃、尹文聞其風而悦之。【疏】姓宋名鈃，姓尹名文，並齊宣王時人，同遊稷下。宋著書一篇，尹著書二篇，咸師於黔而爲之名也。性與教合，故聞風悦愛。【釋文】宋鈃音形。徐胡冷反。郭音堅。○馬叙倫曰：荀子非十二子篇楊注曰：宋鈃，孟子作「宋牼」。孟子告子篇趙注曰：宋牼，宋人。逍遥遊篇「而宋榮子猶然笑之」，音義曰：宋榮子，司馬、李云：宋國人也。韓非子顯學篇曰「宋榮子之議，設不鬬争，取不隨仇，不羞囹圄，見侮不辱」，此與下文「言見侮不辱，救民之鬬」同義，則宋鈃即宋榮子。典案：馬説是也。「鈃」、「牼」、「榮」一聲之轉。尹文崔云：齊宣王時人，著書一篇。○俞樾曰：列子周穆王篇「老成子學幻於尹文先生」，未知即其人否。漢書藝文志尹文子一篇，在名家。師古曰：劉向云：與宋鈃俱遊稷下。作爲華山之冠以自表，【注】華山上下均平。【疏】華山其形如削，上下均平，而宋、尹立志清高，故爲冠以表德之異。【釋文】華山之冠華山上下均平，作冠象之，表己心均平也。接萬物以别宥爲始，

【注】不欲令相犯錯。【疏】宥，區域也。始，本也。置立名教，應接人間，而區別萬有，用斯爲本也。【釋文】以別彼列反，又如字。宥爲始始，首也。崔云：以別善惡（也），宥不及也。○馬叙倫曰：「宥」借爲「囿」。尸子廣澤篇曰「料子貴別囿」，是其證也。語心之容，命之曰心之行，【疏】命，名也。發語吐辭，每令心容萬物，即名此容受而爲心行。以聏合驩，以調海内，【注】强以其道聏令合，調令和也。【釋文】聏崔本作「聏」，音而。郭音餌。司馬云：色厚貌。崔、郭、王云：和也。聏和萬物，物合則歡矣。一云：調也。合驩以道化物，和而調之，合意則歡。强以其丈反。下皆同。令合力呈反。下同。請欲置之以爲主。【注】二子請得若此者立以爲物主也。【疏】聏，和也。用斯名教，和調四海，庶令同合，以得驩心，置立此人，以爲物主也。見侮不辱，【注】其於以活民爲急也。救民之鬭；禁攻寢兵，救世之戰。【注】所謂聏調也。【疏】寢，息也。防禁攻伐，止息干戈，意在調和，不許戰鬭，假令欺侮，不以爲辱，意在救世，所以然也。以此周行天下，上説下教，雖天下不取，强聒而不舍者也，【注】聏調之理然也。【疏】和斯教迹，行化九州，上説君王，下教百姓，雖復物不取用，而强勸喧聒，不自廢舍也。【釋文】上説音悦，又如字。下教上，謂國主也。悦上之教下也。一云：説，猶教也。上教教下也。聒古活反。謂强聒其耳而語之也。故曰上下見厭而强見也。【注】所謂不辱。【疏】雖復物皆厭賤，猶自强見勸他，所謂被人輕侮，而不恥辱也。【釋文】見厭於

黵反。徐於贍反。**雖然，其爲人太多，其自爲太少。**【注】不因其自化而强以慰之，則其功太重也。【疏】夫達道聖賢，感而後應，先存諸己，後存諸人。今乃勤强勸人，被厭不已，當身枯槁，豈非自爲太少乎？○典案：注「强」上疑當有「勸」字。疏「今乃勤强勸人」，是成所見注有「勸」字。高山寺古鈔本正作「不因其自化而勸强以慰之」。又案：荀子天論篇「宋子有見於少，無見於多」，即此「其爲人太多，其自爲太少」之誼。【釋文】爲人于僞反。下「自爲」同。**曰：「請欲固置五升之飯足矣，**【注】斯明自爲之太少也。○典案：「曰」疑當爲「日」，形近而誤也。疏「置五升之飯爲一日之食」，是成所見本作「日」不作「曰」也。御覽八百五十引作「日請置五升之飯足矣」。高山寺古鈔本亦正作「日」。**先生恐不得飽，弟子雖飢，不忘天下。」**【注】宋鈃、尹文，稱天下爲先生，自稱爲弟子也。【疏】宋、尹稱黔首爲先生，自謂爲弟子，先物後己故也。坦然之迹，意在勤儉，置五升之飯，爲一日之食，唯恐百姓之飢，不慮己身之餓，不忘天下，以此爲心，勤儉故養蒼生也。用斯作法，晝夜不息矣。**日夜不休，曰：「我必得活哉！」**【注】謂民亦當報己也〔一〕。**圖傲乎救世之士哉！**【注】揮斥高大之貌。【疏】圖傲，高大之貌也。言其强力忍垢，接濟黎元，雖未合道，可謂救世之人也。【釋文】圖傲五報反。**曰「君子不爲苛察，**【注】務寬恕也。【疏】夫賢人君子，恕己寬容，終不用取捨之心苛

〔一〕亦　趙諫議本作「必」。

且伺察於物也。【釋文】苛察音河。一本作「苟」。不以身假物」，【注】必自出其力也。【疏】立身求己，不必假物以成名也。以爲無益於天下者，明之不如已也。【注】所以爲救世之士也。【疏】已，止也。苦心勞形，乖道逆物，既無益於宇內，明不如止而勿行。以禁攻寢兵爲外，【疏】爲利他，外行也。以情欲寡淺爲內，【疏】爲自利，內行也。其小大精粗，其行適至是而止。【注】未能經虛涉曠。【疏】自利利他，內外兩行，雖復大小有異，精粗稍殊，而立趨維綱，不過適是而已矣。【釋文】其行下孟反，又如字。

公而不黨，易而无私，決然无主，【注】各自任也。【疏】公正而不阿黨，平易而無偏私，依理斷決，無的主宰，所謂法者，其在於斯。【釋文】不當丁浪反。崔本作「黨」，云：至公無黨也。○典案：道藏白文本、注疏本竝作「黨」。疏「公正而不阿黨」，是成本字亦作「黨」。釋文作「當」，疑是「黨」字漫漶，只存其半耳。易而以豉反。趣物而不兩，【注】物得所趣，故一。【疏】意在理趣，而於物无二也。不顧於慮，不謀於知，於物无擇，與之俱往，【疏】依理用法，不顧前後，斷決正直，無所懼慮，亦不運知，法外謀謨，守法而往，酷而無擇。【釋文】於知音智。下「棄知」同。古之道術有在於是者，【疏】自五帝已來，有以法爲政術者，故有可尚之迹而猶在乎世。彭蒙、田駢、慎到聞其風而悅之。【疏】姓彭名蒙，姓田名駢，姓慎名到，並齊之隱士，俱游稷下，各著書數篇，性與法合，故聞風悦愛也。○俞樾曰：據下文，彭蒙當是田駢之師。意林引尹文子有「彭蒙曰：『雉兔在野，衆皆逐之，分未定也；雞豕滿市，莫有志者，分定故也』」。○馬叙倫曰：僞尹文子曰：「田子讀書，曰『堯時太平』。宋子曰：『聖人之治以致此歟？』彭蒙在側，越次答曰：『聖人之法以致此，非聖人之治也。』宋子猶惑，質於田子，田子曰：『蒙之言然。』」【釋文】田駢薄田反。齊人也，遊稷下，著書十五篇。慎子云：名廣。○俞樾曰：漢書藝文志道家田子二十五篇，名駢，齊人，遊稷下，號天口。呂覽不二篇「陳駢貴齊」，即田駢也。淮南人間篇「唐子短陳駢子於齊威王」云云，即田駢之事實，亦可見貴齊之一端矣。齊萬物以爲首，曰：「天能覆之而不能載之，地能載之而不能覆之，大道能包之而不能辯之，知萬物皆有所可，有所不可，故曰選則不徧，【注】都用乃周。【疏】夫天覆地載，各有所能，大道包容，未嘗辯説。故知萬物有可不可，隨其性分，但當任之，若欲揀選，必不周徧也。【釋文】不徧音遍。教則不至，【注】性其性乃至。【釋文】不至一本作「不王」。道則無遺者矣。」【疏】異物不同〔一〕，稟性各異，以此教彼，良非至極。若率至玄道，則物皆自得而無遺失矣。【釋文】無遺如字。本又作「貴」。是故慎到棄知去己，而緣不得已，泠汰於物，以爲道理，【注】泠汰，猶聽放也。【疏】泠汰，猶揀鍊也。息慮棄知，忘身去己，機不得已，感

〔一〕異物　集釋中華本改作「萬物」。

而後應，揀鍊是非，據法斷決，慎到守此，用爲道理。○俞樾曰：史記孟荀列傳：「慎到，趙人。著十二論。」漢書藝文志法家有慎子四十二篇，名到，先申、韓，申、韓稱之。【釋文】去己起呂反。章内注同。泠音零。汰音泰。徐徒蓋反。郭云：泠汰，猶聽放也。一云：泠汰，猶沙汰也，謂沙汰使之泠然也。皆泠汰之歸於一，以此爲道理也。或音裔，又音替。

曰知不知，將薄知而後鄰傷之者也，【注】謂知力淺，不知任其自然，故薄之而後鄰傷也。【疏】鄰，近也。夫知則有所不知，故薄淺其知；雖復薄知而未能都忘，故猶近傷於理。謑髁無任而笑天下之尚賢也，【注】不肯當其任而任夫衆人，衆人各自能，則無爲横復尚賢也。【疏】謑髁，不定貌也。隨物順情，無的任用，物各自得，不尚賢能，故笑之也。○典案：老子第三章：「不尚賢，使民不争。」【釋文】謑胡啓反，又音奚，又苦迷反。説文云：耻也。五米反。髁户寡反。郭勘禍反。謑髁，訛倪不正貌。王云：謂謹刻也。無任無所施任也。王云：雖謹刻於法，而猶能不自任以事，事不與衆共之，則無爲尚賢，所以笑也。横復扶又反。

縱脱無行而非天下之大聖，【注】欲壞其迹，使物不殉。【疏】縱恣脱略，不爲仁義之德行；忘遺陳迹，故非宇内之聖人也。【釋文】無行下孟反。下「人之行」同。椎拍輐斷，與物宛轉，【注】法家雖妙，猶有椎拍，故未泯合。【疏】椎拍，笞撻也。輐斷，行刑也。宛轉，變化也。復能打拍刑戮，而隨順時代，故能與物變化，而不固執之者也。【釋文】椎直追反。拍普百反。輐五管反，又胡亂反，又五亂反。徐胡管反，圓也。斷丁管反，又丁亂反，方也。王云：椎拍、輐斷，皆刑截者所用。舍是與非，苟可以免，【疏】不固執是非，苟且免於當世之爲也。不師知慮，不知前後，【注】不能知是之與非，前之與後，瞎目恣性，苟免當時之患也。【疏】不師其成心，不運用知慮，亦不瞻前顧後，矯性爲情，直舉宏綱，順物而已。【釋文】不師知音智。魏然而已矣。【注】任性獨立。【疏】魏然，不動之貌也。雖復處俗同塵，而魏然獨立也。【釋文】魏然魚威反。李五回反。推而後行，曳而後往，【注】所謂緣於不得已也。【疏】推而曳之，緣不得已；感而後應，非先唱也。若飄風之還，若羽之旋，若磨石之隧，全而无非，動靜无過，未嘗有罪。【疏】磨，磑也。隧，轉也。如飄風之回，如落羽之旋，若磑石之轉。三者無心，故能全得。是以無是無非，無罪無過，無情任物，故致然也。【釋文】若飄婢遥反。一音必遥反。爾雅云：回風爲飄。之還音旋。一音環。若磨末佐反，又如字。石之隧音遂，回也。李徐絶句。一讀至「全」字絶句。全而无非磨石所剴，麄細全在人。言德全無見非責時，言其無心也。是何故？【疏】假設疑問，以顯其能。夫无知之物，无建己之患，无用知之累，動靜不離於理，是以終身无譽。【注】患生於譽，譽生於有建。【疏】夫物莫不耽滯身己，建立功名，運用心知，没溺前境。今磨磑等，行藏任物，動靜無心，恒居妙理，患累斯絶，是以終於天命，無咎無譽也。【釋文】不離力智反。故曰至於若无知之物而已，无用賢聖，【注】唯聖人然後能去知與故，循天之理，故愚知處宜，貴賤當位，賢不肖襲情，而云無用賢聖，所以爲不知道也。夫塊不失道。【注】欲令去知如土塊也。亦爲凡物云云，皆無緣得道，道非偏物也。【疏】貴尚無知，情同瓦石，無用賢聖，闇若夜游，遂如土塊，名爲得理。慎到之惑，其例如斯。【釋文】夫塊苦對反。或苦猥反。欲令力呈反。豪桀相與笑之曰：「慎到之道，非生人之行，而至死人之理，【注】夫去知任性，然後神明洞照，所以爲賢聖也。而云土塊乃不失道，人若土塊，非死如何？豪桀所以笑也。【疏】夫得道賢聖，照物無心，德合二儀，明齊三景。今乃以土塊爲道，與死何殊？既無神用，非生人之行也。是以英儒瞻聞，玄通豪桀，知其乖禮，故嗤笑之。適得怪焉。」【注】未合至道，故爲詭怪也。【疏】不合至道者，適爲其怪也。田駢亦然，學於彭蒙，得不教焉。【注】得自任之道也。【疏】田駢、慎到，稟業彭蒙，縱任放誕，無所教也。彭蒙之師曰：「古之道人，至於莫之是莫之非而已矣。【注】所謂齊萬物以爲首。其風窢然，惡可而言？」【注】逆風所動之聲。【疏】窢然，迅速貌也。古者道人，虛懷忘我，指爲天地，無復是非，風教窢然，隨時過去，何可留其聖迹，執而言之也？【釋文】窢字亦作「罭」，又作「閾」，況逼反，又火麥反。向、郭云：逆風聲。惡可音烏。常反人，不見觀，【注】不順民望。【疏】未能大順羣品，而每逆忤人心，亦不能致蒼生之稱其瞻望也。【釋文】不見觀一本作「不聚觀」。○典案：道藏注疏本、白文本竝作「不聚觀」，與釋文一本合。而不免於魭斷。【注】雖立法而魭斷無圭角也。【疏】魭斷，無圭角貌也。雖復立法施化，而未能大齊萬物，故不免於魭斷也。【釋文】於魭五管反，又五亂反。斷丁管反。郭云：魭斷，無圭角也。一本無「斷」字。**其所謂道非道，而所言之韙不免於非。**【注】韙，是也。【疏】韙，是也。慎到所謂爲道者非正道也，所言爲是者不是也，故不免於非也。【釋文】韙于鬼反，是也。**彭蒙、田駢、慎到不知道，**【注】道無所不在，而云土塊乃不失道，所以爲不知也。【疏】雖復習尚虛忘，以無心爲道，而未得圓照，故不知也。**雖然，概乎皆嘗有聞者也。**【注】但不至也。【疏】彭蒙之類，雖未體真，而志尚知，略有梗概，更相師祖，皆有稟承，非獨臆斷，故嘗有聞之也。【釋文】概乎古愛反。

以本爲精，以物爲粗，【疏】本，無也。物，有也。用無爲妙道爲精，用有爲事物爲粗。**以有積爲不足，**【注】寄之天下，乃有餘也。**澹然獨與神明居，古之道術有在於是者，**【疏】貪而儲積，心常不足，知足止分，故清廉虛淡，絕待獨立而精神。道無不在，自古有之也。【釋文】澹然徒暫反。**關尹、老聃聞其風而悅之。**【疏】姓尹，名喜，字公度，周平王時函谷關令，故爲之關尹也。姓李，名耳，字伯陽，外字老聃，即尹喜之師老子也。師資唱和，與理相應，故聞無爲之風而悅愛之也。【釋文】關尹關令尹喜也。或云：尹喜，字公度。老聃他甘反。即老子也，爲喜著書十九篇。○俞樾曰：漢書藝文志道家有關尹子九篇，注云：「名喜，爲關吏。或以尹喜爲姓名，失之。」又按釋文云：老子爲喜著書十九篇。考老子一書，漢志有鄰氏經傳四篇、傅氏經說三十七篇、徐氏經說六篇，未聞有十九篇之說。呂覽不二篇「關尹貴清」，高注：關尹，關正也，名喜，作道書九篇，能相風角，知將有神人，而老子到，喜説之，請著上至經五千言。上至經之名，他書所未見也。**建之以常無有，**【注】夫無有何所能建？建之以常無有，則明有物之自建也。**主之以太一，**【注】自天地以及羣物，皆各自得而已，不兼他飾，斯非主之以太一耶？【疏】太者，廣大之名。一以不二爲稱。言大道曠蕩，無不制圍，括囊萬有，通而爲一，故謂之太一也。建立言教，每以凝常無物爲宗，悟其指歸，以虛通太一爲主。斯蓋好儉以勞形質，未可以教他人，亦無勞敗其道術也。**以濡弱謙下爲表，以空虛不毁萬物爲實。**【疏】表，外也。以柔弱謙和爲權智外行，以空惠圓明爲實智内德也。○典案：漢書藝文志：道家者流，「清虛以自守，卑弱以自持」，「易之嗛嗛，一謙而四益」，即「濡弱謙下」之義。【釋文】以濡如兖反。一音儒。謙下遐嫁反。**關尹曰：「在己无居，**【注】物來則應，應而不藏，故功隨物去。【疏】成功弗居，推功於物，用此在己，而修其身也。**形物自著。**【注】不自是而委萬物，故物形各自彰著。【疏】委任萬物，不伐其功，故彼之形性各自彰著也。**其動若水，其靜若鏡，其應若響。**【注】常無情也。【疏】動若水流，靜如懸鏡，其逗機也，似響應聲，動靜無心，神用故速。【釋文】若響許丈反。**芴乎若亡，寂乎若清，同焉者和，得焉者失。**【注】常全者不知所得也。【疏】芴，忽也。亡，無也。夫道非有非無，不清不濁，故闇忽似無，體非無也，靜寂如清也。是已同靡清濁，和蒼生之淺見也，遂以此清虛無爲而爲德者，斯喪道矣。【釋文】芴音忽。**未嘗先人而常**

隨人。」【疏】和而不唱也。老聃曰：「知其雄，守其雌，爲天下谿；知其白，守其辱，爲天下谷。」【注】物各自守其分，則靜默而已，無雄白也。夫雄白者，非尚勝自顯者耶？尚勝自顯，豈非逐知過分，以殆其生耶？故古人不隨無崖之知，守其分內而已，故其性全。其性全，然後能及天下；能及天下，然後歸之如谿谷也。【疏】夫英雄俊傑，進躁所以夭年；雌柔謙下，退靜所以長久。是以去彼顯白之榮華，取此韜光之屈辱，斯乃學道之樞機，故爲宇內之谿谷也。而谿谷俱是川壑，但谿小而谷大，故重言耳。○典案：寓言篇「大白若辱，盛德若不足」，列子黃帝篇同；老子第四十一云「上德若谷，大白若辱」，竝以「白」、「辱」相對爲文。老子第二十八云「知其白，守其黑，爲天下式；爲天下式，常德不忒，復歸於無極。知其榮，守其辱，爲天下谷；爲天下谷，常德乃足，復歸於樸」，以「白」、「黑」、「榮」、「辱」對文，易辭言之耳。【釋文】谿苦兮反。人皆取先，己獨取後，【注】不與萬物争鋒，然後天下樂推而不厭，故後其身。【疏】俗人皆尚勝趨先，大聖獨謙卑處後。故道經云「後其身而身先」(故)也。曰受天下之垢；【注】雌、辱、後、下之類，皆物之所謂垢。【疏】退身居後，推物在先，斯受垢辱之者。【釋文】之垢音苟。人皆取實，【注】唯知有之以爲利，未知無之以爲用。【疏】貪資貨也。己獨取虚，【注】守沖泊以待羣實。【疏】守沖寂也。【釋文】沖泊步各反。无藏也故有餘，【注】付萬物使各自守，故不患其少。【疏】藏，積也。知足守分，散而不積，故有餘。○典案：「无藏也故有餘」，與下句「巋然而有餘」語意重複。「无藏也故有餘」疑是下文「巋然而有餘」之注。細繹疏意，似「藏，積也。知足守分，散而不積，故有餘」，即解「无藏也故有餘」之誼。疏所以解注，則「无藏也故有餘」六字之爲注益明矣。巋然而有餘。【注】獨立自足之謂。【疏】巋然，獨立之謂也。言清廉潔己，在物至稀，獨有聖人，無心而已。【釋文】歸去軌反，又去類反。本或作「魏」。其行身也，徐而不費，【注】因民所利而行之，隨四時而成之，常與道理俱，故無疾無費也。【疏】費，損也。夫達道之人，無近恩惠，食苟簡之田，立不貸之圃，從容閑雅，終不損己，爲於物耳。以此爲行，而養其身也。【釋文】不費芳味反。无爲也而笑巧；【注】巧者有爲，以傷神器之自成，故無爲者因其自生，任其自成，萬物各得自爲。蜘蛛猶能結網，則人人自有所能矣，無貴於工倕也。【疏】率性而動，淳樸無爲，嗤彼俗人機心巧僞也。【釋文】蜘音知。蛛音誅。工倕音垂。人皆求福，己獨曲全，【注】委順至理則常全，故無所求福，福已足矣。曰苟免於咎。【注】隨物，故物不得咎也。【疏】咎，禍也。俗人愚迷，所爲封執，但知求福，不能慮禍。唯大聖虛懷，委曲隨物，保全生道，且免災殃。以深爲根，【注】理根於太初之極，不可謂之淺也。○典案：高山寺古鈔本注「理根」作「埋根」。【釋文】大初音泰。以約爲紀，【注】去甚、泰也。【疏】以深玄爲德之本根，以儉約爲行之綱紀。【釋文】去甚起吕反。曰堅則毁矣，【注】夫至順則雖金石無堅也，迕逆則雖水氣無軟也。至順則全，迕逆則毁，斯正理也。【釋文】

迕逆五故反。無軟如兖反。本或作「濡」，音同。銳則挫矣；【注】進躁無崖爲銳。【疏】毀損堅剛之行，挫止貪銳之心，故道經云「挫其銳」。【釋文】挫作卧反。常寬容於物，【注】各守其分，則自容有餘。不削於人，【注】全其性也。【疏】退己謙和，故寬容於物；知足守分，故不侵削於人也。可謂至極。關尹、老聃乎，古之博大真人哉！【疏】關尹、老子，古之大聖，窮微極妙，冥真合道，教則浩蕩而宏博，理則廣大而深玄，莊子庶幾，故有斯歎也。○碧虛子校引江南李氏本、文如海本「可謂」作「雖未」。典案：江南李氏本、文本義較長。高山寺古鈔本作「雖未至於極」。

芴漠無形，變化無常，【注】隨物也。【疏】妙本無形，故寂漠也。迹隨物化，故無常也。【釋文】芴元嘉本作「寂」。○典案：「芴漠」，疊韻連綿字。史記賈生傳作「沕穆」，淮南子原道篇作「物穆」，說苑指武篇作「昒穆」，「芴」、「沕」、「物」、「昒」一聲之轉。元嘉本非。疏「妙本無形，故寂漠也」，是成本亦作「寂」。道藏注疏本、白文本竝作「寂」。漠音莫。死與生與，天地並與，神明往與！【注】任化也。【疏】以死生爲晝夜，故將二儀並也；隨造化而轉變，故共神明往矣。【釋文】死與音餘。下同。芒乎何之，忽乎何適，【注】無意趣也。【疏】委自然而變化，隨芒忽而遨遊，既無情於去取，亦任命而之適。【釋文】芒乎莫剛反。下同。萬物畢羅，莫足以歸，【注】故都任置。【疏】包羅庶物，囊括宇內，未嘗離道，何處歸根。古之道術有在於是者，莊周聞其風而悅之。以謬悠之說，荒唐之言，无端崖之辭，時恣縱而不儻，不以觭見之也。【注】不急欲使物見其意。【疏】謬，虛也。悠，遠也。荒唐，廣大也。恣縱，猶放任也。觭，不偶也。而莊子應世挺生，冥契玄道，故能致虛遠深宏之説，無涯無緒之談，隨時放任而不偏黨，和光混俗，未嘗觭介也。【釋文】謬悠謂若忘於情實者也。荒唐謂廣大無域畔者也。而儻丁蕩反。徐敕蕩反。觭音羈。徐起宜反。以天下爲沈濁，不可與莊語，【注】累於形名，以莊語爲狂而不信，故不與也。【疏】莊語，猶大言也。宇内黔黎，沈滯闇濁，咸溺於小辯，未可與説大言也。【釋文】莊語並如字。郭云：莊，莊周也。一云：莊，〔端〕正也。一本作「壯」，側亮反，〔端〕大也。以卮言爲曼衍，以重言爲真，以寓言爲廣。【疏】卮言，不定也。曼衍，無心也。重，尊老也。寓，寄也。夫卮滿則傾，卮空則仰，故以卮器以況至言。而耆艾之談，體多真實，寄之他人，其理深廣，則鴻蒙、雲將、海若之徒是也。【釋文】以卮音支。獨與天地精神往來，而不敖倪於萬物，【注】其言通至理，正當萬物之性命。【疏】敖倪，猶驕矜也。抱真精之智，運不測之神，寄迹域中，生來死往，謙和順物，固不驕矜。○典案：文選江賦注引「敖倪」作「傲睨」。「敖」、「傲」，「倪」、「睨」，古字通用。【釋文】不敖五報反。倪音詣。不譴是非，【注】已無是非，故恣物兩行。○典案：高山寺古鈔本「兩行」作「而行」，疑是。【釋文】不譴遣戰反。以與世俗處。【注】形羣於物。【疏】譴，責也。是非無主，不可窮責，故能混世揚波，處於塵俗也。其書雖瓌瑋，而連犿無傷也。【注】還與物合，故無傷也。【疏】瓌瑋，宏壯也。連犿，和混也。莊子之書，其旨高遠，言猶涉俗，故合物而無傷。【釋文】瓌古回反。瑋瓌瑋，奇特也。連犿本亦作「抃」，同。芳袁反，又音獾，又敷晚反。李云：皆宛轉貌。一云：相從之貌。謂與物相從不違，故無傷也。其辭雖參差，而諔詭可觀。【注】不唯應當時之務，故參差也。【疏】參差者，或虛或實，不一其言也。諔詭，猶滑稽也。雖寓言託事，時代參差，而諔詭滑稽，甚可觀閱也。【釋文】參初林反。注同。差初宜反。諔尺叔反。彼其充實不可以已，【注】多所有也。【疏】已，止也。彼所著書，辭清理遠，括囊無實，富贍無窮，故不止極也。上與造物者遊，而下與外死生、无終始者爲友。【疏】乘變化而遨遊，交自然而爲友，故能混同生死，冥一始終。本妙迹粗，故言上下。其於本也，弘大而辟，深閎而肆；其於宗也，可謂稠適而上遂矣。【疏】闢，開也。弘，大也。閎，亦大也。肆，申也。遂，達也。言至本深大，申暢開通；真宗調適，上達玄道也。【釋文】而辟婢亦反。深閎音宏。稠適稠，音調。本亦作「調」。雖然，其應於化而解於物也，【疏】言此莊書，雖復諔詭，而應機變化，解釋物情，莫之先也。其理不竭，其來不蜕，【疏】蜕，脱捨也。妙理虛玄，應無窮竭，而機來感己，終不蜕而捨之也。【釋文】不蜕音悦。徐始鋭反，又敕外反。芒乎昧乎，未之盡者。【注】莊子通以平意，説己與説他人無異也。案其辭明爲汪汪然，禹亦昌言，亦何嫌乎此也？【疏】芒昧，猶窈冥也。言莊子之書，窈窕深遠，芒昧恍忽，視聽無辯，若以言象徵求，未窮其趣也。【釋文】汪汪烏黃反。

惠施多方，其書五車，其道舛駁，其言也不中。【疏】舛，差殊也。駁，雜揉也。既多方術，書有五車，道理殊雜而不純，言辭雖辯而無當也。○典案：高山寺古鈔本「言」下無「也」字。【釋文】惠施施，惠子名。五車尺蛇反，又音居。舛川兖反。徐尺允反。駁邦角反。○郭慶藩曰：司馬作「踳駁」。文選左太沖魏都賦注引司馬云：踳，讀曰舛，舛，乖也。駁，色雜不同也。釋文闕。不中丁仲反。麻物之意，【疏】心遊萬物，歷覽辯之。【釋文】麻古「歷」字。本亦作「歷」。物之意分別歷説之。曰：「至大無外，謂之大一；至小無內，謂之小一。【疏】囊括無外，謂之大也；入於無間，謂之小也。雖復大小異名，理歸無二，故曰一也。【釋文】至大無外謂之大一。至小無內謂之小一。司馬云：無外不可一，無內不可分，故謂之一也。天下所謂大小，皆非形，所謂一二，非至名也。至形無形，至名無名。無厚，不可積也，其大千里。【疏】理既精微，摶之不得，妙絶形色，何厚之有？故不可積而累之也。非但不有，亦乃不無，有無相生，故大千里也。【釋文】無厚不可積也其大千里司馬云：物言形爲有，形之外爲無。無形與有，相爲表裏，故形物之厚，盡於無厚，無厚與有同一體也。其有厚大者，其無厚亦大。高因廣立，有因無積，則其可積，因不可積者，苟其可積，何但千里乎？天與地卑，山與澤平。【疏】外物情見者，則天高而地卑，山崇而澤下。今以道觀之，則山澤均平，天地一致矣。齊物云「莫大於秋豪，而泰山爲小」，即其義也。【釋文】天與地卑如字，又音婢。○孫詒讓曰：「卑」借爲「比」。荀子不苟篇「山淵平，天地比」，是其證。典案：孫説是也。**山與澤平**李云：以地比天，則地卑於天。若宇宙之高，則天地皆卑。天地皆卑，則山與澤平矣。**日方中方睨，物方生方死。**【疏】睨，側視也。居西者呼爲中，處東者呼爲側，則無中側也。猶生死也，生者以死爲死，死者以生爲死。日既中側不殊，物亦死生無異也。【釋文】日方中方睨音詣。物方生方死李云：睨，側視也。謂日方中而景已復昃，謂景方昃而光已復没，謂光方没而明已復升。凡中昃之與升没，若轉樞循環，自相與爲前後，始終無别，則存亡死生與之何殊也？**大同而與小同異，此之謂小同異；**【疏】物情分别，見有同異，此小同異也。**萬物畢同畢異，此之謂大同異。**【疏】死生交謝，寒暑遞遷，形性不同，體理無異，此大同異也。○馬叙倫曰：荀子正名篇曰：「故萬物雖衆，有時而欲徧舉之，故謂之物。物也者，大共名也，推而共之，共則有共，至於無共而後止。有時而欲（偏）〔徧〕舉之，故謂之鳥獸。鳥獸也者，大别名也，推而别之，别則有别，至於無别然後止。」典案：馬説是也。【釋文】大同而與小同異此之謂小同異萬物畢同畢異此之謂大同異同體異分，故曰小同異。死生禍福，寒暑晝夜，動静變化，衆辨莫同，異之至也；衆異同於一物，同之至也，則萬物之同異一矣。若堅白無不合，無不離也。若火含陰，水含陽，火中之陰異於水，水中之陽異於火，然則水異於水，火異於火。至異異所同，至同同所異，故曰大同異。**南方無窮而有窮。**【疏】知四方無窮，會有物也。形不盡形，色不盡色，形與色相盡也。知不窮知，物不窮物，窮與物相盡也。只爲無厚，故不可積也。獨言南方，舉一隅，三可知也。○典案：墨子經説下篇「始也謂此南方，故今也謂此南方」，又「無南者，有窮則可盡，無窮則不可盡。有窮無窮未可智，則可盡不可盡不可盡」。【釋文】南方無窮而有窮司馬云：四方無窮也。李云：四方無窮。故無四方，上下皆不能處其窮，會有窮耳。一云：知四方之無窮，是以無無窮無窮也。形不盡形，色不盡色，形與色相盡也；知不窮知，物不窮物，知與物相盡也。獨言南方，舉一隅也。**今日適越而昔來。**【疏】夫以今望昔，所以有今；以昔望今，所以有昔。而今自非今，何能有昔？昔自非昔，豈有今哉？既其無昔無今，故曰今日適越而昔來可也。【釋文】**今日適越而昔來**智之適物，物之適智，形有所止，智有所行，智有所守，形有所從，故形智往來，相爲逆旅也。鑒以鑒影，而鑒亦有影，兩鑒相鑒，則重影無窮。萬物入於一智而智無間，萬物入於一物而物無眹，天在心中則身在天外，心在天内則天在心外也。遠而思親者往也，病而思親者來也。智在物爲物，物在智爲智。司馬云：彼日猶此日，則見此猶見彼也。彼猶此見，則吴與越人交相見矣。**連環可解也。**【疏】夫環之相貫，貫於空處，不貫於環也。是以兩環貫空，不相涉入，各自通轉，故可解者也。【釋文】**連環可解也**司馬云：夫物盡於形，形盡之外，則非物也。連環所貫，貫於無環，非貫於環也。若兩環不相貫，則雖連環，故可解也。**我知天下之中央，燕之北、越之南是也。**【疏】夫燕、越二邦相去迢遞，人情封執，各是其方。故燕北越南，可爲天中者也。【釋文】**我知天之中央燕之北越之南是也**司馬云：燕之去越有數，而南北之遠無窮。由無窮觀有數，則燕、越之間未始有分也。天下無方，故所在爲中；循環無端，故所在爲始也。**氾愛萬物，天地一體也。」**【疏】萬物與我爲一，故氾愛之；二儀與我並生，故同體也。【釋文】**氾**芳劍反。**愛萬物天地一體也**李云：日月可觀而目不可見，愛出於身而所愛在物。天地爲首足，萬物爲五藏，故肝膽之别，合於一人；一人之别，合於一體也。**惠施以此爲大觀於天下而曉辯者，**【疏】惠施用斯道理，自以爲最，觀照天下，曉示辯人也。【釋文】爲大觀古亂反。於天下所謂自以爲最也。曉辯字林云：辯，慧也。**天下之辯者相與樂之。**【疏】愛好既同，情性相感，故域中辯士，樂而學之也。【釋文】樂之音洛。**卵有毛，**【疏】有無二名，咸歸虚寂，俗情執見，謂卵無毛。名謂既空，有毛可也。【釋文】卵有毛司馬云：胎卵之生，必有毛羽。雞伏鵠卵，卵不爲雞，則生類於鵠也。毛氣成毛，羽氣成羽，雖胎卵未生，而毛羽之性已著矣。故鳶肩蜂目，寄感之分也；龍顔虎喙，威靈之氣也。神以引明，氣以成質，質之所剋如户牖，明暗之懸以晝夜。性相近，習相遠，則性之明遠，有習於生。**雞三足，**【疏】數之所起，自虚從無，從無適有，三名斯立。是知二三，竟無實體，故雞之二足，可名爲三。雞足既然，在物可見者也。【釋文】雞三足司馬云：雞兩足，所以行而非動也，故行由足發，動由神御。今雞雖兩足，須神而行，故曰三足也。○典案：公孫龍子通變篇：「謂雞足一，數足二，二而一，故三。」**郢有天下，**【疏】郢，楚都也，在江陵北七十里。夫物之所居，皆有四方，是以燕北越南可謂天中，故楚都於郢，地方千里，何妨即天下耶！【釋文】郢有天下郢，楚都也，在江陵北七十里。李云：九州之内，於宇宙之中，未萬中之一分也。故舉天下者，以喻盡而名大。夫非大，若各指其所有，而言其未足，雖郢方千里，亦可有天下也。**犬可以爲羊，**【疏】名無得物之功，物無應名之實，名實不定，可呼犬爲羊。鄭人謂玉未理者爲璞，周人謂鼠未腊者亦曰璞，故形在於物，名在於人也。【釋文】犬可以爲羊司馬云：名以名物而非物也，犬羊之名，非犬羊也。非羊可以名爲羊，則犬可以名羊。鄭人謂玉未理者曰璞，周人謂鼠腊者亦曰璞〔一〕，故形在於物，名在於人。○典案：墨子經説下篇：「以牛有齒，馬有尾，説牛之非馬也，不可。」**馬有卵，**【疏】夫胎卵濕化，人情分别，以道觀者，未始不同。鳥卵既有毛，獸胎何妨名卵也。【釋文】**馬有卵**李云：形之所託，名之所寄，皆假耳，非真也。故犬羊無定名，胎卵無定形，故鳥可以有胎，馬可以有卵也。一云：小異者大同，犬羊之與胎卵，無分於鳥馬也。**丁子有尾，**【疏】楚人呼蝦蟆爲丁子也。夫蝦蟆無尾，天下共知，此蓋物情，非關至理。以道觀之者，無體非無，非無尚得稱無，何妨非有可名尾也。【釋文】**丁子有尾**李云：夫萬物無定形，形無定稱，在上爲首，在下爲尾。世人爲右行曲波爲尾，今丁子二字，雖左行曲波，亦是尾也。○典案：荀子不苟篇「鈎有須」，楊倞注：或曰：鈎有須，即丁子有尾也。**火不熱，**【疏】火熱水冷，起自物情，據理觀之，非冷非熱。何者？南方有食火之獸，聖人則入水不濡，以此而言，固非冷熱也。又譬杖加於體而痛發於人，人痛杖不痛，亦猶火加體而熱發於人，人熱火不熱也。【釋文】**火不熱**司馬云：木生於水，火生於木，木以水潤，火以木光。金寒於水，而熱於火，而寒熱相兼無窮，水火之性有盡，謂火熱水寒，是偏舉也，偏舉則水熱火寒可也。一云：猶金木加於人有楚痛，楚痛發於人而金木非楚痛也。如處火之鳥，火生之蟲，則火不熱也。○典案：墨子經説下篇「若以火見火，謂火熱也，非以火之熱」。**山出口，**【疏】山本無名，山名出自人口。在山既爾，萬法皆然也。【釋文】

〔一〕腊者　集釋中華本作「未腊者」。

山出口司馬云：形聲氣色，合而成物，律呂以聲兼形，玄黄以色兼質。呼於一山，一山皆應，一山之聲入於耳，形與聲並行，是山猶有口也。○馬叙倫曰：荀子不苟篇曰「入乎耳，出乎口」，楊注曰：未詳所明之意，或作即山出口也。輪不蹍地，【疏】夫車之運動，輪轉不停，前迹已過，後塗未至，除卻前後，更無蹍時。是以輪雖運行，竟不蹍於地也。猶肇論云：旋風偃嶽而常静，江河競注而不流，野馬飄鼓而不動，日月歷天而不周。復何怪哉！復何怪哉！○典案：「輪不蹍地」，高山寺古鈔本作「輪行不蹍於地」。疏「輪雖運行，竟不蹍於地」，疑成所見本亦有「行」字、「於」字。【釋文】輪不蹍本又作「跈」，女展反。地司馬云：地平輪圓，則輪之所行者跡也。目不見，【疏】夫目之見物，必待於緣。緣既體空，故知目不能見之者也。【釋文】目不見司馬云：水中視魚，必先見水；光中視物，必先見光。魚之濡鱗非曝鱗，異於曝鱗，則視濡也。光之曜形，異於不曜，則視見於曜形，非見形也。目不夜見非暗，晝見非明，有假也，所以見者明也。目不假光而後明，無以見光，故目之於物，未嘗有見也。○典案：墨子經説下篇「智以目見，而目以火見，而火不見」，公孫龍子堅白論篇「且猶白以目以火見，而火不見」，即目不見之義。指不至，至不絶，【疏】夫以指指物而非指，故指不至也。而自指得物，故至不絶者也。【釋文】指不至至不絶司馬云：夫指之取物，不能自至，要假物故至也，然假物由指不絶也。一云：指之取火以鉗，刺鼠以錐，故假於物。指是不至也。○典案：世説新語文學篇：「客問樂令『旨不至』者，樂亦不復剖析文句，直以麈尾柄确几曰：『至不？』客曰：『至。』樂因又舉麈尾曰：『若至者，那得去？』」劉注：「飛鳥之影，莫見其移；馳車之輪，曾不掩地。是以去不去矣，庸有至乎？至不至矣，庸有去乎？然則前至不異後至，至名所以生；前去不異後去，去名所以立。」據此，則晉人所見本「指」作「旨」，「至不絶」作「去不絶」也。列子仲尼篇

「有指不至，有物不盡」。**龜長於蛇，**【疏】夫長短相形，則無長無短。謂蛇長龜短，乃是物之滯情。今欲遣此昏迷，故云龜長於蛇也。【釋文】龜長於蛇司馬云：蛇形雖長而命不久，龜形雖短而命甚長。○俞樾曰：此即「莫大於秋豪之末，而大山爲小」之意。司馬云「蛇形雖長而命不久，龜形雖短而命甚長」，則不以形言，而以壽言，真爲龜長蛇短矣，殊非其旨。**矩不方，規不可以爲圓，**【疏】夫規圓矩方，其來久矣，而名謂不定，方圓無實，故不可也。【釋文】矩不方規不可以爲圓司馬云：矩雖爲方而非方，規雖爲圓而非圓，譬繩爲直而非直也。**鑿不圍枘，**【疏】鑿者，孔也。枘者，内孔中之木也。然枘入鑿中，本穿空處，不關涉，故不能圍。此猶連環可解義也。【釋文】鑿曹報反。不圍枘如鋭反。司馬云：鑿枘異質，合爲一形。鑿積於枘，則鑿枘異圍；鑿枘異圍，是不相圍也。**飛鳥之景未嘗動也，**【疏】過去已滅，未來未至，過未之外，更無飛時，唯鳥與影，嶷然不動。是知世間即體皆寂，故〔肇〕論云：然則四象風馳，璇璣電卷，得意豪微，雖遷不轉。所謂物不遷者也。【釋文】飛鳥之景音影。未嘗動也司馬云：鳥之蔽光，猶魚之蔽水，魚動蔽水而水不動，鳥動影生，影生光亡。亡非往，生非來，墨子曰：「影不徙也。」○典案：墨子經下篇：「景不徙（舊作「從」，今正），說在改爲。」經說下篇：「光至景亡。」列子仲尼篇「有影不移」，「影不移者，說在改也」。**鏃矢之疾而有不行不止之時，**【疏】鏃，矢耑也。夫機發雖速，不離三時，無異輪行，何殊鳥影。既不躧不動，鏃矢豈有止有行？亦如利刀割三條絲，其中亦有過去、未來、見在（之）者也。【釋文】鏃子木反。郭音族。徐朱角反。三蒼云：矢鏑也。矢之疾而有不行不止之時司馬云：形分止，勢分行，形分明者行遲，勢分明者行疾。

目明無形，分無所止，則其疾無間。矢疾而有間者，中有止也；質薄而可離，中有無及者也。**狗非犬，**【疏】狗之與犬，一物兩名。名字既空，故狗非犬也。狗犬同實異名，名實合，則彼謂狗，此謂犬也；名實離，則彼謂狗，異於犬也。墨子曰：狗，犬也，然狗非犬也。【釋文】狗非犬司馬云：狗犬同實異名。名實合，則彼所謂狗，此所謂犬也；名實離，則彼所謂狗，異於犬也。○典案：墨子經下篇：「狗，犬也，而殺狗非殺犬也，可。」**黄馬驪牛三，**【疏】夫形非色，色乃非形。故一馬一牛，以之爲二，添馬之色，而可成三。曰黄馬，曰驪牛，曰黄驪，形爲三也。亦猶「一與言爲二，二與一爲三」者也。【釋文】黄馬驪力智反，又音梨。牛三司馬云：牛馬以二爲三。曰牛，曰馬，曰牛馬，形之三也。曰黄，曰驪，曰黄驪，色之三也。曰黄馬，曰驪牛，曰黄馬驪牛，形與色爲三也。故曰「一與言爲二，二與一爲三」也。○典案：墨子經説下篇：「數牛數馬則牛馬二，數牛馬則牛馬一」。**白狗黑，**【疏】夫名謂不實，形色皆空，欲反執情，故指白爲黑也。【釋文】白狗黑司馬云：狗之目眇，謂之眇狗；狗之目大，不曰大狗，此乃一是一非。然則白狗黑目，亦可爲黑狗。○典案：墨子經説下篇：「猶白若黑也。」**孤駒未嘗有母，一尺之捶，日取其半，萬世不竭。**【疏】捶，杖也。取，折也。問曰：一尺之杖，今朝折半，逮乎後夕，五寸存焉，兩日之間，捶當窮盡。此事顯著，豈不竭之義乎？答曰：夫名以應體，體以應名，故以名求物，物不能隱也。是以執名責實，名曰尺捶，每於尺取，何有窮時？若於五寸折之，便虧名理。乃曰半尺，豈是一尺之義耶？【釋文】孤駒未嘗有母李云：駒生有母，言孤則無母。孤稱立，則母名去也。母嘗爲駒之母，故孤駒未嘗有母也。本亦無此句。○典案：列子仲尼篇「孤犢未嘗有母」，又云「孤犢未嘗有母，非孤犢也」，張注：此語近於鄙，不可解。列子「有母」二字疑當重。 一尺一本無「一」字。之捶章蘂反。日取其半萬世不竭。司馬云：捶，杖也。若其可析，則常有兩；若其不可析，其一常存，故曰萬世不竭。○典案：司馬注得其誼。

辯者以此與惠施相應，終身無窮。桓團、公孫龍辯者之徒，【疏】姓桓，名團；姓公孫，名龍，並趙人，皆辯士也，客游平原君之家。而公孫龍著守白論，見行於世。用此上來尺捶言，更相應和，以斯卒歲，無復窮已。【釋文】桓團李云：人姓名。徐徒丸反。飾人之心，易人之意，【疏】縱茲玄辯，彫飾人心，用此雅辭，改易人意。能勝人之口，不能服人之心，辯者之囿也。【疏】辯過於物，故能勝人之口；言未當理，故不服人之心。而辯者之徒，用爲苑囿。又解：囿，域也。惠施之言，未冥於理，所詮限域，莫出於斯者也。【釋文】之囿音又。

惠施日以其知與人之辯，特與天下之辯者爲怪，此其柢也。【疏】特，獨也，字亦有作「將」者。怪，異也。柢，體也。惠子日用分別之知，共人評之，獨將一己，與天地殊異，雖復姦狡萬端，而本體莫過於此。○俞樾曰：「與人之辯」義不可通，蓋涉下句「天下之辯者」而衍「之」字。「柢」與「氐」通。史記秦始皇紀「大氐盡畔秦吏」，正義曰：氐，猶略也。「此其柢也」，猶云此其略也，上文「卵有毛」、「雞三足」以下皆是。【釋文】其柢丁計反。然惠施之口談，自以爲最賢，【疏】然，猶如此也。言惠施解理，亞乎莊生，加之口談，最賢於衆，豈似諸人直辯而已。曰天地其壯乎！施存雄而無術。【疏】壯，大也。術，道也。言天地與我並生，不足稱大。意在雄俊，超世過人，既不謙柔，故無真道。而言其壯者，猶獨壯也。【釋文】天地其壯乎司馬云：惠施唯以天地爲壯於己也。施存雄而無術司馬云：意在勝人，而無道理之術。南方有倚人焉，曰黄繚，問天地所以不墜不陷、風雨雷霆之故。【疏】住在南方，姓黄，名繚。不偶於俗，羈異於人，游方之外，賢士者也。聞惠施聰辯，故來致問，問二儀長久，風雨雷霆，動静所發，起何端緒。【釋文】倚人本或云「畸」，同。紀宜反。李云：異也。黄繚音了。李而小反，云：賢人也。不墜直類反。霆音廷，又音挺。惠施不辭而應，不慮而對，【疏】意氣雄俊，言辯縱横，是以未辭謝而應機，不思慮而對答者也。徧爲萬物説，説而不休，多而無已，猶以爲寡，益之以怪。【疏】徧爲陳説萬物根由，並辯二儀雷霆之故，不知休止，猶嫌簡約，故加奇怪，以騁其能者也。【釋文】徧爲音遍。下于僞反。以反人爲實，而欲以勝人爲名，是以與衆不適也。【疏】以反人情曰爲實道，每欲超勝羣物，出衆爲心，意在聲名，故不能和適於世者也。弱於德，强於物，其塗隩矣。【疏】塗，道也。德術甚弱，化物極强，自言道理異常深隩也。【釋文】隩烏報反。李云：深也。謂其道深。由天地之道，觀惠施之能，其猶一蚉一虻之勞者也。其於物也何庸？【疏】由，從也。庸，用也。從二儀生成之道，觀惠施化物之能，無異乎蚊虻飛空，鼓翅喧擾，徒自勞倦，曾何足云！益物之言，便成無用者也。【釋文】一蚉音文。一虻孟庚反。夫充一尚可，曰愈貴道，幾矣！【疏】幾，近也。夫惠施之辯，詮理不弘，於萬物之中，尚可充一數而已。而欲銳情貴道，飾意近真，愬而論之，良未可也。【釋文】愈貴羊主反。李云：自謂所慕愈貴，近於道也。惠施不能以此自寧，散於萬物而不厭，卒以善辯爲名。【疏】卒，終也。不能用此玄道以自安寧，而乃散亂精神，高談萬物，竟無道存目擊，卒有辯者之名耳。惜乎！惠施之才，駘蕩而不得，逐萬物而不反，是窮響以聲，形與影競走也，悲夫！【注】昔吾未覽莊子，嘗聞論者爭夫尺棰連環之意，而皆云莊生之言，遂以莊生爲辯者之流。案此篇較評諸子，至於此章，則曰其道舛駁，其言不中，乃知道聽塗說之傷實也。吾意亦謂無經國體致，真所謂無用之談也。然膏粱之子，均之戲豫，或倦於典言，而能辯名析理，以宣其氣，以係其思，流於後世，使性不邪淫，不猶賢於博奕者乎？故存而不論，以貽好事也。【疏】駘，放也。痛惜惠施有才無道，放蕩辭辯，不得真原，馳逐萬物之末，不能反歸於妙本。夫得理莫若忘知，反本無過息辯。今惠子役心術以求道，縱河瀉以索真，亦何異乎欲逃響以振聲，將避影而疾走者也？洪才若此，深可悲傷也。【釋文】駘李音殆。蕩駘者，放也，放蕩不得也。郭慶藩曰：文選謝玄暉直中書省詩注引司馬云：駘蕩，猶放散也。釋文闕。悲夫音符。論者力困反。較音角。評音病。不中丁仲反。或倦本亦作「勌」，同。其思息嗣反。不邪似嗟反。好事呼報反。子玄之注，論其大體，真可謂得莊生之旨矣。郭生前歎膏粱之塗說，余亦晚覩貴遊之妄談。斯所謂異代同風，何可復言也！或曰：莊、惠標濠梁之契，發郢匠之模，而云其書五車，其言不中，何也？豈契若郢匠，褒同寢斤，而相非之言如此之甚者也？答曰：夫不失欲極有教之肆，神明其言者，豈得不善其辭而盡其喻乎！莊生振徽音於七篇，列斯文於後世，重言盡涉玄之路，從事發有辭之叙，雖談無貴辯，而教無虚唱。然其文易覽，其趣難窺，造懷而未達者，有過理之嫌。袪斯之弊，故大舉惠子之云辯也。

夫學者尚以成性易知爲德，不以能政異端爲貴也。然莊子閎才命世，誠多英文偉詞。正言若反，故一曲之士，不能暢其弘旨，而妄竄奇説。若閼亦、意脩之首，尾言、遊易、子胥之篇，凡諸巧雜，若此之類，十分有三。或牽之令近，或迂之令誕，或似山海經，或似夢書，或出淮南，或辯形名，而參之高韻，龍虵並御，且辭氣鄙背，竟無深澳，而徒難知以因後蒙。令沉滯失乎流〔一〕，豈所求莊子之意哉？故皆略而不存。令唯哉取其長達致全乎大體者爲卅三篇者。

太史公曰：莊子者，名周，守蒙縣人也。曾爲漆園史〔二〕，與魏惠、齊王、楚威

〔一〕今　疑當作「令」。「失乎流」不文，「乎」疑爲「末」之形譌。
〔二〕史　疑作「吏」。

王同時者也。○典案：「夫學者」以下二百二字，見日本高山寺古鈔本。日本武内義雄教授云：此文「政異端」當作「攻異端」。「鬭亦」當作「鬭弈」。「尾言」當作「巵言」，釋文叙録作「危言」，莊子音義寓言第二十七出「巵言」，注云：字又作「巵」。叙録專襲郭語爲文，則此亦作「巵言」未可知。今本叙録作「危」，則因形似而誤耳。「遊易」當作「遊㒵」。「夢書」，釋文叙録作「占夢書」，鈔本偶敚「占」字。「深澳」當作「深奥」。「因後蒙」當作「困後蒙」。「失乎流」誤衍「乎」字。「令唯哉」當作「令唯裁」。「爲卌三篇者」，「者」宜作「焉」。「守蒙縣人也」，「守」當作「宋」。「齊王」，「王」上脱「宣」字。狩野直喜博士云：起句「夫學者尚以成性易知爲德」，「尚」當作「當」，猶「弈」之誤作「亦」。末段「魏惠」下敚「王」字，叙録作「魏惠王」可證。二博士説皆至精塙，故備録之。方聞君子，幸采覽焉。

補遺

人間世篇

仲尼曰：「若一志。」

注：去異端而任獨者也乎。

疏：一汝志心，無復異端，凝寂虚忘，冥符獨化。

典案：「若一志」義不可通，疑當爲「一若志」。知北遊篇：「齧缺問道乎被衣，被衣曰：『若正汝形，一汝視，天和將至；攝汝知，一汝度，神將來舍。』」淮南子道應篇：「齧缺問道於被衣，被衣曰：『正女形，壹女視，天和將至；攝女知，正女度，神將來舍。』」文子道原篇文亦略同。作「一若志」正與「一汝視」、「一汝度」、「壹女視」句法一律，皆道家精神專一之義。疏「一汝志心，無復異端」，是成所見本正作「一若志」。

在宥篇

災及草木，禍及止蟲。

釋文：止蟲如字。本亦作「昆蟲」。崔本作「正蟲」。

典案：「止蟲」無義，崔本作「正蟲」是也。「正」、「征」通用，「正蟲」即征蟲，亦即貞蟲。淮南子原道篇「夫舉天下萬物，蚑蟯貞蟲」，地形篇「萬物貞蟲名有以生」，高注竝云：細腰之屬也。大戴禮易本命篇作「昆蟲」，昆蟲即衆蟲也。道藏本作「昆蟲」，與釋文一本合。

天地篇

使喫詬索之而不得也。

疏：喫詬，言辯也。釋文引司馬云：「喫詬，多力也。」

典案：「喫詬」無多力義，成疏亦未審。喫疑是「謑」字之誤。説文言部：「謑，耻也。」重文作「謨」。「詬，謑詬，耻也。」謨、詬雙聲，古籍多連用。荀子非十二子篇：「偷儒而罔，無廉耻而忍謨詢，是學者之嵬也。」楚辭九思：「葦羣小兮謑詢。」「謨」字又作「奊」。漢書賈誼傳「頑頓亡耻，奊詬亡節」，皆耻辱之義。莊子此文之謨詬，亦謂能忍耻之人。寫者多見「喫」，少見「謨」，遂以意改之；或「謨」字壞爛，乃以致譌耳。文苑英華賈餗穿楊葉賦：「謨詬不能以施力。」是唐人所見本字正作「謨」。

至樂篇

種有幾。

碧虚子南華真經章句音義餘事校引劉得一本，「種有幾」下有「若鼃爲鶉」四字。

典案：若鼁爲鶉，見墨子經説上篇。此疑讀者舉墨子以釋種數變化之義，劉本誤入正文。

達生篇

以瓦注者巧，以鉤注者憚，以黄金注者殙。

典案：「憚」疑「戰」字之誤。吕氏春秋去尤篇：「莊子曰：以瓦投者翔，以鉤投者戰，以黄金投者殆。」本書作「憚」，疑「戰」字壞爛，僅存其半，乃誤爲「憚」耳。列子黄帝篇「注」作「摳」，「殙」作「涽」。淮南子説林篇「注」作「鉒」。高注：「鉒讀象金之銅柱餘之柱。」義雖未晰，然本書「注」字音義固不誤，蓋皆謂博者之射耳。今俗語謂之賭注，是古義猶未湮也。

徐无鬼篇

其于不已若者不比之，又一聞人之過，終身不忘。

典案：又一聞人之過，終身不忘，「又」當爲「人」，字之誤也。此當以「不比之人」爲句。列子力命篇正作「不比之人」，是其塙證。吕氏春秋貴公篇作「不比於人」，文雖小異，字亦作「人」。

外物篇

木與木相摩則然，金與火相守則流。

俞樾云：「木與木」當爲「木與火」。

典案：淮南子原道篇「兩木相摩而然，金火相守而流」，即本莊子此文。兩木相摩，即木與木相摩也。俞欲改下「木」字爲「火」，其失也鑿矣。

盜跖篇

知維天地，能辯諸物，此中德也。

典案：「維」當爲「雒」，借爲「絡」字。天道篇：「故古之王天下者，知雖落天地，不自慮也。」淮南子俶真篇：「智終天地，明照日月。」御覽四百六十四引「終」作「絡」。秋水篇「落馬首」，淮南子原道篇作「絡馬之口」。雒、落、絡同音通用。馬蹄篇「刻之雒之」，釋文引司馬注：「雒謂羈雒其頭也。」是莊子書借「雒」爲「絡」之證矣。

天下篇

狗非犬。

典案：爾雅釋獸：「熊虎醜，其子狗。」郭注：「律曰，捕虎一，購錢三千，其狗半之。」邢疏：「熊虎之類，其子名狗。」釋畜：「犬生三，猣；二，師；一，玂。未成豪，狗。」是熊虎子與犬生未成豪者皆名爲狗，此「狗非犬」之義也。

附録一 三餘札記之莊子瑣記

齊物論篇

昔者莊周夢爲胡蝶，栩栩然胡蝶也。自喻適志與？不知周也。

典案：「自喻適志與」五字，疑是後人注語誤入正文者也。「昔者莊周夢爲胡蝶，栩栩然胡蝶也，不知周也」，文義正相連貫，羼入此五字，則上下隔絶矣。「自喻適志歟」，（「與」、「歟」同。）正是後人語意。

人間世篇

將執而不化。

注：「故守其本意也。」疏：「飾非暗主，不能從人諫如流，固執本心，誰肯變惡爲善者也？」

典案：注「故」字當爲「固」，聲之誤也。成疏「固執本心」即承用注語，字正作「固」，是其證矣。「固」、「故」古亦通用，惟晉唐人注疏中若此之類皆爲聲誤，學者不可不辨也。

彼且爲無町畦，亦與之爲無町畦；彼且爲無崖，亦與之爲無崖。

典案：説文有「厓」無「涯」，「無崖」即「無涯」也。爾雅釋水：「滸，水厓。」字或作「涯」。淮南子原道篇高注：「潯，厓也。」文選謝希逸宋孝武宣貴妃誄注引許注作「漘，涯也」。（郭景純江賦注、沈休文應詔樂游苑餞呂僧珍詩注引作「漘，水涯也」。）養生主篇：「吾生也有涯，而知也無涯，以有涯隨無涯，殆矣。」是「無涯」二字之見於本書者。

德充符篇

彼且擇日而登假，人則從是也。

注：「以不失會爲擇耳，斯人無擇也，任其天行而時動者也。故假借之人，由此而最之耳。」疏：「至人無心，止水留鑒，而世間虛假之人，由是而從之也。」郭慶藩云：「『登假』即『登格』也。『假』、『格』古通用。」

典案：「假」爲「遐」叚，「登假」即「登遐」也。列子黃帝篇「又二十有八年，天下大治，幾若華胥氏之國，而帝登假」，張湛注：「『假』當爲『遐』。」周穆王篇「世以爲登假焉」，注：「『假』音『遐』，世以爲登遐，明其實死也。」淮南子齊俗篇「其不能乘雲升假亦明矣」，「升假」，猶「登假」也。本書大宗師篇：「是知之能登假于道者也。」亦以「登假」二字連文。注「假借之人」，疏「虛假之人」，並以「登」字句絶，「假」字屬下讀，皆不得其讀而曲爲之解耳。郭以「假」爲「格」，亦非。

大宗師篇

禺强得之，立乎北極。

疏：「禺强，水神名也。亦曰『禺京』。」

典案：「彊」、「京」古同音通用，故「京臺」又爲「彊臺」，「鱷」或從「京」作「鯨」。「禺彊」、「禺京」一也。

俄而子輿有病，子祀往問之。

疏：「友人既病，須往問之。」

典案：古書多言「有疾」，罕言「有病」。說文疒部：「病，疾加也。」是「有病」在古語爲不詞矣。羅大經鶴林玉露引「病」作「疾」，疑當從之。淮南子精神篇作「子求行年五十有四而病」。疏「友人既病」文法並與此不同，不得緣以爲比。

頤隱于齊，肩高于頂。

疏：「頭低則頤隱于臍，膊聳則肩高于頂。」

典案：鶴林玉露引「齊」作「臍」，與疏合。

應帝王篇

虎豹之文來田，猨狙之便執。

典案：「猨狙之便執」句有脱誤，「便」下當有「來」字。淮南子繆稱篇「虎豹之文來射，猨狖之捷來措」，說林篇「虎豹之文來射，猨狖之捷來乍」，並有「來」字，是其證。

在宥篇

故貴以身于爲天下，則可以託天下；愛以身于爲天下，則可以寄天下。

典案：「身于爲天下」義不可通，兩「于」字疑當在「託」字、「寄」字下。道經猒耻第十三正作「故貴以身爲天下者，則可寄于天下；愛以身爲天下者，乃可以託于天下」。淮南子道應篇引老子作「貴以身爲天下，焉可以託天下；愛以身爲天下，焉可以寄天下矣」，兩「身」字下並無「于」字。

天地篇

夫子闔行邪？無落吾事！

典案：「無落吾事」，吕氏春秋長利篇作「無慮吾農事」，新序節士篇作「無留吾事」，「落」、「慮」、「留」皆聲之轉耳。

泰初有無無，有無名。

注：「無有，故無所名。」疏：「太初之時，惟有此無，未有于有。有既未有，名將安寄？故無有無名。」

典案：此文當以「泰初有無無」爲句，「有無名」爲句。本書知北遊篇「予能有無矣，而未能無無也」，即「無無」之誼。道經「無名，天地之始」，泰初者，天地之始也。注：「無有故無所名。」疏：「有既未有，名將安寄？故無有無名。」皆不得其誼而曲爲之解，非莊生之指也。

其名爲橰。

釋文：「『橰』本又作『橋』。」疏：「即今之所用桔橰也。」

典案：「橰」一本作「橋」者，是。作「橰」者，疑後人依天運篇改之也。説苑反質篇字正作「橋」。淮南子主術篇「橋直植立而不動，俛仰取制焉」，高注：「橋，桔皋上衡也。」是其義矣。疏「即今之所用桔橰也」，是其所見本亦正作「橋」。若作「橰」，則無須以今之所用「桔橰」爲解矣。

天運篇

殺盜非殺人，自爲種而天下耳。

典案：此當以「殺盜非殺人」爲句。荀子正名篇：「『殺盜非殺人也』，此惑于用名以亂名者也。」墨子小取篇：「殺盜人，非殺人也。」注、疏以「人」字屬下爲句，失其讀矣。「自爲種而天下耳」句有脱誤。雖以「人」字屬下讀，義亦不可通也。荀子正名篇楊倞注：「『殺盜非殺人』，亦見莊子。」則楊氏亦以「人」字屬上爲句讀之。

刻意篇

悲樂者，德之邪；喜怒者，道之過；好惡者，德之失。

典案：上既言「德之邪」，此又言「德之失」，于詞爲複，「德之失」當作「心之失」。淮南子原道篇：「喜怒者，道之邪也；憂悲者，德之失也；好憎者，心之過也。」精神篇：「夫悲樂者，德之邪也；而喜怒者，道之過也；好憎者，心之暴也。」文子九守篇：「夫哀樂者，德之邪；好憎者，心之累；喜怒者，道之過。」文雖各異，然皆以「道」、「德」、「心」三者並言，是其證矣。

繕性篇

繕性于俗俗學，以求復其初，滑欲于俗思，以求致其明。

典案：「繕性于俗學」、「滑欲于俗思」相對爲文，「學」上「俗」字不當重。

物之儻來寄者也。

郭慶藩集釋云：「淮南臣道篇『怪星之黨見』，楊倞注訓『黨』爲『頻』。」

典案：淮南子無臣道篇，荀子臣道篇無此文。「怪星之倘見」，語出荀子天論篇。郭氏集釋「淮南臣道」爲「荀子天論」之誤。

達生篇

五六月累丸二而不墜，則失者錙銖。

注：「累二丸于竿頭，是用手之停審也。故其承蜩，所失者不過錙銖之間也。」

典案：列子黄帝篇张湛注引向秀云：「累二丸而不墜，是用手之停審也。故承蜩，所失者不過錙銖之間耳。」與此注文正同。是此爲向秀注也。

用志不分，乃凝于神。

俞樾云：「『凝』當作『疑』。列子黄帝篇正作『疑』，可據以訂正。」

典案：俞説是也。張淏雲谷雜記記蘇東坡語云：「自予少時，前輩皆不敢輕改書，故蜀本大字書皆善本。莊子云：『用志不分，乃疑于神。』此與易『陰疑于陽』、禮『使人疑汝于夫子』同。今四方本皆作『凝』。」是俞説之確證矣。

十日又問，曰：「幾矣。」

疏：「幾，盡也。養雞之妙，理盡于斯。」

典案：「幾」無「盡」義。漢書東方朔傳注：「幾，庶幾也。」謂雞庶幾可鬭也，疏非。

見一丈夫游之，以爲有苦而欲死也，使弟子并流而拯之。

疏：「忽見丈夫，謂之遭溺而困苦，故命弟子隨流而拯接之。」

典案：「以爲有苦而欲死也」，謂孔子見此丈夫游呂梁之水，以爲彼蓋有所苦痛而欲自殺者也。列子黄帝篇作「以爲有苦而欲死者也」。文並明顯易知，疏乃以「謂之遭溺而困苦」釋之，非其指矣。

休居鄉，不見謂不修。

疏：「我居鄉里，不見道我不修飾。」

典案：修，善也。（「修」之訓「善」，古籍類然。不煩縷覼。）謂居鄉不見道我不善也。疏以「修飾」釋之，非是。

山木篇

不求文以待形，固不待物。

疏：「既不求文籍以飾形，故知當分各足，不待于外物也。」

典案：「固」當爲「故」，聲之誤也。疏「故知當分各足，不待于外物也」，是所見本尚作「故」。「故」、「固」古雖通用，然成所見本作「故」，則此必爲聲之誤矣。

行賢而去自賢之行，安往而不愛哉！

疏：「夫種德立行而去自賢輕物之心者，何往而不得愛重哉！」

典案：「自賢之行」，「行」當爲「心」字之誤，韓非子説林上篇正作「心」，是其證也。列子黄帝篇作「行」，蓋襲莊子之誤。疏「而去自賢輕物之心者」，是所見本作「心」，不誤。

知北遊篇

何從何道則得道？

疏：「何所依從，何所道説，則得其道也？」

典案：道，由也。謂何從何由則得道也。疏以「何所道説」釋之，是未明古訓，望文生義以爲解也。

人生天地之間，若白駒之過郤。

典案：墨子兼愛下篇：「人之生乎地上之無幾何也，譬之猶駟馳而過隙也。」文選劉孝標重答劉秣陵詔書注引墨子「隙」作「郄」，云：「『郄』，古『隙』字。」

于是泰清中而嘆曰。

釋文：「崔本『中』作『卬』。」

典案：崔譔本「中」作「卬」，是也。淮南子道應篇作「仰而歎曰」，「卬」、「仰」古今字。天地篇「爲圃者卬而視之」，釋文：「本又作『仰』。」與此一例。

及爲無有矣，何從至此哉！

典案：「無有」當爲「無無」。此承上文「未能無無」而言，作「無有」則非其指矣。淮南子俶真篇「予能有無，而未能無無也。及其爲無無，至妙何從及此哉」，道應篇「予能有無矣，未能無無也。及其爲無無，又何從至于此哉」，並襲用莊子此文，是其證矣。疏「故歎無有至深，誰能如此玄妙」，是所見本已誤。

庚桑楚篇

兵莫憯于志，鏌鋣爲下；寇莫大于陰陽，無所逃于天地之間。

典案：「寇莫大于陰陽」下當有「枹鼓爲小」四字。淮南子主術篇「兵莫憯于志，而莫邪爲下；寇莫大于陽陰，而枹鼓爲小」，繆稱篇「兵莫憯于意志，莫邪爲下；寇莫大于陰陽，枹鼓爲小」，並以「枹鼓爲小」與「莫邪爲下」相對，是其證矣。

外物篇

木與木相摩則然，金與火相守則流。

俞樾云：「淮南子原道篇亦云：『兩木相摩而然。』然兩木相摩，未見其然。下句云：『金與火相守則流。』疑此句亦當作『木與火』。」

典案：兩木相摩而生火，事之至易見者也。俞氏昧于物情，至欲輕改古書，斯爲謬矣。且木與火安得言相摩乎？

陰陽錯行，則天地大絯。

典案：「絯」當爲「駭」，右半相同而誤也。天運篇「天下大駭」，與此文同一例。疏云「驚駭萬物」，則所見本正作「駭」。

若是勞者之務也，非佚者之所未嘗過而問焉。

注：「若是，猶有勞，故佚者超然不顧。」

典案：「非」字疑衍。下文「神人未嘗過而問焉」，「聖人未嘗過而問焉」，「賢人未嘗過而問焉」，「君子未嘗過而問焉」，正與此文一律，則「佚」上不當有「非」字明矣。注「故佚者超然不顧」，則所見本尚未衍「非」字。

寓言篇

終身言，未嘗不言。

典案：「不」字疑衍。此與下文「終身不言，未嘗不言」相對成義。注「雖出吾口，皆彼言耳」，正釋「未嘗言」之義。若作「未嘗不言」，既與下句相複，又非注意矣。

天下篇

指不至，至不絶〔一〕。

典案：世説新語文學篇：「客問樂令『旨不至』者，樂亦不復剖析文句，直以麈尾柄确几曰：『至不？』客曰：『至。』樂因又舉麈尾曰：『若至者，那得去？』」劉注：「飛鳥之影，莫見其移；馳車之輪，曾不掩地。是以去不去矣，庸有至乎？至不至矣，庸有去乎？然則前至不異後至，至名所以生；前去不異後去，去名所以立。」據此，則晉人所見本「指」作「旨」，「至不絶」作「去不絶」也。

鏃矢之疾而有不行不止之時。

釋文：「司馬云：分無所止，則其疾無間。矢疾而有間者，中有止也。」

典案：莊子此篇所舉辯者之言，多本墨經，皆今之所謂Reductio ad absurdum也。希臘辯者Zone以爲：鏃矢飛行，

〔一〕此條内容已見補正卷十下天下篇。

視之似疾，然中侯之前，必當行過無數點，即連佔此諸點也。既在一定之時間，佔空間之一點，斯不行矣。正與司馬說同。

一尺之捶，日取其半，萬世不竭。

釋文：「司馬云：『捶』，杖也。若其可折，則常有兩；若其不可折，其一常存，故曰『萬世不竭』。」

典案：司馬說得其誼。Zone有Achilles追龜終不可及之喻，以謂Achilles行雖遺風逮日，然欲超龜前，必先越過與龜距離之半。半尚有半，分之將無窮期，故永不能及此。即司馬「若其可折，則常有兩；若其不可折，其一常存」之說也。

附録二

莊子集注稿本題記

共和二十有三年，余在北平清華園養疴，間爲諸生講莊子。在樊生孝誠許見此書，段讀一過，深喜其簡明易曉，不務繁徵博引，不出游詞泛説，無逞臆妄解、穿穴形聲之病，在諸注釋家中要不失爲矜奮者。夏間，杜門謝客，一意校勘莊子，特請黄君政厂代市一部，以供參考。七月三日文典記。

（輯自劉文典所藏莊子集注稿本題記，該書現藏臺北科技大學圖書館）

致胡適四札

一

適之尊兄左右：

還有一件事。莊子這部書，注的人雖然很多，並且有集釋、集解之類，但是以弟所知，好像没有人用王氏父子的方法校過。弟因爲校淮南子，對於莊子也很有點發明，引起很深的興味，現在很想用這種方法去辨一下，也無須去「集」別人的東西了，只倣照讀書雜志的樣兒，一條條的記下來就行了，有多少算多少，也無所謂完事，做到那裏算那裏。這樣做法，你要贊成，弟預備等書債償清之後就着手了。餘不白。

弟文典扶病上言

二月廿六日

二

適之尊兄先生左右：

昨天談得很痛快，偶然得着兩條東西，第一條略略對你説過，第一條還不敢十分自信，請你檢覈着原書看看能要麼？

文典叩頭

十七日

人間世(莊子)

彼且爲无崖,亦與之爲无崖。

典案:「无崖」即「无涯」也。説文有「厓」字無「涯」字(崖、厓通用)。爾雅釋水:「滸,水厓。」字或作「涯」。淮南原道篇注:「潯,厓也。」文選宣貴妃誄注引作「潯,涯也」。(江賦注、應詔樂遊苑詩注引作「潯,水涯也」。字林同。)養生主篇:「吾生也有涯,而知也无涯。以有涯隨无涯,殆矣。」此「无涯」二字之見於本書者。

知北遊

予能有无矣,而未能无无也,乃爲无有矣,何從及此哉!

典按:「无有」當爲「无无」。作「无有」者,涉上文「有无」而誤也。淮南子俶真篇:「予能有無,而未能無無也。乃其爲無無,至妙何從及此哉。」即襲用此文。是「无有」當爲「无无」之證。

三

適之吾兄左右:

政厂之論衡所望甚奢,兄切勿代爲空價,祇能抽版税也。弟特來相告,因知兄有事,未敢警動矣。至弟之莊子，原是小玩意，衹要能許弟自己校對，價好商量，並無大欲也。

順請晚安

弟文典再頓首

四

適之吾兄左右：

承賜大著兩部，並援庵先生本書一部，不勝心感。吾兄序文，前在大公報上已讀一過，深佩吾兄對校勘古籍方法之卓識，剪下保藏。今得精刊單行本，不禁笑與抃會也。從弟治校勘諸生見之，人各願得一部，弟以人數過多，未敢允其請也。前在清華園晤俞平伯先生，承以藍色油印文稿一份相示，内中有兩段涉及莊子，（一）因北平坊間印售之唐寫本天運篇末載收藏刊印人名地址，遂疑爲贗鼎，蓋不知其出自燉煌，流入日本中村不折氏手，精印行世。北平市上所售爲翻印本也。（二）大著中國哲學史引至樂篇文，謂「自古至今無人能懂」，彼認爲不應不求甚解，近於懶惰。弟祇得將天運篇中與拙著莊子補正符合處一一開列，並略言此本出處，以解其疑，並將至樂篇所考訂、補苴處摘要録出，使知此文經增訂後雖稍稍可讀，然仍是「自古至今無人能懂」，必欲求解，勢將流入穿鑿傅會一途。

特送呈吾兄一閲，下星期當仍介平伯先生轉交作者。此外又見揚州方方山先生莊子天下篇釋一册，毫無勝解眇義，一味漫罵，直是村婦口吻，並語侵蔡先生，真堪痛恨，不知曾見過否？餘不白。順頌著祺。不一

弟文典再頓首

（以上輯自胡適遺稿及秘藏書信，黄山書社一九九四年版）

致王雲五七札

一〔一〕

雲五先生大鑒敬啓者：

弟以十年精力著成莊子補正十卷三十三篇，較少年時所作淮南集解迥不侔矣。淮南集解薈集衆説，間下己意，而莊子補正則博采羣書，補其脱文，正其誤字，條條皆自弟自己

〔一〕此札撰於一九三四年十二月。

心中出也。論其卷帙，稍多於淮南；論其性質，亦較淮南爲更普遍也。先生試一稽考淮南之銷路，則莊子補正之銷數可以推而知之，中國銷路猶在其次，日本圖書館林立，以三分一計之，必可售數千部也。北大、清華均可印行，不過北大款出，清華本學年刊行門人許駿齋之吕覽集解（列爲清華國學叢書之一），須待下年方可再印拙作。年底需款，勢難久待，弟對稿費亦無多求，前十年之淮南尚售千金，莊子補正所費心力數倍於淮南集解（價決不要數倍）。請先生酌定一數目，弟絶不争較也。至拙稿内容，請函詢傅沅老與適之兄，此二公皆曾見之，且激賞之也。如何？乞即示知。拙稿已殺青，可以稿款兩交，惟須由弟自校耳。專此寸簡，立盼德音。敬頌

公祺，不一。

弟劉文典再頓首

莊子補正十卷三十三篇，前北大教授、清華系主任教授、合肥劉文典著。書之内容係莊子全文，附郭注、成疏、經典釋文，由著者根據古善本及他書，改正原文注疏無數條，增補數百字，較之義證，約多數倍。若能以宋體字上等紙精印，必可暢銷無疑。以視郭氏集釋、王氏集解有雲泥之别矣。字數雖未詳細計算，較之淮南集解多多，大約有六七十萬

之誣。

覆示或寄北大一院或寄清華古月堂，均可。

二〔一〕

雲五先生左右：

接奉覆示，承允收買拙著莊子補正，出資至千五百金之鉅，感幸曷極。弟近六年因清華研究院、北大均不欠薪，粗足自給，且學問上著作與市上商品不同，既承先生不棄，惠許多金，弟豈敢斤斤争價。惟近來門人許維遹字駿齋，清華教員。所著吕氏春秋集釋，由清華大學評議會通過，出資兩千圓收之。弟忝爲許君之師，稿費反少於弟子之著作，相形之下，似未免難堪。拙著莊子補正承先生允給之價，又未敢要求增加，再四思維，祇得將拙著劉向説苑補正二十卷及近年所著宣南雜識若干卷因係隨時所作筆記，雖寫有清稿，而未分卷。一併出售，希望凑足叁仟圓之數，以之購車代步。宣南雜識中考訂毛詩、佛經、史籍外，尤注重清代掌故，出版後銷路恐尚在莊子、説苑之上，以其書人人能讀，且饒興味故也。三書均現

〔一〕此札撰於一九三五年一月三日。

成，可在北平貴分館稿款兩交。惟莊子、説苑務要在北平印刷，由弟自行校對爾。此兩書皆弟在清華研究院與北大之講義，學生亦亟盼其早日印成也。如何？乞即賜覆。專此寸簡，立盼德音。敬頌公祺，不一。

弟文典再拜

覆示乞寄北平北池子蒙福禄館三號爲盼。

三〔一〕

（一）拙著莊子補正一稿，承允以千五百金收購。惟同系教員某君適欲以二千金脱售其購僅數月之汽車。弟擬請以雜著宣南雜識一稿相讓，意在凑足二千之數，以便購得汽車。如承俯允，可在北平貴館稿款兩交。

（二）如在十日内某君之汽車售脱，則此議即作罷論。但説苑補正及宣南雜識二稿，仍願依版税辦法請貴館印行。

〔一〕此件係商務印書館一九三五年一月十七日收到劉文典致王雲五函之批核單摘要。

四〔一〕

拙作莊子補正如蒙允給二千圓，可於北平分館稿銀兩交，將來由著者自校，請儘於陰曆廿七日以前辦妥，否則作爲罷論。至審者一節，輾轉郵寄，則舊曆年関已過矣。

五〔二〕

（一）仍願以莊子補正及宣南雜識兩稿售諸貴館，稿費兩書至少千八九百元，如同意，乞即通知平館款稿兩交，並盼立即在平印刷，俾便親自校對。

（二）説苑斠補一書，當照尊意版税辦法，希望莊子補正印成，即印此書。惟亦須自校。

六〔三〕

（一）莊子補正及宣南雜識兩稿，内容得適之兄一言而定，愧甚。原稿甚多，且後者僅

〔一〕此件係商務印書館一九三五年一月二十八日收到劉文典致王雲五函之批核單摘要。

〔二〕此件係商務印書館一九三五年二月八日收到劉文典致王雲五函之批核單摘要。

〔三〕此件係商務印書館一九三五年二月十三日收到劉文典致王雲五函之批核單摘要。

抄成一册，擬擇一二篇保險郵上，請酌定版式後即電平館，將稿費二千圓一次付下。

(二)稿最好在平排印，俾親自校對。用宋體字，簡式句讀，尊意如何？

(三)莊子補正印成後，最好即依版税辦法接印説苑補正。

(四)頃得電話，悉適之先生發燒。

(民國二十四年十一月十三日)

七

雲五先生大鑒：

弟年近五旬，僅有一子，因性好數學，用心過度致疾，於夏曆正月十六死矣。弟近年之治莊子，原是借以忘憂。書成後，清華、北大均願印行。所以急欲出售者，因亡兒慮弟日日趕清華公共汽車，辛苦萬狀，在病重時猶力勸弟購一車代步，又妄冀購一小車外，餘數百圓稍補助其醫藥費耳。前奉大札時，正是亡兒疾革、命在旦夕之際，憂勞萬狀，未暇奉覆，且去夏殺青後續有所得，亦擬補入。加之拙著究用新式標點，抑用簡式句讀，未暇商定，故延緩至今。拙著宣南雜識，字太潦草，萬不能徑付手民。請人抄寫，僅成一册，欲加改削，因心緒惡劣，不能動筆也。現擬將莊子補正及宣南雜識、羣書校記、三餘札記續編均匯刻爲望兒樓叢書，以爲亡兒紀念。以莊子補正爲第一種，餘者陸續付印。莊子補正擬用宋字大版，照淮南集解式，餘者用小册。安冀亡兒附莊子而不朽耳。如何？乞即示知爲盼。臨楮淒惻，諸希原宥。

順頌著祺，不一。弟文典揮涕。

近來寫信太多，信箋偶盡，草草不恭，千祈仁恕。

再，弟雖明知莊子「生乃徭役，死乃休息」，幾爲至言，又素信德國哲學家Schopenhauer（叔本華）「人生乃痛苦」之説，頗能强自排遣，奈老妻鍾愛此子，去冬即以泪洗面，近三星期更日夜悲號，以致腦病、心病大發，深爲可慮，擬使其離平回南，换换環境。徒因亡兒之喪費用較多，其醫藥費結算一次，爲數甚巨，此時需款良殷。莊子補正及宣南雜識清稿寄到後，能否即匯二千金來，諸希卓裁，不敢妄肆干求也。此刻心緒煩亂悲苦，不能自校，可否待陽曆六月初着手排印，統希示知。典再拜。

（以上輯自諸偉奇等主編劉文典全集第五册，安徽大學出版社二〇一三年版）

致李嘉言

晉予吾兄左右：

昨談爲快，承詢莊子外物篇「吾得斗升之水然活耳」句異文，歸檢行篋中稿本校録，僅有「典案：『然活耳』義不可通，御覽九百三十七引『然』作『可』，疑當從之；藝文類聚三十五、御覽四百八十五引又並作『爲』」寥寥四十餘字，既未得確詁眇解，亦未出夷初先生之範圍也。專此奉答，順頌教祺，不一。

弟文典再拜言

十二日

（此札撰於一九三九年一月十二日。輯自水木清華二〇一一年第十一期）

致王叔武

叔武仁弟如晤：

自承談讌務經旬月，思君之勤，令人成痗，如如何何？偶檢敝簏，得弟所爲讀莊小札數紙，考德充符之翣資、應帝王之帛、天運篇之三皇五帝、天下篇之宋鈃、尹文，皆是精確，雖乾嘉諸師，無以尚也。治學之暇，尚希過我一揚榷之爲盼。念子良殷，特馳寸簡，順問近好。

文典再拜

九月十二日

（輯自劉文典全集第五册，安徽大学出版社二〇一三年版）

附録二

王雲五書札

一

文典先生大鑒：

奉十二月十八日惠翰，藉審先生以多年之精力，著有莊子補正一書，業已脱稿；具徵爲學宣勞，莫名欽佩。承示此書計十卷三十三篇，尊書分量較多於大作淮南鴻烈集解，擬交敝館印行，盛情厚意，尤爲欣感。惟酬報一節，敝館最近收印大部書稿，均照版税法。辱荷見商，照讓與版税辦法，謹當勉從台命，照淮南集加酬半數，共壹千五百圓。倘蒙俯允，當俟全稿寄到後，再行訂約奉款。專此馳復，順頌

文祺。

雲五頓首

（民國）二十三（年）十二（月）二十四（日）

二

叔雅先生大鑒：

奉一月三日惠復，知前奉蕪緘，爲尊著莊子補正報酬事，已邀青察，並蒙曲予同意，至深感紉。承商大著説苑補正等稿一併讓與敝館印行一節，因負擔較重，擬仍照原議按壹千五百圓之數以莊子補正稿見讓，其餘擬改爲版税辦法。如何？仍祈核示爲荷。專復，順頌

著祺。

雲五頓首

（民國）二十四（年）一（月）十（日）

三

叔雅先生大鑒：

頃奉手書，承示以需款應用，除前議將大著莊子補正照壹千五百圓之數讓與外，擬以宣南雜識一併相讓，凑足貳千圓，敬悉。請將兩稿寄滬，俾就排印情形研究後，再商何如？專此馳復，敬頌

文祺。

雲五頓首
（民國）二十四（年）一（月）十七（日）

四

叔雅先生大鑒：

日前弟以事離滬，頃始歸來，得讀一月廿八日手書，致稽奉復，無任敬悚。承商事，因時間已過，衹得遵命作罷，敬祈垂諒。專此馳復，順頌著祺。

雲五頓首
（民國）二十四（年）二（月）三（日）

五

叔雅先生大鑒：

頃奉二月四日大札，復以尊著莊子補正酬報爲商，感佩無既。前寄來書，弟適以事離滬，垂商事，因時間已過，只得遵命作罷，決非爲一二百元之款，想邀亮鑒。今時間既仍許可，因敝館接受書稿，必須經由敝编審部研究排印情形後方可發交分廠排印，分廠無直接收印稿件之權。即□將大稿迅予寄滬，到後即當辦理，決不耽擱。專此奉復，祇頌

文祺。

雲五頓首

（民國）二十四（年）二月八日

六

叔雅先生大鑒：

頃奉二月十二日賜覆，承示尊著莊子補正及宣南雜識兩稿，以篇幅甚鉅，擬擇一二篇交下，敬悉。惟研究排版情形，必須綜觀全稿，仍請將全稿擲下，不勝感盼。專此奉復，敬頌

文祺。

雲五頓首

（民國）二十四（年）二（月）十四（日）

七

叔雅先生大鑒：

奉三月十四日手書，驚悉文郎以篤學致疾，遽遭不治，痛悼實深，執事明達，尚祈勉抑悲懷，無任企禱。

承示擬將尊著莊子補正、宣南雜識、羣書校記及三餘札記續編等彙印，定名爲望兒樓叢書，以資紀念一節。查敝館出版叢書，均用學科爲名，俾便讀者選購，更庶爲文郎紀念，似可仿歐美通例，在裏封面設致言，不必分立以書名，尊意以爲如何？

又，執事以需款甚殷，囑於大著莊子補正及宣南雜識清稿到後即行匯款，自當俟全稿寄到後提早辦理，以□尊囑。專此馳復，順頌

台安。

雲五頓首

（民國）二十四（年）三（月）二十三（日）

（以上輯自劉文典全集第五册，安徽大學出版社二〇一三年版）

傅增湘致張元濟

一

副啟者：友人劉叔雅來，言所著莊子補正、説苑補正爲館中收購印行，訂有契約，其價

爲一千五百圓。近來數月不得音耗，自緣戰事停頓；惟叔雅困守此間，學校既散，無以自給，亟盼此款度歲，祈致拔可先生，可否爲之設法。若一時不能全付，或每月陸續兑給二三百元，俾得暫維生計。兩書考證極精確，其改訂奪文誤字皆有二三證據。渠常持來商榷，力勸其刊以行世。其書大足流傳，惜其遇時之不偶也。寒士筆耕，情殊可憫。原稿當在滬館，公試取看，自知鄙言之非阿好也。菊公及拔可先生同鑒。

增湘再拜

（民國）二十六年十一月十四日

二

菊生前輩左右：前得十一月七日惠書，事冗未及裁答爲罪。承詢璇字避諱，或恐仍是玄朗之嫌諱耳，容更考之，以書箱有寄存者，未得遍檢也。劉叔雅又有書見託，以原箋奉寄，侍告以前訂合同能否付款尚不可知，若更續收稿本，必更無望。祈閱後惠復數行，以便轉告。别有文友堂所託一事，書之别幅，亦盼酌之。手此，即候台安。

年侍生傅增湘拜啓

（民國）二十六年十二月四日

張元濟致傅增湘

昨奉十二月四日手書，展誦祇悉。劉君莊子補正詢諸公司，云際此時期，實無力購稿，只可改用版税辦法，數日前已有信徑復劉君。至説苑補正一書，現時亦無法承受，尚祈婉達歉忱爲幸。至文友堂歷代小史一書，則云已裝箱待運，而蘆溝事發，其後郵路大阻，近雖稍通，然仍恐遺失，故未敢寄。現在公司實無力收書，容與郵局商議，如能遞寄並允保險者，當即寄繳，亦乞轉達。

承示謂璇字爲玄朗嫌諱，弟仍有疑，禮部韻略亦不載。

（民國）二十六年十二月二十五日

（以上輯自張元濟傅增湘論書尺牘，商務印書館一九八三年版）

圖書季刊·新書介紹·莊子補正

劉文典著。三十六年六月上海商務印書館出版，線裝五册，定價六十元。

合肥劉叔雅君文典，邃於子學，所著淮南鴻烈集解，已行於世。此莊子補正十卷（各卷又析爲上下或上中下，故都二十四卷），爲劉君近年所成書。劉君取莊子爲正文，郭象注、成玄英疏、陸德明釋文各以小字散附篇内，而采清儒王念孫、王引之、俞樾、孫詒讓、郭慶藩及近人奚侗、馬叙倫諸家之説，蓋以劉君參校及己見，爲莊子補正。劉君所持參校之本，有道藏本及日本所藏舊寫本。僅恃舊本之不足也，故又據唐以來類書及文選注等書所引，以校正焉。劉君於莊子本文，雖確證其有脱譌，然無舊本可依據者，則不之補不之改，輒以案語加於後。其著書之例，可謂審慎。治先秦諸子書者，其可廢之哉！（愚）

（輯自一九四七年十二月圖書季刊第八卷第三、四合期）

馮友蘭致張秋華函

秋華嫂夫人：

接來示，敬悉近狀。叔雅先生去世乃學術界之大損失，非止一家之痛也。自序文，在雲南石印本之莊子補正中已發表，現鉛印本重版，當然應該加入。此係舊書重印，不以現在標準繩之。且此序作於抗戰期間，愛國之情溢於言表。在當時情況下，自是佳作。加入書中，不成問題。自序手稿末段「明本數末度之道」，石印本改作「明六通四辟之道」，較勝，必係叔雅先生最後修改者，可照改。石印本還有陳寅恪序一篇。不知鉛印本中有此

序否？如無此序，亦可補入，來信當鈔寄。此頌近安

內子附筆問候

原稿附還。

馮友蘭

（一九六二年）三月四日

陳寅恪致張秋華

秋華夫人惠鑒：

來書敬悉。二十三年前在昆明時，承叔雅先生之命，爲莊子補正作一序，今舊稿猶存，茲抄上，即希察收爲荷。專此奉復，敬請

近安

附序文二紙

陳寅恪敬啓

一九六二年三月十一日

李廣田致馮友蘭

芝生先生：

來示敬悉，遲復爲歉！

雲南人民出版社委託雲大歷史系主任張德光同志爲叔雅先生的莊子補正寫新序。我同意仍保留兩篇舊序，已商得張德光同志同意，並告訴雲南人民出版社。叔雅先生遺稿杜甫年譜（未完稿），已經找到，日前已寄中華書局金燦然同志。稿前有雲大中文系主任劉堯民同志所寫説明，可以略見其原委。聞澤丞先生對此事至爲關切，便中望能告之爲感。謹復，並致

敬禮！

李廣田

三·七（一九六二）

馮友蘭致張德光

德光同志：

來信敬悉。跋文很好。原來出版社擬不排入劉先生自序及陳寅恪序，劉師母大不謂然，給我來信，説要廢約。後來我給廣田同志信，他回信説，出版社已允保留兩序，再加上你的新序。我將廣田同志信轉給劉師母，她很滿意。來信説出版社仍不用劉先生序，恐劉師母必大生氣。還有陳三立寫的書籤（在劉先生嗣子處），劉師母也希望用上。我想，這部書再出版是舊書重印性質，再添布函，古香古色，能保存原樣最好。劉先生自序中有「莊子教忠孝之書」等語，當然是錯誤的。你可於跋中寫幾句，説劉先生自序作於抗戰時期，有些話是有激而發，後來也不持這種説法。

劉先生任安徽大學校長時，蔣介石到安慶，與劉先生談某事不協。蔣怒説：「你革命不革命？」劉先生亦怒説：「我跟中山先生革命的時候，你還不知在哪裏！」蔣把劉先生囚起來。劉先生在獄中説：「我若爲禰正平，可惜安慶没有鸚鵡洲；我若爲謝康樂，可惜我没有好鬍子。」此劉先生親告我者。若於跋語中附帶一提，亦周新民同志正確評價之意也。

隨時憶及，若何，請斟酌。

此致

敬禮！

馮友蘭

三月十日（一九六二）

（以上輯自原件複印件）

附録四　莊子補正跋

張德光

莊子補正一書，故雲南大學教授劉文典先生之遺著也。先生早治説文及文選學，博覽淵綜，尤有辭章訓詁兩家之長。于清代學者特服膺高郵王懷祖、伯申父子，由是雅好校勘古籍，壯年所成淮南鴻烈集解，久爲國内外學者所共推挹。先生又精研莊子，嘗言：「前人校釋是書，多憑空臆斷，好逞新奇，或有所得，亦茫昧無據。今爲補正，一字異同，必求碻詁，若古無是訓，則案而不斷，弗敢妄生議論，懼杜撰臆説，貽誤後學而災梨棗也。」

今讀補正，正傳寫之舛訛，糾舊疏之違失，冥思研索，考訂精審。故補正之編雖止五萬餘言，大抵駁正舊文，質而能該，其所制斷，殊多至理。兹條疏數端，用見崖略。

一、有原文字義不明，經補正後方可通貫者。如在宥篇：「墮爾形體，吐爾聰明。」「吐」字不可解。補正據大宗師篇「墮肢體，黜聰明」，及淮南子覽冥訓「隳肢體，絀聰明」，校定「吐」當爲「絀」。案「絀」通「黜」，有貶斥、放絶之意。循文衍義，「墮爾形體，吐爾聰明」，與上下文「無擢其聰明」、「絶聖棄智」所指不殊。「無擢其聰明」，意即不可顯耀聰明；「絶聖棄智」，棄智即絀聰明。「擢聰明」與「絀聰明」對言，故補正校「吐」爲「絀」，于義自爲優長。

又天地篇：「子非夫博學以擬聖，於于以蓋衆。」「於于」兩字疏作「諂曲佞媚，以蓋羣物」，司馬云：「夸誕貌。」王先謙集解引郭嵩燾語「於于猶于于也，象氣之舒」。凡此諸説，均不足以宣通疑滯。補正據文子、淮南子，並取高注「博學楊墨之道，以疑孔子之術；設虚華之言，以誣聖人，劫脅徒衆也」，校作「博學以疑聖，華誣以脅衆」，可謂推闡隱微，得其理趣矣。

二、有原文字偶脱佚，經拾補後可正句讀之誤者。如人間世篇：「願以所聞思其則庶幾其國有瘳乎。」補正據碧虚子校江南李氏本，知「思其」下脱「所行」兩字。今莊子各本均誤從「思其則」斷句，是視「則」爲名詞，解「則」爲「法則」，遂使本旨晦而不明。今從補正，知句讀應爲「願以所聞，思其所行，則庶幾其國有瘳乎」。「所聞」、「所行」原指顔回欲秉承孔子素所教導，權衡衛國國情，對症投藥，乃可使衛國由亂入治。此「則」字屬下句，用作連詞，表達因果關係，而文義自豁然矣。

三、有原文本可通，舊解亦平實無誤，而疏者或生異説，經補出脱字後，知異解轉增迷惘者。如逍遥遊篇：「去以六月息者也。」舊解均云鵬鳥徙于南冥，一去半歲，至天池而息。是以「息」爲動詞，「六月」爲所需時間。惟明釋德清及清人宣穎乃解「息」爲風，謂六月海上風力大，鵬鳥始得高舉遠徙，意即鵬鳥借六月海風，終年始得一飛，于義殊有未安。補正據御覽校爲「去以六月一息者也」。多一「一」字，可證舊解以「息」爲止息不誤。原文果否脱「一」字，雖難斷言，但據御覽所引，則舊解之長，益灼然可見。

四、有傳寫寖訛，誤以注入正文，而後人習焉不察，多以意度之詞强作解者，補正推闡隱微，别白涇、渭，使文義復顯于湮没之餘。如齊物論篇：「昔者莊周夢爲胡蝶，栩栩然胡蝶也，自喻適志與，不知周也；俄然覺，則蘧蘧然周也。」「自喻適志與」五字隔斷文義，補正據藝文類聚蟲豸部、御覽九百四十五引並無此五字，因疑「自喻適志與」「似是後人之注羼入正文。郭氏不知，以自快得意，悦豫而行釋之」。補正此説可謂洞見底裏，發前人之所未發者矣。案「栩栩然胡蝶也」固有自快適志之意，其下衍五字，爲注混入正文，當無疑義。又詳「栩栩然胡蝶也，不知周也……」，語意原自通貫，如隔以「自喻適志與」，則迂曲委重，反嫌蛇足。故此益見補正之説確不可移。

五、有原文本無異解，經補正後，别出新意，可備一説，以啓覃思者。如養生主篇：「始臣之解牛之時，所見無非牛者；三年之後，未嘗見全牛也。」補正據呂氏春秋精通篇「宋之庖丁好解牛，所見無非死牛者；三年而不見生牛」，復據論衡訂鬼篇「宋之庖丁學解牛，三年不見生牛，所見皆死牛也」，因斷言古本原以「生牛」、「死牛」對舉，故原句應校爲：「始臣之解牛之時，所見無非死牛者；三年之後，未嘗見生牛也。」意謂初學解牛，但識牛之形貌，而瞢騰于骨骼肌理之微；操刀躊躇，自爲解嘲，故云所見盡皆死牛。三年之後進乎技矣，神識生牛表裏幾微。迨臨事奏刀，但見脉絡腠理之間隙，則視生牛猶死牛，故云「未嘗見生牛也」。先生篤守校勘義例，不好爲滉漾肆論，獨于「生牛」、「死牛」自信其説甚堅，以爲覃思積悟，皎然名解，「雖高郵復生，不易吾言矣」。竊謂先生此解，或未免囿于異文，但其持之有故，言之成理，可供學者採擇。

上所稱引，未竟全書之勝，止節取數端，以明其要旨，見其典核。要而言之，補正乃校勘訓詁專著；其兼綜羣言，發微補闕，實爲精心刻意之作，足資治莊學者之借鏡。惟先生舊爲是書，猶承乾、嘉餘緒，守高郵家法，故往往博引繁稱，句比字櫛，瑣末求詳，不能一一抉擇也。如校外物篇「海水震蕩」，則云「震」當作「振」；校山木篇「來者勿禁」，則謂「勿」當作「無」；校讓王篇「無財謂之貧」，則改「謂之」爲「之謂」。如此之類，殆無所取義。復因過求證據，而忽于全書綱領，間亦不免臆爲移補正文。然就校詁而論，此疏彼密，利鈍互形，原不能毫無疵累。

先是莊子補正脱稿後，商務印書館曾爲版行，雲南大學亦嘗石印以爲教材。但流佈未廣，傳本頗稀，學者惜焉。補正舊版自序作于抗戰期間，痛「堯都舜壤，興復何期」，激而爲教忠教孝之語；蓋亦心怵危難，當思匹夫有責之義。厥後先生亦每言舊見之迂。時勢所限，其失宜可不煩較論矣。

夫莊子爲先秦哲學要籍，書非出于一手，亦非成于一時，古代學術經緯大端，多賴是以資流傳。惟其書歷世已久，誤衍訛錯莫可究詰，而前人注解又多借題抒議，不失之謬悠，則失之轇轕。若泥一家之説，難免論甘者忌辛，是丹者非素。先生勤搜前人徵引，博採諸家校釋，參稽互證，以爲補正，其疏通疑滯、釐定底本之功蓋不可磨。今雲南人民出版社重印先生是書，善會者汰駁存精，批判吸收，其所裨益宜自匪淺。快覩善本之行世，因不揣疏陋，勉綴數語，以誌顛末。

一九六二年八月記于雲南大學